O MUNDO À VENDA

O MUNDO À VENDA

DINHEIRO, PODER E OS TRADERS QUE NEGOCIAM OS RECURSOS DO PLANETA

JAVIER BLAS E JACK FARCHY

Rio de Janeiro, 2022

O Mundo à Venda

ISBN: 978-85-508-1770-5

Translated from original The World For Sale. Copyright © 2021 by Javier Blas and Jack Farchy. ISBN 9781847942654. This translation is published and sold by permission of Random House Business, the owner of all rights to publish and sell the same. PORTUGUESE language edition published by Starlin Alta Editora e Consultoria Eireli, Copyright © 2022 by Starlin Alta Editora e Consultoria Eireli.

Impresso no Brasil – 1ª Edição, 2022 – Edição revisada conforme o Acordo Ortográfico da Língua Portuguesa de 2009.

Dados Internacionais de Catalogação na Publicação (CIP) de acordo com ISBD

B644m Blas, Javier

O Mundo à Venda: Dinheiro, Poder e os Traders que Negociam os Recursos do Planeta / Javier Blas, Jack Farchy ; traduzido por Daniel Salgado. - Rio de Janeiro : Alta Books, 2022.
416 p. ; 16cm x 23cm.

Tradução de: The World For Sale
Inclui índice e apêndice.
ISBN: 978-85-508-1770-5

1. Economia. I. Farchy, Jack. II. Salgado, Daniel. III. Título.

2022-1840 CDD 330
CDU 33

Elaborado por Vagner Rodolfo da Silva - CRB-8/9410

Índice para catálogo sistemático:
1. Economia 330
2. Economia 33

Produção Editorial
Editora Alta Books

Diretor Editorial
Anderson Vieira
anderson.vieira@altabooks.com.br

Editor
José Ruggeri
j.ruggeri@altabooks.com.br

Gerência Comercial
Claudio Lima
claudio@altabooks.com.br

Gerência Marketing
Andrea Guatiello
andrea@altabooks.com.br

Coordenação Comercial
Thiago Biaggi

Coordenação de Eventos
Viviane Paiva
comercial@altabooks.com.br

Coordenação ADM/Finc.
Solange Souza

Direitos Autorais
Raquel Porto
rights@altabooks.com.br

Assistente Editorial
Mariana Portugal

Produtores Editoriais
Illysabelle Trajano
Maria de Lourdes Borges
Paulo Gomes
Thales Silva
Thiê Alves

Equipe Comercial
Adriana Baricelli
Ana Carolina Marinho
Daiana Costa
Fillipe Amorim
Heber Garcia
Kaique Luiz
Maira Conceição

Equipe Editorial
Beatriz de Assis
Betânia Santos
Brenda Rodrigues
Caroline David
Gabriela Paiva
Henrique Waldez
Kelry Oliveira
Marcelli Ferreira
Matheus Mello

Marketing Editorial
Jessica Nogueira
Livia Carvalho
Marcelo Santos
Pedro Guimarães
Thiago Brito

Atuaram na edição desta obra:

Tradução
Daniel Salgado

Copidesque
Bernardo Kallina

Revisão Gramatical
Hellen Suzuki
Denise Elisabeth Himpel

Diagramação
Joyce Matos

Capa
Marcelli Ferreira

Editora **afiliada à:**

Rua Viúva Cláudio, 291 – Bairro Industrial do Jacaré
CEP: 20.970-031 – Rio de Janeiro (RJ)
Tels.: (21) 3278-8069 / 3278-8419
www.altabooks.com.br – altabooks@altabooks.com.br
Ouvidoria: ouvidoria@altabooks.com.br

SUMÁRIO

AGRADECIMENTOS

A indústria de trading de commodities nunca foi reconhecida pela transparência. Temos confiado mais do que o normal na disposição de nossas fontes em se abrir para nós — desde aqueles que nos ajudaram a entender seus negócios há muitos anos, até as dezenas que mais recentemente concordaram em gravar entrevistas em vídeo para este livro. Falar com jornalistas não era uma experiência familiar ou confortável para muitos deles, e somos profundamente gratos por eles terem feito isso da mesma forma. Nossos agradecimentos também a Bassam Fattouh e Andrew Hudson, que generosamente abriram as portas da biblioteca do Oxford Institute for Energy Studies para nós.

Ao longo dos anos, nossos relatórios nos levaram a dezenas de países. Somos particularmente gratos aos motoristas, tradutores e reparadores que muitas vezes arriscaram a própria segurança para garantir que voltássemos inteiros.

Nossos chefes da Bloomberg News nos apoiaram resolutamente, mesmo quando a escrita deste livro nos afastou dos nossos empregos diários. Agradecemos a Will Kennedy, Emma Ross-Thomas, John Fraher e Heather Harris, que não apenas nos encorajaram a escrever o livro, mas também leram os primeiros rascunhos e fizeram muitos comentários e sugestões úteis. Stuart Wallace, Reto Gregori e John Micklethwait nos apoiaram desde o início. Yuliya Fedorinova e Irina Reznik nos ajudaram a rastrear contatos. Muitos outros colegas da redação garantiram que nossas fontes fossem bem cobertas enquanto estávamos pesquisando e escrevendo.

Começamos a ter interesse em escrever sobre os traders de commodities enquanto trabalhávamos no *Financial Times*. Nossos editores Lionel Barber e Gillian Tett não precisaram ser persuadidos para nos permitir dedicar nosso tempo a esta fonte ainda não comprovada (também somos gratos a Gillian, junto com Alec Russell, por nos designar para trabalhar juntos pela primeira vez). Diana Whittington foi um apoio em muitas noites e pânicos de última hora durante a organização do FT Global Commodities Summit.

Nosso agente Andrew Wylie foi um dos primeiros entusiastas do projeto, e, junto com James Pullen, ajudou a transformar essa ideia em realidade.

Rowan Borchers, da Penguin Random House, foi tudo aquilo que dois autores iniciantes poderiam pedir de um editor. Ele entendeu o que estávamos tentando alcançar desde a primeira vez que nos encontramos e começou a melhorar tudo o que lhe enviávamos com sensibilidade e entusiasmo. Obrigado também a Lucy Middleton, que forneceu conselhos sábios e sensatos; Nigel Wilcockson, que foi um ouvinte valioso; Anna Herve, que poliu o nosso copidesque; e Ceara Elliot, que desenhou a capa. Na Oxford University Press (OUP), nossos agradecimentos a David Pervin, que primeiramente se interessou pelo livro; a James Cook, que acompanhou o processo; e a Isabelle Ralphs e Cayla DiFabio, por o terem divulgado.

A ideia de escrever este livro demorou muito para germinar, e nossos amigos ouviram pacientemente as nossas reflexões sobre traders de commodities durante muitos anos. Peter e Amy Bernstein foram generosos em nos ajudar a organizar nossos pensamentos e a compreender o mundo editorial. Sam Pritchard, Ed Cumming e Clem Naylor leram os primeiros rascunhos e teceram comentários cuidadosos. Agradecemos também a Carola Hoyos por sua orientação e amizade.

Somos extremamente afortunados por termos famílias amorosas que nos apoiaram de mais maneiras do que podemos expressar em palavras. Sandra Farchy transformou a própria casa em um retiro de escrita (e fez Javier andar de bicicleta). Jan Collings teria adorado cada momento disso, inclusive ver seu nome publicado. José Blas e Mari Carmen Otín nunca vacilaram em seu incentivo a este projeto, mesmo quando nos mantinham divididos. Obrigado por todo o seu amor e apoio.

INTRODUÇÃO

OS ÚLTIMOS AVENTUREIROS

O avião inclinou-se com força quando começou a descer.

Lá embaixo, as águas plácidas do Mediterrâneo deram lugar a uma extensão estéril do deserto do Norte da África. Colunas de fumaça se espalhavam pelo horizonte. Dentro do pequeno jato particular, os ocupantes estavam impassíveis, apoiando-se em seus assentos enquanto desciam em uma série de piruetas de revirar o estômago.

Esta não era uma viagem de negócios normal, mesmo para Ian Taylor. Em quatro décadas negociando petróleo, Taylor aterrissou em muitos lugares quentes, de Caracas a Teerã. No entanto, essa viagem — com destino a Benghazi, na Líbia, no meio de uma guerra civil — era uma experiência nova.

Taylor só precisava olhar pela janela para se lembrar dos riscos que corria. Mil pés abaixo, um drone solitário da OTAN acompanhava seu avião. Taylor, executivo-chefe da Vitol, a maior empresa de comércio de petróleo do mundo, viu-se desejando que seus contatos no governo britânico tivessem enviado um caça adequado para escoltá-lo.

Era o início de 2011, e toda aquela região estava no meio de uma onda de revoltas populares que viria a ser conhecida como a Primavera Árabe. Na Líbia, as forças que se revoltaram contra a ditadura de 42 anos do Coronel Muammar Gaddafi tinham acabado de assumir o controle de Benghazi, a cidade mais importante do leste do país, e de fundar o próprio governo.

O exército desorganizado de rebeldes tinha um grande problema, no entanto. Eles estavam ficando sem combustível. Os rebeldes precisavam urgentemente de diesel e gasolina para seus veículos militares e óleo combustível pesado para operar suas centrais elétricas. As próprias refinarias da Líbia haviam sido fechadas por causa da guerra, deixando apenas um filete de combustível entrar no país, por meio das centenas de caminhões que faziam a árdua viagem desde o Egito.

Se havia alguém que poderia correr o risco de abastecer um exército rebelde no meio de uma guerra sangrenta, era Ian Taylor.[1] Calvo, magro e incansável, Taylor transformara a Vitol de uma distribuidora de combustível de médio porte em uma gigante do trading de petróleo. Nesse processo, ele também transformou-a em uma força poderosa na economia global, movimentando diariamente petróleo suficiente para abastecer Alemanha, França, Espanha, Reino Unido e Itália juntos.[2] Agora, em meados de seus cinquenta anos, ele combinava o charme fácil de um membro do establishment britânico com o gosto pela aventura que era um pré-requisito para um trader de petróleo. Ele nunca teve medo de levar a Vitol a lugares onde outros temiam pisar. E, em um mundo onde petróleo e dinheiro andam de mãos dadas com o poder, ele não era de se esquivar de acordos que carregassem um significado geopolítico mais amplo.

Quando, algumas semanas antes, a possibilidade de um acordo com os rebeldes líbios veio à tona, Taylor não hesitou. A equipe da Vitol no Oriente Médio recebeu uma ligação do governo do Catar. O pequeno Estado do Golfo, rico em gás, tornou-se um importante apoiador político e financeiro dos rebeldes líbios, atuando como seu intermediário com os governos ocidentais e fornecendo-lhes armas e dinheiro. No entanto, comprar petroleiros cheios de produtos petrolíferos refinados e entregá-los em uma zona de guerra estava além da capacidade do Catar, que precisava da ajuda de um trader de commodities. Os catarianos queriam saber se a Vitol poderia fornecer diesel, gasolina e óleo combustível para Benghazi.

A Vitol tinha quatro horas para pensar a respeito e dar uma resposta. A trading house precisou de apenas quatro minutos.

Mas havia um grande problema: os rebeldes não tinham dinheiro. Em vez disso, a Vitol receberia o pagamento na forma de petróleo bruto proveniente dos poucos campos petrolíferos que os rebeldes controlavam. Em teoria, isso não deveria representar um problema: a Vitol poderia entregar combustível através do Mediterrâneo até o porto de Benghazi, enquanto recebia petróleo bruto por meio de um oleoduto para a cidade costeira de Tobruk, perto da fronteira egípcia e longe do confronto (veja o mapa no Apêndice i).

Taylor e o resto do alto escalão da Vitol rapidamente elaboraram uma proposta. Não era novidade para uma trading house enorme como a Vitol trocar uma commodity por outra, principalmente ao lidar com um cliente sem dinheiro. Com efeito, outros comerciantes também estavam competindo para participar do acordo com os rebeldes líbios. Mas a Vitol foi mais agressiva: estava disposta não apenas a lidar com o carregamento de combustíveis, mas também a conceder crédito aos rebeldes líbios — efetivamente emprestando-lhes dinheiro.[3]

A empresa tinha outra vantagem: suas conexões políticas em Londres e Washington. Taylor, um talentoso operador social com o carisma de um político nato, foi um dos principais doadores do Partido Conservador que estava no poder. Sua lista de contatos nas elites empresariais e políticas de Londres era inigualável. Apenas alguns meses depois, ele se juntaria a outros financistas em um jantar com o primeiro-ministro, na 10 Downing Street. "Obviamente, eu obtive permissão dos britânicos para entrar", Taylor lembraria mais tarde[4]

No Reino Unido, uma "Célula de Petróleo" secreta no Ministério das Relações Exteriores trabalhou para impedir que as forças de Gaddafi obtivessem combustível ou vendessem petróleo internacionalmente. Washington concedeu uma isenção de sanções para permitir que empresas norte-americanas comprassem petróleo líbio da Vitol. E, claro, havia o drone da OTAN.

Entretanto, enquanto Londres e Washington apoiavam a missão da Vitol, eles não estavam preparados para intervir abertamente em seu nome. Enquanto Taylor descia para aquilo que ainda era uma zona de guerra, ele sabia que, se algo desse errado, ele estaria sozinho.

A possibilidade de fogo antiaéreo por parte das forças de Gaddafi significava que um pouso convencional era muito arriscado; assim, o piloto desceu o mais rápido que o jato poderia mergulhar. Fora os dois guarda-costas contratados e Chris Bake, um neozelandês atarracado que dirigia as operações da Vitol no Oriente Médio, Taylor estava sozinho naquele pequeno avião.

Se a descida lhe revirou o estômago, o que o esperava em terra firme não ofereceu muito conforto. Na primavera de 2011, Benghazi era um lugar instável e sem lei. A cidade — basicamente um conjunto de prédios de concreto empoeirados agrupados em torno de uma lagoa fétida — estava localizada a apenas algumas centenas de quilômetros da linha de frente de um conflito em andamento. O ar estava carregado com os sons e odores da guerra. Hospitais com cheiro de putrefação estavam transbordando de amputados e outras vítimas. As ruas poeirentas estavam repletas de homens e meninos com fuzis Kalashnikov amarrados às costas.

À noite, apagões aleatórios deixavam a cidade sem eletricidade por horas a fio. Patrulhas de jovens fortemente armados haviam montado postos de controle nas estradas ao redor da cidade. Desse ambiente desordenado emergiria o grupo armado que, um ano depois, invadiria o consulado dos EUA e mataria Chris Stevens, o embaixador na Líbia.

Os cidadãos de Benghazi, exaustos por décadas de ditadura e meses de guerra, se escondiam em suas casas. Saif al-Islam, filho de Gaddafi, foi à televisão estatal para fazer um discurso de gelar o sangue, no qual prometia mais carnificina: "Lutaremos até o último homem, a última mulher, a última bala."[5]

Benghazi era, já há muito tempo, o centro da indústria petrolífera da Líbia. As reservas de petróleo mais ricas do país estavam localizadas em extensões desabitadas do deserto ao leste do país — mais perto de Benghazi do que de Trípoli, a capital, que seguia firmemente sob o controle de Gaddafi. A maioria dos campos petrolíferos foi sendo abandonada conforme os confrontos tomavam conta do país, e os principais geólogos e engenheiros de petróleo da Líbia se reuniam à noite na praça principal de Benghazi para discutir a situação de seu país. A alguns quilômetros de distância, encontrava-se a sede regional da companhia nacional de petróleo da Líbia, ao lado da carcaça escurecida de uma antiga delegacia de polícia que fora incendiada pelos rebeldes nos primeiros dias da insurreição.

Foi para lá que Taylor e Bake se dirigiram quando o avião pousou. O homem que os aguardava se chamava Nuri Berruien. Engenheiro veterano, Berruien estava se preparando para a aposentadoria logo antes de a guerra civil estourar. Já na primavera de 2011, ele administrava a filial rebelde da companhia nacional de petróleo da Líbia, fechando o acordo que poderia salvar a revolução.

Se Taylor iria lidar com os rebeldes, ele queria saber quem estava do outro lado da transação. Ele sabia, por décadas de experiência no Oriente Médio, que uma garantia pessoal poderia ser mais importante do que um contrato cuidadosamente elaborado. E, de qualquer forma, de pouco serviria um contrato quando se tratava de um governo rebelde operando em ministérios improvisados a mil quilômetros da capital do país.

Taylor estava satisfeito. O homem do outro lado de um dos negócios mais arriscados da Vitol não era um lunático enlouquecido pela guerra, mas um profissional da indústria do petróleo. Ele apertou suas mãos e voltou para Londres. "Foi uma aposta, mas uma aposta razoável", ele diria mais tarde. Por outro lado, Berruien também estava contente: a Vitol havia lhe oferecido "as melhores condições", e nem se preocupou em pedir um seguro de guerra.[6]

Quase imediatamente, a intervenção da Vitol alterou a balança da guerra. Garantir combustível suficiente sempre foi um determinante crucial para a vitória nas extensões desérticas vazias do Norte da África. Foi aqui, durante a Segunda Guerra Mundial, que o exército de Erwin Rommel, o general alemão popularmente conhecido como "A Raposa do Deserto", fracassou depois de ficar sem combustível.

Agora, o exército rebelde da Líbia tinha combustível suficiente para evitar o destino de Rommel. Graças à Vitol, eles poderiam alimentar seus tanques e "táticos" — a combinação improvisada de uma caminhonete com uma metralhadora soldada na caçamba, que era o veículo preferido dos militares rebeldes.[7]

Apesar do apoio aéreo da OTAN e da ajuda financeira do Catar, os rebeldes não conseguiram avançar além de sua fortaleza na área ao redor de Benghazi. Na época da visita de Taylor, durante a primavera de 2011, seu território abrangia apenas a região leste de Benghazi e uma faixa de litoral que seguia por 150 quilômetros a sudoeste.

O principal objetivo estratégico era tomar as cidades petrolíferas mais a oeste — Marsa al-Brega, Ras Lanuf e Es Sider —, por meio das quais os partidários de Gaddafi ainda controlavam o acesso às riquezas petrolíferas da Líbia. Após as primeiras entregas de combustível da Vitol, Marsa al-Brega caiu nas mãos dos rebeldes em 17 de julho. Em poucas semanas, eles tomaram Ras Lanuf e Es Sider, e de lá assumiram o controle dos campos petrolíferos da bacia de Sirte, local onde o petróleo foi descoberto pela primeira vez na Líbia em 1959. Em outubro, encurralaram os partidários de Gaddafi em uma pequena região a oeste de Sirte. Um dia, por fim, um grupo de combatentes rebeldes surpreendeu o comboio de Gaddafi, e o homem que governou a Líbia com mãos de ferro por quatro décadas fugiu, procurando abrigo em um cano de esgoto. Os rebeldes o arrastaram para fora e o espancaram até a morte — um momento horrível de triunfo que foi filmado em um telefone celular e transmitido para todo o mundo.

Para a Vitol, no entanto, a vitória ainda estava longe. Os planos da empresa começaram a dar errado apenas alguns dias depois que Taylor e Berruien apertaram as mãos em Benghazi, na primavera. Apesar da promessa de que a existência do acordo permaneceria em segredo, logo se tornou público que os rebeldes concordaram em vender seu petróleo para receber combustível em troca. Em resposta, as forças de Gaddafi enviaram homens pelo deserto para explodir o oleoduto essencial Sarir-Tobruk, que ligava os campos de petróleo controlados pelos rebeldes a um terminal de exportação na costa do Mediterrâneo — o local onde a Vitol havia previsto receber o petróleo bruto que estava aceitando como pagamento. "Esse foi o fim das suas exportações de petróleo por um tempo", lembra Bake, de modo sombrio.[8]

Taylor tinha um dilema em mãos. Não havia mais como a Vitol ser paga com remessas de petróleo. Cada carregamento de combustível que a trading house entregasse representaria uma exposição financeira cada vez maior aos rebeldes, que não tinham governo ou banco central, além de pouca reputação internacional. Se Taylor continuasse a supri-los, estaria, de fato, apostando a sua empresa na vitória dos rebeldes.

Ele decidiu assumir o risco. Até então, ele havia passado trinta anos construindo uma rede no Oriente Médio. Se optasse por desistir do acordo com os rebeldes da Líbia, decepcionaria não somente eles, como também os seus contatos de longa data no Catar — país que há muito vinha sendo uma fonte lucrativa de negócios para a Vitol.

Há traders rivais que acreditam que possa ter havido outra razão pela qual Taylor se sentiu confortável em manter o acordo com os rebeldes líbios: Gaddafi tinha bilhões de dólares congelados em contas bancárias no Ocidente. Se a guerra tivesse terminado mal para o acordo da Vitol, os amigos que Taylor mantinha nos governos ocidentais poderiam assegurar que a empresa seria reembolsada com esses recursos congelados. (Em setembro de 2011, US$300 milhões em ativos líbios no Ocidente foram descongelados para ajudar a pagar a Vitol.)[9] "Não tínhamos garantias de ninguém", insiste David Fransen, presidente da Vitol na Suíça e um dos parceiros mais antigos de Taylor. "Apenas recebemos alguns 'Vocês vão ficar bem, apenas façam a sua parte'."[10]

Nos meses subsequentes, os petroleiros da Vitol transportaram carga após carga. Os barcos entravam nos portos da Líbia à noite com ordens para completar o descarregamento e sair às escondidas novamente antes do amanhecer. Às vezes, os confrontos aconteciam ao alcance dos ouvidos da tripulação do navio, que se encontrava sobre centenas de milhares de barris de combustível altamente inflamável.

A cada remessa, as apostas se tornavam mais altas para a Vitol. Ao longo de cinco meses, a trader despachou trinta carregamentos de gasolina, diesel, óleo combustível e gás liquefeito de petróleo para a Líbia. A certa altura, enquanto todos esperavam que a guerra terminasse e a produção de petróleo recomeçasse, o valor devido pelo governo rebelde à Vitol subiu para mais de US$1 bilhão — uma quantia grande o suficiente para ameaçar a sobrevivência da trader, que teria dificuldade de se recuperar caso a guerra terminasse de forma diferente. "Foi um acordo que, para ser honesto, ficou muito maior do que deveria", disse Taylor. "Poderia ter dado muito, muito errado."[11]

É impossível dizer como a guerra civil na Líbia teria terminado se a Vitol não assumisse o acordo de entregar combustível aos rebeldes e de continuar entregando mesmo depois de não poder ser reembolsada. Talvez outro trader de commodities tomasse o lugar da Vitol? Talvez o governo do Catar encontrasse outra maneira de levar combustível para os rebeldes?

Mas uma coisa é difícil contestar: sem US$1 bilhão em combustível naquele momento de necessidade, os rebeldes certamente teriam sido derrotados. "O combustível da Vitol era muito importante para os militares", disse Abdeljalil Mayuf, funcionário da Arabian Gulf Oil em Benghazi, controlada pelos rebeldes, em 2011.[12] Não foi a primeira vez que um comerciante de petróleo moldou a história do Oriente Médio, e não seria a última.

Para a Líbia, no entanto, a história não teve um final feliz. Nos anos depois que Taylor voou para Benghazi, o país passou de um conflito para outro. A morte de Gaddafi não encerrou os conflitos: guerrilheiros locais de leste a oeste no país continuaram a batalhar pelos recursos petrolíferos. Em 2014, a Líbia mergulhou em uma segunda guerra civil — que, no momento desta escrita, ainda está latente. E a queda de Gaddafi teve efeitos desestabilizadores mais amplos em toda a região, pois o arsenal do exército líbio foi contrabandeado para zonas de conflito, dentre as quais a Síria, onde o grupo terrorista Estado Islâmico estava começando a se firmar.[13]

À medida que os cadáveres se acumulavam na Líbia e os efeitos da guerra civil se espalhavam pelo Oriente Médio, Taylor passou a questionar a sensatez de sua intervenção. "É difícil saber se acertamos", disse ele a um entrevistador em 2019. "Eu estava pensando na Líbia outro dia e fiquei muito chateado com isso — talvez não devêssemos ter feito aquele acordo."[14]

Os negócios da Vitol na Líbia demonstram o enorme poder que os traders de commodities exercem no mundo contemporâneo. Poucos de nós experimentam o poder deles tão diretamente quanto os líbios o fizeram, mas, quer saibamos ou não, somos todos clientes deles. A maioria de nós dá como certa a facilidade com que podemos abastecer nossos carros, comprar um novo smartphone ou pedir uma xícara de café colombiano. Mas sustentando quase todo o nosso consumo está um comércio internacional frenético de recursos naturais. E sustentando esse comércio, dos escritórios em cidades pacatas na Suíça ou na Nova Inglaterra, estão os traders de commodities.

Pouco notados e escrutinados, os traders de commodities tornaram-se peças essenciais na economia atual. Sem eles, os postos de gasolina ficariam sem combustível, as fábricas parariam e as padarias ficariam sem farinha. Eles são, nas palavras de Ludwig Jesselson — um dos pioneiros do setor — um "centro coordenador internacional de bens essenciais".[15]

Essa influência não se limita à economia: o controle dos traders de commodities sobre o fluxo dos recursos estratégicos do mundo também os transformou em poderosos agentes políticos. Para compreender as interações entre dinheiro e poder no mundo contemporâneo, para ver como o petróleo e os metais fluem de países ricos em recursos enquanto o dinheiro flui para dentro dos bolsos de magnatas e cleptocratas, você precisa compreender os traders de commodities. Eles costumam dizer que são apolíticos, motivados pelo lucro e não pela busca do poder. Mas há pouca dúvida de que, como mostram os acordos da Vitol com os rebeldes da Líbia, eles moldaram a história.

No Iraque, os traders de commodities ajudaram Saddam Hussein a vender petróleo, contornando as sanções da ONU; em Cuba, trocaram açúcar por petróleo com Fidel Castro, ajudando a manter viva a revolução comunista; e venderam secretamente milhões de toneladas de trigo e milho dos EUA para a União Soviética, sustentando Moscou no auge da Guerra Fria. Quando Igor Sechin, chefe da gigante petrolífera russa Rosneft e aliado do presidente Vladimir Putin, precisou levantar US$10 bilhões em pouco tempo, para quem ele ligou? Para os traders de commodities.

Eles são os últimos aventureiros do capitalismo global: dispostos a fazer negócios onde outras empresas não ousam colocar os pés e prosperando por meio de uma mistura de crueldade e charme pessoal. Mas, embora a importância dos traders de commodities tenha crescido nas últimas décadas, seu número permaneceu relativamente pequeno: grande parte dos recursos comercializados no mundo é administrada por apenas algumas empresas, muitas delas pertencentes a apenas algumas pessoas. As cinco maiores trading houses de petróleo movimentam, diariamente, 24 milhões de barris de produtos brutos e refinados, como gasolina e combustível de aviação, o que equivale a quase um quarto da demanda mundial de petróleo.[16] Os sete principais traders agrícolas lidam com pouco menos da metade dos grãos e oleaginosas do mundo.[17] A Glencore, a maior trader de metais do mundo, responde por um terço da oferta mundial de cobalto, uma matéria-prima crucial para veículos elétricos.[18] Mas mesmo esses números subestimam o papel dos traders: como os participantes mais rápidos e agressivos do mercado, muitas vezes são seus negócios que determinam os preços.

Como jornalistas que vêm cobrindo recursos naturais nas últimas duas décadas, ficamos impressionados com o poder e a influência concentrados nas mãos de apenas alguns traders de commodities, e igualmente surpresos com o pouco que se sabe sobre eles — principalmente por parte dos reguladores e governos. Até certo ponto, isso é proposital. Em sua maioria, os traders de commodities são empresas privadas, com menos obrigação de divulgar informações sobre as próprias atividades do que suas contrapartes listadas publicamente. Tradicionalmente, muitos têm visto o seu acesso superior à informação como uma vantagem competitiva — e, portanto, fizeram um grande esforço para evitar fornecer qualquer informação sobre si mesmos. Como Ian Taylor, que morreu em 2020, disse enquanto se sentava conosco para uma entrevista para este livro: "Preferiríamos que você não o escrevesse."[19]

Assim, o setor permaneceu oculto nas sombras, exceto pelas estranhas ondas de interesse — geralmente quando os preços sobem ou quando surge um escândalo. Em três quartos de século, apenas um punhado de livros foi escrito a respeito. E os jornalistas, com poucas exceções, desistiram de tentar escrever sobre empresas que recebem suas perguntas com uma parede de silêncio (e, ocasionalmente, com cartas legais ameaçadoras).

Isso é algo que experimentamos em primeira mão trabalhando para o *Financial Times* e a Bloomberg News. Quando começamos a escrever sobre commodities no início dos anos 2000, ficamos intrigados com os traders. Muitas pessoas na indústria de recursos naturais pareciam acreditar que eles eram a mão oculta por trás de movimentos de preços ou eventos políticos. No entanto, quase nunca apareciam em público ou nas páginas dos jornais. Poucos de nossos colegas já tinham ouvido falar sobre eles, quanto menos falado com eles.

Nossa curiosidade só aumentou quando tentamos entrar em contato pela primeira vez. A Glencore havia designado um de seus financistas internos para dizer aos jornalistas, educadamente, mas com firmeza, que eles poderiam levar suas perguntas para outro lugar. Sua primeira tática foi tentar nos persuadir de que o nosso interesse estava equivocado. (A Glencore já era, naquela época, a maior trader de commodities do mundo.) "Somos uma empresa pequena que não interessa a ninguém", disse. Em seguida, recomendou que seria melhor gastar nosso tempo escrevendo sobre empresas mais interessantes.

Louis Dreyfus, um dos maiores traders de commodities agrícolas, empregou uma técnica ainda mais simples. Deu aos jornalistas o endereço de e-mail e o número de telefone de um executivo para entrarem em contato e fazerem suas perguntas. Mas o telefone nunca foi atendido e os e-mails nunca foram respondidos. Quando, após semanas de tentativas infrutíferas, aquele executivo evasivo finalmente atendeu o telefone, ele disse que sim, é claro que tinha visto nossos e-mails. Por que, então, ele não havia respondido, nem mesmo com um "sem comentários" — há tanto tempo a resposta favorita de um relações-públicas inflexível? Sua ausência de resposta, ele replicou enigmaticamente, deveria ter sido tomada como uma forma de resposta em si. Então, ele desligou.

Este livro surgiu do desejo de entender e explicar essas empresas e indivíduos enigmáticos. Tivemos sorte com o nosso timing: esse interesse surgiu em um momento em que os traders de commodities estavam saindo das sombras. O mais impressionante é que a Glencore abriu capital em 2011, na maior cotação de todos os tempos no mercado de Londres — um movimento que a forçou a começar a ser mais transparente em relação às finanças e a se submeter às perguntas dos investidores e da mídia. Seus concorrentes também começaram a contratar consultores de relações públicas, publicando informações sobre suas finanças e concedendo entrevistas a jornalistas.

Em mais de um ano de pesquisa para este livro, entrevistamos mais de cem traders de commodities ativos e aposentados. Alguns nos recusaram, mas a maioria se dispôs a falar, talvez encorajados pela passagem do tempo a abrir seu mundo para pessoas de fora. Conversamos com mais de duas dúzias de atuais e ex-parceiros da Glencore, com todos os fundadores da Trafigura ainda vivos, e com uma dúzia de atuais e ex-executivos da Vitol. O processo de realização dessas entrevistas trouxe seus próprios insights sobre as riquezas que o comércio de commodities gerou. Entrevistamos Andy Hall — que tem uma boa alegação de ser o mais famoso trader de petróleo ainda vivo do mundo — em seu castelo de mil anos, todo decorado com arte moderna, perto de Hanover. Outro trader de petróleo aposentado nos convidou para a sua coudelaria nos condados ingleses. Um terceiro nos hospedou em seu chalé em uma estação de esqui suíça exclusiva.

Muitos da atual safra de trading houses de commodities foram mais cautelosos em suas interações conosco, embora todas as principais traders nos concedessem uma reunião, com exceção da Archer Daniels Midland. Os principais executivos de cada uma das maiores traders de petróleo, metais e agricultura nos deram uma entrevista. Alguns foram mais acessíveis do que outros. Ivan Glasenberg, o chefe da Glencore, cuja empresa estava, no momento da pesquisa, sendo investigada pelo Departamento de Justiça dos EUA por corrupção e lavagem de dinheiro, nos convidou para uma entrevista no último andar da sede suíça da empresa. Então, com seu advogado de um lado e seu relações-públicas do outro, ele desviou de nossas perguntas por cinco horas conflituosas, insistindo que grandes porções da nossa conversa não poderiam ser citadas.

A história contada neste livro é baseada principalmente em todas essas entrevistas. Quando relatamos eventos ou encontros históricos, baseamo-nos nos relatos de pelo menos uma pessoa envolvida. Quando pessoas diferentes diferiam nas lembranças dos detalhes, nós procuramos registrar isso no texto.

Os traders sempre foram totalmente honestos conosco? Deixaremos o leitor julgar. Quando se trata dos recantos mais duvidosos do negócio de commodities, recebemos uma ampla variedade de respostas. Um ex-trader da Glencore começou a conversa conosco com as seguintes palavras: "O que vou lhes contar aqui não será toda a verdade, e nada além da verdade. E há coisas que eu simplesmente não vou contar." Outro trader encerrava a conversa sempre que ela se voltava para os momentos mais infames de sua carreira. Mas ele não seria um bom jogador de pôquer. Quando perguntamos como ele conseguiu assegurar um acordo de petróleo tão lucrativo na Nigéria, ou no Irã, um sorriso cintilou em seu rosto e seus olhos brilharam com tudo que não foi dito.

Não nos baseamos apenas nos relatos dos próprios traders. Este livro é o produto de vinte anos de aprendizado sobre os traders de commodities, afinal. Nesse período, não apenas conhecemos e entrevistamos centenas deles, mas também viajamos para dezenas de países, desde a Líbia devastada pela guerra até o cinturão agrícola dos EUA, para conversar com as pessoas que fazem negócios com os traders, os oficiais do governo que interagem com eles e com os cidadãos comuns que são afetados por suas atividades. Também reunimos milhares de páginas de documentos, muitos dos quais nunca foram publicados, detalhando as finanças dos traders, as redes de empresas que eles possuem e a estrutura de seus negócios.

*

O termo "trader de commodities" evoca uma variedade de imagens, desde os ruidosos polos de comércio de Chicago até os bancos de telas de computador em um pregão de Wall Street. Mas o foco deste livro está direcionado às empresas e aos indivíduos cujo negócio é comprar e vender commodities físicas. São eles que controlam o fluxo de recursos naturais ao redor do mundo; é em suas mãos que se concentra um tipo quase único de poder político e econômico.

Essa definição exclui os bancos e fundos de hedge de Wall Street, que apostam grandes somas em movimentações de preços sem nunca chegar perto de um barril de petróleo real, um alqueire de trigo ou uma tonelada de cobre. Também exclui as grandes mineradoras e companhias de petróleo que têm redes sofisticadas em todo o mundo para vender minério de ferro, cobre ou petróleo, mas não considerariam como parte do seu negócio a compra e venda de commodities que não produziram.

É claro que a categoria de trader de commodities é um tanto confusa nas margens: algumas grandes companhias de petróleo, como BP e Shell, também são grandes traders para além do petróleo que é produzido nos campos que possuem. Bancos como Goldman Sachs e Morgan Stanley, em vários momentos da história, também foram negociadores significativos de commodities físicas. O Japão também tem uma longa história de empresas de trading, o *sogo shosha*, cujo principal papel tem sido garantir as importações de recursos naturais necessários para as fabricantes japonesas, mas que também acabaram se interessando pelo comércio internacional de commodities — ocasionalmente com consequências desastrosas.

Embora alguns desses exemplos eventualmente apareçam na nossa narrativa, nosso foco está nas empresas e indivíduos cuja atividade principal não é produzir nem consumir commodities, mas comercializá-las. Estas são as empresas às vezes conhecidas como "traders independentes" ou "trading houses". Ainda assim, não podemos esperar fornecer um relato exaustivo de todos os traders de cada commodity da história. Em vez disso, nos concentramos nas empresas que dominaram os mercados de petróleo, metais e agricultura nos últimos 75 anos e que tiveram um papel crítico no desenvolvimento da economia global.

Muitas dessas empresas pertencem a uma única dinastia corporativa. Embora a Glencore domine o comércio de commodities hoje, na década de 1980 foi a Marc Rich + Co que desempenhou o papel dominante e, nas décadas de 1960 e 1970, a Philipp Brothers. Essas empresas têm uma conexão quase familiar: Marc Rich foi trader sênior da Philipp Brothers antes de sair para fundar a empresa que carrega o seu nome; e a Marc Rich + Co foi renomeada como Glencore quando os principais traders expulsaram Rich da empresa que ele mesmo havia fundado.

Hoje, a Glencore é a maior trader de metais e de trigo do mundo, e uma das três maiores traders de petróleo. A empresa emergiu da sombra de Marc Rich para se tornar uma gigante de excelência. De um prédio modesto em uma pacata cidade suíça, ela tem interesses que vão do trigo canadense ao cobre peruano, passando pelo petróleo russo. Aqui, os traders são imagens espelhadas de seu chefe, Glasenberg — eles falam no mesmo tom cuidadoso, juntam-se a ele nas corridas matinais, e muitos são, como ele próprio, sul-africanos com formação em contabilidade. E eles combinam com a ética de trabalho incansável de um homem que não pensa duas vezes ao ligar para um jornalista às 6h da manhã de um domingo para discutir uma história. A Trafigura pertence à mesma dinastia. Ela foi fundada por um grupo de ex-funcionários insatisfeitos de Marc Rich que saíram por conta própria em 1993. A empresa, atualmente a segunda maior trader de petróleo e metais do mundo, manteve a mentalidade de azarão, bem como um senso de estilo francês herdado de seu fundador, Claude Dauphin.

No que se refere ao petróleo, a principal trader é a Vitol, cujos executivos irradiam a confiança do establishment britânico — como convém a uma empresa cujo escritório fica a poucos metros do Palácio de Buckingham e cujo CEO de longa data, Ian Taylor, era um frequentador regular da 10 Downing Street.

Na agricultura, a Cargill impera. A empresa norte-americana, que é a maior comercializadora de grãos do mundo, traz consigo a tranquila autoconfiança das gerações de riqueza do Centro-oeste sobre as quais foi construída. Como a maior trading house que está há mais tempo no auge de sua indústria, ela é também a mais corporativa — com o próprio arquivista e a própria história de empresa autorizada, que já alcança três volumes, com uma extensão total de 1.774 páginas.

Dentro dessas empresas, há um elenco extraordinário de personagens: trabalhadores maníacos, extremamente inteligentes, surpreendentemente agradáveis e especialmente focados em ganhar dinheiro. As mulheres, por sua vez, são praticamente ausentes na indústria de comércio de commodities. Essas empresas fazem os bancos de Wall Street parecerem progressistas no quesito diversidade de gênero. A Glencore era o último membro do índice FTSE 100 do Reino Unido de empresas líderes a terem um conselho totalmente masculino, antes de nomear sua primeira diretora em 2014.[20] Menos de um em cada vinte executivos seniores no setor de comércio de commodities são mulheres.[21] Algumas das maiores traders de commodities, como Vitol e Trafigura, não têm uma única mulher entre os principais executivos. A Glencore, em seu relatório anual publicado em março de 2020, disse que não atingiria a meta estabelecida pelos investidores de ter um terço de sua alta administração composta de mulheres até o final do ano: "Ainda hoje achamos difícil ter cargos de alto escalão preenchidos por... mulheres."[22] Não é apenas na diversidade de gênero que os traders de commodities ficam para trás: os escalões superiores não apenas são predominantemente masculinos, mas também predominantemente brancos.

O negócio básico dos traders de commodities é incrivelmente simples: comprar recursos naturais em um determinado lugar e hora, e vendê-los em outro — possivelmente lucrando no processo. Seu papel existe porque a oferta e a demanda de commodities geralmente não são correspondentes. A maioria das minas, fazendas e campos petrolíferos não está localizada no mesmo lugar que os compradores de seus produtos. E nem todo minerador de cobre ou produtor de soja pode se dar ao luxo de ter uma rede de escritórios em todo o mundo para vender seus produtos. Além disso, na maioria das vezes, os mercados de commodities estão com excesso ou falta de oferta. Os traders, sempre ágeis e flexíveis, estão sempre prontos para tirar uma commodity das mãos do produtor, desde que o preço seja justo, ou fornecê-la ao consumidor que estiver disposto a pagar. Para um exemplo de como isso funciona na prática, basta olhar para a queda do preço do petróleo em 2020. À medida que a pandemia do coronavírus se espalhava pelo mundo, suspendendo voos e forçando as pessoas a ficarem em casa, o preço do petróleo despencou vertiginosamente, ficando brevemente abaixo de zero pela primeira vez na história. E assim os traders entraram em cena, comprando petróleo a preços extremamente baratos e armazenando-o até que a demanda se recuperasse. Alguns até conseguiram comprar barris a preços negativos, o que significa que os produtores tiveram que pagar para tirá-los de suas mãos.

Os traders de commodities são arbitradores por excelência, tentando explorar uma série de diferenças de preços. Como eles estão constantemente fazendo negócios para comprar e vender, eles geralmente são indiferentes se os preços das commodities em geral sobem ou descem. O que importa para eles é a disparidade de preços — entre diferentes locais, diferentes qualidades ou formas de um produto e diferentes datas de entrega. Ao explorar essas diferenças de preços, eles ajudam a tornar os mercados mais eficientes, direcionando os recursos para seus maiores valores de uso em resposta aos sinais de preço. Eles são, nas palavras de um acadêmico, a manifestação visível da mão invisível de Adam Smith.[23]

À medida que cresceram, eles também se tornaram importantes canais de financiamento para o comércio global — uma espécie de setor bancário paralelo que está disposto a pagar adiantado aos produtores de petróleo pelo seu produto, ou fornecer cobre aos fabricantes a crédito. Como Jim Daley, ex-chefe de negociação de petróleo da Marc Rich + Co, coloca: "O petróleo é apenas uma forma de dinheiro."[24] Mas apesar de este livro falar sobre a ascensão dos traders de commodities na segunda metade do século XX, ele também conta uma história mais ampla. Sua narrativa oferece uma visão de como o mundo atual funciona — um mundo onde o mercado é soberano, onde as empresas internacionais parecem ser capazes de ignorar quase todas as tentativas de regulamentação e onde os titãs das finanças globais detêm mais poder do que alguns políticos eleitos.

O trading de commodities é tão antigo quanto o próprio comércio, mas a indústria de trading só começou a tomar sua forma atual nos anos após a Segunda Guerra Mundial. Essa foi a época em que as tradings se tornaram verdadeiramente globais pela primeira vez — e, essencialmente, quando o petróleo começou a se tornar uma commodity negociável. Enquanto seus antecessores operavam em nichos estreitos, a partir da década de 1950 os traders de commodities de repente se viram na crista de uma enorme onda de crescimento econômico global. À medida que os EUA alcançaram o status de superpotência, eles incentivaram o trade em todo o mundo — e os primeiros traders foram seus emissários. O comércio mundial de bens manufaturados e recursos naturais, em dólares, subiu de menos de US$60 bilhões logo após a Segunda Guerra Mundial para mais de US$17 trilhões em 2017 — um quarto dos quais era composto de commodities.[25]

E à medida que a prosperidade econômica se espalhava para além dos EUA e da Europa, os traders de commodities lideravam a investida. Eles estavam entre as primeiras empresas ocidentais a abrirem escritórios em países como Índia, Rússia, China e Indonésia, muitos anos antes de outros investidores descobrirem o conceito de "mercados emergentes". "Não é para os fracos de coração", afirma David MacLennan, executivo-chefe da Cargill. "A história da Cargill tem sido ir a lugares onde as outras pessoas não vão. É aí que estão as oportunidades. Se houver crises, ameaças ou fatores de alto risco, isso significa que há oportunidade."[26]

No centro da história deste livro estão quatro acontecimentos que moldaram a economia global em favor dos traders de commodities. O primeiro foi a abertura de mercados que antes eram rigidamente controlados — acima de tudo, o do petróleo. O domínio das grandes companhias petrolíferas, conhecidas como as "Sete Irmãs", foi afrouxado pela onda de nacionalizações que tomou conta dos países do Oriente Médio na década de 1970. Subitamente, o petróleo que estava preso na cadeia de suprimentos de uma única empresa, do poço à refinaria e ao posto de gasolina, era livremente negociável, e os preços que haviam sido fixados começaram a ser movidos. Líderes no Oriente Médio e na América Latina agora tinham petróleo para vender, e os traders de commodities lidavam com eles indiscriminadamente. Nesse processo, eles ajudaram a criar uma nova forma de poder global, o petro-Estado.

O segundo foi o colapso da União Soviética em 1991, que, de um só golpe, redesenhou uma rede global de relações econômicas e filiações políticas. Mais uma vez, os traders de commodities entraram com tudo, levando a lei do mercado para o que antes eram economias planejadas. Em meio ao caos, eles se tornaram vitais para minas e fábricas que passavam por dificuldades, até mesmo sustentando governos inteiros. Em troca, conseguiram garantir o acesso aos recursos naturais em condições extremamente vantajosas.

O terceiro foi o espetacular crescimento econômico da China na primeira década do século XXI. À medida que a economia chinesa se industrializava, criava-se uma enorme demanda por commodities. Em 1990, por exemplo, a China consumiu a mesma quantidade de cobre que a Itália; atualmente, cada tonelada de cobre do planeta vai para uma fábrica chinesa.[27] E a transição das populações rurais da China para as cidades gerou toda uma nova demanda por importações de alimentos e combustível. O resultado foi mais um salto no comércio internacional de commodities, seguido por uma grande alta nos preços. À medida que os traders vasculhavam o mundo em busca de commodities para alimentar essa demanda insaciável, eles ajudaram a forjar novas relações econômicas entre a China e países ricos em recursos na América Latina, Ásia e África.

O quarto foi a financeirização da economia global e o crescimento do setor bancário, a partir da década de 1980. Enquanto seus predecessores precisariam ter capital suficiente para pagar por todo carregamento de metal ou de grãos que comprassem, os traders contemporâneos poderiam, subitamente, usar dinheiro emprestado e garantias bancárias, permitindo-lhes negociar em quantidades muito maiores e reunir quantias muito mais elevadas de dinheiro.

O resultado direto desses quatro desenvolvimentos foi uma extraordinária expansão na riqueza e poder de um punhado de empresas e indivíduos que dominam o comércio global de commodities. O objetivo dos traders é obter uma pequena margem de lucro a partir de um grande volume de negócios. E esse volume é realmente enorme: em 2019, os quatro maiores traders de commodities faturaram US$725 bilhões — mais do que o total de exportações do Japão.[28] Os lucros do setor foram igualmente impressionantes. A Marc Rich + Co ganhou tanto dinheiro na crise do petróleo de 1979 que viria a ser classificada como uma das dez empresas mais lucrativas dos Estados Unidos. Na década do boom de commodities liderado pela China até 2011, os lucros combinados dos três maiores traders de commodities foram maiores do que os de gigantes muito conhecidos do comércio global, como Apple e Coca-Cola (veja a tabela no Apêndice ii).

O que é ainda mais notável é que esses lucros foram compartilhados entre um grupo muito pequeno de pessoas. Os traders de commodities, com poucas exceções, permaneceram privados, dividindo seus lucros entre um punhado de sócios ou fundadores e gerando uma riqueza fantástica para esses indivíduos. A Vitol, ainda de propriedade exclusiva de seus funcionários, distribuiu mais de US$10 bilhões aos acionistas apenas na última década. A família proprietária da Cargill contém nada menos que quatorze bilionários — mais do que qualquer outra família no mundo.[29] Louis Dreyfus, a histórica trader de grãos, pertence quase inteiramente a apenas uma pessoa. A Glencore produziu nada menos que sete bilionários quando abriu seu capital em 2011.

Esse coquetel de fortunas, somado aos recursos de importância estratégica e a uma vontade de operar onde outros temem colocar os pés, não ofereceu poucas oportunidades de trapaça entre os membros menos escrupulosos da indústria de trading de commodities. Isso foi possível graças a uma notável falta de regulamentação ou fiscalização governamental de suas atividades.

Uma das razões pelas quais as atividades dos traders de commodities escaparam da supervisão por tanto tempo é o fato de eles operarem nos cantos mais obscuros do sistema financeiro internacional. As commodities que transportam estão frequentemente em alto-mar, fora do alcance de qualquer regulador nacional; eles normalmente negociam por meio de empresas fictícias em jurisdições offshore; além disso, os traders se estabeleceram em lugares como Suíça ou Singapura, famosos por suas regulamentações brandas. Como disse um proeminente escritório de advocacia de Zurique: "As atividades de negociação de commodities dificilmente são regulamentadas na Suíça". A empresa em questão, Pestalozzi, está em uma posição privilegiada para saber disso em relação à maioria: seu homônimo, Peter Pestalozzi, trabalhou por três décadas como advogado da Marc Rich + Co e depois da Glencore, permanecendo no conselho de administração da empresa até 2011.[30]

Desse modo, quando os traders de commodities chegavam às manchetes, na maioria das vezes era por causa de irregularidades. O caso mais famoso, e o mais importante para moldar a percepção popular dos traders de commodities, é o de Marc Rich. Rich, que em muitos aspectos era o fundador da indústria de trading de commodities contemporânea, passou quase duas décadas como fugitivo da justiça dos EUA, tendo se escondido na Suíça depois de ser indiciado por evasão fiscal e por comércio com o Irã ao mesmo tempo em que dezenas de norte-americanos estavam detidos como reféns em Teerã.

Alguns dos traders que entrevistamos foram notavelmente francos sobre a reputação do setor em termos de suborno e corrupção. "Infelizmente, isso é algo que atormenta a indústria de commodities", disse Torbjörn Törnqvist, cofundador e executivo-chefe da trader de petróleo Gunvor. "Há muitos esqueletos, e muitos deles, a maioria deles, nunca virão à tona."[31]

Outro trader, que foi um dos sócios mais antigos da Glencore até 2002, nos contou calmamente sobre como costumava viajar regularmente para Londres com uma mala cheia de dinheiro. Naturalmente, ele apontou, naqueles dias pagar "comissões" era legal e dedutível para uma empresa suíça.[32]

Outros recorreram a chavões de relações públicas: a reputação de irregularidades da indústria está desatualizada, dizem, insistindo que têm políticas de "tolerância zero" em relação à corrupção. Certamente é verdade que as coisas mudaram. As "comissões" estrangeiras não são mais dedutíveis como antigamente; os bancos agora fazem perguntas mais severas antes de conceder empréstimos para as empresas; e muitos traders de commodities têm departamentos de compliance que atuam como policiais internos.

No entanto, o fluxo constante de narrativas — algumas delas extremamente recentes — que pintam o setor sob uma luz desfavorável sugere que, em muitos casos, os traders ainda estão dispostos a colocar a moralidade e as leis de lado para obter lucro. Da República Democrática do Congo e Costa do Marfim a Brasil e Venezuela, muitos dos maiores traders do mundo estão na mira dos promotores anticorrupção.

Contudo, os piores exemplos de comportamentos dos traders de commodities não definem toda a indústria. "Assim como nem todo produtor de Hollywood era um Harvey Weinstein, nem todo trader de commodities é corrupto", argumenta Mark Hansen, que administra uma trader de metais de médio porte.[33]

E a corrupção não é a única esfera em que a reputação dos traders de commodities está longe de brilhar. Graças às suas bases em jurisdições de baixa tributação, muitos dos traders pagaram poucos impostos sobre seus lucros extraordinários. Nas últimas duas décadas, a Vitol pagou apenas 13% em impostos sobre lucros de mais de US$25 bilhões.[34]

Além disso, em um mundo que está despertando para a realidade das mudanças climáticas, os traders têm demorado para reformar um negócio que ainda depende muito de commodities que poluem o meio ambiente. O carvão está entre os mais importantes geradores de lucros para a Glencore, que é a maior exportadora mundial da commodity. Glasenberg, que começou sua carreira no negócio de carvão e uma vez se gabou de que o mundo estava "com tesão por carvão",[35] ainda é um fã.[36] Petróleo e gás continuam sendo extremamente importantes para muitos dos principais traders. E nenhum dos nossos entrevistados pareceu estar eticamente preocupado com isso: os traders simplesmente argumentam que continuarão a comercializar combustíveis fósseis enquanto o mundo continuar a consumi-los. E mesmo que eles não estejam preocupados com o próprio impacto nas mudanças climáticas, as mudanças no debate público em relação aos combustíveis fósseis representam uma ameaça aos seus negócios.

Seja qual for o futuro, uma coisa é clara: os traders de commodities tornaram-se, nos últimos três quartos de século, atores extremamente importantes e influentes no mundo. Por muito tempo, suas atividades foram pouco compreendidas, e sua importância, subestimada.

Esperamos que este livro mude isso de alguma forma.

UM

OS PIONEIROS

Ao aproximar-se da fronteira soviética, Theodor Weisser estremeceu de medo.

Viajar da Europa Ocidental para a União Soviética em 1954 teria sido uma jornada assustadora para qualquer um, mas para Weisser exigia uma coragem especial. Como soldado do exército alemão, ele havia sido capturado pelas forças soviéticas na Segunda Guerra Mundial e feito prisioneiro na Frente Oriental.

Naquele momento, já na casa dos 40, mas com as memórias do tempo em um campo de prisioneiros soviético ainda presentes, esta seria sua primeira viagem à Rússia como um homem livre. No último instante, temendo que alguém que encontrara durante a guerra pudesse reconhecê-lo, comprou um boné vermelho e puxou a aba sobre os olhos.[1]

Weisser estava em território pioneiro, viajando para a capital do comunismo em uma época na qual a Guerra Fria dominava o discurso público no Ocidente. Desde um golpe apoiado pelos soviéticos na Tchecoslováquia em 1948, a Europa Ocidental ficou cada vez mais alarmada com a ameaça de uma União Soviética assertiva à sua porta. E os Estados Unidos estavam dominados pela "Ameaça Vermelha" estimulada pelas denúncias públicas feitas pelo senador Joseph McCarthy de suspeitos comunistas.

Mas Weisser não era o tipo de homem que se desencorajava facilmente. Ele partiu de Hamburgo determinado a comprar um pouco de petróleo e não iria embora sem um acordo. Ele percorreu as estradas largas e vazias de Moscou até um dos poucos hotéis onde os estrangeiros tinham permissão para ficar e aguardou que a burocracia soviética o notasse.

Ele não precisou esperar muito. Logo, conseguiu garantir um jantar com Evgeny Gurov, o chefe da Soyuznefteexport, a agência governamental que controlava o comércio de petróleo da União Soviética. Gurov foi um ideólogo que reconheceu antes de muitos outros o potencial do petróleo para ser utilizado como arma estratégica.[2] Weisser, por sua vez, não era motivado pela ideologia, mas pelo lucro. Sua empresa, Mabanaft, era uma distribuidora de combustível em toda a Alemanha Ocidental. E estava perdendo dinheiro. Weisser precisava encontrar novas fontes de petróleo para vender a seus clientes, e isso significava ir até onde poucos ousariam.

Não resta nenhum registro de onde os dois homens jantaram ou o que comeram, mas deve ter sido uma situação peculiar: um dos principais oficiais de comércio da União Soviética sentado à mesa com um ex-prisioneiro de guerra, brindando com seu novo conhecido sob os olhares atentos da KGB.

Houve um período de negociação, mas a perseverança de Weisser acabaria sendo recompensada: a Soyuznefteexport vendeu a ele uma carga de diesel para ser revendida na Alemanha Ocidental. No entanto, o pioneirismo do trader custaria caro, pelo menos no início. No retorno à Alemanha, sua disposição para lidar com o adversário da Guerra Fria fez com que ele fosse evitado por grande parte da indústria petrolífera. As companhias de navegação que ele vinha utilizando para transportar o combustível pelo país se recusaram a seguir fazendo negócios com ele, alegando que seus outros clientes não queriam fretar navios que houvessem transportado petróleo da União Soviética.[3]

Mas Weisser, um networker consumado dotado de um rosto largo e aberto e um sorriso cativante, sabia que havia conseguido a única coisa que importava de sua viagem a Moscou: um contato por trás da Cortina de Ferro. Seu primeiro acordo marcou o início de um relacionamento que continuaria por anos a fio, sustentando os lucros de seus negócios de trading. Em 1956, foi a vez de Gurov visitar Weisser e, em Munique, ele assinou um contrato de um ano para vender diesel à Mabanaft. Logo, a trader alemã também estaria comprando petróleo bruto dos soviéticos.

Os primeiros acordos com a União Soviética foram um triunfo pessoal para Weisser, uma prova de sua coragem, tenacidade e charme. Mas também eram um sinal de como o mundo estava mudando, e do papel cada vez mais central que traders de commodities como Weisser desempenhariam nele.

Após décadas de depressão econômica, estagnação e guerra, o mundo estava entrando em uma era de estabilidade e prosperidade econômica. Os horrores da guerra deram lugar a uma paz policiada pelo crescente poderio militar dos EUA — a Pax Americana. Enquanto as condições de vida em meados da década de 1940 eram marcadas por controles de preços e racionamento, na década de 1960 um número crescente de lares nos EUA, Europa e Japão podiam comprar televisores, geladeiras e carros. Entre 1950 e 1955, mais da metade dos lares norte-americanos compraram um televisor.[4]

Em todos os lugares, novas rotas comerciais estavam se abrindo, à medida que o nacionalismo e o protecionismo deram lugar ao livre comércio e aos mercados globais. A economia mundial crescia no ritmo mais rápido registrado até então, impulsionando um consumo cada vez maior de recursos naturais. Este período ficou conhecido como a Idade de Ouro do Capitalismo.[5] Weisser havia entendido que esse novo mundo trazia oportunidades sem precedentes para uma empresa cujos negócios se resumiam ao trading internacional — nunca antes um trader de commodities havia sido capaz de imaginar um quadro tão global.

E ele não estava sozinho. Em todo o mundo, uma nova geração de traders de commodities estava explorando as oportunidades criadas pela economia global em expansão. Em Nova York, Ludwig Jesselson, um jovem, brilhante e intenso trader de metais que fugiu para os EUA para escapar do antissemitismo da Alemanha nazista, teve uma visão semelhante. Ele levaria sua empresa, a Philipp Brothers, a tornar-se proeminente a ponto de enfrentar os maiores bancos de Wall Street, dando origem a uma família de empresas de tradings que ainda hoje domina os mercados globais de commodities.

Em Minnesota, John H. MacMillan Jr., um comerciante de grãos que assumiu a administração da empresa de sua família, estava determinado a mudar sua fortuna. Eventualmente essa empresa, a Cargill, se tornaria a maior corporação privada dos Estados Unidos, fazendo dos descendentes de MacMillan algumas das pessoas mais ricas do planeta.

Esses três homens foram os pais fundadores da indústria de trading de commodities atual. Enquanto seus antecessores se concentraram em nichos locais, eles próprios viram que o mundo inteiro estava se tornando um único mercado. Tudo estava à venda; compradores em potencial estavam por toda parte. Décadas antes de "globalização" se tornar uma palavra-chave para a economia, eles criaram negócios que se baseavam totalmente nessa noção, exceto pelo nome. À medida que o comércio internacional se expandia, tornando-se parte central da economia atual, suas empresas seriam seus guias, moldando-o ao mesmo tempo em que lucrava com ele — e forjando um modelo de negócios que definiria o setor de trading de commodities nas décadas que estavam por vir.

Nos vinte anos seguintes, o trading de commodities, de um pequeno negócio, seria transformado em uma das indústrias mais importantes da economia mundial. Traders como Weisser, Jesselson e MacMillan se tornariam modelos da nova ordem econômica, acumulando uma riqueza extraordinária e sendo recebidos em palácios presidenciais ao redor do mundo como os senhores dos recursos naturais da Terra.

Foi uma revolução que, em grande parte, passou despercebida pelos políticos e pelo público em geral. Somente após décadas de crescimento silencioso que o mundo entenderia o quão central os traders de commodities haviam se tornado para a economia global. Quando essa constatação veio, na década de 1970, acabou deixando as nações mais ricas do planeta de joelhos. De repente, os governantes acordariam para o fato de que os traders de commodities — um grupo que eles mal sabiam que existia — acumularam um poder sem precedentes sobre a energia, os metais e os alimentos do mundo.

A história do trading de commodities remonta aos primórdios da humanidade, quando os primeiros humanos colonizados começaram a comprar e vender pedras e metais, talvez em troca de grãos. De fato, a tendência de "comércio e escambo" — o trade — é vista por antropólogos como uma das atividades que marcaram as origens do comportamento humano atual.[6]

Mas as primeiras empresas de trading de commodities que guardavam alguma semelhança com os traders de hoje não apareceram até o século XIX. Durante séculos, bandos de comerciantes aventureiros viajaram pelo mundo em busca de recursos valiosos para vender em seus países — o mais bem-sucedido deles, a Companhia das Índias Orientais, governou o subcontinente indiano por várias décadas.

Com a Revolução Industrial, no entanto, o comércio de recursos se transformou. A invenção do navio a vapor significou que, pela primeira vez, o comércio de mercadorias por longas distâncias não estava à mercê dos ventos. O custo do transporte de mercadorias caiu vertiginosamente e, como resultado, tornou-se viável transportar não apenas chá, especiarias e metais preciosos por longas distâncias, mas também mercadorias de menor valor, como grãos e minérios. E o telégrafo inaugurou uma era de comunicações globais quase instantâneas. Em agosto de 1858, a primeira linha telegráfica do outro lado do Atlântico foi aberta, reduzindo imediatamente o tempo necessário para se entregar uma mensagem de Londres a Nova York de quase duas semanas para apenas alguns minutos.

Com esses desenvolvimentos tecnológicos, surgiram as primeiras empresas dedicadas ao trading de commodities. Os comerciantes surgiram para comprar e vender a sucata e os resíduos que eram os restos de produção da era industrial florescente. E os traders de grãos entregavam comida para as metrópoles em crescimento, repletas de trabalhadores famintos.

O comércio de metais do século XIX cresceu no coração industrial da Europa, dominado por três empresas alemãs: Aron Hirsch & Sohn, Metallgesellschaft, e Beer, Sondheimer & Co. Philipp Brothers, a empresa que Ludwig Jesselson viria a liderar, e que surgiu a partir dessa tradição alemã. Seu fundador, Julius Philipp, começou a fazer tradings em seu apartamento em Hamburgo, em 1901; em 1909, seu irmão Oscar mudou-se para Londres para fundar a Philipp Brothers.

Os primeiros traders de commodities agrícolas eram mais dispersos, com diferentes empresas surgindo para dominar determinadas regiões ou nichos de mercado. Nos celeiros do mundo, empresas de trading de grãos foram criadas para transportar trigo e milho das fazendas para as cidades. Nos Estados Unidos havia a Cargill, fundada quando o filho de um imigrante escocês abriu seu primeiro silo de grãos em 1865.

A indústria passou por momentos difíceis durante a Primeira e a Segunda Guerra Mundial. Na Europa, dinastias de trading inteiras foram perdidas, e as famílias por trás de algumas delas — muitas das quais eram judias — tiveram que fugir do avanço do exército nazista. Nem todos conseguiram fugir a tempo: Julius Philipp foi capturado na Holanda e morreu em 1944, em um campo de concentração no Norte da Alemanha.

O fim da guerra abriu um novo horizonte de oportunidades para os traders de commodities. As cidades arruinadas da Europa e da Ásia precisavam ser reconstruídas, e isso exigiria aço, cimento e cobre. O comércio de recursos naturais, que havia sido rigidamente controlado pelos governos durante a guerra, começaria aos poucos a se libertar nesta nova era de paz. E o domínio dos EUA no cenário mundial anunciaria uma nova era de crescimento e mercados abertos.[7]

Os pioneiros do trading de commodities tinham origens e criações muito diferentes — MacMillan havia nascido em uma família rica no

Centro-oeste dos Estados Unidos; Jesselson era filho de um lojista do Sul da Alemanha; e Weisser crescera em uma família de classe média em Hamburgo. O que eles compartilhavam, entretanto, era um instinto para o internacionalismo e uma vontade de viajar pelo mundo em busca de novas oportunidades. Na esteira da guerra, começaram a transformar suas empresas em negócios verdadeiramente internacionais, lucrando com a globalização da economia mundial ao mesmo tempo em que a moldavam.

Isso significava adotar uma perspectiva que muitos de seus sucessores na indústria do comércio de commodities ainda adotam: ir a todos os lugares, deixando de lado a política e, em muitos casos, a moralidade. Eles negociavam com países comunistas e capitalistas; com empresários locais vorazes ou burocratas do governo — o objetivo era obter lucro. Como declarou um dos primeiros traders da Philipp Brothers: "Uma das regras básicas da Philipp Brothers é que os negócios são supremos; assuntos políticos não são negócios."[8]

Dos três homens, foi Ludwig Jesselson quem mais personificou a abordagem itinerante dos primeiros traders. Com um olhar penetrante que exaltava o seu intelecto feroz, Jesselson havia chegado aos Estados Unidos em 1937 para escapar do antissemitismo que assolava a Europa. Ele rapidamente conseguiu um emprego no comércio de sucata na Philipp Brothers em Nova York; e, embora sua carreira incipiente tenha sido suspensa pela Segunda Guerra Mundial, sua ambição permaneceu inabalável.

Em 1946, já como trader sênior da Philipp Brothers e determinado a transformar a empresa em um negócio global, ele partiu em uma viagem ao redor do mundo. Na devastação deixada pela guerra, Jesselson, que na época tinha 36 anos e fervilhava de energia, viu apenas oportunidades. De Nova York, ele viajou para o Japão, Índia, Egito, Alemanha e Iugoslávia. Isso foi anos antes de as viagens aéreas comerciais através dos continentes se tornarem comuns, quando os voos eram irregulares, longos e atribulados.

Mas Jesselson não se incomodava com um pequeno desconforto. Descrito por um colega como a "vela de ignição da Philipp Brothers", ele tinha plena confiança na sua convicção de um futuro boom econômico.[9]

Ele decidiu contratar dezenas de novos traders e abrir escritórios em todo o mundo.

Com sua cabeça careca, energia sem limites e brilho intenso por trás dos óculos de aros grossos, Jesselson inspirava respeito e devoção para o seu grupo de jovens traders. "Todos nós víamos Jesselson como uma figura paterna, alguém que dava uma chance aos mais jovens", afirma David Tendler, que cresceu sob sua tutela e passou a dirigir a Philipp Brothers nas décadas de 1970 e 1980.[10]

Sob o comando de Jesselson, que assumiu a direção da empresa em 1957, a Philipp Brothers deixaria de ser uma negociante de sucata e minérios de médio porte, com uma equipe de cerca de cinquenta funcionários, para se tornar a principal trader de metais do mundo. E o DNA da empresa seria passado de uma geração de traders de commodities para a próxima, criando uma família de empresas de trading que segue definindo a indústria global de commodities.

Assim como Weisser havia feito com o petróleo, Jesselson foi pioneiro no comércio de metais com o mundo comunista. Uma das suas primeiras conquistas foi a Iugoslávia, para onde viajou em sua turnê mundial em 1946. A Philipp Brothers conseguiu um contrato com o monopólio estatal de metais Jugometal, para vender toda a sua produção de metais, ligando o governo socialista de Tito aos Estados Unidos capitalista.[11] Em 1950, essa relação valia de US$15 a 20 milhões em metais por ano — mais do que todas as vendas da empresa apenas alguns anos antes.[12]

No final da década de 1950, a Philipp Brothers também estava comprando ferroligas da União Soviética e ferro-gusa da Alemanha Oriental. Em 1973, foi capaz de se gabar em seu relatório anual de que "durante muitos anos fez negócios substanciais com a União Soviética, bem como com outros países do Leste Europeu". Como resultado, foi uma das dez primeiras empresas americanas autorizadas a estabelecer escritórios em Moscou.[13] Os traders chegaram a fornecer para os estoques militares dos EUA o metal de seus adversários da Guerra Fria. Para Jesselson, as implicações políticas eram irrelevantes: tudo o que importava era que se tratava de um negócio lucrativo.

John H. MacMillan Jr. era de um mundo diferente de Jesselson — ele era mais de uma década mais velho e havia crescido em uma próspera família de origem escocesa no Centro-oeste. Mas os dois homens compartilhavam de uma paixão pelo negócio do trading e de uma energia incansável que esgotava todos aqueles que tentavam acompanhá-los.

MacMillan — conhecido por todos como John Junior — nasceu inserido no trade de commodities. Seu pai havia dirigido a Cargill antes dele, e sua educação ocorreu na Câmara de Comércio de Minneapolis, onde os traders gritavam ordens uns para os outros. Foi uma formação difícil, mas também essencial: na Cargill, não havia insulto maior do que ser considerado um "empresário" em vez de um "trader".

Sempre elegante, com um queixo quadrado e bigode aparado, ele parecia a parte da cabeça de uma empresa familiar. Mas, por trás da sua postura de Centro-oeste, havia um empresário determinado com uma veia criativa. Ele era uma "pessoa imensamente inquieta, que estava constantemente inventando e criando coisas", segundo o relato de seu filho. "Para o meu pai, a empresa vinha em primeiro lugar, antes mesmo da família."[14]

No início dos anos 1950, ele percebeu que a empresa precisava de uma nova direção. A Cargill era uma empresa insular, focada no mercado dos EUA, e estava perdendo um boom no comércio internacional. "Estamos todos terrivelmente chateados por termos perdido o grande volume de negócios de exportação", disse Macmillan.[15]

Em parte, esse descuido ocorreu em função da sorte que foi a Cargill ter sido fundada em um dos celeiros de crescimento mais rápido do mundo. A empresa desenvolvera um negócio sólido no transporte de trigo, milho e soja do Centro-oeste para as crescentes metrópoles na Costa Leste e na Costa Oeste. Enquanto seus rivais europeus e sul-americanos eram forçados a olhar para o exterior em busca de novos negócios, a Cargill não precisava fazê-lo.

MacMillan mudaria isso. Como Jesselson na Philipp Brothers e Weisser na Mabanaft, ele começou a se expandir pelo mundo. Em 1953, incorporou a Tradax International, unidade que deveria servir de ponta de lança no mercado global. Em 1956, ele abriu o escritório da Tradax em Genebra como o centro de trading internacional da Cargill. A cidade foi escolhida por suas "excelentes facilidades de viagens e comunicação", sua tradição multilíngue e seus "impostos corporativos limitados".[16] A abertura do escritório da Tradax marcaria o início de uma longa e lucrativa parceria entre a Suíça e os traders internacionais de commodities.

A estratégia de MacMillan levou a Cargill — bem como a Philipp Brothers e a Mabanaft — a forjar novos vínculos econômicos com o mundo comunista. Mas enquanto os outros pioneiros importavam commodities do Bloco Comunista para o Ocidente, a Cargill estava construindo conexões na direção oposta, exportando excedentes agrícolas norte-americanos para o mundo — inclusive para países do outro lado da Cortina de Ferro. Esse comércio foi incentivado por generosos subsídios do governo dos EUA, buscando apoiar agricultores cujas colheitas cada vez maiores não podiam ser absorvidas em casa. Washington financiou bilhões de dólares em exportações, ajudando a difundir a dieta estadunidense pelo mundo. E os comerciantes de grãos ajudaram a entregar essa onda de grãos dos EUA: a Cargill quadruplicou o volume de suas exportações de grãos norte-americanos entre 1955 e 1965.[17]

Inicialmente, as exportações de grãos iam para os aliados dos EUA. Mas logo a Cargill e outros traders de grãos também estavam vendendo para o Bloco Comunista. Primeiro veio a Hungria, que comprou US$10 milhões em grãos norte-americanos no final de 1963. Em seguida, a Cargill despachou seus comerciantes para Moscou para negociar um acordo maior — US$40 milhões em trigo. O novo negócio com as nações comunistas foi uma dádiva para a Cargill: em 1964, a empresa registrou seu segundo maior lucro anual de todos os tempos. O negócio russo, disseram aos acionistas, era "a centelha subjacente".[18]

A venda de milhões de dólares em trigo norte-americano causou alvoroço em Washington. Os trabalhadores portuários entraram em greve e se recusaram a carregar navios que levassem grãos para a União Soviética, e os sindicatos incitaram seus membros a boicotar a Cargill e outros traders de commodities. Alguns parlamentares tentaram até bloquear as vendas, sem sucesso.

Esse furor foi uma das primeiras demonstrações da natureza política do trading de commodities e do poder que os traders estavam acumulando como pioneiros do comércio internacional. Ao estabelecer novas rotas comerciais entre o Leste e o Oeste, a Cargill e os outros pioneiros estavam conduzindo uma reaproximação comercial entre os EUA e a União Soviética, para a qual os políticos não estavam preparados. Dentro de alguns anos, no entanto, os acordos com Moscou em 1963–64 pareceriam um ensaio para uma série de acordos muito maior — e muito mais explosiva politicamente.

A estratégia de internacionalismo da Cargill foi um grande sucesso. MacMillan, que morreu em 1960, não estaria por perto para ver a empresa subir ao auge do comércio global, mas restam poucas dúvidas de que foi ele o responsável por colocá-la nesse caminho. "John MacMillan Jr. foi um gênio que preparou a expansão internacional da Cargill", diz David MacLennan, atual CEO da empresa. "Ele criou a empresa contemporânea."[19]

E então, havia Theodor Weisser. Se Jesselson e MacMillan eram descendentes das indústrias de trading de metais e grãos que estavam bem estabelecidas desde o século XIX, Weisser era um dissidente que inventou um novo negócio por conta própria. Ele havia retornado de uma prisão na União Soviética após a derrota da Alemanha nazista apenas para descobrir que seu antigo emprego em uma empresa de petróleo não existia mais. Esse foi todo o incentivo de que ele precisava para seguir o seu sonho de criar o próprio negócio.

Para dar o pontapé inicial em seu novo projeto, ele comprou uma empresa inativa chamada Marquard & Bahls por 70 mil Reichsmark (o equivalente a cerca de US$100 mil hoje), em grande parte pela sua licença de importação-exportação, algo de valor em um país que ainda estava formalmente sob ocupação estrangeira. Na década de 1950, quando Weisser viajou para Moscou, a empresa já era bem conhecida em todo o mercado primitivo de produtos refinados pelo seu endereço telegráfico: Mabanaft, uma contração de seu nome comercial, Marquard & Bahls Naftaproducts.

Mas Weisser fez mais do que apenas abrir caminho para uma nova rota comercial — ele ajudou a criar uma nova indústria onde antes não havia nenhuma. Quando Weisser partiu para Moscou em 1954, não havia um comércio internacional real de petróleo — apenas um punhado de grandes empresas com poder de mercado quase ilimitado. O comércio de petróleo floresceu brevemente no século XIX após a primeira descoberta de petróleo nos EUA em Titusville, Pensilvânia, em 1859. Mas o comércio secou abruptamente quando John Rockefeller comprou o controle de quase toda a capacidade de refino dos EUA para a sua Standard Oil Trust. Com apenas um comprador na cidade, não havia concorrência e, consequentemente, não havia mercado.[20] O preço do petróleo era decidido por Rockefeller.

O governo dos EUA dissolveu a Standard Oil em 1911, mas o mercado de petróleo continuou a ser dominado por um oligopólio de grandes empresas que foram integradas verticalmente para incluir poços de petróleo, refinarias e pontos de venda. Na década de 1950, o mercado de petróleo era controlado por sete grandes empresas, que passaram a ser conhecidas como as "Sete Irmãs" — as precursoras das empresas que hoje são ExxonMobil, Royal Dutch Shell, Chevron e BP. Muitas delas eram descendentes da Standard Oil, criadas na sequência de seu desmembramento. O petróleo bruto era comprado a "preços afixados" estabelecidos pelas refinarias em cada região, uma prática iniciada por Rockefeller. O comércio internacional fora do oligopólio dessas grandes empresas era praticamente inexistente.

Nos primórdios do mercado internacional de petróleo, as Sete Irmãs evitavam negociar com traders independentes como Weisser, pois desconfiavam de qualquer ameaça ao seu poder de mercado. Tentar quebrar esse controle do mercado de petróleo exigia criatividade e um espírito aventureiro — e Weisser era perfeitamente adequado para a tarefa. Conhecido por seus amigos como Theo, ele era um aventureiro nato com gosto por viagens exóticas, alguém que não se preocupava com os desconfortos de viajar a negócios por semanas ou meses até partes desconhecidas do mundo.

Ele voava na primeira classe, reservando uma fileira completa de assentos para poder levar consigo várias malas grandes cheias de papéis que carregava consigo para todos os lugares.[21] Em 1951, ele partiu para uma viagem de três meses pela África, viajando por um continente que estava à beira de uma insurreição radical, pois as antigas colônias francesas, belgas e britânicas logo conquistariam sua independência. De Tânger e Casablanca, ele viajou para Dakar, depois Elizabethville e Leopoldville (atualmente Lubumbashi e Kinshasa), no Congo Belga. Por onde ele passava, negociava contratos para que a Mabanaft abastecesse o continente africano com combustível.

Quando ele fechou seus acordos com Moscou, tornou-se o primeiro trader independente a contornar o clube das grandes petrolíferas e negociar petróleo bruto fora da sua rede de controle. Elas o puniram por sua insolência, recusando-se a fazer negócios com ele imediatamente após o seu retorno da União Soviética. E elas tinham boas razões para se preocupar: os negócios de Weisser não apenas marcaram o início da ascensão dos traders internacionais de petróleo, mas também o início de um grande aumento nas exportações soviéticas de petróleo.

Em 1954, quando o chefe da Mabanaft viajou pela primeira vez para Moscou, a produção de petróleo soviética era relativamente pequena e quase inteiramente consumida dentro do Bloco Comunista.[22] Estava fora do controle das Sete Irmãs, mas não interferia em seus impérios.

No entanto, a rota de exportação que Weisser ajudou a abrir logo assumiria uma importância enorme para o mercado global de petróleo. Até a década de 1950, o petróleo da União Soviética vinha em grande parte de Baku, no Mar Cáspio, cujas riquezas eram exploradas desde o século XIX. Mas agora os geólogos haviam começado a desenvolver novos depósitos na bacia do Volga-Urais, e a produção de petróleo soviética dobrou entre 1955 e 1960.[23] A União Soviética desbancou a Venezuela como o segundo maior produtor de petróleo do mundo, ficando atrás apenas dos EUA.

Esse benefício geológico coincidiu com uma mudança nos ventos políticos em Moscou, quando Nikita Khrushchev, o líder soviético, pressionou por um aumento do comércio exterior. As agências comerciais soviéticas, a exemplo da Soyuznefteexport, tornaram-se mais ativas. As exportações soviéticas de petróleo bruto e derivados de petróleo refinado para o assim chamado Mundo Livre aumentaram de meros 116 mil barris por dia em 1955 para cerca de 1 milhão de barris por dia em 1965.[24] A campanha de exportação de petróleo tornou-se a manifestação mais evidente do que os diplomatas ocidentais começaram a chamar de "Ofensiva Econômica Soviética".

Com pouco alarde, os traders de commodities estavam ajudando a mudar a ordem econômica mundial. Eles estavam forjando laços comerciais entre os mercados ocidentais e os fornecedores que anteriormente haviam sido interditados atrás da Cortina de Ferro e, ao fazer isso, estavam ajudando a dissolver os oligopólios que controlavam muitos mercados. Dentro de alguns anos, as repercussões seriam sentidas em todo o mundo.

Weisser, Jesselson e MacMillan não foram importantes apenas por causa de seu impacto econômico, no entanto. Eles também criaram um modelo de negócios de trading de commodities que se mantém até hoje.

Enquanto anteriormente os traders se concentravam em locais ou mercados específicos, a Mabanaft, a Philipp Brothers e a Cargill buscavam o domínio global das commodities que comercializavam. Antes da Segunda Guerra Mundial, as traders de metal, como a própria Philipp Brothers, se concentravam em negócios nos quais pudessem comprar um pacote de metal já tendo fechado anteriormente um acordo para vendê-lo. Um ferro-velho poderia ligar para a empresa e se oferecer para vender algumas centenas de toneladas de sucata. Em seguida, enviaria um telegrama para outros revendedores e, se alguém estivesse disposto a comprá-las por um preço que desse lucro à Philipp Brothers, a empresa fecharia quase simultaneamente acordos para comprar e vender o metal.[25] Outro tipo de negócios envolvia a venda em nome de um produtor por uma taxa fixa a cada tonelada. Tratava-se de um negócio seguro e previsível, mas com pouco potencial para lucros descomunais.

Sob Jesselson, a Philipp Brothers tornou-se mais ambiciosa, passando a fazer negócios em maior escala e em longo prazo. Ela começou a negociar acordos de longo prazo para comprar dos produtores, muitas vezes em troca de empréstimos. A empresa tinha uma rede global de acordos de fornecimento — uma "carteira de negociação" — que poderia ser extremamente lucrativa quando os deslocamentos do mercado fizessem com que os preços subissem ou caíssem acentuadamente. "Sempre tenha algo para vender", explica Ernst Frank, especialista da empresa em cobre, chumbo e zinco. "Esteja sempre no ramo, porque às vezes uma escassez real pode vir a ocorrer e, se alguém tiver material para vender nesse momento, poderá ganhar um bom dinheiro."[26]

Negociar em uma escala maior exigia contratos maiores e de longo prazo — e isso demandava um grande catálogo de endereços de fornecedores e consumidores de commodities. Os pioneiros cultivavam relacionamentos incessantemente, gastando quantidades enormes de tempo e dinheiro para atrair contatos comerciais essenciais. Esse foco na conexão pessoal tornou-se uma obsessão na indústria, dando um certo charme do velho mundo a algumas trading houses, que por sua vez o mantiveram mesmo depois que os e-mails e videoconferências superaram a reunião presencial como a principal forma de comunicação empresarial. Na trader de metais Transamine, por exemplo, ainda se diz que é mais provável que um trader seja demitido por levar um contato para um almoço ruim do que por perder dinheiro em uma negociação.[27]

O networking era especialmente importante no campo emergente do trading de petróleo, estando muitas vezes nas mãos de alguns funcionários do governo decidir como vender grandes quantidades de recursos petrolíferos de seu país. E Weisser era um homem de relações nato, que podia fazer amizade com qualquer um. Todos os anos, ele dava uma festa luxuosa para todos os seus contatos de petróleo no St. Moritz Hotel, localizado no Central Park, em Nova York, sempre repleta de champanhe circulando livremente e um banquete de iguarias de todos os cantos do globo. Ele já havia construído uma relação com Gurov na Soyuznefteexport, mas dificilmente se restringia ao mundo comunista. Em Pittsburgh, ele cativou os executivos durões da Gulf Oil. No Texas, conseguiu um contrato com a Hunt Oil, que pertencia à rica família Hunt. No Oriente Médio, ele se relacionava pelo primeiro nome com todos os sheiks e autoridades mais poderosos do petróleo, incluindo o sheik Ahmed Zaki Yamani, o ministro do Petróleo saudita, a quem ele considerava amigo pessoal.

Os traders mais experientes usaram essas redes globais de contatos para obter insights incomparáveis sobre o estado da economia mundial. Eles investiram não apenas em traders para trabalhar em seus escritórios ao redor do mundo, mas também em sistemas de comunicação para garantir que as informações pudessem ser compartilhadas rapidamente em suas empresas. Dezenas de funcionários passavam seus dias vasculhando mensagens de telex para extrair as informações mais importantes. "Nosso sistema de comunicação é provavelmente o mais sofisticado do mundo, com a possível exceção do Departamento de Defesa ou da Agência Central de Inteligência (CIA)", vangloriou-se um executivo da Philipp Brothers em 1981.[28] Com essa sofisticada rede de inteligência de mercado, veio uma cultura de sigilo, já que os traders procuravam proteger seus insights.

E as redes de inteligência dos traders eram extremamente valiosas, permitindo que eles fizessem apostas mais bem informadas no mercado do que seus concorrentes. Durante a Crise de Suez em 1956, quando tropas israelenses, francesas e britânicas invadiram o Egito, os comerciantes da Cargill em Genebra apostaram que os custos de envio aumentariam. Então a crise fechou o Canal de Suez, forçando os navios a fazer a longa rota ao redor da África, e as taxas de frete dispararam. A capacidade da Cargill de combinar visão política e de mercado compensou.[29] Foi uma destilação perfeita da estratégia dos traders pioneiros: construir o maior portfólio de contratos possível, aproveitar sua rede de contatos para obter informações — e depois explorar essas informações para negociar lucrativamente.

Mas talvez ainda mais importante do que o modelo de negócios era a abordagem dos pioneiros para com seus funcionários. Os pioneiros transmitiram aos seus sucessores uma cultura corporativa que continua a influenciar os traders até hoje. Embora as primeiras trading houses tivessem origens e estilos diferentes, elas compartilhavam de uma ênfase no trabalho duro, na lealdade e na parceria.

Os funcionários juniores eram submetidos a treinamentos exaustivos. Na Philipp Brothers, todo jovem começava a carreira fazendo os trabalhos mais subalternos da empresa, alternando entre diferentes departamentos até que seus chefes estivessem convencidos de que ele entendia o básico sobre o negócio e havia provado sua lealdade à empresa. Mendel Bernberg, que foi contratado por Julius Philipp como *lehrling* — ou aprendiz — em 1919, aos quinze anos, lembrou que um dia normal começava às 8h, abrindo e separando a correspondência, e terminava às 22h, após a preparação da correspondência e dos cabos a serem enviados pelos correios.

Várias décadas depois, pouco havia mudado. Felix Posen, que ingressou na Philipp Brothers em meados da década de 1950 e muito mais tarde se tornou um alto executivo da Marc Rich + Co, também começou na sala de correspondências, codificando e decodificando mensagens a serem enviadas por telegrama. "Se você não quisesse trabalhar duro, não deveria se juntar à Philipp Brothers", lembra ele.[30]

Muitas gerações de jovens traders passaram por essa iniciação. A experiência ensinou garra, meticulosidade e humildade a esses aprendizes, assim como os fundamentos do negócio de commodities. Muitos se tornaram alguns dos maiores traders de commodities do mundo — entre eles Marc Rich, que começou como estagiário em Nova York, em 1954.

Os longos anos de aprendizado criaram um sentimento de lealdade nas trading houses. Weisser via sua equipe como uma família, perdoando suas falhas de forma quase exagerada. Mas não foi apenas a experiência compartilhada que tornou os traders da Philipp Brothers tão unidos. Havia também um interesse financeiro compartilhado. Em 1956, a empresa distribuiu ações para cerca de quarenta funcionários, criando vários milionários ao fazê-lo. Essa estrutura de parceria, com dezenas de acionistas e nenhuma voz dominante, tornou-se um modelo para as trading houses que vieram depois. Isso uniu os principais traders da empresa e criou um incentivo maior para eles dedicarem suas energias a ela. "Nós lidamos com nosso pessoal como uma família", disse Jesselson em 1981. "Nós sempre trabalhamos em equipe. Ninguém força a própria vontade. Este sempre foi o ponto forte da organização."[31]

Foi um modelo de negócio que funcionou. Na década de 1970, os traders de commodities tornaram-se participantes importantes da nova ordem econômica. Os lucros da Cargill aumentaram de cerca de US$1 milhão em 1940 para US$24 milhões em 1970.[32] A Philipp Brothers, que havia lucrado apenas US$550 mil em 1947,[33] estava faturando US$38,7 milhões em 1970.[34] Os traders fizeram mais do que simplesmente aproveitar o aumento dos fluxos comerciais globais: eles também os facilitaram, organizando o transporte e o financiamento e ligando compradores a vendedores em todo o mundo.

Mas mesmo que os traders de commodities tenham crescido em escala e lucratividade, o mundo deu pouca atenção ao seu poder cada vez maior. Afinal, a oferta de commodities era abundante há anos e os preços estavam baixos. Poucos notaram que um punhado de traders havia assumido um papel de enorme importância no fluxo de recursos naturais ao redor do mundo, fluxo este que estava se tornando cada vez mais central para a prosperidade global. Eles logo seriam arrancados de sua complacência quando, um por um, os preços das commodities mais importantes do mundo disparassem na década de 1970. E o primeiro choque veio no mercado da mais básica das commodities: os grãos.

No verão de 1972, a Cargill estava em alta. Sob a liderança de Erwin Kelm, discípulo de John H. MacMillan Jr., ela se transformou em um negócio com US$5 bilhões em vendas, reivindicando o título de maior trader agrícola do mundo. Além disso, ela resistiu impecavelmente às críticas dirigidas aos seus vínculos para além da Cortina de Ferro. Não foram anos fáceis — a empresa foi enganada pelo mercado e mal cobria seus custos no final da década de 1960. Mas Kelm, um firme defensor da expansão global da Cargill, conduziu a empresa durante a crise com seu apetite inabalável pelos negócios internacionais.

Assim, quando Nikolai Belousov — o chefe da Exportkhleb, a agência governamental soviética responsável pelo comércio de grãos — chegou a Nova York no verão de 1972, a Cargill não precisou pensar duas vezes sobre trabalhar com ele. Em uma reunião no Hilton com Walter 'Barney' Saunders, chefe do trading de grãos da Cargill, Belousov negociou um acordo para comprar 2 milhões de toneladas de grãos dos EUA ao longo do ano seguinte. Na época, parecia um bom negócio em todos os sentidos.[35]

Mas a Cargill teve um choque. Belousov — um homem grisalho, alto e esbelto, que falava um inglês impecável, quase sem sotaque — pode ter nascido e sido educado no sistema comunista, mas quando se tratava de trading, ele era tão afiado quanto seus rivais norte-americanos. Quando chegou a Nova York, ele ligou não apenas para a Cargill, mas também para todas as suas rivais.

Todas as trading houses entraram em ação. Executivos de concorrentes da Cargill voaram imediatamente para Nova York de lugares tão distantes quanto Paris e Buenos Aires. Muitos se lembraram das vendas de 1963–1964, quando a União Soviética comprou US$40 milhões em grãos da Cargill. Dessa vez, no entanto, Moscou pretendia muito mais: um burocrata soviético sem graça estava prestes a fechar o maior negócio da história do trading agrícola.

Belousov negociou individualmente com todos os maiores traders de grãos. Antes de se encontrar com a Cargill, ele se encontrou com Michel Fribourg, presidente e proprietário da Continental Grain Company, e fechou um acordo para comprar US$460 milhões em trigo norte-americano e outros alimentos básicos — um dos maiores negócios de commodities já realizados até então. Depois, reuniu-se com Louis Dreyfus, Bunge, Cook Industries e André & Cie.[36] Belousov comprou de todo mundo. Cada trading house achava que era a única que estava fazendo um ótimo negócio com os russos, em grande parte sem saber quanto os outros haviam vendido.

Quando ficou claro o quanto Belousov havia comprado, os traders perceberam que não haveria grãos norte-americanos o suficiente para todos. No total, Belousov — impulsionado pelo risco de fome em massa, após o fracasso das colheitas soviéticas — comprou quase 20 milhões de toneladas de grãos e oleaginosas dos traders. O tamanho das compras de trigo foi extraordinário: 11,8 milhões de toneladas — o equivalente a quase 30% da colheita de trigo dos EUA. Quando o mercado despertou para essa venda, ficou claro que os EUA não teriam grãos suficientes para atender à combinação entre o próprio consumo doméstico, a demanda de importadores tradicionais e as compras extras da União Soviética.

Os preços do trigo, milho e soja dispararam, provocando um surto de inflação de alimentos que há uma geração os norte-americanos não experimentavam. Em 3 de julho, pouco antes de os russos começarem a conversar com a Continental, os preços do trigo para moagem no Kansas giravam em torno de US$1,44 o alqueire; em dez semanas, o preço havia subido em 60%. E o pior estava por vir: no ano seguinte ao acordo soviético, os preços do trigo triplicaram. Os preços do milho e da soja também subiram. E com os preços dos grãos subindo, o preço da carne também disparou.[37] A população ficou indignada. O episódio ficou conhecido como Great Grain Robbery ("Grande Roubo de Grãos").

A Cargill reagiu à indignação tentando demonstrar que não havia lucrado com a fome dos cidadãos norte-americanos. Pela primeira vez em seus 107 anos de história, a empresa tornou públicas as informações sobre seus negócios. Ela até mesmo comissionou seus auditores para compilar um relatório demonstrando que havia perdido dinheiro nas vendas soviéticas. Era verdade: Belousov foi mais esperto do que os traders de grãos ocidentais. Aquele sigilo, tão amado pela indústria, acabou saindo pela culatra.

Todas as empresas haviam mantido seus contratos em segredo e, portanto, todas sofreram quando perceberam que não eram as únicas com um acordo. Todos os traders haviam vendido grãos que ainda não possuíam, esperando comprá-los mais tarde no mercado aberto. Então, quando todos tentaram comprar ao mesmo tempo, os preços dispararam. A Cargill disse ao Congresso que havia perdido US$661 mil com o contrato soviético.[38]

Mas essas perdas mascararam o que foi, na realidade, um período áureo. O que a Cargill não contou ao Congresso foi que ganhou milhões com apostas especulativas no mercado. A empresa registrou um lucro líquido de US$107,8 milhões no seu ano fiscal de 1972–73,[39] quase 170% a mais do que o ano anterior. "Foi um ano de lucros recordes, vendas recordes em dólar, tonelagem recorde, margens recordes, problemas recordes, despesas recordes, engarrafamentos recordes, preços e controles recordes, pílulas de aspirina recordes e muitos recordes de desempenhos por um número recorde de pessoas", disse um executivo da Cargill.[40]

Muito do lucro não vinha do negócio tradicional de comprar grãos físicos de agricultores e vender aos consumidores, mas sim de pura especulação. As apostas da Cargill no mercado foram em grande parte feitas pela Tradax na Suíça. Os traders da sede da Cargill, perto de Minneapolis, raramente apostavam na direção dos preços dos grãos, conhecidos na linguagem dos traders como o "preço fixo". Mas na Tradax a história era outra. Percebendo que as compras soviéticas causariam escassez de trigo, os traders fizeram enormes apostas de que os preços iriam subir. Segundo a própria Tradax: "Conseguimos um preço fixo muito maior e uma posição mais privilegiada do que nunca". Suas apostas, é claro, funcionaram: a Tradax registrou um lucro de US$60,17 milhões em 1972,[41] maior do que os ganhos de titãs norte-americanas como a Boeing ou a Colgate-Palmolive naquele mesmo ano.[42]

A venda de cerca de US$1 bilhão em grãos para o maior rival geopolítico dos Estados Unidos, bem debaixo do nariz do governo dos EUA, foi uma demonstração do poder que se acumulou nas mãos dos traders de commodities. Como os EUA se tornaram o principal fornecedor de grãos do mundo na década após a Segunda Guerra Mundial, as empresas de trading estavam na vanguarda de uma onda de exportações dos EUA, atuando como embaixadores dos grãos norte-americanos em todo o mundo. Ao contrário dos embaixadores reais, porém, os traders não eram funcionários do governo dos EUA — não só o governo tinha pouca capacidade de regulá-los, mas estava quase totalmente no escuro a respeito das vendas até depois de estas serem realizadas. E graças a generosos créditos de exportação, as compras soviéticas feitas a preços baixíssimos foram financiadas em cerca de US$300 milhões pelos contribuintes norte-americanos.[43] A reação da população foi instantânea e condenatória: "O ACORDO SOVIÉTICO DE GRÃOS É UM GOLPE", bradava uma manchete na primeira página do *New York Times* em setembro de 1972.[44]

Os negócios de Belousov nos hotéis de Nova York ajudaram o mundo a acordar para o poder acumulado nas mãos dos traders de commodities. Após duas décadas de crescimento global, o mundo consumia mais recursos naturais do que nunca, e estava mais dependente do que nunca do comércio internacional desses recursos. E isso significava que o mundo dependia mais do que nunca de apenas alguns homens, os pioneiros do trading, que construíram sua indústria em torno desse fluxo de commodities: Weisser, Jesselson, MacMillan e seus herdeiros.

Mas a investida-surpresa da União Soviética nos depósitos de grãos dos Estados Unidos foi apenas um prelúdio para o que estava por vir. Em breve, o mesmo tipo de caos que o mercado de grãos acabara de experienciar atingiria a commodity mais crítica de todas para a economia do século XX, o recurso que Theodor Weisser havia tirado da União Soviética duas décadas antes: petróleo.

DOIS

O PODEROSO CHEFÃO DO PETRÓLEO

Em 25 de abril de 1968, o "Resumo Diário do Presidente" chegou à mesa de Lyndon B. Johnson, diretamente da Agência Central de Inteligência. O documento ultrassecreto era um resumo sucinto das notícias do mundo — a versão da CIA do *Reader's Digest*.

Na ocasião, após atualizações sobre a guerra no Vietnã, a União Soviética e o desenvolvimento de mísseis balísticos na China, o olhar do presidente se voltou para um item referente à geopolítica do petróleo que os espiões norte-americanos consideravam digno de sua atenção.

"Israel está prestes a começar a trabalhar em um oleoduto de 42 polegadas que contornará o Canal de Suez", começava o relatório. Este incluía um mapa, mostrando a rota do oleoduto desde Eilat, um porto israelense no Mar Vermelho, seguindo para o norte através do país até a costa mediterrânea em Ashkelon (ver o mapa no Apêndice iii). A construção do oleoduto apontava para uma aliança forjada em petróleo e aço entre Israel e um país que se tornaria seu maior inimigo, segundo a conclusão da CIA: "O Irã é a única fonte provável de quantidades substanciais de petróleo para o oleoduto."[1]

A construção do oleoduto e o interesse da CIA nele foram uma demonstração do papel cada vez mais importante do petróleo na economia mundial — e sua dependência em relação à política agitada do Oriente Médio. Para o governo norte-americano, essa era uma preocupação crescente. No final dos anos 1960 e início dos anos 1970, um mundo mais rico exigia quantidades muito maiores de petróleo. Entre 1948 e 1972, o consumo triplicou nos EUA — um aumento sem precedentes, exceto quando comparado com o que estava acontecendo em outros lugares. A demanda por petróleo na Europa Ocidental no mesmo período aumentou quinze vezes; no Japão, mais de cem vezes.[2]

Ao mesmo tempo, o controle das Sete Irmãs no mercado parecia cada vez mais instável. A cadeia de eventos que começou com a viagem de Weisser à União Soviética em 1954 tornou mais fácil para os países ricos em petróleo venderem seu produto fora da rede das grandes empresas ocidentais. O mercado começou a se abrir, com Moscou vendendo seu petróleo muito abaixo dos "preços fixados" estabelecidos pelas Sete Irmãs.

A erosão do poder do oligopólio corporativo ocidental atingiu uma conjuntura chave em agosto de 1960. Com o petróleo soviético minando seu domínio de mercado, os executivos da Standard Oil de Nova Jersey (precursora da ExxonMobil) se encarregaram de cortar o preço fixado no Oriente Médio em 7% — sem consultar os governos dos países que o produziam. Os sheiks ficaram furiosos. Ressentidos com a perda de renda e revoltados por não terem sido consultados sobre o corte de preços, os países produtores de petróleo começaram a se colocar em ação. Um mês depois, os ministros do Petróleo da Arábia Saudita, Venezuela, Irã, Iraque e Kuwait se reuniram em Bagdá. Após quatro dias de deliberações, eles anunciaram, em 14 de setembro de 1960, o nascimento da Organização dos Países Exportadores de Petróleo — ou OPEP.

Foi o primeiro passo para uma transformação da indústria de energia que ocorreu nas décadas de 1960 e 1970. Cada vez mais assertivos sob os auspícios da OPEP, os países começaram a nacionalizar seus recursos petrolíferos e, onde as empresas estrangeiras foram autorizadas a permanecer, passaram a exigir a entrega de mais lucros e impostos aos anfitriões.

A mudança marcou o início de uma era em que a OPEP viraria o mercado de petróleo e a economia mundial de cabeça para baixo, acabando com o domínio das Sete Irmãs para sempre e entregando um poder enorme aos traders de commodities. À medida que os países produtores de petróleo nacionalizaram suas indústrias petrolíferas, os traders tornaram-se canais essenciais para mover o petróleo bruto para o mercado internacional. Cada vez mais seriam os traders, e não as grandes companhias petrolíferas, que determinariam quem poderia comprar ou vender petróleo, dando força aos novos petro-Estados do Oriente Médio, da África e da América Latina.

Como resultado, os traders se tornaram os pioneiros de uma mudança que estava acontecendo em todo o mundo: de uma economia cuidadosamente controlada sob a administração de um oligopólio em grande parte norte-americano para um vale-tudo em que o mercado era Deus. Ao longo da década seguinte, o preço do petróleo flutuaria descontroladamente, redesenhando os contornos da economia global em meio a convulsões políticas em todos os lugares, dos EUA ao Irã. E houve um trader que, mais do que qualquer um, viu as possibilidades dessa nova era e agarrou-as com todas as forças. Seu nome era Marc Rich.

Na época um jovem trader da Philipp Brothers, Rich acabara de descobrir o que Weisser havia demonstrado mais de uma década antes — que o petróleo bruto podia ser negociado. Por fim, ele se tornaria o mestre do mercado global de petróleo. Mas o seu campo de treinamento foi o oleoduto entre Eilat e Ashkelon que estava sendo construído por Israel com o apoio secreto do Irã.

Os dois países eram companheiros peculiares, mesmo antes da Revolução Islâmica de 1979, mas estavam unidos por seus interesses econômicos. O Irã tinha petróleo para vender e Israel era um comprador, mas ambos os países queriam uma maneira de levar petróleo do Golfo Pérsico para o Mediterrâneo sem ter que passar pelo Canal de Suez.

Eles vinham trabalhando no oleoduto em segredo há vários anos, mas tinham feito progressos limitados. Tudo mudou em 1967, quando, em meio a tensões crescentes, Israel lançou um ataque-surpresa ao Egito e à Síria. O presidente egípcio Gamal Abdel Nasser respondeu a isso fechando o Canal de Suez. A guerra acabou em seis dias, mas o canal não seria reaberto até 1975. O fechamento foi tão repentino que quinze embarcações ficaram presas dentro do canal, impossibilitadas de sair por oito anos.

O fechamento do Canal de Suez teve um grande impacto no comércio global. A hidrovia era na época, e continua sendo hoje, uma rota de transporte crucial para o mercado de petróleo — a mais direta para entregar petróleo para a Europa e os EUA a partir dos enormes campos do Irã, Arábia Saudita e Emirados Árabes Unidos. Quando Nasser o fechou, o petróleo do Oriente Médio foi forçado a percorrer todo o chifre da África, atrasando as entregas e trazendo custos significativos às operações.

Irã e Israel responderam acelerando seus planos para o oleoduto, que abrangeria os 254 quilômetros entre o Mar Vermelho de Israel e as costas do Mediterrâneo, contornando o canal. Representantes dos dois países se reuniram em segredo para discutir os detalhes. Após a intervenção pessoal do Xá, os dois países concordaram em criar uma entidade de propriedade conjunta, a Trans-Asiatic Company, com sede na Suíça, para construir e administrar o novo oleoduto. Os iranianos usaram uma empresa fantasma em Liechtenstein para esconder sua propriedade de metade da empresa, enquanto os israelenses usaram uma entidade panamenha.[3] Ainda hoje, o jornal israelense *Haaretz* a descreve como "a empresa mais secreta de Israel".[4]

Os traders de commodities, então, adentraram esse mundo obscuro. Importadores de petróleo na Europa estavam preocupados com o manuseio de petróleo do oleoduto, com medo de antagonizar os países árabes que boicotavam Israel. Os iranianos e os israelenses precisavam de ajuda para manter o curso de sua nova rota comercial — e a quem seria melhor recorrer do que a nova geração de traders que, equipados com pouco mais do que um telefone e uma inteligência afiada, poderiam comprar e vender petróleo em qualquer lugar do mundo? Era a oportunidade perfeita para um trader ambicioso e agressivo como Marc Rich.

O homem que se tornaria o chefão do mercado de petróleo nasceu como Marcell David Reich, em uma família judia em Antuérpia, na Bélgica, em 1934. Seu pai, que ganhava a vida negociando tecidos e sapatos, cresceu na Alemanha; em razão disso, o jovem Marcell cresceu falando alemão e francês.

Seus anos iniciais, como foi o caso de muitos traders da Philipp Brothers na época, foram moldados pela ascensão do nazismo na Europa. Em maio de 1940, seu pai colocou a família em um Citroën preto comprado especialmente para esse fim e levou todos para a França — apenas uma semana antes de o exército alemão marchar para Antuérpia. Da França, eles conseguiram embarcar em um navio para o Marrocos, onde passaram vários meses em um campo de refugiados. Por fim, eles conseguiram vistos para os EUA e, em 1941, com seis anos de idade e sem falar uma única palavra em inglês, Marcell Reich chegou aos Estados Unidos.

A família morou primeiro com uma tia em Nova York; depois, se mudaram para a Filadélfia, e por fim para Kansas City. Como resultado, Marc Rich — nome norte-americano que adotou — praticamente frequentou uma escola diferente a cada ano.[5] A partir desse momento, Rich teve a sensação de ser um estranho — sensação da qual nunca se desvencilhou. E foi também nesse período que ele descobriu a paixão pelos negócios. No final da década de 1940, a família havia se mudado de volta para Nova York, e Rich passava o tempo livre ajudando nos negócios do pai, importando juta para sacos de estopa. Escrevendo no anuário do ensino médio, o adolescente Rich já sabia qual era o seu emprego dos sonhos: "negócios".[6]

Rich se matriculou na Universidade de Nova York, mas nunca se formou. Em vez disso, graças a um conhecido de seu pai, ele conseguiu uma posição como estagiário na Philipp Brothers. Em 1954, aos dezenove anos, começou a trabalhar no escritório da empresa na 70 Pine Street, um arranha-céu que ficava no distrito financeiro, bem perto de Wall Street. Como todos os estagiários, ele começou na sala de correspondências.

Ele não ficaria lá por muito tempo, no entanto. Rich tinha um talento e um impulso que eram difíceis de ignorar. "Ele era um ótimo colega, um cara muito inteligente, poliglota e extremamente aplicado", lembra Felix

Posen, que trabalhou com Rich na Philipp Brothers e depois na Marc Rich + Co.[7] Outro de seus contemporâneos lembrou que Rich sempre era um dos primeiros a chegar pela manhã, cumprimentando sarcasticamente os outros juniores com um "boa tarde" quando estes chegavam às 8h30.[8] Não demorou muito para que ele saísse da sala de correspondências e fosse trabalhar com um dos principais traders da empresa.

Já nessa fase inicial, ele exibia a combinação de perspicácia nos negócios e apetite para correr riscos que o tornariam extremamente bem-sucedido. Rich assumiu a responsabilidade de negociar mercúrio, uma mercadoria de nicho suficientemente sem importância para ser dada a um trader júnior. O mercúrio foi usado historicamente para extrair prata, em termômetros, e para tratar a sífilis. Na década de 1950, também estava sendo usado em baterias, principalmente para equipamentos militares. Rich se convenceu de que a demanda aumentaria rapidamente, e então começou a negociar com os produtores para garantir o fornecimento. Com Washington repleta de advertências dramáticas sobre a escassez de recursos, ele logo provou estar certo. Um programa maciço de estocagem do governo lançado em meados de 1954 exigia compras de uma quantidade de mercúrio equivalente a quase um terço da produção global. De repente, o mercúrio de Marc Rich estava em alta demanda.

A partir de então, Rich foi uma estrela em ascensão na Philipp Brothers, sendo enviado ao redor do mundo para garantir negócios ou solucionar problemas. Ele passou seis meses na Bolívia; voou para Cuba na esteira da revolução para negociar com o novo governo de Fidel Castro; teve passagens pela África do Sul, Índia e Holanda. Em 1964, aos trinta anos, foi nomeado gerente do escritório em Madri, consolidando-o como um dos líderes da próxima geração da empresa.

Rich podia usar o seu charme quando necessário, mas tinha poucos amigos íntimos. Um executivo de mineração que jantou com ele lembra que ele era uma pessoa agradável, porém fria.[9] E ainda que inspirasse uma lealdade enorme em muitos dos funcionários, ninguém duvidava de quais eram as suas prioridades. "Seus negócios e hobbies eram a mesma coisa", diz Danny Posen, que se lembra, na época em que era um funcionário júnior, de esperar até tarde da noite do lado de fora da limusine de Rich apenas para encontrá-lo dentro dela, cercado pelos telex do dia e mergulhado em debates sobre o negócio.[10]

Essa obstinação se estendeu a seus relacionamentos pessoais. Mesmo quando ele estava sendo caloroso e generoso, era difícil evitar a sensação de que ele estava tentando obter alguma informação ou vantagem da outra pessoa. Roque Benavides, cuja família é dona de uma mineradora no Peru, lembra-se de jantar na casa de Rich: "Ele foi um excelente anfitrião." O vinho corria à vontade, e Benavides voltou ao hotel "completamente bêbado". Mas Rich também conseguiu o que queria do encontro: um contrato de dez anos para comprar das minas de Benavides.[11]

Rich não foi o primeiro trader da Philipp Brothers a negociar com petróleo. Essa honra coube a Alan Flacks, chefe do escritório da empresa em Milão, que ficou sabendo, ao visitar clientes na Tunísia em 1969, de um carregamento de 25 mil toneladas de petróleo que poderia estar à venda.

Flacks, um trader de metais de Manchester, sabia pouco sobre petróleo — assim como todos na Philipp Brothers. Mas ele imaginou que não poderia ser tão diferente de negociar metais. Ele fez algumas ligações e encontrou uma refinadora disposta a comprar a carga. Depois de alguns dias e conversas, ele estabeleceu um preço com os tunisianos e imediatamente vendeu por um pouco mais. Efetivamente, o acordo não oferecia riscos, e a Philipp Brothers acabou ganhando cerca de US$65 mil com a operação — uma quantia considerável na época. "Foi um acordo back to back muito seguro, porque não havia armazenamento envolvido e o capital havia sido adiantado", disse Flacks.[12]

Mas a agressividade natural e o entusiasmo de Rich pela nova commodity fizeram com que ele logo substituísse Flacks como o principal trader de petróleo da empresa. "Eu estava trabalhando em uma trading house de commodities e o oligopólio das Sete Irmãs estava acabando. De repente, o mundo precisava de um novo sistema que trouxesse o petróleo dos países produtores para os países consumidores, e foi exatamente isso que eu fiz", disse ele ao seu biógrafo alguns anos antes de sua morte, em 2013.[13] "Eu pensava que deveria ser possível negociar petróleo independentemente das Sete Irmãs." A chave do seu sucesso inicial foi o oleoduto Eilat-Ashkelon.

O comércio através do oleoduto estava envolto em sigilo. Na parte iraniana, os petroleiros carregavam petróleo do Irã no Golfo Pérsico e a tripulação dizia às autoridades portuárias que estavam indo a "Gibraltar, para encomendas". Mas os navios nunca apareceriam em Gibraltar. Em vez disso, navegariam em segredo para Eilat, descarregariam seu petróleo e reapareceriam vazios no Irã. Qualquer um que estivesse observando poderia apenas supor onde eles poderiam ter descarregado. O *Sunday Times*, que publicou um relato do comércio em 1970, chamou-o de "mistério dos petroleiros desaparecidos".[14] A parte israelense do negócio era igualmente sigilosa. O governo israelense impôs um blecaute completo na divulgação de informações referentes a qualquer navio que pegasse petróleo em seus portos para abastecer clientes europeus, basicamente mantendo todo o fluxo nas sombras.

Rich não poderia ter conseguido o negócio sem um colega que se tornaria seu colaborador de longa data: Pincus Green. Green, conhecido como 'Pinky', desenvolveu suas habilidades negociando cromo, um metal usado em ligas de aço inoxidável. Em 1968, o Irã era o oitavo maior produtor mundial de cromo,[15] e Green estava sempre viajando para Teerã para negociar acordos.

Enquanto Green trazia os contatos iranianos — e um domínio de navegação que lhe rendeu o apelido de "O Almirante" —, Rich tinha a vantagem necessária para encontrar uma maneira de colocar os barris no mercado. "O oleoduto estava lá. Eu decidi que era convidativo", disse ele. "As pessoas estavam relutantes em usar o oleoduto porque o petróleo havia passado por Israel."

Mas Rich não hesitou. Ele e Green exploraram o oleoduto com entusiasmo, utilizando-o para vender petróleo iraniano por toda a Europa.

Com a Philipp Brothers posicionada entre eles e um oleoduto politicamente sensível, os compradores de petróleo não podiam recusar a chance de uma barganha. “Havia uma grande vantagem de preço”, disse Rich. “O transporte de petróleo iraniano pelo oleoduto era muito mais barato do que percorrer todo o caminho ao redor da África.”

O “proprietário”, como o Xá era chamado pelos israelenses, ficou muito satisfeito: os 254 quilômetros de oleoduto economizaram cerca de 22 mil quilômetros circunavegando a África, tornando o petróleo iraniano muito mais competitivo em termos de custos do que qualquer um de seus rivais no Mediterrâneo (ver o mapa no Apêndice iii). O petróleo começou a fluir em dezembro de 1969 e, no ano seguinte, 162 petroleiros descarregaram no oleoduto cerca de 75 milhões de barris (em torno de 200 mil barris por dia).

Dentro da Philipp Brothers, no entanto, o oleoduto israelense era visto como um risco. Rich foi criticado pelos chefes da empresa por não assegurar o petróleo enviado pelo oleoduto, a ponto de temer ser demitido.[16] Mas a repreensão não o freou. Ao longo dos anos, primeiramente para a Philipp Brothers e depois para a sua própria empresa, ele embarcou entre 60 e 75 milhões de barris de petróleo iraniano por ano através do oleoduto Eilat-Ashkelon. Era, em suas palavras, um “negócio muito, muito importante”.[17]

Rich não poderia ter começado no trading de petróleo em um momento melhor.

De 1960 a 1970, apesar do crescente desafio colocado pelos traders independentes de petróleo, as Sete Irmãs mantiveram, em grande parte, o controle do mercado: os preços do petróleo quase não mudaram. O Arab Light, referência para o petróleo no Oriente Médio, começou a década de 1960 a US$1,90 por barril e terminou a década em US$1,76 — um declínio provocado pelo aumento das exportações soviéticas conduzidas ao mercado por Weisser e outros. Mas no início da década de 1970, a tendência se inverteu e os preços do petróleo estavam em alta. Uma crise estava se formando no mercado de petróleo. Seus elementos estavam lá, visíveis para qualquer um, embora poucos prestassem muita atenção.

Em 1971, o presidente dos EUA, Richard Nixon, abandonou o padrão-ouro, que até então sustentava o valor do dólar norte-americano. Seus motivos tinham pouco a ver com petróleo e mais a ver com a tentativa de apoiar a economia dos EUA. Mas o impacto no mercado de petróleo foi significativo. À medida que a moeda norte-americana perdeu valor, os lucros dos países do Oriente Médio, que vendiam petróleo em dólares, também foram desvalorizados. Dentro das nações da OPEP, isso provocou novos pedidos para que os governos assumissem, no Ocidente, o controle dos recursos naturais de suas empresas. Da Argélia ao Iraque, os produtores exigiam uma parcela maior dos lucros das indústrias petrolíferas — até então controladas em grande parte pelas Sete Irmãs. Em breve suas demandas se tornariam tão estridentes que equivaleriam a uma nacionalização total.[18] A Arábia Saudita, que há muito resistia à tendência, começou a reivindicar uma participação nos vastos reservatórios de petróleo controlados por empresas norte-americanas por meio da Aramco. País por país, o domínio das Sete Irmãs no mercado global de petróleo estava sendo rompido.

As empresas tinham pouca escolha a não ser aumentar os preços. Em 1971, o barril de Arab Light custava US$2,24; em 1972, US$2,48; e em 1973, US$3,29. E o pior ainda estava por vir. Em abril de 1973, James Akins, um diplomata norte-americano, publicou um ensaio no *Foreign Affairs* intitulado "The Oil Crisis: This Time the Wolf Is Here" ["A Crise do Petróleo: Desta Vez o Lobo Está Aqui", em tradução livre][19]. Quer Marc Rich tenha lido o artigo ou não, ele também estava convencido de que os preços do petróleo logo disparariam.

Na primavera de 1973, a National Iranian Oil Company se ofereceu para vender 1 milhão de toneladas de petróleo a Rich e Green (cerca de 7,5 milhões de barris). Era um contrato enorme, mas havia um problema: em vez do preço oficial vigente de US$3,29 por barril, Teerã queria vender o petróleo a US$5 por barril. Convencido de que os preços do petróleo estavam prestes a subir ainda mais, Green, que estava em Teerã liderando as negociações, aceitou o acordo. Foi uma aposta calculada. Graças a seus contatos, Rich e Green souberam que algo grande estava para acontecer no mercado de petróleo. Eles não tinham certeza do que era, mas aceitaram o acordo do mesmo jeito.

Quando Jesselson soube disso, ficou fora de si. "Irresponsáveis, isso é o que eles eram", disse enfurecido.[20] Durante meses, Jesselson vinha insistindo para que Rich e Green desacelerassem, dizendo-lhes para evitar riscos indevidos e "não expor a empresa a aventuras". Ele e seus colegas em Nova York ficaram "chocados", disse ele, com algumas das negociações que haviam acordado "sem que as vendas correspondentes fossem concluídas ao mesmo tempo".[21] Enquanto traders de metais como Jesselson conseguiram compensar sua exposição a oscilações de mercado usando a London Metal Exchange, Rich e Green não conseguiram eliminar o risco de seus contratos de petróleo quanto a uma mudança repentina nos preços, porque não havia troca por petróleo. Quando Rich e Green compravam um carregamento de petróleo, eles fixavam o preço naquele mesmo instante. Se os preços subissem, eles se dariam muito bem; se os preços caíssem, as perdas seriam igualmente grandes.

O acordo com o Irã foi a gota d'água para Jesselson. O contrato foi de US$37,5 milhões. Se os preços não subissem como eles esperavam e eles fossem forçados a vender o petróleo ao preço oficial, Rich e Green sofreriam uma perda de quase US$13 milhões — uma fortuna para a Philipp Brothers na época.

Depois de conversas desesperadas do outro lado do Atlântico, Jesselson tinha tido o suficiente. Ele ordenou que Rich e Green encontrassem um comprador e se livrassem do petróleo iraniano imediatamente. "Ninguém podia controlá-los, ou ao próprio negócio, pois ambos estavam se movendo muito depressa", lembrou Tom O'Malley, que se tornaria chefe do trading de petróleo da Philipp Brothers.[22]

Ainda assim, Rich e Green não tiveram problemas para encontrar um comprador para seu petróleo, vendendo-o a um valor um pouco maior do que US$5 o barril, o suficiente para obter um pequeno lucro, para a Ashland Oil, uma refinaria norte-americana (hoje parte da Marathon

Petroleum). Isso deveria ser um sinal para seus chefes de que Rich e Green estavam certos sobre o mercado. Em meados de 1973, ficou claro que US$3,29 por barril, o preço oficial, já não era mais o preço real. O petróleo já estava sendo comprado e vendido por mais de US$5 o barril. Jesselson não se importou. Levaria apenas algumas semanas para ele ver o quão equivocado estava.

Em setembro de 1973, as companhias petrolíferas internacionais e a OPEP se reuniram em Viena para conversações. Para muitos, parecia óbvio ser uma questão de quando, e não se, o mundo veria preços de petróleo drasticamente mais altos. Em uma entrevista para a televisão, o primeiro-ministro japonês deu o que deve ter parecido um aviso terrível: "Uma crise do petróleo daqui a dez anos é bem evidente". No entanto, acabaram sendo apenas dez dias.[23]

Em 6 de outubro de 1973, Israel ficou em silêncio para marcar o Yom Kippur, o dia mais sagrado do judaísmo. Ao mesmo tempo, Egito e Síria se preparavam para a guerra, na tentativa de recuperar os territórios perdidos em 1967. Naquela tarde, as forças egípcias cruzaram o Canal de Suez enquanto as tropas sírias avançavam pelas Colinas de Golã em uma ofensiva coordenada contra Israel.

Com a guerra em andamento, as negociações entre a OPEP e as companhias petrolíferas ocidentais em Viena, já em seu segundo mês, chegaram a um impasse. Os produtores queriam que os preços fossem dobrados; as petroleiras, pressionadas por seus respectivos governos, estavam dispostas a oferecer um aumento de no máximo 15%. As reuniões iam até tarde da noite, com as salas de negociação ficando nebulosas pela fumaça dos cigarros. Autoridades árabes do petróleo distribuíram recortes de jornais sobre a guerra, furiosas com o aparente apoio dos governos ocidentais a Israel. Os executivos do petróleo podiam sentir que o clima estava se voltando contra eles. Eles estavam apavorados de que as nações da OPEP pudessem utilizar o petróleo como arma.

George Piercy, da Exxon, e André Bénard, da Shell, que lideraram as conversas em nome das petrolíferas, pediram orientação à sede. As empresas repassaram a questão aos seus governos. A resposta foi quase unânime: Washington, Tóquio, Londres e várias outras capitais europeias disseram às empresas para se manterem firmes. A economia mundial, argumentavam, não seria capaz de suportar o enorme aumento de preços que a OPEP estava exigindo.

Em 12 de outubro, seis dias após o início da guerra, os executivos do petróleo foram ver o Sheik Yamani, o ministro saudita, em sua suíte no topo do Hotel Intercontinental. Eles tinham más notícias. Ou melhor, não tinham quaisquer notícias. As empresas simplesmente não estavam dispostas a atender às demandas da OPEP. Yamani, um diplomata saudita com anos de experiência, preparou-se para uma longa noite de negociações. Temendo que o fracasso em chegar a um acordo trouxesse ainda mais caos ao Oriente Médio, ele advertiu os petroleiros de que sua posição era um equívoco. Então, o ministro saudita pediu uma Coca-Cola para um deles e espremeu um limão dentro dela lentamente, aguardando o próximo passo dos executivos.

Mas não houve passo algum. Piercy, um engenheiro robusto, não tinha tempo para sutilezas diplomáticas. No que lhe dizia respeito, não havia mais sentido em conversar. Yamani suspirou e, na frente dos executivos, começou a ligar para seus colegas para dar a notícia. Ele telefonou para Bagdá, falando agitadamente em árabe antes de dizer aos petroleiros: "Eles estão furiosos com vocês." O ministro do Petróleo do Kuwait, que estava hospedado no mesmo hotel em Viena, se juntou a eles, de pijama, nas primeiras horas da manhã. Mas não havia muito o que discutir.[24]

Por fim, o grupo se separou. Ao saírem da suíte de Yamani, um dos executivos perguntou o que aconteceria a seguir. "Escute o rádio", respondeu o ministro do Petróleo saudita.[25]

As reportagens de rádio do Kuwait, onde os ministros do petróleo se reuniram alguns dias depois, logo fizeram a aposta de Rich e Green na alta dos preços do petróleo parecer premonitória. Em 16 de outubro, eles anunciaram um aumento unilateral de 70%. Yamani estava eufórico. "Este é um momento pelo qual venho esperando há muito tempo", disse ele. "E o momento chegou. Somos donos de nossa própria commodity".[26]

No dia seguinte, 17 de outubro, houve outra reunião da OPEP, dessa vez apenas entre os países árabes. Com a guerra em andamento, alguns ministros estavam pressionando por um bloqueio econômico total a Israel e seus aliados, incluindo os Estados Unidos. Quando a reunião terminou, os países árabes anunciaram que cortariam a produção em 5% ao mês "até que as demandas políticas árabes em Israel sejam atendidas",[27] e lançaram um embargo aos EUA e a outros países que consideravam amigos de Israel. A velha era de preços estáveis e monótonos do petróleo havia acabado. A partir dali, o preço da commodity mais importante do mundo ficaria à mercê das políticas do Oriente Médio.

Os preços do petróleo dispararam para US$11,58 o barril, mais que o dobro do preço pelo qual Rich havia concordado em comprar do Irã alguns meses antes. A Ashland Oil, que assumiu o contrato da Philipp Brothers, fez uma fortuna. Se Rich e Green tivessem sido autorizados a manter seu contrato, poderiam ter obtido lucros extraordinários: quase US$50 milhões em um único acordo, muito mais do que a Philipp Brothers já havia ganhado em um ano.

Rich e Green tinham entendido que o mercado de petróleo estava entrando em um período de convulsão, durante o qual os traders, e não as grandes empresas, estariam em ascensão. "O que testemunhamos é uma mudança no centro de gravidade da indústria do petróleo", escreveu Jan Nasmyth, um dos primeiros cronistas do mercado. Os centros de poder da indústria petrolífera não eram mais as sedes das grandes companhias petrolíferas em Londres, Nova York e São Francisco, mas as cidades da Suíça a partir das quais os traders operavam. "Existem escritórios em Zurique, em Genebra e na Basileia oferecendo petróleo em uma escala que anteriormente satisfaria uma grande empresa de petróleo e que agora inclui grandes nomes entre seus clientes", escreveu Nasmyth.[28]

Para a economia global e para a política mundial isso foi uma mudança radical. Ao longo de algumas décadas, o petróleo tornou-se discretamente a commodity essencial para a saúde econômica do mundo. O mercado foi estável e previsível por muitos anos. Mas agora o preço do petróleo havia se libertado, triplicando ou quadruplicando da noite para o dia e inaugurando uma era de volatilidade sem precedentes (ver o gráfico no Apêndice iv). O boom econômico global que havia perdurado desde a Segunda Guerra Mundial foi interrompido abruptamente. Economistas começaram a falar melancolicamente sobre "estagflação" — uma combinação de recessão econômica e alta inflação que marcou uma geração inteira. O choque foi particularmente profundo nos EUA, que mais do que em qualquer outro lugar havia abraçado o culto do automóvel. De repente, os motoristas norte-americanos tiveram que esperar em fila para abastecer seus carros.

A nacionalização dos campos petrolíferos do Oriente Médio abriu o sistema oligopolista que havia sido cuidadosamente construído e nutrido pelas Sete Irmãs por décadas. À medida que as nações da OPEP assumiram o controle de seus recursos petrolíferos, elas desviaram o fluxo de petrodólares dos cofres das empresas diretamente para os seus. Os países ocidentais começaram a se preocupar com sua dependência do petróleo do Oriente Médio — preocupação esta que seria um dos principais impulsionadores das suas políticas externas para o próximo meio século.[29]

À medida que mais e mais petróleo começava a ser vendido fora do controle das Sete Irmãs, cresciam as oportunidades para traders independentes como a Mabanaft e a Philipp Brothers. E com fatias menores do mercado sob seu controle, as Sete Irmãs também perderam a capacidade de ditar preços. Em vez disso, o preço foi estabelecido em um mercado competitivo em meio a uma cacofonia de compradores e vendedores. E os reis do mercado eram os traders.

O mercado de petróleo começou a se parecer mais com o de outras commodities, como trigo, café e cobre, em que os traders há muito atuavam como intermediários, ajudando a suavizar o fluxo do comércio global. E o aumento nos preços significava que os lucros poderiam ser extraordinários. Traders de commodities antigos como a Philipp Brothers logo perceberam que poderiam fazer mais dinheiro comprando e vendendo petróleo do que em décadas de negociação de metais. Logo isso se expandiu para o comércio de grãos, café e açúcar. Os traders de commodities agrícolas, cheios de capital do "Grande Roubo de Grãos", também começaram a procurar outros mercados. A Cargill invadiu o mercado de metais em 1972 ao comprar a C. Tennant, Sons & Co, uma trader de metais, por US$5,95 milhões.[30] Ao longo dos anos seguintes, ela também se voltou para o aço e o petróleo. Assim surgiram as primeiras trading houses globais de commodities, capazes de negociar simultaneamente energia, metais e agricultura.

O petróleo também aproximou os traders do poder. Os governos muitas vezes consideravam metais, minerais e commodities agrícolas como recursos estrategicamente sensíveis. Mas o petróleo era diferente: o capital era maior e os governos dos países produtores de petróleo eram quase inteiramente dependentes dos petrodólares. Os traders tornaram-se amigos dos líderes ricos em petróleo no Oriente Médio, África e América Latina, enquanto os governos ocidentais, desesperados por petróleo barato, recorreram a eles para assegurar o abastecimento. Petróleo de onde? Apenas os traders, agora no centro das finanças e da política global, pareciam ter a resposta — e eles não contavam a ninguém. "Por que devemos levar as abelhas ao mel?", perguntou um executivo da Philipp Brothers durante os picos do preço do petróleo nos anos 1970. "Digamos apenas que recebemos petróleo de todo o mundo e o distribuímos por todo o mundo."[31]

Mesmo Marc Rich não poderia ter previsto tudo isso em 1973. De volta à Philipp Brothers, ele e Green estavam fervilhando por algo mais imediato: a fortuna que poderiam ter feito se não fosse pela falta de coragem de seus superiores. Ainda assim, seu negócio de trading de petróleo gerou lucros abundantes: o rendimento bruto da Philipp Brothers atingiu um recorde de US$54,9 milhões em 1973, um aumento de 75% em relação ao ano anterior.

Mas Rich não estava satisfeito. Os chefes da Philipp Brothers não apenas estavam cortando suas asas e impedindo que ele e Green negociassem com todo o seu potencial, mas também não estavam pagando o suficiente. Ele começou a pressionar Jesselson por mais dinheiro. Rich, que na época ganhava cerca de US$100 mil por ano, incluindo seu bônus, queria US$500 mil para si e para Green (equivalente, nos dias de hoje, a cerca de US$3 milhões). Parece uma quantia nada espetacular em comparação com os bônus de alguns executivos modernos, mas para Jesselson era uma quantia absurda.

Durante semanas, uma batalha campal ocorreu. Rich afirmou que os seus negócios de petróleo e os de Green renderam dezenas de milhões de dólares em lucro, com dezenas de milhões a mais a serem concretizados no ano seguinte. Jesselson era mais conservador, argumentando que a empresa deveria ser cautelosa ao registrar lucros no novo mundo selvagem dos traders de petróleo. "Esses contratos de petróleo que Rich tinha na agenda, com todo tipo de vendedores, sem falar em muitos governos bastante inusitados, seriam todos eles honrados em um mercado em alta?", lembraria Jesselson mais tarde. "A febre dos preços, a situação internacional instável, não induziria ao cancelamento de contratos? E muito do que Rich imaginou que se tornaria um lucro poderia muito bem ter se transformado em uma enorme perda."[32]

Em fevereiro de 1974, Rich voou de Madri até a sede europeia da Philipp Brothers, na cidade suíça de Zug, para tentar chegar a um acordo. Jesselson estava de visita como parte de suas férias de esqui nos Alpes. Mais uma vez, o velho mestre do trading de commodities entrou em conflito com seu jovem discípulo sobre a questão da remuneração. Rich, novamente, exigiu US$1 milhão, para ser dividido entre Green e ele mesmo. Jesselson fez uma contraproposta: que Rich voltasse para Nova York e fosse nomeado como seu sucessor no comando da Philipp Brothers. Rich, no entanto, não perdeu o foco. Ele disse a Jesselson que estava interessado, "contanto que cheguemos a um acordo sobre a remuneração". Mas Jesselson permaneceu impassível: ele cresceu em uma empresa que via seus traders como uma família, uma empresa na qual não havia lugar para ambições pessoais em demasia. Por uma questão de princípio, ele ofereceria a Rich e Green apenas uma parte do que eles estavam pedindo.[33]

Rich, que já havia discutido o assunto com Green, disse ao chefe que estava se demitindo para montar a própria empresa. Jesselson, talvez em um lampejo de arrogância, ou talvez não entendendo o significado do momento, desejou-lhe boa sorte e depois vestiu suas botas de esqui e partiu para as pistas com o chefe das operações europeias da Philipp Brothers. "Assim, eu tive que sair", disse Rich ao seu biógrafo. "Eu não queria. Eu estava lá há vinte anos, gostava da empresa. Eu gostava de Jesselson, e acho que ele gostava de mim."[34]

Alguns dias depois, as férias de Jesselson foram interrompidas por ligações urgentes de Zug e Madri. Não eram apenas Rich e Green que estavam deixando a empresa — outros traders seniores também estavam desertando. O alto escalão da Philipp Brothers estava em choque. Um emprego na Philipp Brothers era um emprego para toda a vida. Era raro que as pessoas fossem demitidas ou saíssem. E mais raro ainda que saíssem para ir para uma trading rival.

Jesselson ficou imensamente magoado. Em uma entrevista franca em 1979, ele relembrou a partida de Rich como um "capítulo muito triste" em sua vida. "Eles eram como meus próprios filhos. Eu os criei do nada, e então eles me deram as costas."[35] (Pode até ser o caso, Rich responderia sarcasticamente, mas "ele me esqueceu em seu testamento".)[36] Os principais gerentes da Philipp Brothers na Europa souberam da notícia quando se reuniram para serem fotografados para o relatório anual, alguns dias depois de Jesselson e Rich se separarem. Para sua surpresa, Rich não estava lá. Jesselson, então, deu a notícia: "Antes de os rumores começarem, quero dizer que Rich e Green pediram bônus tão altos que quebrariam nossas regras e tradições. Eles se separaram. É hora de nos unirmos."[37]

Seis semanas depois, em 3 de abril de 1974, Rich entrou em um escritório de advocacia em Zug para registrar sua nova empresa: Marc Rich + Co AG. Naquele dia, uma nova era do trading de commodities havia começado. Marc Rich dominaria a indústria pelos próximos vinte anos, definindo a imagem popular de um trader de commodities nas décadas de 1980 e 1990. A empresa que ele fundou também daria origem a outros dois gigantes: Glencore e Trafigura. Foi uma dinastia corporativa que começou com a Philipp Brothers e que continua a dominar os mercados de commodities hoje. De certa forma, Rich tinha sido o produto ideal da máquina Philipp

Brothers. Ele era inteligente, imaginativo, mundano, bem-apessoado e diligente. "O segredo do sucesso neste negócio é saber identificar tendências", disse um de seus concorrentes. "Marc Rich identifica tendências mais rápido do que qualquer um que eu conheça."[38]

Mas, em outros aspectos, a abordagem da Philipp Brothers era rígida e conservadora demais para ele — e ele era muito determinado, e corria riscos demais para a venerável e velha empresa e seus gerentes. Anos depois, Rich compartilhou sua filosofia de negócios com um jovem trader que trabalhava para ele. Ele pegou uma faca e equilibrou o dedo na lâmina. "Como um trader", disse ele, "muitas vezes você andará no limite. Tenha cuidado e não caia do lado errado."[39]

Em abril de 1974, no entanto, sua primeira tarefa foi garantir que seu negócio não falisse antes de começar. Rich estava subitamente desprovido do histórico, das linhas de crédito, dos clientes e da rede global de escritórios da Philipp Brothers. Ao lado dele estavam Green e alguns outros traders da Philipp Brothers que abandonaram o navio com eles: John Trafford e Jacques Hachuel, do escritório de Madri, e Alexander 'Alec' Hackel, do escritório de Zug. Os cinco se tornaram os sócios iniciais, reunindo 2 milhões de francos suíços em capital (cerca de US$650 mil). Rich pegou emprestado de sua família; outros investiram todas as suas economias na nova empresa. Trafford, que até então era assistente de Rich em Madri, vendeu seu carro para levantar o capital.[40]

O início daquela que se tornaria a maior e mais poderosa força nos mercados de commodities foi bastante modesto. Não ajudou que a Philipp Brothers, furiosa com a saída dos traders da Marc Rich + Co, tenha feito o possível para prejudicá-la. Para uma trading de commodities na década de 1970, assim como nos dias atuais, o acesso ao crédito dos bancos era crucial. Os executivos da Philipp Brothers circulavam pelos bancos e os alertavam sobre os recém-chegados: "Você não pode confiar nesses caras. Eles não são sérios."[41]

Mas a tática falhou. Os banqueiros lembraram que Jesselson estava, apenas alguns meses antes, apresentando Rich como seu sucessor mais provável. Muitos bancos — incluindo Bankers Trust, Chase Manhattan e Banque de Paris et des Pays-Bas — decidiram emprestar à nova empresa, a despeito dos avisos. No Paribas, Rich iniciou um relacionamento com um banqueiro sênior, Christian Weyer, que duraria décadas. Juntos, Rich e Weyer popularizariam o uso de cartas de crédito como a principal forma de financiamento do comércio de petróleo. O instrumento — efetivamente uma garantia do banco de que a trading house pagará — foi usado por séculos, mas quando aplicado ao comércio de petróleo, permitiu que as empresas comprassem e vendessem grandes quantidades de petróleo com um depósito mínimo.[42] E o Paribas — posteriormente, BNP Paribas — se tornaria, de longe, o maior financiador de traders de commodities.

O timing de Rich, mais uma vez, foi impecável. Ele estava de volta aos negócios, e o mercado de petróleo ainda estava no auge de sua maior reviravolta de todos os tempos. A Marc Rich + Co obteve os primeiros lucros quase imediatamente, e graças ao membro mais jovem da equipe: John Trafford projetou um acordo para comprar petróleo nigeriano da petrolífera francesa Elf (antecessora da Total) e vendê-lo para a refinaria norte-americana Standard Oil, de Ohio. Esse acordo back to back um tanto conservador era, ironicamente, o estilo de trading preferido pelos executivos seniores da Philipp Brothers. O primeiro lucro foi de modestos US$165 mil. Mas Rich e Green logo estariam fazendo negócios mais arriscados e lucrativos. Quando o ano terminou, após apenas oito meses de operações, as contas apresentavam US$28 milhões em lucros. No ano seguinte, seus lucros foram de US$50 milhões. Já em 1976, seu terceiro ano de operações, a Marc Rich + Co havia superado a Philipp Brothers em lucratividade, com lucros de US$200 milhões.[43]

Na Philipp Brothers, o petróleo também estava gerando lucros recordes. Após o choque inicial da saída de Rich, a empresa rapidamente se reorganizou, colocando Tom O'Malley no comando do trading de petróleo. Enquanto os metais permaneciam importantes para a Philipp Brothers, o petróleo era, cada vez mais, o astro principal. A empresa, que até 1973 nunca havia faturado mais de US$35 milhões em rendimentos brutos anuais, estava faturando mais de US$125 milhões ao ano, de 1974 até o final da década.[44] Em 1977, o petróleo representava mais de um terço das receitas, superando as outras 150 commodities negociadas pela empresa.[45]

Mas a Marc Rich + Co e a Philipp Brothers não estavam sozinhas. As riquezas do mercado de petróleo atraíram muitos outros caçadores de fortunas, que se viram subitamente capazes de assegurar o petróleo que não estava mais nas mãos das Sete Irmãs e que desejavam lucrar com a sua volatilidade de preços recém-descoberta. Entre 1975 e 1980, o número de empresas independentes de trading de petróleo proliferou para mais de trezentas, embora muitas tenham falido tão rapidamente quanto entraram no mercado.[46] Era um admirável mundo novo de jogadores ousados e fortunas rápidas que ficaria conhecido como o "mercado de Roterdã".

Em meados da década de 1970, Roterdã tornou-se o centro da indústria de trading de petróleo. Seu vasto porto, pontuado por fileiras de guindastes arqueados sob o céu como torres de igreja, e dezenas de tanques cilíndricos de armazenamento de óleo atarracados, era o maior da Europa. Estrategicamente localizada entre os portos do Atlântico e do Báltico, que transportavam volumes cada vez maiores de petróleo russo, Roterdã era o ponto focal do mercado petrolífero europeu. Em seu auge, enormes petroleiros chegavam toda semana da Arábia Saudita, Irã, Nigéria, Kuwait e outros lugares, navegando pelos canais profundos que ligam o Mar do Norte a Roterdã, antes de descarregar seu petróleo bruto nos arredores da cidade. Várias grandes refinarias convertiam o petróleo em produtos refinados, que eram enviados em embarcações pelo imponente rio Reno para compradores em grande parte do norte da Europa. O cheiro de petróleo pairava sobre toda a área, como se fosse um posto de gasolina gigante.

Mas Roterdã era mais do que apenas um porto gigante na década de 1970. Na indústria petrolífera da época, em rápida evolução, ela tornou-se o centro coordenador para o mercado global de petróleo. Nas décadas anteriores, as Sete Irmãs trocavam cargas de petróleo entre si quando se viam com muito ou pouco; agora o mercado de Roterdã realizava esse mesmo serviço. O declínio das Sete Irmãs continuou em um ritmo acelerado, com sua participação no comércio internacional de petróleo caindo de 90% para 42% ao longo da década de 1970 — e grande parte desse petróleo acabou sendo leiloado em Roterdã.[47]

Quando as Sete Irmãs perderam o controle do preço do petróleo em 1973, a capacidade de determinar os preços passou para a OPEP. Mas essa posição continuou a depender do antigo sistema oligopolista das Sete Irmãs, onde os preços, uma vez anunciados, seriam respeitados. Já com a ascensão dos traders, o poder de fixar os preços passou firme e irrevogavelmente para as mãos do livre mercado: logo o petróleo estava sendo negociado em Roterdã a preços muito diferentes daqueles publicados pela OPEP. E o preço do petróleo em Roterdã logo se tornou a referência para o emergente mercado "spot" de petróleo — assim chamado porque o petróleo estava sendo comprado e vendido para entrega imediata ("on the spot", ou "na hora", em tradução livre) e não para alguma data no futuro.

Poucos dos traders que negociavam com o petróleo de Roterdã estavam baseados na cidade holandesa, negociando a partir de escritórios em Zug, Genebra, Londres, Mônaco ou Nova York. Isso não importava. Roterdã tornou-se famosa como o ponto focal do novo e indomável mercado de petróleo e sinônimo de especulação selvagem. A nova geração de traders independentes comprava e vendia cargas de petróleo bruto e produtos refinados como se fossem fichas de cassino.

Eles eram implacáveis na busca por lucros, e ficavam satisfeitos por isso acontecer às custas de seus rivais. "É uma selva... com muitas pessoas extremamente traiçoeiras", disse o trader-chefe da BP em Roterdã.[48] Outro trader descreveu a concorrência como um bando de tubarões, esperando para atacar ao menor sinal de que um rival estava se metendo em apuros. "Há narizes enormes em Roterdã. No momento em que você sentir medo, alguém sentirá o cheiro."[49]

Os preços do petróleo, que antes eram tão baixos e estáveis, agora eram tudo menos isso. Entre 1974 e 1978, o petróleo era negociado entre US$10 e US$5 o barril, preços que seriam impensáveis alguns anos antes. Era um conjunto de circunstâncias inebriantes para os traders que tiveram a inteligência de assegurar contratos de petróleo e a coragem de apostar nos preços. Fortunas eram feitas em questão de dias ou semanas, e perdidas ainda mais rapidamente. Um grupo de empresas de trading holandesas que havia começado com carregamentos de combustível no Reno cresceu e acabou se tornando um grupo de traders importantes, incluindo Vanol, Transol e Bulk Oil. Outra empresa holandesa, a Vitol, tornou-se uma participante significativa no mercado de produtos refinados, embora mal tenha tocado em petróleo bruto até anos depois. A empresa de Theodor Weisser, Mabanaft, usou seus lucros para construir um dos maiores negócios de armazenamento de petróleo do mundo, chamado Oiltanking, que acabou por se tornar uma empresa multibilionária, com ativos em cinco continentes.

Outros empreiteiros e empresários logo se acotovelaram na indústria de trading de petróleo. Entre eles estavam Gerd Lutter, da Marimpex; Oscar Wyatt, da Coastal Corporation; David Chalmers, da Bayoil; e os irmãos Koch. Lutter passaria anos cortejando autoridades soviéticas e iranianas para garantir acordos de petróleo, fornecendo à África do Sul milhões de barris no auge do apartheid. Wyatt, um magnata do petróleo norte-americano que se ramificou no trading depois que seu primeiro negócio de gás quase faliu, seria um pioneiro do trade de petróleo entre a China e os EUA. Mais tarde, ele travaria amizades com Saddam Hussein e Muammar Gaddafi. Chalmers se especializaria no trading com o Iraque. Charles e David Koch transformariam o negócio de refino da sua família, antes direcionado para os EUA, em uma trader global de petróleo.

Grandes companhias petrolíferas também começaram a flexionar os músculos nas negociações. Até esse ponto, as grandes petrolíferas manejavam o próprio petróleo e distribuíam os próprios produtos refinados, mas, fora isso, viam o trading de petróleo com desdém. Com a onda de nacionalizações no Oriente Médio, no entanto, seus suprimentos começaram a secar e eles foram forçados a começar a comprar de outros. Agora eles criaram subsidiárias em Roterdã para desafiar os traders: a Shell criou a Petra; a BP estabeleceu a Anro; e Elf fundou a CorElf.[50] As empresas continuam sendo grandes traders de petróleo hoje, além de suas atividades na produção e refino de petróleo.

Mas o principal de todos os caçadores de fortunas, jogadores e bucaneiros que foram atraídos para a selva do mercado de Roterdã foi Johannes Christiaan Martinus Augustinus Maria Deuss. Ao lado de Marc Rich, ele seria uma das figuras dominantes no mercado de petróleo dos anos 1970 e 1980, o epítome do trader liberal. Deuss era o oposto do ideal conservador da escola de trading da Philipp Brothers. Sem medo de fazer política, ele se misturou livremente com aiatolás iranianos, sheiks árabes e burocratas soviéticos, tornando-se até conselheiro do sultão de Omã. Ele apostou no preço do petróleo com tenacidade, ganhando e perdendo centenas de milhões de dólares de cada vez. "John Deuss é um personagem mítico", diz Bill Emmitt, ex-executivo da corretora de petróleo PVM, que lidou com ele em várias ocasiões. "Ele sempre tentou jogar nos bastidores."[51]

Em contraste com Rich, Deuss de alguma forma conseguiu evitar os holofotes. Ele raramente falava em público, deu apenas um punhado de entrevistas e conseguiu manter seus lucros e perdas escondidos de olhares indiscretos. Apesar da preferência pela discrição, acabou virando manchete algumas vezes, como quando se inseriu entre os governos da Rússia e do Cazaquistão e a petrolífera Chevron para garantir um papel decisivo na construção de um importante oleoduto de exportação de petróleo da Ásia Central que valia bilhões de dólares. Era uma operação clássica de Deuss, jogar vários governos diferentes uns contra os outros para obter o máximo lucro. No final, o vice-presidente dos EUA, Al Gore, interveio pessoalmente para expulsar Deuss do projeto.

Com seu tufo de cabelos cor de areia cuidadosamente repartido de lado e ternos listrados com lapelas enormes, Deuss parecia um personagem saído diretamente de *Wall Street — Poder e Cobiça*, o filme que narrava os negócios selvagens da indústria financeira na década de 1980. Seu estilo de vida, no entanto, era mais parecido com o de um vilão dos filmes de James Bond. De sua base nas Bermudas, ele recebia contatos de negócios e amigos em seu iate de três mastros de 57 metros de comprimento. Sua comitiva típica incluía dois cães pastores ingleses e uma trupe de guarda-costas e assistentes femininas deslumbrantes. Ele cruzava o globo em um de seus dois jatos particulares Gulfstream. "Ele tinha uma grande *villa* onde garotas de biquíni ficavam relaxando", disse o jornalista holandês Friso Endt, do NRC Handelsblatt, que foi um dos poucos a entrevistar Deuss. "Uma garota lhe trazia um telex sobre algum negócio e ele dizia 'sim' ou 'não', e ela ia embora para cumprir as ordens."[52]

Nascido em Nijmegen, na Holanda, em 1942, Deuss começou a negociar por intermédio de uma empresa chamada JOC Oil (as iniciais significavam 'John's Own Company') no início da década de 1970.[53] Ele logo teve sucesso na construção de um relacionamento com a Soyuznefteexport, a agência de exportação que Theodor Weisser havia seduzido com sucesso duas décadas antes. Em uma reunião em Paris, em novembro de 1976, ele ganhou um prêmio cobiçado: um contrato para exportar centenas de milhões de dólares de petróleo bruto soviético em 1977. Entre janeiro e junho, Moscou embarcou 39 cargas para Deuss. A JOC Oil pagou os primeiros seis carregamentos, mas nunca pagou os outros 33, no valor de US$101 milhões, apesar de tê-los vendido para outros com lucro.[54] Ambos os lados alegaram crime, dando início a um longo processo de arbitragem. Deuss passaria a próxima década olhando por cima do ombro, com medo de um possível assassino da KGB.[55]

A briga com Moscou, contudo, não o impediu. Com a JOC Oil envolvida em uma disputa legal e perdendo dinheiro, Deuss simplesmente criou uma nova empresa, chamada Transworld Oil.[56] A essa altura, ele havia aperfeiçoado um modelo de negócios projetado para o mercado livre de petróleo dos anos 1970 e 1980: usar o petróleo para se aproximar dos governos de países em desenvolvimento e se valer desses relacionamentos para ganhar dinheiro negociando petróleo. Um dia, ele voava para Malta[57] para negociar um projeto de construção de uma refinaria de petróleo; no outro, ele estava em Botsuana discutindo um contrato.[58] Então, ele aparecia na Turquia, oferecendo ao governo US$200 milhões para comprar petróleo.[59]

Os acordos de petróleo de Deuss o levaram aos cantos mais obscuros dos negócios globais, onde os traders de commodities cruzavam o caminho de traficantes de armas e espiões.[60] Deuss estava tão à vontade lidando com países marginalizados que os zombeteiros da indústria brincavam que a sigla para Transworld Oil, TWO, deveria significar Third World Oil ["Petróleo do Terceiro Mundo", em tradução livre]. Ao contrário de Marc Rich, que repudiava qualquer interesse pela política, Deuss apreciava o uso de seu poder no mercado de petróleo para fins políticos. Para ele, o capital era um proxy para a influência política. Quando perguntado por que o dinheiro era tão importante para ele, ele respondeu: "Você não entende que é uma questão de poder? E dinheiro significa poder. É simples assim."[61]

John Deuss personificou uma mudança no centro de gravidade do mercado de petróleo, longe das Sete Irmãs e em direção aos traders. No final da década de 1970, pessoas como Rich e Deuss vinham acumulando capital e poder por vários anos. Mas uma nova crise no Oriente Médio estava prestes a redesenhar o mercado de petróleo, trazendo riquezas em nova escala e catapultando-os para uma posição de importância geopolítica que chamaria a atenção de governos ao redor do mundo.

Em 1º de fevereiro de 1979, um avião pousou em Teerã. Dele, emergiu um homem idoso de barba branca, vestido com uma longa túnica preta. O homem, caminhando cautelosamente e auxiliado por um mordomo, era o aiatolá Ruhollah Khomeini. Seu retorno ao Irã após quinze anos de exílio marcou o ponto culminante da Revolução Iraniana e o início de uma nova era para o mercado global de petróleo.

Falando em voz alta e firme, o septuagenário disse a seus partidários: "Estamos vencendo, mas esta é apenas a primeira etapa."[62] Algumas semanas antes, Mohammad Reza Pahlavi, o último Xá da Pérsia, famoso por suas festas luxuosas alimentadas pelos petrodólares da crise de 1973-74, deixara o país, aparentemente de férias, para nunca mais voltar.

Para o mercado de petróleo, a Revolução Iraniana foi um relâmpago. O Irã era o segundo maior produtor de petróleo da OPEP, atrás apenas da Arábia Saudita. Uma crise do petróleo já vinha se formando há vários meses quando o aiatolá Khomeini desembarcou em Teerã. Desde o início de 1978, os trabalhadores petrolíferos estavam em greve no sudeste do Irã. No início do ano, a produção de petróleo iraniana era de cerca de 5,5 milhões de barris por dia; no final do ano, a produção havia diminuído ao mínimo.[63]

A Revolução Iraniana não afetou igualmente a todos no mercado de petróleo. A British Petroleum, que cresceu a partir da Anglo-Persian Oil Company, foi a mais atingida. Até a revolução, a BP, graças aos seus contratos com Teerã, tinha petróleo suficiente não apenas para atender às necessidades de suas próprias refinarias, mas também para abastecer outras. De repente, esse fornecimento havia sido totalmente cortado, pois a equipe da BP foi forçada a evacuar e seus ativos foram nacionalizados. De repente, a empresa precisava comprar petróleo apenas para abastecer as próprias refinarias. As refinarias japonesas, que dependiam fortemente do petróleo iraniano fornecido pela BP e outras, também foram impactadas. Algumas refinarias norte-americanas estavam no mesmo barco.

Apesar de um aumento na produção da Arábia Saudita para compensar o déficit iraniano, os preços oficiais do petróleo da OPEP subiram ao longo de 1979 e 1980, primeiro para US$18 o barril e depois para US$28. E na realidade, o preço do mercado subiu muito mais. O petróleo mudou de mãos no mercado spot por US$40 o barril ou mais — havia rumores de negócios a US$50. Era um preço que soaria estranho apenas alguns anos antes, quando os preços eram fixados a US$2, uma década após a outra.

O preço do petróleo havia sido definitivamente libertado das garras das Sete Irmãs, e os senhores desse novo e volátil mercado eram traders como Rich e Deuss. O mundo estava sedento por petróleo. As empresas estavam desesperadas depois de serem subitamente cortadas do fornecimento iraniano da noite para o dia. Não importava de onde viesse ou quanto custasse. "O que tivemos que fazer foi sair e comprar aquele petróleo bruto de alguém, em algum lugar", disse James Morrison, executivo sênior da Atlantic Richfield Company.[64]

Para os traders, o segredo do lucro fácil era um contrato de longo prazo para comprar petróleo a preços oficiais. Então, com os preços subindo no mercado spot, eles poderiam revender o mesmo petróleo por US$5 ou até US$10 a mais por barril. E como um trader conseguiria um contrato tão lucrativo? "O que ele teve que fazer para conseguir esse contrato foi pagar uma comissão ridiculamente pequena para as autoridades competentes", disse um executivo de uma grande empresa de petróleo na época. "E às vezes os envelopes pardos necessários eram repassados."[65]

Sem dúvida, envelopes pardos ou "comissões" sempre fizeram parte dos negócios em partes distantes do mundo. Mas as crises do petróleo na década de 1970 criaram uma nova economia da corrupção: a indústria petrolífera global havia sido nacionalizada recentemente, e as pessoas encarregadas de decidir quem poderia assegurar um contrato não eram mais executivos de grandes empresas petrolíferas, mas funcionários mal remunerados do governo. E de repente, graças ao aumento do preço do petróleo, eles tiveram o poder de distribuir contratos que valiam muitos milhões de dólares para um astuto trader de petróleo.

Rich era o tipo de trader preparado para fazer o que fosse necessário para colocar as mãos no petróleo. O custo de garantir um contrato de petróleo iraniano naqueles dias era de cerca de US$125 mil para o homem certo na National Iranian Oil Company.[66] "Os subornos eram pagos para que o negócio pudesse ocorrer", disse Rich ao seu biógrafo. "Não é um preço desvantajoso para o governo envolvido na venda ou compra."[67] Ele não via nada de errado em pagar pelo acesso. Enquanto os EUA introduziram leis anticorrupção, algumas nações europeias não o fizeram. Na Suíça, era até possível contabilizar as "taxas de facilitação", que era como os subornos eram frequentemente chamados em linguagem corporativa, como despesas dedutíveis de impostos.

Os traders se saíram bem na primeira crise do petróleo de 1973. Mas dessa vez os lucros foram realmente extraordinários: em 1979, a Marc Rich

+ Co fez mais de US$1 bilhão em lucro, de acordo com quatro ex-executivos (embora o rendimento bruto que suas contas oficiais mostravam fosse um pouco menor, em cerca de US$700 milhões, segundo um deles).

O resto da indústria de trading de petróleo também estava ganhando dinheiro. A Mabanaft, que não acumulou o mesmo peso global que a Marc Rich + Co, ainda assim teve lucros de 200 milhões de marcos alemães (um pouco mais do que US$100 milhões) naquele ano.[68] E os rendimentos brutos da Philipp Brothers, que nunca haviam ultrapassado os US$200 milhões, atingiram US$443 milhões em 1979 e US$603 milhões em 1980.[69] A Cargill, por sua vez, faturou US$178 milhões em 1979 e US$269 milhões em 1980.[70]

Para os olhos contemporâneos, acostumados a cifras de bilhões de dólares, é fácil esquecer quão enormes eram esses lucros. A Philipp Brothers investiria seus lucros extraordinários na compra do Salomon Brothers, um dos bancos de investimento mais famosos de Wall Street. O lucro de 1979 da Marc Rich + Co transformou-a em uma das dez empresas mais lucrativas dos EUA naquele ano, ao lado de gigantes como General Electric e Ford Motors.

No entanto, ao contrário dessas empresas, a Marc Rich + Co pertencia a apenas um punhado de pessoas, não relatava publicamente nada sobre suas atividades e era praticamente não regulamentada. Os políticos começaram a perceber, na década de 1970, quão pouco sabiam sobre os traders de commodities, que em um ano haviam vendido US$1 bilhão em grãos para a União Soviética e agora pareciam controlar o preço do petróleo. Mas eles não sabiam o que fazer a respeito.

A primeira resposta foi aumentar a transparência. O Departamento de Agricultura dos EUA começou a publicar estimativas de oferta e demanda para os mercados globais de grãos; a Agência Internacional de Energia fez o mesmo com o petróleo. Seus relatórios ainda hoje são observados de perto pelos traders.

Mas quando chegou a hora de realmente controlar os traders, os reguladores não souberam como proceder. Em uma reunião do G7 em 1979, os líderes da França, Alemanha Ocidental, Itália, Japão, Reino Unido, Canadá e Estados Unidos instaram as empresas petrolíferas e nações da OPEP a "moderar transações no mercado spot" e consideraram a criação de um "registro das transações internacionais de petróleo".[71] Foi um reconhecimento, pela primeira vez na história, dos traders de commodities como uma força a ser levada em consideração. Mas essa pressão para regular o mercado não deu em nada, e o cassino de Roterdã continuou a operar em sua gloriosa opacidade.

Em uma década, o mercado de petróleo passou por uma mudança fundamental que redefiniu a maneira pela qual o mundo acessaria energia nas décadas subsequentes.

O mercado já não pertencia ao oligopólio das Sete Irmãs, com negócios petrolíferos semicoloniais no Oriente Médio, África e América Latina. No lugar, apareceram traders como Marc Rich, sedentos por risco e desprendidos da história ou, em alguns casos, da ética. Por meio do trading, eles facilitaram uma das grandes revoluções geopolíticas e econômicas da era contemporânea: a conquista dos recursos naturais por nações ricas em petróleo, a ascensão do petrodólar como elemento crucial das finanças internacionais e a ascensão do petro-Estado como uma força na política global.

O preço do petróleo ficou sem amarras. Ele já não era decidido por algumas grandes empresas em salas de reuniões em Londres ou Nova York, mediante consulta com governos americanos e europeus. A partir dali, caberia ao mundo impiedoso do mercado de Roterdã definir o preço da commodity mais importante do planeta. Era uma mudança que excedia o petróleo. O colapso do padrão-ouro significava que o valor do dólar também era exclusividade do mercado. Em todos os lugares, o controle dos governos e instituições ocidentais sobre a economia mundial estava se afrouxando, levando ao surgimento de uma nova, e mais agressiva, era do capitalismo.

Havia chegado a vez dos traders de commodities.

TRÊS

O ÚLTIMO BANCO DA CIDADE

Era uma noite de sexta-feira no início da década de 1980, quando um dos ministros do gabinete da Jamaica descobriu que seu país estava sem dinheiro.

Hugh Hart, o ministro de Minas e Energia, estava no parlamento, e a notícia chegou a ele por volta das 18h: um funcionário do Banco Central estava angustiado, esperando para falar com ele. Hart saiu. A mensagem do funcionário era simples: os cofres da Jamaica estavam vazios. O Banco Central não conseguiu levantar o capital necessário para pagar por uma carga de petróleo.

"E a propósito", acrescentou o funcionário, "nós ficamos sem petróleo no domingo."

"Eu simplesmente não sabia o que diabos fazer", lembra Hart.[1]

A Jamaica vinha comprando 300 mil barris de petróleo por mês para a única refinaria da ilha caribenha, localizada na capital Kingston. A cada mês, o Banco Central forneceria uma garantia de US$10 milhões para cobrir o custo do petróleo. Mas naquele mês o Banco Central não tinha dinheiro suficiente e, portanto, não haveria petróleo. Sem o petróleo, a refinaria da Jamaica deixaria de produzir gasolina e diesel, e os postos de gasolina do país teriam que fechar.

Hart, um advogado que foi persuadido a entrar na linha de frente da política pelo cunhado, o primeiro-ministro, sabia o que isso significaria. A economia da Jamaica ainda estava se recuperando dos estragos causados pela crise do petróleo da década de 1970, que desembocou em uma violência política que transformou as ruas de Kingston em uma zona de guerra. No início da década de 1980, o pior dessa violência havia passado, mas o tecido econômico e social do país ainda estava fragilizado.

Hart ligou para a única pessoa em quem conseguiu pensar que poderia ajudar a evitar a crise: Willy Strothotte, um trader alemão altivo e com aparência de estadista que administrava a afiliada da Marc Rich + Co em Nova York. A trading house havia investido profundamente na Jamaica: a pitoresca ilha caribenha era uma das maiores produtoras mundiais de bauxita e alumina, os minerais usados para produzir alumínio.[2] E a Marc Rich + Co era a maior trader de alumínio do mundo.

"Hugh, sinto muito, mas não posso ajudá-lo. Acho que ninguém pode te ajudar", disse Strothotte. Como último recurso, ele ofereceu o número de telefone residencial de Marc Rich em Zug. "Mas fique avisado, são mais ou menos 2h da manhã na Suíça, e eu não vou ligar para ele agora."

Hart nunca havia falado com Rich antes: seus negócios até aquele momento haviam sido apenas com Strothotte. Com um pouco de apreensão, ele ligou para Zug. Um Marc Rich exausto atendeu o telefone.

"Senhor Rich, aqui é Hugh Hart", ele começou. "Você provavelmente não me conhece."

"Ah, sim, eu sei tudo sobre você", respondeu Rich. "Por que diabos você está me acordando às 2h da manhã?"

"Bem", Hart respondeu. "É apenas uma pequena questão de vida ou morte." Ele explicou a situação da Jamaica.

"O que você espera que eu faça sobre isso? São 2h da manhã de sexta-feira e o seu Banco Central não pode levantar US$10 milhões. Que diabos?"

Hart implorou. Houve um momento de silêncio.

"Ligue para Willy em uma hora", instruiu Rich, e desligou o telefone.

Quando Hart ligou para Strothotte em Nova York, um petroleiro cheio de petróleo estava a caminho da Jamaica. Rich havia providenciado para que um carregamento de petróleo venezuelano que seria entregue na costa leste dos EUA passasse por Kingston no caminho. Na noite de sábado, menos de 24 horas antes de a Jamaica ficar zerada, ele descarregou 300 mil barris de petróleo.

O negócio foi uma demonstração do enorme poder que Marc Rich exercia agora graças ao seu domínio do mercado de petróleo. Os choques do petróleo da década de 1970 encheram os cofres dos traders de commodities, e eles combinaram seu poder financeiro recente com uma ousadia que poucos investidores poderiam igualar. Na década de 1980, apostar o próprio capital onde outras empresas não ousariam era a marca registrada dos traders de commodities.

A Jamaica foi um excelente exemplo: o país estava à beira da falência, rejeitada por seus credores, e Rich havia acabado de entregar petróleo para o seu governo no valor de US$10 milhões sem sequer assinar um contrato. O risco valeria a pena, no entanto. O governo da Jamaica não esqueceria como Rich salvou o país da ruína. A ilha caribenha viria a se tornar uma fonte de lucros para Rich e seus sucessores nas décadas seguintes.

"Foi um dos momentos mais estressantes que tive", lembra Hart. "Sinceramente, acho que aquilo teria derrubado o governo."

Os acordos de Marc Rich com a Jamaica foram emblemáticos das mudanças que ocorreram na economia mundial nas décadas de 1970 e 1980. Da Jamaica à Arábia Saudita, da Guiana ao Peru, as décadas de crescimento econômico global estimularam investimentos maciços na produção de commodities em todo o mundo. Os governos do Oriente Médio, África e América Latina vinham assumindo o controle das commodities que produziam, gerando uma onda de nacionalizações. A mudança de poder das grandes companhias petrolíferas e mineradoras norte-americanas e europeias para os governos do assim chamado Terceiro Mundo abriu uma janela de oportunidades para os traders de commodities, e eles a exploraram com vontade. No processo, eles também se tornaram a conexão entre muitos países de recente assertividade e o sistema financeiro global, ajudando a canalizar dólares para governos e líderes que não tinham outras fontes de financiamento.

Em nenhum lugar isso foi mais claro do que na indústria de alumínio. O boom econômico que se seguiu à Segunda Guerra Mundial transformou o alumínio no metal mais cobiçado do mundo. Mais barato que o cobre, mais leve e versátil que o aço, o consumo de alumínio disparou graças à ampla gama de usos em aviões, carros e eletrodomésticos, que eram os símbolos da nova era do consumismo.

Antes da guerra, ele era um material relativamente de nicho. Mas como a maquinaria militar exigia uma enorme quantidade de aeronaves, os fabricantes precisavam de uma quantidade sem precedentes de alumínio. Os norte-americanos foram incentivados a coletar itens de alumínio ao redor de suas casas para acumular sucata para ajudar a atender às necessidades dos militares. Uma estação de rádio de Nova York transmitiu um programa chamado "Aluminum for Defense" ["Alumínio pela Defesa", em tradução livre], enquanto as crianças recebiam ingressos de cinema gratuitos em troca de coletar bolas de papel-alumínio.[3]

Quando a guerra terminou, a indústria do alumínio tinha capacidade para suprir o boom de consumo que estava por vir. A produção aumentou de 1 milhão de toneladas em 1945 para 10 milhões de toneladas em 1970.[4] Isso, por sua vez, estimulou uma corrida mundial pela bauxita, a terra marrom-avermelhada encontrada em Guiné, na Austrália e nas famosas Montanhas Azuis do interior da Jamaica. A bauxita era transformada primeiro em alumina pulverulenta branca e, finalmente, em alumínio metálico.

Durante décadas, o mercado de alumínio foi dominado por algumas poucas grandes empresas, principalmente norte-americanas, assim como as Sete Irmãs haviam dominado o mercado de petróleo. A Alcoa, empresa fundada em 1888 pelo homem que inventou o processo de extração de alumínio, era tão predominante que, em 1951, um tribunal dos Estados Unidos a obrigou a se separar inteiramente de seus ativos internacionais, agrupados sob a Alcan do Canadá. Em 1955, as seis maiores empresas de alumínio, lideradas pela Alcoa e Alcan, controlavam 88% da oferta de bauxita do mundo não socialista, assim como 91% da oferta de alumina e 86% do alumínio.[5] Durante grande parte das décadas de 1960 e 1970, mesmo o alumínio do Bloco Oriental era vendido pelos principais produtores sob um "acordo informal" restritivo que o impedia de fluir livremente para o mercado.[6]

Assim como no mercado de petróleo, os grandes produtores também controlavam o valor, divulgando os preços pelos quais venderiam o metal em cada região. Todavia, também como no caso do petróleo, isso começou a mudar na década de 1970. Uma onda de "nacionalização dos recursos" varreu o mundo, à medida que os estados pós-coloniais recém-independentes pressionavam por maior autonomia em relação aos antigos governantes e o aumento dos preços fazia do setor de commodities um alvo lucrativo.

No setor de alumínio, as nacionalizações começaram na Guiana, Estado fronteiriço com a Venezuela, que era o quinto maior produtor mundial de bauxita.[7] Em 1º de março de 1971, o parlamento da Guiana legislou para permitir a nacionalização da indústria de bauxita do país, incluindo uma subsidiária da gigante canadense Alcan, que era naquele momento a maior empresa do país. A medida causou uma onda de choque nas salas de reuniões e capitais ocidentais.

"Os padrões de marketing e os planos de investimento da indústria mundial de bauxita estão sendo ameaçados por movimentos nacionalistas na região do Caribe", alertou a CIA.[8] Mas a agência de espionagem dos EUA não avaliou as chances de a Guiana ser bem-sucedida nessa nacionalização: ela previu que as seis grandes empresas rejeitariam a produção do país, deixando-o sem compradores para sua bauxita e alumina. Porém, a CIA não havia contado com a Philipp Brothers. Dois executivos do alto escalão da trading house voaram para a capital da Guiana e persuadiram o governo a permitir que eles vendessem toda a sua produção de bauxita e alumina.[9] Um ano depois, a CIA observou que os esforços da Guiana para vender sua alumina foram auxiliados pelo seu "novo agente de marketing agressivo: a Philipp Brothers, de Nova York".[10]

A Jamaica era um prêmio muito maior para os traders. Na década de 1960, a ilha era o maior produtor mundial de bauxita e um dos principais fornecedores de alumina, com investimentos da maioria das grandes empresas de alumínio. Michael Manley, o carismático primeiro-ministro socialista da Jamaica, abriu as portas para as empresas de trading com um movimento dramático para aumentar a participação do governo nos lucros da bauxita e da alumina em 1974. Assim como ocorreu com as nacionalizações da indústria petrolífera nos países da OPEP, sua tentativa de obter uma parcela maior dos lucros da indústria resultou no governo possuindo ações da maioria das minas de bauxita e refinarias de alumina do país. Assim, no final da década de 1970, o governo jamaicano tinha bauxita e alumina para vender, mas pouca experiência em vendê-los ou despachá-los. Para os traders, aquilo era como um sonho.

A Guerra Fria estava no auge. No final da década de 1970, a batalha pelo domínio entre Moscou e Washington estava se desenrolando em microcosmos nas ruas de Kingston. Gangues leais aos dois principais partidos — um ligado a Moscou e outro próximo aos EUA — travaram uma sangrenta guerra territorial na capital da Jamaica. Um embaixador dos EUA na época lembrou-se de ter pisado em um cadáver fresco; eles eram deixados todas as manhãs na porta da embaixada.[11]

Os revolucionários de esquerda estavam conquistando vitórias em toda a região. O governo do estado caribenho de Granada foi derrubado em um golpe por um grupo que rapidamente se alinhou com Cuba e a União Soviética. Na Nicarágua, os sandinistas tomaram o poder com o apoio da União Soviética.

Nesse cenário, Manley conseguiu deixar os EUA nervosos. Ele era amigo de Fidel Castro e havia feito acordos com a União Soviética. Assim, quando seu partido perdeu o poder nas eleições de 1980, os EUA estavam determinados a apoiar o novo governo de seu rival, Edward Seaga.

O mecanismo foi a bauxita. Ronald Reagan, o presidente recém-eleito dos Estados Unidos, fez de Seaga o primeiro líder estrangeiro a ser convidado para a Casa Branca. Convencido da "magia do mercado", Reagan direcionou os enormes recursos econômicos dos EUA para virar a maré política na região, e a Jamaica foi a peça central de sua política.[12] Ele ordenou, então, que a agência de estocagem dos EUA comprasse um total de 3,6 milhões de toneladas de bauxita jamaicana entre 1982 e 1984, o equivalente a um sexto da produção do país.[13] Isso foi prestativo, mas a necessidade de capital da Jamaica era desesperadora. E assim a Marc Rich + Co entrou em cena, pagando adiantado ao governo jamaicano pela bauxita que acabaria vendendo aos EUA.[14]

"Não ganhamos muito dinheiro", diz Manny Weiss, um dos traders da Marc Rich + Co que ajudou a organizar o acordo. "Era uma maneira de iniciarmos o relacionamento com a Jamaica." Foi o início de um profundo envolvimento entre o governo jamaicano e os traders de commodities, que incluiria a ligação de Hugh Hart tarde da noite para Marc Rich em busca de um carregamento de petróleo.

Mas essa não foi a única maneira pela qual a Marc Rich + Co ajudou o país caribenho. Por exemplo, a Jamaica, como muitos países em desenvolvimento nas décadas de 1970 e 1980, dependia fortemente de empréstimos do FMI. Mas o FMI impôs condições rigorosas ao país, que incluíam o cumprimento regular de certas metas financeiras. E às vezes as contas do governo ficavam alguns milhões de dólares aquém do esperado.

E, assim, o governo recorreu à Marc Rich + Co. Em uma ocasião, Hart se lembra de ligar para Strothotte e dizer que o governo jamaicano estava desesperado por US$5 milhões para conseguir atender às exigências do FMI. O trader alemão entregou o valor imediatamente. Novamente, a Marc Rich + Co havia salvado a pele do governo jamaicano; e mais uma vez, fez isso sem sequer assinar um contrato. Esses acordos exigiam alguma contabilidade criativa: para satisfazer o FMI, o dinheiro que a trading house depositara nas contas do governo não podia ser mostrado como dívida. "É claro que era uma dívida, mas nunca foi mostrado como uma", afirma Hart. "Pelos registros, nós não devíamos nada a eles."

Isso não era tudo. Quando o governo jamaicano quis comprar a refinaria de petróleo do país de uma subsidiária da Exxon, a Marc Rich + Co emprestou o dinheiro. A trading até ajudou a financiar a equipe da Jamaica nas Olimpíadas de 1984, em Los Angeles, e pagou para enviar uma equipe de bobsled para participar das Olimpíadas de Inverno de 1988, cuja improvável jornada para os Jogos foi narrada no filme da Disney *Jamaica Abaixo de Zero*.[15]

Para os críticos, Marc Rich era simplesmente dominante demais na Jamaica. "Ele praticamente sequestrou a economia da Jamaica", disse uma autoridade dos EUA.[16]

Mas Hart, que três décadas depois ainda é amigo de alguns ex-traders da Marc Rich + Co, diz que o país estaria perdido sem o trader de commodities. "Não há dúvida de que Marc Rich nos ajudou muito", diz ele. "Tínhamos um ótimo relacionamento. Claro, eles fizeram muito dinheiro. Eles fizeram muito dinheiro, tal como deveria ser. Mas nós nos saímos tão bem quanto, ou melhor do que sairíamos se tivéssemos enfrentado o mercado aberto em algum outro lugar."[17]

Para a Marc Rich + Co, o relacionamento jamaicano foi o início de uma série de acordos fascinante, que se estendeu da ilha caribenha ao coração industrial dos EUA. Eles dariam à trading house uma posição de destaque no mercado global de alumínio — e entregariam centenas de milhões de dólares em lucros. O que aconteceu a seguir foi uma demonstração magistral de como os traders da Marc Rich + Co poderiam transformar um relacionamento com um governo empobrecido em favor de sua própria vantagem financeira.

Em meados da década de 1980, a indústria de alumínio entrou em uma recessão punitiva. O motivo foi o custo da energia. Embora o alumínio seja um dos elementos mais comuns na crosta terrestre, transformá-lo em metal puro é um processo custoso, que ocorre em duas etapas — primeiro, de bauxita para alumina, depois de alumina para alumínio — que consomem quantidades enormes de energia.

A produção de uma tonelada de alumínio consome a mesma quantidade de eletricidade que uma família norte-americana consome em um ano. O consumo de energia é tão grande que muitos traders brincam, chamando o metal de "eletricidade congelada". É por isso que a maioria dos fundidores é construída onde a eletricidade é barata, a exemplo da Sibéria, com a energia hidrelétrica; da Islândia, com a geração geotérmica; ou do Oriente Médio, com o gás natural.

Até 1973, as empresas de alumínio não se preocupavam muito com suas contas de eletricidade. Mas quando o preço do petróleo disparou, isso tornou os custos de energia exorbitantes, mergulhando a indústria em uma crise.

Ao mesmo tempo, o poder de precificação da indústria estava passando das grandes empresas para a London Metal Exchange, onde os traders compravam e vendiam o metal. Cada vez mais, o preço de cada elemento na cadeia de produção do alumínio, da alumina ao papel-alumínio, era comparado com as cotações da LME. E com a estagnação do consumo, os preços da LME caíram.

A indústria da Jamaica foi duramente atingida. As usinas de alumina da ilha foram construídas ao lado de geradores movidos a petróleo nas décadas de 1950 e 1960, tornando-as particularmente sujeitas ao aumento dos preços do petróleo. A produção de alumina e bauxita despencou.[18] Uma grande empresa de alumínio chamada Reynolds anunciou que estava fechando sua operação de bauxita na Jamaica em 1984. Já em 1985, o gerente da fábrica da Alcoa entrou no escritório de Hart e informou-o de que a empresa norte-americana fecharia a unidade em poucos dias.[19]

Atento às consequências potencialmente devastadoras para a economia jamaicana, Hart rapidamente esboçou um plano para salvar a indústria de alumina. Ele decidiu que o governo compraria a fábrica. Mas havia um problema: ele não tinha o capital para implementá-la. Para o plano dar certo, ele precisaria encontrar alguém disposto a comprar a alumina, e isso não parecia nada fácil. O mercado estava superabastecido e os preços estavam despencando. Para piorar, a alumina não pode ser armazenada por muito tempo, pois absorve a umidade do ar. Assim, Hart pegou um avião para a Suíça para ver as únicas pessoas que poderiam ajudá-lo: os traders da Marc Rich + Co.

Strothotte e Weiss nem sequer hesitaram. Eles negociaram um contrato de dez anos para comprar alumina da fábrica da Alcoa, a Jamalco. Eles também forneceriam óleo combustível e soda cáustica, dois dos principais custos de insumos da fábrica, além de pagar parte do dinheiro adiantado, ajudando a financiar a aquisição do governo de uma participação na empresa da Alcoa.

Em troca de um adiantamento em dinheiro e um certo mercado para a alumina da Jamaica, eles conseguiram um preço baixíssimo. A maior parte dos suprimentos seria vendida a um preço calculado em 9,25% do preço do alumínio da LME.[20] Foi uma pechincha: o Banco Mundial, revisando o acordo anos depois, observou que a porcentagem estava "cerca de 25% abaixo dos termos típicos de contrato".[21]

Foi o início de um dos negócios mais lucrativos da Marc Rich + Co. A desaceleração não apenas colocou os produtores jamaicanos de alumina sob pressão. Em todo o mundo, os fundidores de alumínio — que transformam alumina em alumínio — também enfrentavam dificuldades financeiras. E assim a Marc Rich + Co começou a oferecer um acordo aos fundidores em apuros: a trading house iria fornecer-lhes alumina e, como pagamento, receberia o alumínio que produzissem. Esse tipo de acordo, no qual se troca a matéria-prima por um produto final, também é chamado de "tolling", e já era usado antes com o petróleo e o zinco; a Marc Rich + Co simplesmente aplicou-o ao setor de alumínio.

"Isso se espalhou como um incêndio", diz Weiss. A trading house tornou-se "uma espécie de produtor, mas sem os problemas de se deter a produção".[22] No espaço de alguns meses, em 1986, a afiliada norte-americana da Marc Rich + Co fechou acordos de tolling com fundidores em Oregon, Ohio e Carolina do Sul.[23] A combinação do contrato com o governo jamaicano para comprar alumina e esses acordos de tolling para o alumínio ajudaram a fazer da Marc Rich + Co a maior trader de alumínio do mundo, competindo com gigantes industriais como Alcoa e Alcan — tudo isso sem gerenciar nenhum fundidor de fato. Em 1987, a empresa foi mais longe ainda. Em Mount Holly, nos arredores de Charleston, capital do estado da Carolina do Sul, a trader comprou uma participação de 27% em um fundidor de alumínio — seu primeiro grande investimento em ativos — e também fechou um acordo de tolling para metade da produção do fundidor.

Foi um momento propício. No início de 1987, Weiss estava convencido de que os preços do alumínio subiriam drasticamente. O Brasil era visto como uma nova e importante fonte de abastecimento, mas sua indústria de alumínio havia sido atingida por cortes de energia.[24] Em outros lugares, o aumento nos preços da eletricidade limitou a produção. E, após a recessão no início dos anos 1980, a economia dos EUA estava se acelerando. A Marc Rich + Co já estava bem posicionada para lucrar graças aos acordos de tolling, que garantiam um fluxo constante de metal. Mas Weiss foi mais longe: passou a comprar alumínio diretamente na LME, apostando fortemente em uma alta dos preços.

Os preços do alumínio não apenas subiram — eles dispararam. A crescente demanda pelo metal em carros e eletrodomésticos havia reduzido os estoques a níveis perigosamente baixos. Os usuários de alumínio se apressaram para comprar o metal, esgotando os estoques mantidos em armazéns vinculados à LME. E Weiss se juntou a eles. No auge, sua posição — que seus chefes na Marc Rich + Co haviam limitado a 100 mil toneladas — era maior do que a de todos os estoques restantes nos armazéns da LME.

Foi uma tempestade perfeita. De uma baixa em 1985 a um pico em junho de 1988, o preço do alumínio mais que quadruplicou. O impacto foi sentido por toda parte — elevando até mesmo o custo desse item de cozinha, o papel-alumínio, em mais de um terço.[25]

Weiss havia encurralado o mercado de alumínio. Embora ele não possuísse todo o alumínio do mundo — isso estaria além dos meios financeiros da Marc Rich + Co — ele não precisava disso. Na LME e em outras bolsas de futuro, os traders compram e vendem contratos para a entrega de uma commodity em uma data específica. Quando essa data chega, os traders que venderam contratos futuros devem entregar a mercadoria para os compradores. Na LME, isso significa entregar o metal que está em um armazém da LME.

Mas no mercado de alumínio do verão de 1988, não havia metal suficiente nos armazéns da LME para ser entregue. Isso colocou qualquer um que tenha vendido futuros de alumínio contra a parede. Sem estoques suficientes do metal para liquidar os contratos, a única maneira de evitar a inadimplência era recomprar os contratos que haviam sido vendidos. E isso, muito provavelmente, significava comprar de Weiss.

O custo foi de arregalar os olhos. O preço do alumínio para entrega imediata subiu para US$4,290 a tonelada — mais de mil dólares acima dos contratos para entrega em três meses, uma indicação da escala daquela escassez. A diferença de preço era tão extrema que alguns traders rivais começaram a transportar alumínio dos Estados Unidos para os armazéns da LME perto de Roterdã em jatos jumbo, a fim de obter o metal o mais rápido possível.[26] Weiss contava ganhos na casa dos milhões de dólares.

Então, tão rápido quanto o mercado subiu, ele começou a cair. Traders japonesas começaram a vender seus estoques em um esforço para diminuir o aperto. Mas a Marc Rich + Co, que soube das vendas japonesas por meio de contatos em Tóquio, já havia vendido sua posição. Weiss afirma que não pretendia dominar o mercado — ele apenas previu que não haveria alumínio suficiente para circular. "Não era algo que alguém pudesse ter concebido; foi pura sorte."[27]

Ainda assim, isso deixou a Marc Rich + Co ainda mais rica. Em 1988, a divisão de metais ultrapassou o petróleo como principal gerador de lucros da empresa.[28] Só com o alumínio, naquele ano, ela faturou mais de US$100 milhões.[29]

Todavia, por mais que a trading house desfrutasse das riquezas do alumínio, na Jamaica, os políticos da oposição argumentavam que o astuto trader de commodities havia tirado proveito do governo. Após as eleições de 1989, o ex-primeiro-ministro Michael Manley voltou ao poder com a promessa de investigar os acordos do governo anterior com Marc Rich. Mas ele logo foi presenteado com uma demonstração do poder do trader. Marc Rich não saía de um acordo lucrativo sem uma luta. E a Jamaica ainda precisava do dinheiro dele.

Hugh Small, o novo ministro da Mineração, foi um dos críticos mais notórios das relações estabelecidas pelo governo anterior com Rich. Em uma viagem à Venezuela, Small foi abordado por um ministro venezuelano que exaltou as virtudes da Marc Rich + Co e sugeriu que poderia ser "do interesse da Jamaica" adotar uma posição menos hostil em relação à trading house. Logo depois, o ministro esteve no Canadá para negociações com a gigante do alumínio Alcan. Mais uma vez, o assunto Marc Rich veio à tona. Dessa vez, os canadenses mostraram a Small um documentário detalhando a importância do trader para a indústria global de alumínio.[30]

Small foi ao encontro de Willy Strothotte, que concordou com um pequeno aumento no preço de alumina sob o contrato da Marc Rich + Co.[31] Mas havia um porém. Strothotte queria que o governo jamaicano anunciasse publicamente que estava abandonando quaisquer investigações sobre Marc Rich. O ministro, ofendido com a proposta "toma lá, dá cá", recusou. No entanto, a Jamaica tinha pouca escolha: o país ainda precisava do dinheiro de Rich. No final de junho, Manley ergueu-se no parlamento e anunciou que havia pegado um novo empréstimo de US$45 milhões da Marc Rich + Co para ajudar o governo a cumprir sua meta no FMI. "Se Marc Rich é bom para a Jamaica, Marc Rich é bom para a Jamaica", disse ele. Não era bem o pedido de desculpas que Strothotte estava esperando, mas estava perto o suficiente.[32]

Para a Marc Rich + Co, e mais tarde para sua empresa sucessora, Glencore, a Jamaica seria uma fonte de lucros consideráveis por quase três décadas. Em meados dos anos 2000, por exemplo, quando os preços das commodities dispararam, a Glencore estava pagando ao governo jamaicano menos da metade do preço de mercado por sua alumina, graças aos contratos assinados anos antes. Em apenas três anos, de 2004 a 2006, o governo jamaicano teria recebido US$370 milhões em receita adicional se estivesse vendendo sua alumina no mercado spot e não para a Glencore.[33] É justo supor que os lucros da trading com o acordo eram semelhantes em escala.

Em troca, ao longo de quase trinta anos, a Marc Rich + Co e a Glencore forneceriam financiamento à Jamaica no valor de cerca de US$1 bilhão.[34] "A Glencore, e antes dela Marc Rich, eram literalmente o último banco da cidade", diz Carlton Davis, ex-chefe do serviço civil jamaicano, que esteve envolvido em muitas negociações com a trading house.[35]

Os acordos na Jamaica foram uma aula magistral sobre a recém-descoberta influência dos traders de commodities. Graças ao seu poder financeiro sem precedentes e ao domínio dos mercados de commodities, traders como Marc Rich foram capazes de aproveitar a vulnerabilidade econômica de países como a Jamaica. Com as grandes empresas ocidentais de petróleo e mineração em retirada, a ausência de um escrutínio regulatório, e com os bancos de Wall Street ainda por descobrir os mercados emergentes, o caminho estava livre para os traders.

Marc Rich não era o único trader de commodities em ascensão no início dos anos 1980. O período tornou-se sinônimo dos excessos de Wall Street, mas os traders de commodities não eram menos expansivos em seus salários ou em seus gostos. Os traders da Marc Rich + Co apareciam em seus escritórios em Mayfair usando gravatas caras da Hermès; alguns também tinham hábitos custosos de uso de cocaína; em suas festas de Natal, a empresa distribuía carros esportivos.

Em grande medida, os traders tinham que agradecer ao cenário político global em constante mudança pela sua fortuna. As dificuldades financeiras da Jamaica estavam longe de ser um caso isolado. O aumento nos preços do petróleo durante a década de 1970 mergulhou muitos países importadores no caos. Em toda a América Latina, as nações estavam de joelhos devido a uma crise de endividamentos que atingiu a classe média do continente, levando milhões à pobreza. Enquanto isso, Moscou e Washington travavam guerras por procuração em todo o mundo, da Nicarágua a Angola. Os embargos comerciais proliferaram.

Não era apenas a indústria de bauxita que os governos do mundo em desenvolvimento estavam nacionalizando. Em todos os lugares, o controle dos mercados de commodities estava sendo arrancado das mãos de grandes corporações norte-americanas. Quatro dos maiores exportadores de cobre do mundo — Chile, Peru, República Democrática do Congo e Zâmbia — nacionalizaram algumas ou todas as suas indústrias de mineração nas décadas de 1960 e 1970.[36] O Bloco Oriental dos Estados comunistas tornou-se uma fonte cada vez mais importante de suprimentos de chumbo, zinco e petróleo para aqueles dispostos a negociar com eles. Em todos os lugares, os mercados de commodities estavam se abrindo. As cadeias de suprimentos estavam se tornando mais fragmentadas, e o poder das grandes empresas de petróleo e mineração ia se dissipando. Os preços estavam sendo fixados pelo mercado, e não ditados por algumas poucas empresas dominantes — e nesta lacuna entraram os traders de commodities.

À medida que os traders de commodities se envolveram com o que outros viam como nações problemáticas, eles encontraram um mundo com pouco dinheiro, onde os riscos eram numerosos, mas as recompensas eram enormes. Em 1981, um economista do Banco Mundial cunhou o termo "mercados emergentes" para descrever um conjunto de nações do Terceiro Mundo em rápido desenvolvimento que estavam sendo rapidamente incorporadas à economia global — e os traders descobriram essas nações antes de qualquer um.[37] Países como Brasil, Indonésia ou Índia, que hoje são destinos obrigatórios até para os grandes investidores, eram as fronteiras do mundo capitalista.

Nos mercados emergentes, os traders de commodities não compravam e vendiam apenas matérias-primas. Em vez disso, eles se expandiram para os bancos comerciais e capital privado, um dia emprestando dinheiro ao governo da Nigéria, no outro investindo em fábricas de anchovas peruanas. Os traders de commodities estavam, efetivamente, engajados na arbitragem de capital: levantando fundos no mundo industrializado e investindo-os em mercados emergentes, onde desfrutavam de retornos mais fartos.

Tratava-se, contudo, de um mundo arriscado, assediado por crises políticas, sobrecarregado por controles cambiais e prejudicado pela burocracia. Mas se eles acertassem o timing, os traders poderiam tirar a sorte grande. No Brasil e na Argentina, por exemplo, os investimentos se pagam em dois ou três anos, em comparação com os dez ou mais anos nos países desenvolvidos.[38] As trading houses estavam confiantes de que seriam pagas: sem elas, os países não poderiam exportar seus bens e adquirir preciosas moedas fortes.

Para traders de commodities como Rich, com um apetite para correr riscos e uma disposição para fazer negócios com qualquer um e com todos, aquele era o ambiente ideal. Um governo de esquerda nacionalizou sua indústria de recursos? Os traders estavam à disposição para ajudá-los a vender as commodities. Um governo de direita toma o poder em um golpe militar? Bem, eles também precisariam de ajuda para vender suas commodities.

Foi exatamente assim que aconteceu na Jamaica. Quando o governo de esquerda do país fez um acordo com Moscou para trocar bauxita por carros Lada de fabricação soviética, a Marc Rich + Co ajudou a lidar com a logística; quando o governo seguinte trocou a bauxita com o governo dos EUA por grãos e leite em pó norte-americanos, a Marc Rich + Co atuou como intermediária.

"É uma concorrência quase desleal", reclamou um trader rival de uma grande empresa francesa. "Na maioria das empresas, se você pedisse para emprestar dinheiro à Jamaica, eles o jogariam pela janela."[39]

Na década de 1980, a lista de países com os quais "a maioria das empresas" não sonharia em lidar cresceu cada vez mais. Exatamente onde traçar a linha era uma questão de gosto pessoal. Alguns traders ficavam satisfeitos em fazer negócios em países complicados como a Índia ou as Filipinas, mas traçavam uma linha quando se tratava de zonas de guerra e Estados párias. Para outros, qualquer canto do mundo servia.

Marc Rich estava entre aqueles que não tinham relutância em lidar com ninguém, incluindo aqueles que se encontravam sob sanções econômicas. "Em um embargo, apenas as pessoas comuns sofrem", disse Eddie Egloff, sócio sênior da Marc Rich + Co. "Fazíamos negócios de acordo com nossas próprias leis, e não com as dos outros."[40] Assim, Rich negociou tranquilamente tanto com o governo chileno de extrema-direita de Augusto Pinochet quanto com o esquerdista Daniel Ortega na Nicarágua. Seu norte era o dinheiro, e não a política.

De todos os lugares complicados que se tornaram playgrounds para os traders de commodities na década de 1980, foi durante o apartheid na África do Sul que a abordagem amoral dos traders perante os negócios ficou mais evidente. E as recompensas por colocar a moralidade de lado foram significativas. "Todo mundo estava negociando com a África do Sul", lembra Eric de Turckheim, chefe de finanças da Marc Rich + Co e mais tarde sócio fundador da Trafigura.[41] O próprio Rich disse que o comércio com a África do Sul tinha sido o "mais importante e mais lucrativo".[42]

No entanto, as fortunas de um punhado de trading houses e executivos de petróleo foram construídas em grande parte pelo prolongamento do sofrimento dos sul-africanos negros. O petróleo era o calcanhar de Aquiles da África do Sul. O resto do continente foi agraciado com riquezas significativas de petróleo, mas a geologia não foi tão gentil com a África do Sul. Durante anos, sua única fonte doméstica de gasolina envolvia produzi-la a partir de carvão por meio de um processo custoso que havia sido iniciado pela Alemanha nazista durante a Segunda Guerra Mundial. Se a África do Sul quisesse petróleo, teria que ser importado.

Por alguns anos após a imposição de um governo voltado para brancos em 1948, a África do Sul pôde negociar livremente com o mundo. Suas leis de segregação ainda não pareciam deslocadas aos olhos de muitos em Washington e Londres, que estavam felizes em apoiar um aliado da Guerra Fria. Com o tempo, no entanto, o governo racista sul-africano ficou sob uma crescente pressão. Essa mudança de atitude foi refletida em um discurso do primeiro-ministro britânico Harold Macmillan na Cidade do Cabo, em 1960. "Os ventos da mudança estão soprando neste continente. Gostemos ou não, esse crescimento da consciência nacional é um fato político. Todos nós devemos aceitar isso como um fato", disse ele.[43] A indignação do mundo foi agravada pelas notícias de massacres perpetrados pela polícia sul-africana, composta apenas por brancos. O país foi excluído dos Jogos Olímpicos de Tóquio em 1964, a primeira de muitas proibições desse tipo.[44] Mas enquanto a África do Sul era boicotada no cenário mundial em eventos esportivos e culturais, sua economia ainda não havia sido muito afetada. O petróleo ainda fluía livremente.

Isso começou a mudar em 1973, quando os membros árabes da OPEP impuseram um embargo de petróleo à África do Sul devido à sua aparente amizade com Israel. Logo depois, em 1977, a Assembleia Geral das Nações Unidas pediu um embargo de petróleo em resposta à violenta repressão de Pretória ao levante de Soweto, um ano antes. Ainda assim, a África do Sul podia contar com o Xá do Irã, que garantiu que seu petróleo continuasse a fluir, independentemente do que o resto do mundo pudesse pensar. O Irã passou a responder por cerca de 80% do suprimento de petróleo da África do Sul, com algumas refinarias configuradas para funcionar exclusivamente com base no petróleo persa. No entanto, a Revolução Islâmica em 1979 acabou com o negócio da noite para o dia, pelo menos oficialmente. Com o aiatolá Khomeini no poder, o Irã parou de vender petróleo diretamente para a África do Sul.

Pretória teve que recorrer aos traders de commodities. Eles ajudaram a assegurar petróleo do Irã, União Soviética, Arábia Saudita e Brunei — a um preço. Os negócios eram envoltos em sigilo, já que poucos países produtores de petróleo permitiam a sua venda para a África do Sul. Pelo menos, não oficialmente. Em muitos casos, funcionários do governo fizeram vista grossa, felizes em garantir receitas em divisas estrangeiras e, às vezes, subornos. Este era um período anterior aos satélites rastreando todos os navios no oceano, e os traders conseguiam esconder facilmente suas manobras. Em uma ocasião, o capitão do *Dagli*, um petroleiro contratado pela Marc Rich + Co, foi instruído a simplesmente apagar o nome do navio. O capitão foi pego de surpresa pelo pedido, respondendo via telex: "Em nenhuma circunstância o nome será pintado sob meu comando, mas vou cobrir o nome com lona, se o tempo permitir. Saudações."[45]

Os traders também utilizavam códigos secretos para se referir a países desagradáveis em suas comunicações internas. Nos telexes da Vitol, a África do Sul era chamada de "Tulipa".[46] Dentro da Marc Rich + Co, a África do Sul era conhecida como "Udo", em homenagem a Udo Horstmann, o trader responsável pelo país. O petróleo da Iranian Light era "o petróleo bruto número 3". Mark Crandall, que se tornou chefe de petróleo da empresa no início dos anos 1990, antes de cofundar a Trafigura, relembra reuniões no Texas no final dos anos 1980 com executivos da Caltex, subsidiária da Chevron, que possuía uma refinaria na África do Sul. Todos falavam em código para evitar problemas com as autoridades norte-americanas. "Então, aqui estamos nós sentados em Dallas com um bando de jovens brancos norte-americanos, dizendo: 'Bem, você acha que no próximo ano teria uma disponibilidade maior do petróleo número 3 do que neste ano?'"[47] Os negócios de petróleo nos escritórios da Marc Rich + Co em Joanesburgo eram feitos em uma sala especial, com linha de telex própria e um cadeado na porta.[48]

Apesar de todos os truques, uma rede de informantes e o uso de relatórios de seguro permitiram que muitos dos trades fossem rastreados pelo Shipping Research Bureau, uma organização não governamental. O SRB rastreou mais de 850 petroleiros descarregando na África do Sul entre janeiro de 1979 e dezembro de 1993. A lista era um "quem é quem" do trading de petróleo na época, com Marc Rich + Co, Transworld Oil e Marimpex sendo responsáveis pela maior parte das cargas. Mas elas estavam longe de estar sozinhas: outros embarcadores incluíam empresas de petróleo como BP, Total e Royal Dutch Shell e, em menor grau, outros traders de commodities, incluindo a Vitol.

Mais informações vieram à tona quando, após o fim do apartheid, a África do Sul divulgou documentos relacionados aos acordos de petróleo. Nos primórdios do trade de petróleo sul-africano, Deuss e a Transworld Oil eram dominantes. Em 1982, por exemplo, Deuss respondia por mais da metade das compras da África do Sul, de acordo com um memorando de um funcionário do Strategic Fuel Fund que administrava o armazenamento de petróleo do país.[49] O holandês era tão poderoso na África do Sul no início dos anos 1980, que os altos funcionários fizeram um esforço conjunto para diversificar suas fontes de abastecimento, viajando de Pretória a Nova York para conhecer a Marc Rich + Co, e a Hamburgo para conhecer a Marimpex.

Sem os traders, a economia do apartheid na África do Sul quase certamente teria entrado em colapso muitos anos antes. Chris Heunis, um ministro sul-africano, admitiu que Pretória tinha mais dificuldades para comprar petróleo do que armas, e que o embargo do petróleo "poderia ter destruído" o regime do apartheid.[50] Para os traders, no entanto, era um negócio extremamente lucrativo. P. W. Botha, líder da África do Sul de 1978 a 1989, disse que a compra de petróleo bruto dos traders custou ao país 22 bilhões de rands (mais de US$10 bilhões) a mais ao longo de uma década.[51] Em um único contrato em 1979, Rich foi capaz de vender milhões de barris de petróleo na África do Sul a US$33 o barril, que ele havia comprado ao preço oficial de US$14,55, cobrando assim um bônus de 126%.[52] "Tivemos que gastar esse dinheiro porque não podíamos parar nossos automóveis e nossas locomotivas a diesel, ou a nossa vida econômica entraria em colapso", disse Botha, conhecido como "o grande crocodilo", a um jornal local. "Pagamos um preço pelo qual sofremos até hoje."[53]

Os traders não estavam ganhando dinheiro por meio de uma compreensão brilhante do mercado. Eles estavam simplesmente dispostos a deixar de lado quaisquer princípios éticos para ganhar mais dinheiro. Quando questionados sobre as negociações com a África do Sul, eles responderiam que tudo o que estavam fazendo era legal. A BBC conseguiu encurralar Deuss em 1986, em uma conferência em Londres, naquela que é a sua única entrevista conhecida na televisão. Questionado sobre os negócios com a África do Sul, o holandês foi evasivo, mas insistiu que não havia nada de errado com o que quer que estivesse fazendo. "Não infringimos nenhuma lei em nenhum dos países nos quais operamos", disse ele. "Usar documentos falsos? Isso é ilegal. Mas encobrir o nome de um navio? Bem, não estou tão certo disso... Quer dizer, se você tem um barco no seu quintal e encobre o nome dele, isso é ilegal?"[54]

A resposta de Rich foi ainda mais distorcida. "Eu era fundamentalmente contra o apartheid. Todos nós éramos contra o apartheid", disse ele. E então acrescentou, sem pausa: "Os sul-africanos precisavam de petróleo e as pessoas estavam relutantes em vendê-lo por causa do embargo. Concordamos em fazer isso porque sentimos que não era algo ilegal."[55]

No mundo dos embargos e favores políticos da década de 1980, os traders aprenderam a ser mestres do disfarce e da dissimulação. O trade foi dividido em linhas políticas: muitos países se recusaram a permitir que seus produtos fossem vendidos para a África do Sul; outros se recusaram a comprar de certos países; alguns venderam a seus aliados com desconto.

As restrições abriram oportunidades de lucro para os traders que poderiam contorná-las. Isso muitas vezes significava ser capaz de produzir documentações que mostrassem que o petróleo ou os metais vieram de um lugar diferente do que realmente vieram. A Marc Rich + Co, de acordo com um trader sênior da época, tinha um armário cheio de selos e formulários alfandegários de todos os países do mundo.[56] Um trader precisava provar que seu petróleo havia sido carregado em Porto Rico? Sem problemas. Ou que foi entregue em Singapura? Fácil.

Para a Marc Rich + Co, um dos disfarces mais rentáveis da época chamava-se Cobuco. Em suma, envolvia os traders de commodities mais ricos do mundo disfarçando-se de burocratas das nações mais pobres.[57]

Fundada no início dos anos 1980, a Cobuco era uma sigla para *Compagnie Burundaise de Commerce*, sediada em um bairro chique de Bruxelas. Ostensivamente, a Cobuco era uma empresa de trading que comprava petróleo no mercado internacional para fornecer ao Burundi, uma nação africana pequena, pobre e sem litoral na região dos Grandes Lagos, na fronteira com Ruanda, Tanzânia e República Democrática do Congo. Com pouco mais do que café, chá e agricultura de subsistência para sua economia, o Burundi, que só conquistou sua independência da Bélgica em 1962, é o país mais pobre do mundo.[58] Seus cerca de 10 milhões de habitantes vivem com o equivalente a apenas US$275 per capita ao ano, cerca de metade do valor para as pessoas no Afeganistão.

Um observador casual poderia supor que a Cobuco era um posto burocrático avançado do governo do Burundi. Ligue para o escritório da empresa em Marie Depage 7 em Bruxelas, e um Monsieur Ndolo atenderá o telefone.

A realidade, no entanto, era que a empresa era uma fachada para a Marc Rich + Co, uma demonstração da disposição da trading house em se envolver em fraudes na busca pelo lucro. E Monsieur Ndolo não era um funcionário do Burundi, mas sim um trader europeu da Marc Rich + Co, cujo nome — desnecessário dizer — não era este. Ele nem sequer estava baseado em Bruxelas — ele tinha suas chamadas roteadas de qualquer cidade europeia ou africana em que estivesse, para fazer com que parecessem originadas da capital belga.

De acordo com o próprio Monsieur Ndolo — que concordou em contar esta história apenas se ele fosse referido pelo pseudônimo —, a história da Cobuco começou quando ele leu um artigo de jornal sobre uma nação africana enviando uma delegação à Líbia rica em petróleo para garantir o abastecimento da commodity em termos preferenciais. Era o início da década de 1980, e o mundo ainda enfrentava a segunda crise do petróleo, com os preços oscilando em torno de US$30 o barril. Para muitas nações africanas, o combustível tornou-se proibitivamente caro, de tal forma que elas recorreram a produtores de petróleo vizinhos em busca de ajuda. O Movimento dos Países Não-alinhados, um grupo de países que tentou manter distância de Washington e Moscou durante a Guerra Fria, ainda era relativamente coeso, e as nações mais pobres do grupo podiam contar com os membros mais ricos para ajudá-los. As nações da OPEP, em particular, estavam dispostas a vender petróleo com desconto para as nações africanas. As taxas de juros do dólar americano aproximavam-se de 20%,[59] e para muitos países africanos garantir empréstimos bonificados para financiar suas compras de petróleo era tão importante quanto ter acesso a barris baratos.

Então, a trader Marc Rich + Co teve uma ideia: usar uma nação pobre da África ou da América Latina como fachada para poder colocar as mãos em barris baratos e financiamentos mais baratos ainda. E assim nasceu a Cobuco. Oficialmente, a empresa era uma joint venture cuja metade da propriedade pertencia a Rich e metade pertencia ao governo do Burundi. No papel, era perfeitamente honesto: sua constituição foi formalmente aprovada pelo parlamento da nação africana. Na realidade, o esquema da trader equivalia a uma piada absurda. O minúsculo Burundi era um candidato tão improvável quanto qualquer outro para um empreendimento internacional de comércio de petróleo. Por um lado, não possuía litoral. Por outro, seu consumo de petróleo era tão pequeno que até mesmo um petroleiro era suficiente para atender às suas necessidades por mais de seis anos.[60] No final, a Cobuco não abasteceu o país com um único barril de petróleo — embora tenha ajudado a encher os bolsos de várias autoridades do Burundi.

O jovem trader que organizou esse empreendimento assumiu a direção da Cobuco, passando a usar o pseudônimo de Monsieur Ndolo. Ele escolheu o Irã como fonte potencial de petróleo para o Burundi. Por intermédio dos contatos que a Marc Rich + Co já tinha em Teerã, ele organizou uma viagem do presidente do Burundi à capital iraniana. Monsieur Ndolo deu instruções precisas aos parceiros africanos. O trader queria comprar petróleo a preços oficiais da OPEP (cerca de US$27 a US$28 o barril), significativamente abaixo do mercado à vista na época (de US$30 a US$35 o barril). As condições de pagamento eram extraordinariamente vantajosas: como Burundi era uma nação não alinhada, não precisaria pagar pelo petróleo por dois anos. Isso equivalia a um empréstimo de dois anos sem juros. A Cobuco disse aos iranianos que a Marc Rich + Co cuidaria de todos os detalhes das remessas, e que o petróleo bruto seria processado em uma refinaria no porto queniano de Mombasa e, de lá, transportado para as terras altas do Burundi.

O governo islâmico revolucionário do Irã concordou.

Nos meses seguintes, a Marc Rich + Co enviou petroleiros ao Golfo Pérsico para pegar o petróleo. Oficialmente, todos os barris chegaram a Mombasa. E na realidade? Claro que não, disse Monsieur Ndolo. "Mas tínhamos toda a papelada dizendo que os barris foram descarregados em Mombasa", acrescentou. Em vez disso, a Marc Rich + Co desviava o petróleo para o mercado global, revendendo os barris com grandes margens de lucro. Uma parte do petróleo foi para a África do Sul, cujo regime do apartheid estava disposto a pagar um bônus acima até do preço à vista.

Rich fez uma fortuna. A diferença de preço entre o preço oficial que a Cobuco pagou aos iranianos e o preço à vista, de US$5 a US$8 o barril, rendeu algo entre US$40 e US$70 milhões em lucros, embora Monsieur Ndolo não tenha mais certeza do valor exato. Do que ele se lembra claramente é do lucro proporcionado pelas condições de pagamento, excepcionalmente generosas. A Cobuco precisava pagar aos iranianos por dois anos, mas quem quer que comprasse o petróleo dela pagaria dentro de trinta a sessenta dias. Isso deu à Marc Rich + Co a oportunidade de investir o dinheiro por um ano ou mais no mercado monetário e embolsar taxas de juros próximas a 20%. Monsieur Ndolo lembra exatamente o quão lucrativo foi esse empréstimo de dois anos: a empresa obteve um lucro adicional de US$42 milhões, quase tanto quanto lucraram revendendo o petróleo no mercado spot.

Burundi recebeu uma taxa por seus serviços: US$0,20 por barril, uma pequena fortuna para o país — embora Monsieur Ndolo não diga se o dinheiro chegou aos cofres do Estado —, mas uma miséria em comparação com os milhões de dólares que a Marc Rich + Co havia feito.

Rich ficou encantado. Ele enviou um telex para todos os escritórios de seu vasto império de commodities: "Queremos mais Cobucos". E ele as teve. No final da década de 1980, a Marc Rich + Co havia estabelecido quatro ou cinco desses empreendimentos em toda a África, de acordo com outro trader sênior de petróleo da empresa na época.[61]

Apesar de todo o domínio de Marc Rich na década de 1980, havia limites para o que até ele poderia fazer sem atrair atenção indesejada.

Rich fez do Irã o pilar de seu império — mas também foi, de certa forma, sua ruína. O país havia sido a fonte de acordos lucrativos no oleoduto Eilat-Ashkelon na década de 1970, além de ter sustentado a fantástica lucratividade do esquema da Cobuco e de ser a fonte de grande parte do petróleo que ele enviava para a África do Sul. A revolução de 1979 não o deteve: Pinky Green voou para Teerã no mesmo dia em que o aiatolá Khomeini voltou para persuadir os iranianos a seguir vendendo petróleo para a Marc Rich + Co.[62]

Alguns meses depois, uma multidão invadiu a embaixada dos EUA em Teerã e sequestrou dezenas de diplomatas norte-americanos, mantendo-os em cativeiro por mais de um ano. Em resposta ao sequestro, o presidente Jimmy Carter emitiu várias ordens executivas congelando ativos iranianos nos EUA, impondo um embargo comercial geral e proibindo especificamente o comércio de petróleo com o país.[63]

Muitos norte-americanos podem ter encerrado suas negociações com Teerã a essa altura — por razões legais ou éticas. Rich, no entanto, não foi dissuadido. Afinal de contas, ele havia construído um negócio extremamente bem-sucedido em parte pela disposição em contornar embargos. A natureza internacional do trading de commodities significava que nenhum governo poderia regulá-lo de fato. O governo dos EUA proibiu o comércio de petróleo com o Irã, mas isso não impedia uma empresa suíça, como a filial em Zug da Marc Rich + Co, de fazê-lo. "Sinto-me confortável", respondeu ele, quando indagado se sentia alguma culpa por comprar petróleo iraniano durante a crise dos reféns.[64]

Sendo assim, não foi nada estranho para Rich quando, na primavera de 1980, John Deuss entrou em seu escritório em Manhattan com uma oferta para comprar um pouco de petróleo iraniano.[65] Deuss e Rich eram os dois titãs do trading de petróleo da época — eles lidavam com os maiores volumes, assumiam os maiores riscos e não ligavam para escrúpulos políticos. Não importava que naquele exato momento 52 norte-americanos estivessem sendo mantidos reféns em Teerã; havia um acordo a ser feito. E Deuss veio até Rich em busca de um acordo grande: a venda de mais de US$200 milhões em petróleo iraniano.

De julho a setembro, a trading house de Rich entregaria oito cargas de petróleo bruto e óleo combustível para a Transworld Oil de Deuss, culminando em uma carga de 1.607.887 barris de petróleo iraniano no valor de US$56.463.649, entregue em 30 de setembro. O dinheiro fluiu da conta da Transworld na Société Générale em Paris para a conta de Rich em Nova York e, de lá, de volta para Paris, para uma conta que o Banco Central iraniano mantinha no Banque Nationale de Paris.[66]

O acordo mudaria o curso da vida de Marc Rich e, provavelmente, a história do setor de trading, marcando o início de uma batalha legal de vinte anos que colocaria a fotografia de Rich na lista dos "Dez mais procurados" do FBI.

Na mesma época em que ele estava negociando petróleo iraniano com Deuss, os promotores norte-americanos estavam montando um caso contra Rich por fraude fiscal. Quando descobriram os acordos com o Irã, os promotores sabiam que haviam tirado a sorte grande. O que começou como um caso tributário complexo tornou-se um conto sobre a amoralidade dos traders de commodities que provocaria a fúria do establishment norte-americano e condenaria Rich aos olhos do público.

Em 1983, quando Rich foi indiciado por um grande júri, ele se transformou em uma celebridade da noite para o dia. Sua história parecia o enredo de um thriller de Hollywood: um trader de commodities bilionário que evadia impostos; uma negociação de petróleo com os comparsas do aiatolá Khomeini do Irã; e promotores parando um voo da Swiss Air na pista do aeroporto John F. Kennedy tarde da noite para evitar que documentos fossem contrabandeados para fora do país.

O caso cativou a imaginação do mundo. Repórteres voaram para Zug para espreitar as ruas da pequena cidade suíça, na esperança de vê-lo de relance; ele escapava de seu escritório para o restaurante que possuía do outro lado da rua, acompanhado por guarda-costas. A imagem dele irradiada ao redor do globo era a de um vilão de pantomima: o cabelo escuro penteado para trás e um longo charuto fumegando na mão. Rich, sempre o forasteiro, sustentou que havia sido injustiçado. "Fui retratado de uma maneira horrível, como um workaholic, um solitário, uma máquina de dinheiro. Não é uma imagem verdadeira. Sou uma pessoa modesta e tranquila, que nunca fez nada ilegal", disse ele.[67]

O povo norte-americano, sofrendo com os preços altos da gasolina, pouco se importou com seus protestos. Graças aos hectares de jornais escritos sobre Marc Rich e seu bando de traders, eles descobriram os enormes lucros que os traders de commodities vinham obtendo. Para aumentar a aura de um drama de Hollywood, Rich surgiu como o misterioso proprietário de uma participação de 50% no estúdio de cinema 20th Century Fox. Nasce a imagem popular de um trader de commodities. Dentro da indústria de trading, o caso de Marc Rich seria internalizado como uma advertência de por que os traders de commodities deviam ficar fora dos olhos do público.

De todas as acusações dos promotores, a que condenou Rich no tribunal da opinião pública foram os acordos com o Irã no exato momento em que o governo revolucionário mantinha cidadãos norte-americanos como reféns. Mas o cerne do caso envolvia acordos que nada tinham a ver com o Irã. O foco era nas regulamentações pretensiosas do setor petrolífero dos EUA, segundo as quais o petróleo proveniente de novos campos poderia ser vendido a preços mais altos do que o petróleo dos campos mais antigos. Por meio de uma série de transações complexas, Rich e suas empresas evitaram o pagamento de impostos sobre uma renda de mais de US$100 milhões, alegava a acusação. Os promotores federais — primeiro Sandy Weinberg e posteriormente Rudy Giuliani, que mais tarde se tornaria prefeito de Nova York e advogado pessoal de Donald Trump — chamaram a acusação de o maior caso de fraude fiscal da história dos EUA. Rich enfrentaria até trezentos anos de prisão se fosse condenado em todas as acusações.

Os advogados de Rich contestaram a acusação, argumentando que se tratava de um caso fiscal civil, e não de uma questão criminal. Muitas outras empresas se envolveram em atividades semelhantes e pagaram multas pesadas, mas não foram acusadas de crimes. A Exxon, por exemplo, foi multada em US$895 milhões em 1983 por cobrar preços de "petróleo novo" pelo que era, de fato, "petróleo antigo".[68] A Atlantic Richfield, que fez alguns negócios com Marc Rich, fechou um acordo de US$315 milhões em 1986.[69] Os advogados de Rich também argumentaram que, embora ele realmente negociasse com o Irã, estava fazendo isso em nome de uma empresa suíça — algo que, segundo eles, era permitido.

Mas seus protestos pouco importavam. A Marc Rich + Co acabou pagando cerca de US$200 milhões para resolver as acusações contra ela. Mas Rich e Green, como indivíduos, nunca se resolveram. Em vez de enfrentar o julgamento, eles fugiram do país para nunca mais voltar. Quando foram indiciados em 1983, eles abandonaram Nova York e se mudaram para Zug, onde o governo suíço ofereceu-lhes proteção.

Rich renunciou à nacionalidade norte-americana e obteve passaportes espanhóis e israelenses. Para muitos norte-americanos, isso por si só era um ato de traição. O próprio advogado de Rich, Edward Bennett Williams, ficou chocado quando soube que Rich estava fugindo. "Sabe de uma coisa, Marc? Você cospe na bandeira dos EUA. Você cospe no sistema judicial. Tudo o que você vier a sofrer será merecido. Nós poderíamos ter conseguido o mínimo. E agora você vai afundar", disse ele.[70]

No fim das contas, Rich e Green nunca enfrentaram a prisão ou qualquer penalidade financeira. Depois de quase duas décadas como fugitivos caçados em todo o mundo pela polícia federal dos EUA, eles foram perdoados pelo presidente Clinton em seu último ato antes de deixar o cargo em janeiro de 2001, graças a uma cuidadosa campanha de lobby que incluiu o primeiro-ministro de Israel e o rei da Espanha. O perdão desencadeou uma rara demonstração de consenso em Washington, com democratas e republicanos unidos na condenação do ato. Descobriu-se que a ex-esposa de Rich, Denise, foi uma das principais doadoras tanto para os democratas quanto para a Biblioteca Presidencial Clinton. O congressista Henry Waxman, democrata da Califórnia e tradicionalmente um apoiador de Clinton, chamou o perdão de um "lapso vergonhoso de julgamento que deve ser reconhecido, pois ignorá-lo trairia um princípio básico de justiça".[71]

Rich emergiu como um homem livre, mas duas décadas como fugitivo da justiça norte-americana haviam deixado sua marca. O trader que gostava de conquistar o mundo estava há anos confinado a apenas um punhado de países, e passava o tempo indo e voltando entre casas na Suíça, Espanha e Israel. Rich, o eterno forasteiro, tornou-se defensivo, amargurado e desconfiado.

Seu negócio, no entanto, prosperou — como mostram os acordos na Jamaica, África do Sul, Burundi e Angola. Em um mundo dividido pela Guerra Fria e por embargos políticos, ele pegou o modelo de trading de commodities que aprendeu na Philipp Brothers e tornou-o mais agressivo e global, ficando mais disposto a arriscar cair no fio da navalha. Ele estava preparado para colocar mais capital de sua empresa para operar em países complicados, corruptos e economicamente fragilizados no processo de se tornar um pioneiro em investimentos nos mercados emergentes. A Marc

Rich + Co adicionou a agricultura aos metais e petróleo e se tornou o líder indiscutível no trading global de commodities. Ela também continuou a fazer negócios nos EUA por meio de uma afiliada administrada por Willy Strothotte e de propriedade oficial do parceiro de Rich, Alec Hackel.

O resto dos traders de commodities foram forçados ou a seguir seu estilo ou desistir de tentar fazer negócios em países onde a Marc Rich + Co era dominante. A mudança foi tamanha que até a alma mater de Rich, a Philipp Brothers, passou por momentos difíceis.

Mais mudanças estavam chegando à indústria, no entanto, e desta vez elas não seriam conduzidas por Marc Rich. À medida que o controle dos recursos naturais se libertava das garras dos grandes produtores, os mercados financeiros de commodities se expandiam e se tornavam mais frenéticos. E à medida que o lado financeiro dos mercados foi se tornando mais importante, um tipo diferente de trader começou a dominar a indústria de commodities — um que não se parecia em nada com Marc Rich e sua geração.

QUATRO

BARRIS DE PAPEL

Andy Hall foi despertado do sono por uma voz japonesa ao telefone.

Era 1h da manhã, e ele já estava deitado em sua casa em Greenwich, Connecticut, um subúrbio endinheirado a uma hora de distância de Nova York, quando o telefone tocou.

"Tanques iraquianos na cidade do Kuwait!", disse a voz.

Agora Hall estava bem desperto. Como chefe de uma das maiores traders de petróleo do mundo, ele apostou milhões de dólares do dinheiro de sua empresa — e possivelmente sua carreira — em uma previsão de que os preços do petróleo subiriam. A guerra entre o Iraque e o Kuwait, que controlavam, ambos, 20% das reservas mundiais de petróleo, quase certamente justificaria sua aposta.

Do outro lado do telefone estava um de seus subordinados no escritório de Tóquio, encarregado de ficar de olho no mercado de petróleo enquanto o chefe dormia.

"E o que o mercado está fazendo?", perguntou Hall. A resposta veio: "Todos são compradores. Sem vendedores."[1]

Hall desligou o telefone. Alto, magro e exalando uma tranquilidade zen, Hall não era dado a demonstrações de emoção. Mas a importância da notícia não passou despercebida para ele. De uma só vez, o seu negócio renderia centenas de milhões de dólares em lucros para a Phibro Energy, a unidade de trading de petróleo da Philipp Brothers que ele dirigia.

Era a madrugada de 2 de agosto de 1990. Quatro divisões da Guarda Republicana Iraquiana, as forças de elite do país, que se reportavam diretamente a Saddam Hussein, invadiram o vizinho Kuwait. Dois dias depois, eles conquistaram o controle do emirado.

Em menos de 48 horas, Saddam Hussein assumiu o controle da quarta maior reserva de petróleo do mundo e uma parte significativa de sua produção.[2] O Conselho de Segurança da ONU respondeu impondo um embargo de "todas as commodities" ao Iraque.[3]

O mercado de petróleo reagiu exatamente como Hall havia previsto. No início daquela manhã em Nova York, o preço de um tipo de petróleo amplamente utilizado, o petróleo Brent, havia subido 15%. Em três meses, o valor dobrou, atingindo um pico acima de US$40 o barril. Foi a maior crise do petróleo desde 1979.

Para a Phibro Energy e Andy Hall, a Guerra do Golfo serviu como um enorme salário. No espaço de algumas semanas, a aposta do preço do petróleo de Hall rendeu lucros entre US$600 e US$800 milhões.[4] Foi uma negociação que combinou visão geopolítica e conhecimento de mercado, aproveitando uma série de novos instrumentos financeiros que vinham sendo usados no mercado de petróleo. Após dedução, a Phibro Energy registrou um impressionante lucro de US$492 milhões no ano.[5]

O mercado de petróleo evoluiu desde as crises da década de 1970, e traders como Andy Hall estavam em ascensão. Intenso e ponderado, Hall preferia analisar cuidadosamente o mercado desde sua base em Connecticut a voar de um país africano para outro. Ele torcia o nariz para os estilos de negociação de nomes como Marc Rich e John Deuss, que fizeram fortuna por meio de redes de relacionamentos em nações ricas em petróleo.

No final dos anos 1980 e início dos anos 1990, o mundo do trading de energia estava passando por outra revolução, que, à sua maneira, foi tão significativa quanto nas décadas anteriores, quando Theodor Weisser e outros pioneiros do trade de petróleo mudaram a forma como o preço do produto era estabelecido, quebrando o controle das Sete Irmãs no mercado. Agora, uma segunda mudança estava ocorrendo na forma como o preço do petróleo era fixado. E, desta vez, foram Hall e seu grupo que conduziram a mudança, graças ao admirável mundo novo dos mercados futuros e de opções.

Esses novos produtos financeiros serviram para reduzir o risco, permitindo que os traders apostassem no preço de barris de petróleo virtuais. Agora, os traders poderiam fixar os preços para seus negócios físicos de petróleo e, assim, perseguir contratos muito maiores sem ter que se preocupar que um movimento adverso de preços pudesse levá-los à falência. Mas mercados futuros e de opções também permitiam especulações: nunca foi tão fácil tentar a sorte no mercado de petróleo.

"Foi realmente a criação dos mercados de derivativos pelos Wall Streeters fazendo vendas para usuários finais, companhias aéreas, consumidores de combustível marítimo, etc., que começou então a adicionar um impulso extra aos mercados", diz Colin Bryce, trader de petróleo da Morgan Stanley de 1987 em diante, e que passou a administrar os negócios de commodities do banco. "Esse era o jogo dos anos 1990."[6]

Esta financeirização do mercado petrolífero fez surgir uma nova forma de fazer negócios. Os figurões de Wall Street já haviam revolucionado os mercados de hipotecas e títulos de alto risco e, no final da década de 1980, voltaram sua atenção para o mercado de petróleo. Com novos instrumentos financeiros à disposição, eles abriram o mercado para uma série de novos participantes, que, por sua vez, não tinham a intenção de ver um barril de petróleo bruto real; em vez disso, eles estavam satisfeitos em comprar e vender quantidades fictícias daqueles que logo foram apelidados de "barris de papel". Isso incluía investidores financeiros, como os fundos de pensão, e usuários de petróleo, como as companhias aéreas e de navegação, que procuravam se proteger contra um aumento nos preços do petróleo.

Foi aí que surgiram os mercados futuros e de opções e outros produtos financeiros semelhantes. Mas, na realidade, eles traziam poucas novidades. Os traders de cobre e estanho compravam e vendiam futuros na London Metal Exchange há um século, assim como os traders de grãos da Junta Comercial de Chicago e de outros lugares. Corretoras de arroz no Japão negociavam futuros desde 1697, dando início ao que se acredita ser a primeira bolsa de futuros do mundo.[7] Para o petróleo, porém, esse mercado não existiu até a década de 1980.

Um contrato futuro de commodities é, como o próprio nome sugere, um contrato para a entrega de uma mercadoria em algum momento no futuro. A criação de mercados futuros abriu um novo leque de possibilidades para os traders de petróleo: eles não estavam mais restritos à compra e venda de petróleo à vista, mas também podiam comprar e vender petróleo para entrega em algumas semanas, meses ou anos. Quem compra um contrato futuro e o mantém até o vencimento recebe uma parcela das commodities; por outro lado, quem vende um contrato futuro deve, no vencimento, entregar as mercadorias. Uma vez que os mercados futuros de petróleo surgiram, os traders podiam usar contratos futuros para comprar ou vender seu petróleo com muitos meses de antecedência. Mas o uso desses novos instrumentos foi muito mais amplo do que isso. A maioria das pessoas não os mantinha até o vencimento — em vez disso, compravam e vendiam futuros da mesma forma que comprariam e venderiam os barris de petróleo. Os futuros permitiam que os traders (e qualquer outra pessoa) apostassem na direção do mercado sem ter que tocar em um barril físico de petróleo. Por isso a conversa sobre "barris de papel".

Os futuros serviam para várias funções: alguns os usavam para especular, outros para assegurar — ou "cobrir" — sua exposição ao preço do petróleo. Digamos que um trader comprou um carregamento de petróleo e planeja vendê-lo um mês depois. Em vez de suportar uma espera agonizante ao longo do mês, esperando que o preço do petróleo subisse, o trader poderia travar imediatamente um preço conhecido vendendo contratos futuros. Se o preço do petróleo caísse, o valor dos contratos futuros que ele vendeu também cairia, e o trader poderia comprá-los de volta a um preço reduzido. Se o preço do petróleo subisse, o trader perderia dinheiro nos contratos futuros, mas ganharia a mesma quantia de dinheiro com o aumento do valor da carga física de petróleo. De uma forma ou de outra, o uso dos mercados futuros permitiu ao trader travar o preço do petróleo, reduzindo os riscos.

Os mercados de opções ofereciam uma flexibilidade ainda maior. Por uma taxa — um "bônus" —, eles davam ao trader a escolha, mas não a obrigação, de comprar ou vender um contrato futuro a um preço e tempo predeterminados. Juntos, os mercados futuros e de opções são chamados de derivativos, porque seu valor deriva do valor de uma commodity subjacente.

Para o mercado de petróleo, o advento dos derivativos foi uma transformação radical. Os primeiros traders de petróleo, como Theodor Weisser e Marc Rich, não conseguiram assegurar seus negócios contra movimentações nos preços. Se eles comprassem petróleo em um dia e o preço despencasse no dia seguinte, eles ficariam na corda bamba com essa queda. Isso, é claro, não era um problema quando os preços eram fixados. Mas as crises do petróleo da década de 1970 haviam transformado o trading de petróleo em um negócio arriscado.

Isso mudou na década de 1980, e tudo graças a outra commodity: a humilde batata norte-americana. Por mais de um século, os derivativos de commodities foram negociados na Bolsa Mercantil de Nova York (Nymex), onde os polos de comércio irrompiam em gritarias frenéticas e os traders tinham a reputação de terem um comportamento desprezível. Na década de 1970, enquanto traders como Marc Rich e John Deuss faziam fortuna comprando e vendendo petróleo, os operadores da Nymex estavam obcecados por mercados futuros de batata. O tubérculo foi de longe o contrato mais popular da bolsa. Mas, em maio de 1976, os traders da Nymex não cumpriram suas obrigações naquela que foi, até então, a maior inadimplência de todos os tempos em futuros de commodities. Para a Nymex, foi um desastre; a bolsa estava beirando a ruína. Desesperado para continuar de pé, o conselho de administração da bolsa analisou outras commodities para substituir as batatas como seu principal contrato de derivativos. Depois de muito debate, eles decidiram tentar a sorte com o petróleo.

Derivativos de petróleo não eram uma completa novidade: mercados futuros e de opções já existiam um século antes, nos anos após o início da produção comercial de petróleo nos EUA, em 1859. Por um breve período, os futuros de petróleo foram negociados em pelo menos vinte bolsas nos EUA.[8] Mas o mercado primitivo de derivados de petróleo — como o spot trading de petróleo físico — chegou ao fim quando Rockefeller ganhou o controle da indústria.

Em 30 de março de 1983, a Nymex reinventou o mercado com o lançamento de seu contrato futuro de petróleo leve e doce — ou seja, de baixa densidade e com baixos níveis de enxofre — baseado no petróleo da West Texas Intermediate entregue em Cushing, Oklahoma, onde a Atlantic Richfield (hoje parte da BP) tinha um grande centro de armazenamento.

Pela primeira vez na era contemporânea, os traders de petróleo conseguiam cobrir suas transações. O impacto foi enorme: de repente, os traders podiam lidar com volumes muito maiores sem arriscar tudo. E a existência de mercados futuros abriu um novo conjunto de possibilidades, principalmente para aqueles com um pé tanto no mundo físico quanto no financeiro. O cassino de Wall Street penetrou no mundo do petróleo. E não havia ninguém melhor equipado para lucrar com esse choque de culturas do que Andy Hall.

Hall aprendera seu ofício na gigante petrolífera British Petroleum, no momento em que o poder dela e de suas companheiras Sete Irmãs estava diminuindo. Ele ingressou na empresa em um esquema de aprendizado enquanto ainda estava na escola. A BP o patrocinou para ir para a Universidade de Oxford e, em seguida, quando formado, ofereceu-lhe um emprego, ao mesmo tempo que a primeira crise do petróleo estourou, em 1973.

Logo, ele estava trabalhando no centro nevrálgico da empresa: a unidade de agendamento, que decidia onde cada barril bombeado pela BP iria parar. Era uma operação gigantesca: a BP, antiga Anglo-Persian Oil Company, estava bombeando cerca de 5 milhões de barris por dia, grande parte vindo dos campos que controlava no Irã. Mas não havia negociações. O trabalho do departamento de agendamento era organizar para que o óleo da BP fosse refinado nas refinarias da BP e, a partir daí, vendido nos postos de combustível da BP.

A companhia petrolífera britânica logo seria forçada a mudar, no entanto, quando a Revolução Iraniana de 1979 a despojou de grande parte de sua produção de petróleo. Hall foi enviado para Nova York para começar a comprar e vender petróleo para a empresa. Inicialmente, ele estava apenas negociando petróleo para a própria cadeia de suprimentos da BP; mas ele logo desenvolveu um gosto pelo trading. Se ele visse um carregamento de petróleo que lhe parecesse barato, ele o compraria, independentemente de a BP precisar dele ou não, e tentaria revendê-lo para outra pessoa com uma margem de lucro. Até então, o trading com terceiros era considerado, dentro da BP e de outras empresas petrolíferas integradas, como abaixo delas. Mas Hall não tinha tempo para esse tipo de ortodoxia. "Basicamente começamos a negociar petróleo como loucos", lembra ele.[9]

O apetite por risco do jovem trader britânico logo chamou a atenção das principais trading houses da época, com a Philipp Brothers e a Marc Rich + Co oferecendo-lhe um emprego quase simultaneamente. Em 1982, ele ingressou na Philipp Brothers e, em menos de cinco anos, já administrava a divisão de petróleo, então renomeada como Phibro Energy. A primeira Guerra do Golfo consolidaria sua reputação como o trader de petróleo mais bem-sucedido de sua geração. Daí em diante, ele ganharia centenas de milhões de dólares depois de prever corretamente a ascensão da China, o que lhe rendeu um envelope de pagamento pessoal de mais de US$100 milhões e o apelido de "Deus", em 2008.

Na BP, e mais tarde na Phibro, Hall desenvolveu o estilo de trading pelo qual se tornaria famoso: calculando assiduamente os fatores políticos e econômicos que impulsionariam o mercado de petróleo, fazendo apostas de alto risco e esperando com nervos de aço para provar que estava certo. "Não somos como essas outras firmas de Wall Street que ficam vasculhando por moedas, tentando tapear e escalpelar pessoas", disse Hall a um entrevistador em 1991. "Enquanto nossas análises forem válidas, manteremos nossas posições."[10]

Hall havia abordado seu trade de sucesso em 1990 com uma convicção característica. Embora já fosse conhecido entre outros traders de petróleo como um otimista do mercado, sempre preferindo apostar no aumento do preço do petróleo, no início de 1990, Hall estava convencido de que o mercado de petróleo estava superabastecido. Isso não era nenhuma revelação para quem acompanhava os meandros do mercado: o petróleo não estava sendo vendido e os tanques de armazenamento estavam enchendo. No início do ano, os estoques de petróleo bruto nos países ricos que eram membros da Organização para Cooperação e Desenvolvimento Econômico (OCDE) atingiram o nível mais alto desde 1982.[11]

A essa altura, os preços do petróleo, que na primeira metade da década de 1980 estavam em uma média de mais de US$30 o barril, estavam abaixo de US$20 (veja o gráfico no Apêndice iv), e as nações ricas em petróleo da OPEP estavam sentindo o aperto. Uma por uma, elas começaram a trapacear nas cotas de produção que haviam acordado com o resto da OPEP, na esperança de roubar alguns barris extras de produção e ganhar alguns dólares extras de receita. O efeito disso foi empurrar os preços ainda mais para baixo. Entre todos os membros da OPEP, o Iraque era um dos que mais precisava que os preços do petróleo subissem. Bagdá acabara de sair de uma longa guerra contra o Irã, praticamente falida. O país enfrentou uma custosa reconstrução e o pagamento de cerca de US$40 bilhões em empréstimos, com uma parcela significativa devida a vizinhos como Kuwait, Arábia Saudita e Emirados Árabes Unidos.[12] Com o petróleo abaixo de US$20 o barril, Saddam Hussein tinha pouco dinheiro para pagar as dívidas de seu país. Em meados de 1990, ele disse a diplomatas que poderia ser forçado a parar de pagar pensões aos veteranos da guerra iraquiana.

Se o Iraque era o país que mais precisava de um aumento nos preços, o Kuwait era o trapaceiro mais notório entre os membros da OPEP. No início do ano, o emirado começou discretamente a oferecer descontos a algumas refinarias que comprassem barris extras. Ignorando os compromissos com a OPEP, o país esperava compensar a queda nas receitas do petróleo aumentando a produção. A Phibro Energy, que possuía quatro refinarias, logo soube do que o Kuwait estava fazendo: isso apenas reforçou a convicção de Hall de que os preços do petróleo estavam caindo. O excesso de oferta resultou exatamente nessa queda. Mas os contratos futuros para entrega de petróleo em seis meses não caíram tão rápido. A divergência de preços criou uma oportunidade para um trader criativo, e a Phibro Energy já há anos era uma das principais inovadoras do crescente universo de contratos financeiros de petróleo. Hall percebeu que poderia lucrar simplesmente comprando um barril de petróleo, armazenando-o e revendendo-o seis meses depois. No passado, uma negociação como essa teria sido uma aposta arriscada, envolvendo seis meses de uma esperança ansiosa de que o preço do petróleo seguiria o caminho desejado. Mas a chegada dos mercados futuros em meados da década de 1980 mudou esse cenário. Na primavera de 1990, Hall podia comprar um barril de petróleo e no mesmo dia fixar o preço pelo qual seria vendido seis meses depois, usando um contrato futuro. O lucro seria garantido.

O único problema foi encontrar um lugar para armazenar o petróleo. Os tanques onshore estavam transbordando. Assim, Hall decidiu contratar uma frota de petroleiros — chamados "transportadores de petróleo muito grandes", ou VLCCs (do inglês, "very large crude carriers") — e transformá-la em uma instalação flutuante de armazenamento de petróleo. Em vez de enviar petróleo bruto de um porto para outro, ele abasteceria os petroleiros e os deixaria parados em alto mar, pagando uma taxa de sobrestadia pelos dias em que estivessem ancorados. A ideia de armazenar petróleo no mar não era totalmente nova, mas nunca havia sido feita nesta escala antes, como parte de uma jogada de um trader independente. "Éramos grandes afretadores de petroleiros", lembra Hall. "Então, eu disse para os nossos caras de fretamento: 'Ei, vocês poderiam fretar um VLCC e conseguir a opção de colocá-lo em demurrage por seis meses?' Um deles me respondeu algo como: 'Por que você quer fazer isso?' E eu disse a ele apenas que fizesse a solicitação. 'Claro'. Quando ele voltou, disse 'Nós podemos fazer isso.'"[13]

Hall começou a colocar o trade em prática em grande escala. Ele contratou mais de uma dúzia de VLCCs, cada um capaz de armazenar cerca de 2 milhões de barris de petróleo. Como estava comprando petróleo, ele vendeu contratos futuros mais caros, o que, na prática, lhe assegurava o lucro. Tudo o que ele precisava era de crédito suficiente para poder comprar o petróleo e mantê-lo por pelo menos seis meses. Mas isso não foi um problema — a Phibro Energy fazia parte, desde 1981, da Salomon Brothers, resultado de uma fusão traumática que definiu todo o negócio durante boa parte da década de 1980. Como resultado, Hall teve acesso a uma das maiores linhas de crédito de Wall Street. No auge, ele possuía petróleo no valor de cerca de US$600 milhões, mais do que 37 milhões de barris no preço do dia. Hall estava usando tanto dinheiro para o negócio que John Gutfreund, o chefe da Salomon Brothers, que tradicionalmente tinha pouco interesse no dia a dia dos negócios de petróleo, telefonou para perguntar o que estava acontecendo.[14]

Ele logo se tranquilizou. Era um negócio perfeito: com o preço travado no mercado futuro, a Phibro Energy ganharia dinheiro com a negociação independente do que acontecesse com o preço do petróleo.

O preço do petróleo não ficou no marasmo por muito mais tempo. No final de junho, Saddam Hussein acusou abertamente o Kuwait de bombear muito petróleo e ameaçou resolver o assunto de uma forma ou de outra. Nas semanas seguintes, sua retórica tornou-se mais belicosa. "Os iraquianos não esquecerão o ditado de que cortar gargantas é melhor do que cortar meios de subsistência", disse ele em meados de julho. "Ó, Deus Todo-poderoso, seja testemunha de que nós os advertimos. Se as palavras falharem em proteger os iraquianos, algo concreto deverá ser feito para devolver as coisas ao curso natural e devolver os direitos usurpados aos seus proprietários."[15]

Em Connecticut, Hall estava lendo as palavras do líder iraquiano no *New York Times*. Ele logo decidiu que o risco de guerra no Oriente Médio era grande demais para ser ignorado. Em um movimento ousado, decidiu comprar de volta uma parte de suas coberturas sobre o petróleo que havia armazenado em navios-tanque. Ao fazer isso, ele assumiu um grande risco. Daquele ponto em diante, a Phibro Energy ficou sem cobertura — "nua", na linguagem dos traders — e exposta a qualquer coisa que pudesse acontecer a seguir no mercado de petróleo. Era uma aposta antiquada, mas uma que não teria sido possível sem a nova realidade dos futuros. Hall havia usado o mercado de derivativos para acumular uma grande quantidade de petróleo sem correr nenhum risco; então, em um piscar de olhos, ele a transformou em uma grande aposta de que os preços subiriam. Se os preços caíssem, o prejuízo seria significativo.

Mas os acontecimentos no Golfo Pérsico caminhavam inexoravelmente em direção à guerra. Em 1º de agosto, as negociações mediadas pela Arábia Saudita entre o Iraque e o Kuwait falharam, com o Kuwait se recusando a aceitar uma longa lista de demandas de Bagdá.[16] No dia seguinte, a Guarda Republicana do Iraque cruzou a fronteira para o Kuwait, apoiada por dezenas de helicópteros e tanques. Os petroleiros de Hall se transformaram em caixas eletrônicos. Ele havia comprado o petróleo a menos de US$20 o barril. Três meses depois, os mesmos barris estavam trocando de mãos a mais de US$40 cada, quando o fornecimento de petróleo do Kuwait e do Iraque ao mercado mundial parou. A aposta de Hall na alta dos preços valeu a pena. Mas isso não era tudo: mesmo o resto de sua frota de petróleo, a parte que permaneceu coberta, gerou grandes lucros. Enquanto o preço spot do petróleo disparou com a invasão do Kuwait, o preço dos futuros para entrega em seis meses subiu menos. Em junho, o preço spot do barril de petróleo estava sendo negociado US$2 abaixo do preço dos futuros para entrega em seis meses; em outubro, estava sendo negociado US$8 acima dos futuros. Hall havia garantido um lucro modesto usando futuros para cobrir os preços; agora, ele poderia obter um lucro muito maior vendendo seu petróleo no mercado spot e recomprando os hedges a um preço mais baixo. O dinheiro estava entrando.

"Nós ganhamos US$600, US$700, US$800 milhões", afirma Hall. O trade, no entanto, não havia acabado. O conflito se arrastou ao longo de 1990, e os traders de petróleo do mundo acompanharam cada reviravolta em tempo real na CNN. Oscar Wyatt, um trader da Coastal Petroleum, aproximou-se significativamente dos acontecimentos, usando seu relacionamento pessoal com Saddam Hussein para garantir a libertação de duas dúzias de reféns norte-americanos. Wyatt, um texano implacável, que comprava petróleo iraquiano desde 1972, voou para Bagdá em dezembro de 1990 — apesar de um pedido direto da Casa Branca para que não o fizesse — e persuadiu Saddam a permitir que ele levasse de volta aos EUA esse grupo de norte-americanos que foram mantidos no Iraque como escudos humanos.[17]

Os EUA estavam se aproximando da guerra, e Hall permaneceu otimista. Em janeiro de 1991, os EUA finalmente lançaram a Operação Tempestade no Deserto com uma campanha de bombardeio avassaladora para libertar o Kuwait.

Para o mercado de petróleo, aquilo foi um anticlímax. O mercado havia se preparado para uma guerra prolongada e mais interrupções no fornecimento global de petróleo. Mas enquanto os traders de petróleo observavam Bagdá responder ao ataque dos EUA com alguns mísseis Scud, que causaram danos limitados, eles perceberam que os EUA rapidamente dominariam o Iraque. Ao mesmo tempo, Washington abriu suas reservas estratégicas de petróleo, vendendo milhões de barris.

A reação do mercado foi imediata e brutal. Em menos de 24 horas, o petróleo Brent caiu em quase 35%. Foi a maior liquidação de um dia que o mercado de petróleo já viu. Em uma única noite de janeiro de 1991, Hall perdeu US$100 milhões. Depois de uma bonança no ano anterior, a Phibro Energy encerrou 1991 no vermelho.[18]

A financeirização do mercado de petróleo, com a chegada de futuros, opções e outros contratos de derivativos que Hall havia explorado com maestria durante a primeira Guerra do Golfo, abriu todo tipo de novas possibilidades para os traders. Isso logo provocou uma troca da guarda na indústria de commodities. Alguns traders de energia da velha guarda optaram pelo negócio de petróleo que já conheciam, comprando e vendendo cargas físicas de petróleo e tentando lucrar com a diferença. Mas outros viram oportunidades de negociação melhores nos mercados financeiros recém-criados. Nunca foi tão fácil apostar no próximo movimento do mercado de petróleo. Perder US$100 milhões em uma única noite era algo impensável na década de 1970. Duas décadas depois, era uma possibilidade concreta.

Os traders das décadas de 1960 e 1970, que aprenderam sobre o negócio nas salas de correspondência e cresceram imitando os modos bucaneiros de Marc Rich e John Deuss, agora se juntavam a uma nova geração de garotos prodígios da matemática que eram fluentes na linguagem de Wall Street. As trading houses estavam cada vez mais divididas entre aqueles que se especializavam em "desenvolvimento de negócios", que voavam para países distantes para beber vinho e jantar com poderosos barões locais do petróleo, e aqueles que se chamavam de "traders", colados em telefones e telas de computador, comprando e vendendo contratos financeiros para ganhar dinheiro com os negócios físicos trazidos pelos desenvolvedores de negócios.

Não foram apenas as ferramentas de Wall Street que chegaram ao mercado de petróleo: os bancos de Wall Street também começaram a negociar a commodity. Com financiamentos baratos e fluência na nova linguagem financeira do petróleo, bancos como Goldman Sachs e Morgan Stanley rapidamente se tornaram grandes traders de petróleo, sendo apelidados de "refinadores de Wall Street". A nova geração de traders de petróleo utilizava as informações adquiridas nos mercados físicos para fazer grandes apostas financeiras, ou os mercados financeiros para possibilitar novos tipos de jogadas no mercado físico. Traders como Andy Hall, da Phibro Energy; Stephen Semlitz e Stephen Hendel, da Goldman Sachs; e Neal Shear e John Shapiro, da Morgan Stanley, tornaram-se especialistas em dançar entre os mundos físico e financeiro e lucrar com isso.

As trading houses da velha guarda lutaram para se adaptar a esses tempos de mudança. O dinheiro fácil da década de 1970 atraiu uma onda de novos jogadores para os mercados. Agora, a competição entre os traders era intensa, e poucas das empresas mais antigas eram capazes de competir por escala com os recém-chegados de Wall Street, que podiam recorrer a grandes somas de capital para seus traders.

Era uma dinâmica que se desenrolava no microcosmo de uma das mais célebres trading houses de commodities, ironicamente aquela na qual Andy Hall estava trabalhando — a Philipp Brothers. Ao longo da década de 1980, a venerável e antiga empresa foi mastigada e cuspida por um banco que simbolizava a cultura livre de Wall Street.

A Philipp Brothers atingiu o apogeu em 1979 e 1980, andando na montanha-russa do mercado de petróleo e nas costas da Revolução Iraniana.[19] Os lucros da empresa em 1979 e 1980 totalizaram mais de US$1 bilhão.[20] A *BusinessWeek* fez o perfil da empresa em setembro de 1979, com uma foto de Jesselson na capa da revista ao lado da manchete: "Um supertrader de US$9 bilhões que a maioria das pessoas nunca ouviu falar". No artigo, Jesselson, então diretor da empresa, e David Tendler, seu sucessor ungido e presidente, se gabavam do alcance global da empresa e de suas proezas inigualáveis.

Os lucros superdimensionados mascaravam um dilema, no entanto. "A preocupação que nós começamos a ter, e que eu comecei a ter, era que os dias bons não poderiam continuar. Precisávamos de outra coisa", lembra Tendler. Os altos preços da energia mergulharam os EUA e a maior parte da Europa em uma recessão. "A crise do petróleo foi boa para o negócio do petróleo. Mas e quanto a todo o resto?"[21]

Tendler e Jesselson decidiram que a Philipp Brothers deveria se diversificar com uma nova commodity: dinheiro. Tendler soube que os sócios do Salomon Brothers, o maior banco de investimento privado dos Estados Unidos, estavam procurando levantar capital. Rapidamente, os dois lados concordaram que a Philipp Brothers assumiria o Salomon e criaria uma nova potência chamada Phibro-Salomon.[22] A fusão, anunciada em 3 de agosto de 1981, surpreendeu o mundo financeiro. O *Financial Times* chamou a empresa de "a nova força mundial de Wall Street".[23] Tendler dirigiria a nova empresa, com John Gutfreund, o abrasivo e ambicioso chefe do Salomon, como número dois.

Os casamentos corporativos muitas vezes terminam mal, e o período de lua de mel para os traders de commodities da Philipp Brothers e os traders de títulos do Salomon foi lamentavelmente curto. Já no momento da fusão, o tradicional negócio de trading de metais da Philipp Brothers vinha enfrentando uma queda na lucratividade. Por outro lado, os banqueiros do

Salomon estavam lucrando graças a um boom no trading de títulos. Em uma época em que todos os mercados, incluindo o de commodities, estavam sendo transformados pelo desenvolvimento de novos instrumentos financeiros, os traders da Philipp Brothers não conseguiam acompanhar o ritmo dos colegas do Salomon.

No final de 1983, Gutfreund foi promovido a co-CEO. Alguns meses depois, a Phibro-Salomon dividiu o negócio de trading de commodities em dois: a antiga Philipp Brothers lidaria com metais, e uma nova divisão chamada Phibro Energy se concentraria em petróleo. Tom O'Malley, o homem que havia substituído Marc Rich em 1974 como chefe de petróleo, tornou-se o chefe da nova unidade, que se mudou de Nova York, onde os outros traders de commodities estavam baseados, para Greenwich, Connecticut. Tecnicamente, Tendler era o chefe, mas a verdade é que O'Malley podia fazer o que bem entendesse.[24]

O negócio de metais da Philipp Brothers continuou em declínio. Após uma tentativa frustrada de desmembrar a unidade de metais, Tendler deixou a empresa em outubro de 1984.[25] Logo depois, a Phibro-Salomon foi renomeada simplesmente como Salomon. Incapaz de evoluir com os mercados, a divisão de metais, na qual Marc Rich aprendera o negócio, foi se tornando uma força cada vez menos potente no mercado. Em 1990, ela finalmente teve uma morte ignominiosa, quando a Marc Rich + Co comprou o que restava de seus contratos de metais.

O negócio do petróleo, no entanto, prosperou. Quando O'Malley saiu em 1986, Hall, após um breve interlúdio, tornou-se o chefe da Phibro Energy. Ele ampliou o alcance da empresa, negociando mais de 1 milhão de barris por dia no mercado físico, investindo em refinarias e campos de petróleo e, acima de tudo, abraçando futuros e opções. Ao fazê-lo, ele perscrutou os mundos do trading físico e das altas finanças — não apenas transportando petróleo ao redor do mundo, mas também executando negócios de derivativos em nome de companhias aéreas e investidores — e, assim, garantiu que pelo menos uma parte da histórica trading house prosperasse no cenário já transformado do trading de petróleo.

A Philipp Brothers não era a única com dificuldades no mercado do final dos anos 1980 e início dos anos 1990. A financeirização do mercado de petróleo tornou a vida mais difícil para todas as trading houses que cresceram em uma época anterior. Já não bastava ter boas ligações com alguns ministros da OPEP ou funcionários de uma estatal de petróleo. O sucesso neste novo ambiente exigia uma combinação de relacionamentos, grandes recursos, alcance geográfico e o know-how financeiro necessário para se utilizar os novos mercados de derivativos. A chegada de bancos bem capitalizados de Wall Street significou que os traders que dominaram o mercado na década de 1970 não eram mais capazes de fazê-lo. Alguns não se adaptaram e saíram do mercado. Outros tentaram abraçar os mercados futuros e de opções, o que levou a consequências catastróficas.

O trading de commodities, que na década de 1970 atraiu todos os interessados como um caminho para uma fortuna rápida, havia se tornado conhecido por escândalos e colapsos. A Voest-Alpine, a maior empresa estatal da Áustria, teve que ser socorrida pelo governo depois que o seu braço de trading interno perdeu quase US$100 milhões especulando no mercado de petróleo em 1985.[26] Klöckner & Co, um conglomerado alemão com participações em aço e metais, perdeu cerca de US$400 milhões em apostas de petróleo.[27]O grupo trader italiano Ferruzzi relatou uma perda de US$100 milhões em 1989, negociando soja. A empresa faliu e seu presidente cometeu suicídio.[28] A Sucres et Denrées, uma trading francesa conhecida por ser especialista em açúcar, sofreu perdas de US$250 milhões, em parte devido ao mercado de petróleo.[29] E a Metallgesellschaft, a histórica trader alemã de metais, perdeu US$1,4 bilhão em um trade de petróleo enorme que deu errado.

Nenhum desses colapsos marcou mais o fim de uma era do que a da Transworld Oil, a empresa de John Deuss, que foi um dos garotos-propaganda da década de 1970 junto com Marc Rich. Entre 1987 e 1988, o holandês tentou fechar um dos acordos mais audaciosos que o mercado de petróleo já havia visto. Era um plano típico de Deuss, combinando suas conexões políticas inigualáveis com seu poder financeiro no mercado de petróleo.

O palco para o trade de Deuss era o mercado de petróleo Brent.

O campo petrolífero de Brent, a cerca de 190 quilômetros das ilhas Shetland e a uma profundidade de aproximadamente 140 metros, começou a bombear petróleo em 1976, tornando-se rapidamente o padrão de excelência para os traders de petróleo. Em seus primeiros dias, o Brent serviu como uma maneira inteligente de os produtores de petróleo do Mar do Norte, como a BP e a Shell, reduzirem a fatura de seus impostos. As empresas cronometravam quando comprar e vender cargas, de forma a mostrar às autoridades britânicas preços de venda mais baixos do que seriam de outra forma — processo que ficou conhecido como *tax spinning*.

Em meados da década de 1980, o campo de Brent, operado pela Shell, juntamente com vários outros que alimentavam seu sistema de oleodutos, bombeava petróleo suficiente a cada mês para encher cerca de 45 navios-tanque, cada um carregando em torno de 600 mil barris. A essa altura, o Brent também havia se tornado uma referência global: outras variedades de petróleo do Oriente Médio, Rússia, África e América Latina eram precificadas de acordo com o custo do petróleo no Mar do Norte. Além disso, o mercado físico sustentou várias camadas de derivativos financeiros, incluindo, a partir de 1988, um contrato futuro de petróleo na International Petroleum Exchange, em Londres. Se um trader pudesse influenciar o preço do Brent, os efeitos seriam sentidos em todo o mundo. E o preço do Brent era particularmente vulnerável a pressões.

O número relativamente pequeno de cargas mensais significava que qualquer parte que conquistasse o controle da maioria delas poderia ditar os termos para o resto do mercado. O mercado físico era — e ainda é — quase totalmente não regulamentado, e não havia um limite legal para quantas cargas um trader poderia comprar.

A partir do verão de 1987, quando a produção do Mar do Norte caiu à medida que as companhias petrolíferas realizavam manutenções em suas plataformas offshore, Deuss começou a comprar todas as cargas em que pudesse colocar as mãos. Mike Loya, um dos principais traders de Deuss em Londres, recolheu todos — exceto um — os 42 contratos para entrega de petróleo Brent em janeiro, o que elevou os preços.[30] Foi uma jogada ousada, mesmo para os padrões do mercado implacável do Mar do Norte na década de 1980. Um de seus capangas lembra que Deuss não estava satisfeito em simplesmente dominar o mercado de Brent — ele queria dominar todo o mercado global de petróleo.[31]

Em seguida, Deuss tentou engendrar um acordo geopolítico sem precedentes: um acordo entre produtores da OPEP e não OPEP para reduzir a produção. O pacto teria causado um aumento vertiginoso nos preços — tornando Deuss ainda mais incrivelmente rico. As negociações entre a OPEP e não OPEP foram lideradas por Omã e pelos Emirados Árabes Unidos — ambas nações com as quais Deuss tinha contatos profundos. Deuss também estava ao telefone com os ministros da OPEP, aconselhando-os sobre o que fazer e quando, e como vazar suas intenções para o mercado.[32]

Mas o plano para uma "OPEP Mundial", como o *Wall Street Journal* chamou o projeto, fracassou depois que a Arábia Saudita o vetou. No mercado de Brent, a Shell e outros traders uniram forças para quebrar o monopólio de Deuss. Em vez de alcançar preços crescentes e vastos lucros, Deuss foi forçado a recuar, perdendo cerca de US$600 milhões quando os preços do petróleo caíram.[33] A Transworld Oil só conseguiu sobreviver vendendo seu valioso império de refino norte-americano para a Sun (hoje Sunoco) por US$513 milhões.[34]

O fracasso da empreitada foi um ponto de inflexão para Deuss e para o mercado de petróleo. O trader de petróleo mais ultrajante de sua geração continuaria negociando ao longo da década de 1990, mas a Transworld Oil nunca recuperaria a ostentação e o domínio de que já havia desfrutado uma vez. Um após o outro, a velha guarda da indústria de trading de commodities estava sendo substituída por uma nova geração de traders, a exemplo de Andy Hall, capazes de se manter no mercado físico de petróleo, mas também versados no novo mundo de futuros e opções.

Em breve, os problemas também chegariam à porta do maior rival de Deuss, Marc Rich.

CINCO

A QUEDA DE MARC RICH

A cidade suíça de Zug é um cenário que evoca tranquilidade. De seu centro histórico medieval, as ruas de paralelepípedos descem até as águas tranquilas de um lago alpino. A cidade, que possui algumas das taxas de imposto corporativo mais baixas do mundo, atrai traders de commodities desde a década de 1950, quando a Philipp Brothers abriu um escritório ali. Mas entre os escritórios quadrados você ainda pode vislumbrar as terras agrícolas, um legado das cerejeiras pelas quais a cidade era conhecida antes da chegada dos traders.

No final de 1992, no entanto, nem tudo estava tranquilo na Marc Rich + Co. Dentro do cubo de aço e vidro no centro de Zug, que era a sede do império comercial de Marc Rich, uma tempestade irrompia furiosamente. A trading de commodities mais proeminente do mundo estava ficando sem dinheiro. Todos os dias, os executivos responsáveis pelo departamento financeiro faziam ligações de emergência para tentar evitar o colapso da empresa.

No centro da tempestade estava a mesa de Zbynek Zak, um homem alto e aprumado, dotado de um bigode espesso e responsável por garantir que os traders de metais de Rich tivessem financiamento suficiente para negociar. "De onde mais podemos tirar dinheiro?", perguntava Zak, com um desespero crescente. "Como vamos pagar as contas amanhã?"[1]

Nascido na então Tchecoslováquia, Zak se mudou para a Alemanha como refugiado após a invasão soviética, em 1968. Depois de uma carreira como engenheiro, consultor e banqueiro, ele ingressou na trading house para ajudá-la com as finanças. E em 1992, apesar de todo o poder da Marc Rich + Co como trader dominante dos recursos naturais do mundo, suas finanças se encontravam em um estado cada vez mais delicado.

As operações de uma trader de commodities dependem enormemente dos bancos, que fornecem garantias e empréstimos que possibilitam a essas empresas comprar e vender com dinheiro emprestado. Todos os dias, suas exigências mudam, dependendo dos movimentos dos preços das commodities: se os preços sobem, a mesma carga de petróleo ou metais passa a custar mais; se eles caem, ela custa menos. O trabalho dos três especialistas em finanças da Marc Rich + Co era garantir que nenhum trader fosse forçado a vender uma carga de petróleo, metais ou grãos antes do desejável, já que a empresa não tinha condições de financiá-la.

Cada um deles tinha relações com bancos na Suíça, Londres e Nova York. Todos os dias as ligações se repetiam. Algum deles tinha algum crédito não utilizado em um de seus bancos? Um cliente estaria prestes a pagar por uma carga, liberando algum dinheiro? Eles teriam esquecido algum estoque de petróleo que poderiam hipotecar?

"Ser um cara das finanças em uma situação como essa é um verdadeiro pesadelo", lembra Zak.

Apesar da total dependência da empresa em relação aos seus bancos, os financistas eram vistos como ternos deselegantes. Os traders eram as abelhas rainhas da organização: eram eles que faziam voos de arrepiar os cabelos para lugares assustadores com o intuito de negociar grandes acordos; aqueles que apostavam o capital da empresa nos mercados de commodities; e aqueles que levavam para casa os maiores bônus. Ao longo de sua existência, a Marc Rich + Co nunca teve um especialista em finanças no comitê executivo. Nos primeiros anos de sua vida, não tinha sequer um diretor financeiro — Pinky Green cuidava pessoalmente das relações com os bancos.[2]

Já no início da década de 1990, os traders da Marc Rich + Co não estavam conseguindo cumprir com isso. Os lucros mundiais das décadas de 1970 e 1980 eram uma memória distante, e a empresa de trading de commodities mais poderosa do mundo havia sido invadida pela paranoia e apunhalada pelas costas.

Ao longo de 1992 e 1993, a batalha pelo futuro da empresa atingiria um clímax que mudaria para sempre o cenário do trading de commodities. Seria a mais recente rixa familiar na dinastia das traders dominantes, que começou com a Philipp Brothers e continuou com a Marc Rich + Co. Quando a poeira das disputas pela diretoria na Marc Rich + Co abaixou, dois novos membros da dinastia corporativa teriam nascido: Glencore e Trafigura.

Com efeito, a crise encerrou a carreira do próprio Marc Rich, coroando décadas no auge da indústria global de trading de commodities. O fim de seu período dominante marcou o ponto final de toda uma era do trading: os anos bucaneiros das décadas de 1970 e 1980, quando um trader de commodities com capital e ousadia suficientes podia se safar ignorando todas as regras e padrões de decência. Embora as gerações posteriores de traders continuassem a negociar nos moldes de Marc Rich, a indústria nunca mais passaria aquela sensação de intocabilidade.

Para os fundadores da Glencore e da Trafigura que emergiram dela, a crise que tomou conta da Marc Rich + Co em 1992 foi uma experiência formativa que viria a moldar toda a sua abordagem de trading — e, graças à influência que suas empresas teriam, todo o setor. Eles permaneceram graduados na escola de Rich, porém, marcados pela megalomania dos seus últimos dias, procuraram dividir a propriedade e o controle de suas empresas, forjando grupos muito unidos e que perdurariam por gerações.

Com o trader mais notório do mundo agora semiaposentado, seus sucessores aproveitaram a oportunidade para recuar para as sombras, transformando a indústria de trading de commodities em um reduto de sigilo. Ao se libertar do nome tóxico de seu fundador foragido, eles conseguiram se integrar melhor ao setor financeiro mais amplo — lançando as bases para um futuro no qual combinariam o espírito aventureiro de Marc Rich com o poder econômico de Wall Street.

*

No início da década de 1990, os parceiros originais de Marc Rich já haviam se aposentado — até mesmo Pinky Green. A ex-mulher de Rich, Denise, cuja família ajudou a financiar a empresa em seus primeiros dias, também vendeu suas ações.[3] Em todos esses casos, Rich se organizou para comprar as ações do acionista que estava saindo; como resultado, pela primeira vez desde a fundação, Rich detinha o controle acionário da trading house que carregava o seu nome.

Rich, já com quase cinquenta anos, permaneceu no comando da empresa. Abaixo dele estava um quarteto de traders mais jovens, na casa dos trinta aos quarenta anos. Entre eles estava Willy Strothotte, o imponente alemão que havia conduzido a unidade norte-americana da empresa durante a crise do indiciamento e que agora estava encarregado do trading de metais e minerais. Em Londres estavam Manny Weiss, o nativo de fala rápida do Brooklyn, que, junto com Strothotte, havia idealizado o domínio da Marc Rich + Co no mercado de alumínio, e Claude Dauphin, um francês charmoso e requintado que foi encarregado do trading de petróleo. Por fim, na Holanda estava Danny Dreyfuss, um trader astuto da velha guarda, que administrava o trading de grãos.

Rich estava sob pressão, tanto profissional quanto pessoalmente. Seu casamento com Denise desaguou em um divórcio amargo, e sua família se mudou. Sua filha havia sido diagnosticada com câncer. As autoridades dos EUA continuavam a persegui-lo. E depois que um fundidor de alumínio da Virgínia Ocidental ligado a Rich entrou em uma disputa com os trabalhadores, os sindicatos lançaram uma campanha publicitária contra ele, viajando pelo mundo e distribuindo pôsteres de "Procurado: Marc Rich" em cada lugar que passavam.[4] Rich, sem nenhum de seus antigos parceiros para pedir conselhos, era uma figura cada vez mais ameaçada. Danny Posen, então chefe do escritório de Moscou da Marc Rich + Co e filho de um dos primeiros sócios de Rich, disse: "Não acho que ele tenha enlouquecido, mas acho que algo aconteceu com ele."[5]

No início de 1991, Rich trouxe seu advogado pessoal dos Estados Unidos para ajudá-lo a administrar a empresa. Esse advogado, Bob Thomajan, era um *bon vivant* de Austin, Texas, mais à vontade em seus jet skis do que lidando com os detalhes logísticos de um carregamento de minério de cobre. Mas Rich, agora sozinho no topo e desconfiado de que os traders estivessem tramando para eliminá-lo, fez de Thomajan seu guardião. De repente, os traders, dentre os quais muitos haviam feito suas carreiras ao longo de anos ou décadas a partir de uma série de trabalhos subalternos na Philipp Brothers ou na Marc Rich, se viram recebendo ordens dele.

"Ele instalou Thomajan no escritório ao lado do seu", lembra Mark Crandall, um trader de petróleo sênior. "Se você quisesse falar com Marc, ele dizia para você se reunir com Thomajan."[6]

O clima na empresa mudou. A Marc Rich + Co ainda estava no topo do mundo, mas isso já não transparecia. Os traders que em anos anteriores haviam executado negócios brilhantes, arriscados ou obscuros estavam agora sendo consumidos por políticas de escritório. Weiss, Strothotte e outros pediram a Rich para que distribuísse as ações mais amplamente entre os funcionários, mas este permaneceu impassível. Ele não deu nenhuma indicação de que abriria o caminho para a geração mais jovem.

"Eu adoro este negócio e é o que quero continuar a fazer", disse ele a um entrevistador. "Gosto de delegar, mas ao mesmo tempo, em decisões importantes e riscos especiais, sou eu que tenho a palavra final."[7]

Os traders não se sentiam mais como parceiros em um empreendimento comercial empolgante e com a chance de assumir a empresa um dia, mas sim como servos contratados obedecendo às ordens de um mestre distante. Rich, o prodígio da Philipp Brothers que havia saído da empresa porque Jesselson não quis lhe dar a sua parte justa dos ganhos da empresa ou não lhe permitia a liberdade de negociar da maneira que queria, estava repetindo os mesmos erros na própria empresa.

"Não se trata apenas de dinheiro... trata-se de dinheiro, trata-se de um sentimento de pertencimento, trata-se de um sentimento de ter algo a dizer sobre como a empresa está sendo organizada", diz Crandall. "E Marc, se escondendo atrás de Thomajan, transformou todos nós em vassalos. Ele fez todo mundo se sentir como um bando de prostitutas."[8]

O confronto era inevitável. O primeiro deles ocorreu entre Rich e Strothotte. O trader alemão fez um discurso em uma universidade de Zurique no qual discutiu os negócios da empresa. Rich, cada vez mais paranoico, tomou isso como um sinal de insubordinação.

Os apelos para que ele reduzisse sua participação já lhe haviam despertado suspeitas antes. Então, ele disse a Strothotte para sair da empresa.[9]

Outros teriam o mesmo destino. Claude Dauphin, o chefe do trade de petróleo, já estava irritado com a gestão de Rich há anos. Então, no verão de 1992, seu pai morreu. Dauphin decidiu que estava farto: no início de julho, renunciou, dizendo a Rich que planejava voltar à França para administrar o negócio de sucata da família.

Rich telefonou para Weiss, agora o único trader sênior que restava em Londres. Volte para Zug e assuma a presidência da empresa, implorou Rich. Weiss negou.[10] Ele estava prestes a completar quarenta anos, já era rico, sua família estava estabelecida em Londres e ele queria passar mais tempo com eles. Assim, disse a Rich que, independente do que acontecesse, ele pretendia tirar um longo período sabático.

"Se você vai sair, é melhor sair agora", retrucou Rich.[11] E assim Weiss renunciou em 8 de julho, apenas alguns dias depois de Dauphin.

A essa altura, a Marc Rich + Co estava no meio de uma crise completa.

Mas isso estava prestes a ficar muito pior.

O final dos anos 1980 e o início dos anos 1990 não foram um momento feliz para muitos no setor do trading de commodities. Os mercados estavam difíceis, os EUA entraram em recessão e o setor ficou conhecido por seus colapsos espetaculares — como a tentativa desastrosa de John Deuss de dominar o mercado de petróleo Brent. A Marc Rich + Co, graças a seus acordos de petróleo com a África do Sul, seu comércio de alumínio e seus negócios crescentes na Rússia, havia passado pelo período sem crises. Mas isso estava prestes a mudar.

Enquanto os traders mais experientes da empresa estavam absortos em disputas internas, o próprio Marc Rich estava embarcando em um trade enorme e extremamente arriscado.

Tudo começou em 1991, quando David Rosenberg, um trader de metais em Londres, convenceu Rich a apoiar seu plano de dominar o mercado de zinco. Não era novidade para os traders de Rich assumirem grandes posições ou até mesmo encurralar um mercado controlando uma grande parte da oferta disponível. Weiss fez isso com o alumínio em 1988, com excelentes resultados. Mas havia muitas maneiras de essa tática sair pela culatra, como John Deuss descobriu no mercado de petróleo Brent. Ao aumentar artificialmente os preços, um trader que encurralava um mercado arriscava-se a incentivar os consumidores a adiarem suas compras e os fornecedores a venderem mais. E embora adquirir uma grande fatia do mercado possa ser fácil o suficiente, vender o material e ainda assim obter lucro requeria habilidade e experiência.

Para sua jogada com o zinco, Rosenberg conseguiu apoio externo na forma da espanhola Asturiana de Zinc e da alemã Metallgesellschaft, duas das maiores produtoras de zinco do mundo. Os três começaram a comprar grande parte do zinco disponível entre si. Rosenberg comprou grandes quantidades de contratos de opções, utilizando-os para aterrorizar outros traders. A certa altura, as três empresas detinham mais de 90% dos estoques de zinco da LME.[12]

Em junho de 1992, o conselho da LME, um grupo de grandes nomes do mercado de metais encarregados de garantir que as coisas não saíssem muito do controle, sentiu que não tinha escolha a não ser intervir. A bolsa determinou que qualquer empresa que vendesse zinco, mas não pudesse fornecê-lo para eles, poderia pagar uma taxa fixa para adiar a entrega — efetivamente limitando os lucros potenciais para Rosenberg e seus companheiros de viagem.

Os outros traders seniores tentaram persuadir Rich de que o esquema estava condenado. Mas Rich, desconfiado de uma tentativa de golpe, não quis ouvi-los. Ele parecia determinado a provar aos traders que ainda tinha coragem para realizar uma manobra espetacular.

Em meados de julho, Isaac Querub, gerente do escritório de Madri e responsável pelo relacionamento com a Asturiana de Zinc, voou para a casa de Rich em Marbella para tentar convencê-lo do contrário. Rich, prestes a embarcar em seu iate, entregou-lhe uma roupa de banho e uma cerveja e disse-lhe para subir a bordo. Mas ele não estava com vontade.

"O que você quer?", perguntou. Quando Querub explicou, Rich explodiu.

"Cuide da sua vida", esbravejou.[13]

Em setembro, o preço do zinco subiu novamente, atingindo a maior alta em dois anos. Esta, contudo, seria a última comemoração. A Metallgesellschaft decidiu que não queria mais participar da tentativa de monopólio e começou a vender.

O preço do zinco despencou, caindo mais de um quarto em dois meses.[14]

A posição de Rosenberg em relação ao zinco tornou-se uma enorme responsabilidade. Como todos os traders nos mercados de futuros, a Marc Rich + Co não havia pagado integralmente pelos contratos de zinco, comprando-os "em margem". Isso significava que a trading house havia pagado um depósito a seus bancos e corretores, e estes compraram os contratos em seu nome. Enquanto o preço subia, todos estavam satisfeitos. Mas a cada vez que o preço caía, os bancos e corretores pediam à Marc Rich + Co para completar seus depósitos — procedimento conhecido como "chamada de margem" (ou *margin call*, em inglês).

Foi assim que Zak e os outros especialistas em finanças ficaram sem dinheiro. Todos os dias, os bancos exigiam milhões de dólares em "chamadas de margem", e Zak teria que levantar o dinheiro. "Nós dissemos: olha, pessoal, não podemos administrar um negócio assim. Estamos basicamente ficando sem dinheiro", lembra Zak.[15]

Os traders acabaram persuadindo Rich a vender a enorme posição que tinham com o zinco — uma tarefa que levou muitos meses. Mas Rich estava prejudicado. A tentativa de recriar os gloriosos trades dos seus dias de juventude havia fracassado. A trading house havia perdido US$172 milhões graças ao desastroso comércio de zinco.[16] Era um sinal da natureza mutável dos mercados — na década de 1990, obter sucesso no trading de commodities não exigia apenas bom senso e uma ampla rede de contatos. Também se tratava de compreender o mundo em constante evolução dos derivativos, e da capacidade de gerenciar riscos ao invés de apostar a trader em uma única negociação. Aquele era um mundo em que Marc Rich parecia cada vez mais deslocado.

O clima na Marc Rich + Co era pessimista. Os traders que permaneceram na empresa começaram a pressionar Rich. Individualmente e em grupos, eles lhe disseram que ele precisava definir um caminho para reduzir sua participação na empresa, além de trazer Strothotte de volta.

Ao mesmo tempo, eles começaram a se preparar para o colapso. Em Zug, Strothotte, Zak e Craig Davis, responsável pelos ativos de alumínio, traçaram um plano para iniciar uma nova empresa, e até encontraram um escritório para o novo empreendimento. Em Londres, Dauphin começou a ligar para alguns dos antigos colegas da equipe de petróleo para perguntar se eles gostariam de se juntar a ele em uma nova empresa. A equipe de petróleo renunciou em massa em fevereiro de 1993. Para os bancos da empresa, esta foi a gota d'água. Eles disseram a Rich para fazer algo que contivesse aquela crise. Ele, então, chamou Alec Hackel — uma figura universalmente popular, que tinha sido um de seus parceiros originais e que havia contratado muitos dos traders mais jovens — para atuar como intermediário.

E assim, em um dia de inverno no início de 1993, um grupo de traders se reuniu em Londres. Eles eram liderados por Dauphin, o ex-chefe de petróleo. Ele se juntou à sua antiga equipe: Crandall, que depois da partida de Dauphin foi promovido para gerir o comércio de petróleo na Marc Rich + Co, bem como Graham Sharp e Eric de Turckheim. Strothotte e Weiss, os outros dois traders seniores que saíram no verão anterior, também estavam envolvidos na discussão. Hackel, o mediador, completava o grupo.

Dauphin e sua equipe escreveram um manifesto de uma página estabelecendo os termos sob os quais eles retornariam. Tudo se resumia a um golpe completo: Rich deveria vender todas as suas ações ao longo do tempo, deixar a administração, e a empresa mudaria de nome.

"Achei brutal a maneira como eles escreveram", diz Weiss.[17] Rich inicialmente concordou com as exigências dos traders renegados, mas seu orgulho estava ferido. E ele ainda era um trader, afinal de contas. "Marc não sabe como fazer um acordo sem tentar renegociá-lo", diz Crandall. "Marc renegociaria seus filhos, estava no DNA dele."[18]

Alguns dias depois, ele ligou para Dauphin na França. "Vocês foram um pouco duros demais, e acho que tudo está acontecendo rápido demais", começou Rich, de acordo com Crandall, que estava ouvindo a ligação. Então, ele começou a tentar renegociar. Talvez a compra acontecesse ao longo de vários anos, durante os quais ele permaneceria na empresa, sugeriu. Dauphin perdeu a paciência. "Vamos negociar com Rich até morrermos!", esbravejou.[19] Ele disse a Rich que o acordo estava encerrado e se preparou para agir sozinho.

Alguns dias depois, Strothotte ligou para Dauphin e Crandall para perguntar se eles se importariam caso ele tentasse novamente com Rich. Onde Dauphin havia perdido a paciência, Strothotte insistiu. Sempre um negociador astuto, Strothotte conseguiu engolir o ego e concordar com alguns dos termos de Rich. Poucas semanas depois, em 8 de março de 1993, o acordo foi anunciado. Parecia muito com o que Dauphin estava negociando, com alguns pequenos ajustes: em poucos meses, Marc Rich venderia ações suficientes para que ele não tivesse mais controle acionário da empresa; Strothotte retornaria como executivo-chefe, mas Rich permaneceria como presidente; e a empresa manteria o nome Marc Rich + Co.[20]

"Não há nada de excepcional no timing dos movimentos", disse Strothotte a jornalistas, subestimando o significado do momento. "Houve um plano de longo prazo para passar o controle da empresa para acionistas minoritários."

A atmosfera estava gélida quando Strothotte e Rich se encontraram em uma sala privada no Glashof, o restaurante do outro lado da rua dos escritórios da empresa, para assinar os contratos.[21] Não houve apertos de mão. Assim que os advogados ficaram satisfeitos, Rich simplesmente se levantou e saiu. Ao sair, virou-se para Strothotte e rosnou um aviso: "Ainda possuo uma boa parte da empresa, lembre-se disso."[22]

Em uma segunda-feira, 29 de novembro, a venda foi concluída, e Marc Rich cortou formalmente sua participação para apenas 27,5%.[23] O restante pertencia a cerca de duzentos funcionários. Esses funcionários tinham a opção de comprar a participação restante de Rich, mas isso teria que ser feito em dinheiro. "Rich nunca imaginou que nós teríamos o dinheiro", diz Querub, chefe do escritório em Madri e talvez o executivo mais próximo de Rich na época.[24] Talvez ele esperasse que, depois de alguns anos, a participação minoritária lhe daria um caminho de volta para sua empresa.

Mas Strothotte, atento à cartada final de Rich, estava determinado a cortar todos os laços. Ele começou a procurar fontes de financiamento para comprar a participação restante de Rich. Depois de alguns anos difíceis para a empresa, os bancos tradicionais não estavam dispostos a lhe dar mais dinheiro. Strothotte e seus traders discutiram trazer como investidor Martin Ebner, um bilionário adepto a gravatas-borboleta e conhecido como o principal especulador corporativo da Suíça. Mas Ebner, que havia feito nome comprando participações em empresas suíças e agitando por mudanças, queria ter voto em relação a como a empresa seria administrada, e Strothotte, ainda ressentido pelo encontro com Rich, não gostou da ideia.[25]

O que se seguiu foi um golpe corporativo bizarro, do tipo que só poderia ter sido executado no mundo clubista dos negócios suíços na década de 1990. O salvador de Strothotte não era um administrador de fundos agressivo ou um banco de Wall Street, senão uma das maiores fortunas da Suíça. O mais novo investidor na Marc Rich + Co, a maior trader de commodities do mundo, foi a empresa farmacêutica Roche. E ela chegou à porta de Strothotte graças ao Valium.

A Roche havia introduzido a pequena pílula amarela em 1963 e logo ela se tornou a droga mais prescrita do mundo, imortalizada no hit dos Rolling Stones de 1966, "Mother's Little Helper". Para a Roche, isso foi uma máquina de gerar dinheiro, transformando a empresa familiar em uma gigante global. Mas em 1985 a patente do Valium expirou nos EUA, e os lucros do negócio farmacêutico despencaram.

Mas o que a Roche tinha era capital — muito capital — acumulado com a venda do Valium durante os anos de bonança. No início da década de 1990, ela possuía cerca de US$9 bilhões.[26] E assim, sob a supervisão do diretor financeiro Henri B. Meier, a Roche começou a colocar sua pilha de dinheiro em uma série de investimentos que nada tinham a ver com produtos farmacêuticos. Foi assim que em 1994, graças a uma apresentação do consultor financeiro de Marc Rich, Heinz Pauli, a empresa farmacêutica veio em socorro de Strothotte. Ao contrário de Ebner, a Roche não tinha interesse em como a empresa seria administrada — ela só queria ganhar dinheiro. Strothotte concordou em vender 15% das ações da empresa por cerca de US$150 milhões, com a promessa de comprá-las de volta em uma data posterior e a garantia de que a Roche receberia um certo retorno sobre seu investimento.

Finalmente, Marc Rich poderia ser expulso de uma vez por todas. Dentro da trading house, houve uma caçada para encontrar um novo nome para a empresa. Os traders andavam pelos corredores folheando dicionários gregos em busca do nome de um deus apropriado. Por fim, um consultor surgiu com o nome Glencore, uma contração das palavras "global", "energia", "commodities" e "recursos". Em 1º de setembro de 1994, a Marc Rich + Co tornou-se oficialmente a Glencore International e, dois meses depois, a empresa anunciou que havia cortado todos os laços com seu fundador foragido.

Rich ficou chocado. Em apenas um ano e meio, os ex-funcionários garantiram a propriedade total da empresa e removeram seu nome da porta. E eles fizeram isso por uma barganha, financiada em parte pelos próprios recursos e lucros comerciais da empresa. Segundo vários ex-sócios, o valor contábil da empresa, reduzido pela saída dos fundadores e a perda de zinco, estava um pouco abaixo de US$1 bilhão. Isso significava que Rich, por sua participação de cerca de 70%, receberia cerca de US$700 milhões.[27]

"Eu estava fraco e os outros puderam sentir isso, então eles se aproveitaram", disse ele mais tarde ao seu biógrafo. "Eles colocaram a lâmina na minha garganta."[28]

O principal trader de commodities de seu tempo havia sido derrubado. Mas seus sucessores estavam fazendo fila para ocupar seu lugar, todos imbuídos da filosofia de Marc Rich — vá a qualquer lugar, se arrisque e deixe os escrúpulos em casa.

Dauphin, o ex-chefe de petróleo, não perdeu tempo depois de romper as negociações com Rich.

Na noite seguinte, ele reuniu todos os aliados mais próximos em sua casa na Redington Road, uma rua tranquila e arborizada no norte de Londres. Dauphin disse a eles que não trabalharia mais com Rich. "Então todos vocês têm que tomar uma decisão", afirmou.[29]

Foi um debate rápido. Cinco outros se juntaram a Dauphin. O grupo incluía a equipe de petróleo de Crandall, Sharp e de Turckheim, que vinha negociando com ele um retorno à Marc Rich + Co. A eles, se juntaram Danny Posen e Antonio Cometti, que administrariam metais na nova empresa. Atacar por conta própria acarretava riscos. Eles deixariam para trás o conforto dos relacionamentos de longa data de Rich com compradores e vendedores de commodities do mundo todo, bem como suas linhas bancárias.

Os seis homens, a maioria na casa dos trinta aos quarenta anos, decidiram estabelecer um novo empreendimento de trading. Assim, eles juntaram suas economias — sendo a maior pertencente a Dauphin — para o capital da empresa e, também, investiram nos negócios da família de Dauphin na França. "Começamos com o capital próprio de cerca de US$12 milhões, o que naquela época era bastante", lembrou Turckheim.[30]

A essa altura, Sharp, o trader de petróleo, já havia garantido o primeiro acordo da empresa: comprar um carregamento de gasolina da estatal romena de petróleo. Bucareste queria vender, mas precisava saber para quem. A nova empresa precisava de um nome.

Dauphin, receoso de repetir os erros de Marc Rich, recusou-se a colocar seu nome nos novos empreendimentos. Foi oferecido ao grupo uma escolha de empresas inativas registradas na Holanda para comprar, a fim de acelerar o processo de início. Eles foram forçados a escolher rapidamente qual nome usariam. As opções eram Skydiver, Blackheart e Trafigura.[31] Todos concordaram que Skydiver não era o nome ideal para uma trader de commodities tão importante; e Blackheart soava um pouco bucaneiro, mesmo para a indústria de trading. Assim, eles ficaram com Trafigura.

A nova empresa tornou-se o projeto de vida de seu fundador. Dauphin nasceu no mundo das commodities, filho de um negociante de sucata na Normandia, no norte da França. Ele ingressou na Marc Rich + Co em 1977, quando tinha vinte e poucos anos, indo para a Bolívia para administrar o escritório local da empresa e subindo rapidamente na hierarquia como chefe de chumbo e zinco, e depois de petróleo. Ele era um trader da velha guarda, com uma ética de trabalho incansável e uma agenda de viagens incessante. Na Trafigura, ele assegurou que a empresa teria acesso permanente à primeira faixa horária de aterragem do aeroporto de Genebra em uma manhã de domingo, a fim de conseguir algumas horas extras de trabalho na semana.

Ele também aprendeu dos traders da velha guarda a capacidade de cativar qualquer um, desde pequenos mineradores bolivianos até presidentes de países africanos. Edmundo Vidal, que era o rosto da Trafigura na Cidade do México antes de assumir seus negócios na América Latina, lembrou-se da memória fantástica de Dauphin para saber quais pequenos presentes agradariam respectivamente a cada um dos magnatas da mineração mexicanos que eles estavam indo conhecer. Para um, uma garrafa de conhaque; para outro, uma caixa de chocolates. "Esse cara era incrível, o tato que ele tinha", lembra Vidal.[32] Ao longo de sua carreira, Dauphin estabeleceu relacionamentos com fornecedores de petróleo em Angola e na Nigéria e com compradores na América Latina; ele comprou minérios de dezenas de pequenas minas no Peru e no México e os enviou para compradores chineses vorazes.

Dauphin era um chefe rigoroso que poderia explodir com qualquer um que não acompanhasse seu ritmo e seus padrões exigentes de vestimenta, hospitalidade e pontualidade. Mas ele tinha um senso travesso de diversão. Um ex-funcionário se lembra de uma longa viagem de avião na qual, após horas de trabalho intenso, Dauphin levantou-se de repente e anunciou: "Senhores, o bar está aberto."[33] Ao longo de 25 anos à frente da Trafigura, ele se tornou o mentor de toda uma geração de traders, um mestre da escola aventureira de commodities que valorizava o trabalho duro e as relações pessoais acima de tudo.

No entanto, apesar de todo o seu charme, Dauphin e sua equipe de traders levariam anos para construir a Trafigura do zero. Para a Glencore, por outro lado, este foi um processo mais fácil. Desde o primeiro dia, os negócios prosperaram. Livre das polêmicas em torno do nome de Marc Rich, a empresa pôde aproveitar novas oportunidades. Desde 1983, quando Rich se tornou foragido da justiça norte-americana, os bancos dos EUA deixaram de fazer empréstimos para a empresa. Até mesmo alguns bancos europeus se contiveram. Então, apenas alguns dias após a conclusão da compra e a mudança de nome da empresa, Zak recebeu um telefonema do J.P. Morgan. O banco norte-americano queria saber como lhe poderia ser útil. Em seguida, o Deutsche Bank ligou. E então, o Goldman Sachs. "Para um cara de finanças como eu, aquilo era o paraíso", afirmou Zak.[34]

Toda uma gama de novas possibilidades se abriu. A Glencore obteve uma classificação de crédito, que era um selo de aprovação dos guardiões de Wall Street.

Começou a surgir uma variedade de novas formas de financiamento de novos grupos de investidores: financiamento de curto prazo do mercado de papéis comerciais dos EUA; seu primeiro empréstimo sindicalizado em 1995; e, no ano seguinte, seu primeiro investimento privado, por meio do qual a empresa vendeu sua dívida a fundos de pensão e seguradoras norte-americanas.

A trading house já havia começado a investir em ativos como fundidores e minas no final da década de 1980, mas não havia conseguido levantar dívidas de longo prazo para financiar os investimentos. Agora, com os mercados de dívida abertos, Strothotte e sua equipe estavam livres para investir em ativos na Austrália, Colômbia, Cazaquistão e Rússia.

Os traders da Glencore mantiveram a cultura que herdaram de Rich (e que ele, por sua vez, aprendeu na Philipp Brothers) de trabalho duro e altas expectativas. "A Glencore é como uma selva", diz Lucio Genovese, que ingressou na empresa no final dos anos 1980 e passou a administrar o escritório de Moscou. "Você tem que atuar e ter um bom desempenho, todos os dias e todos os anos, ou estará em apuros. É agir ou morrer."[35]

Um novo grupo de uma dúzia de traders seniores estava agora no comando da empresa, apelidados por alguns de "G12" ou os "doze apóstolos". Strothotte era o líder, agora em seu habitat natural como comandante-chefe de um império global. Ele voaria ao redor do mundo, um dia caçando ursos com um magnata do alumínio siberiano, e no outro conquistando e jantando com clientes em seu iate no Caribe. Entre esse grupo de estrelas em ascensão estava um homem que viria a dirigir toda a empresa: Ivan Glasenberg.

A Marc Rich + Co sempre gerou uma riqueza enorme para seus parceiros, mas a Glencore se tornou uma fábrica de milionários sem precedentes. Suas ações foram rapidamente distribuídas para cerca de 350 traders, embora Strothotte, Dreyfuss e o restante do G12 mantivessem uma parte significativa delas. (Na primeira metade da década de 2000 — os anos para os quais há dados disponíveis —, essa dúzia de altos executivos detinha entre 26,7% e 44,4% da empresa.) A cada ano, um trader recebia um salário, um bônus em dinheiro calculado como 10% de seus lucros de negociação e, no papel, uma parte nos lucros líquidos da empresa proporcional à sua participação acionária. Quando o trader deixasse a empresa, seus lucros acumulados seriam pagos em um período de cinco anos.

Os bônus por si só eram suficientes para tornar a maioria dos traders extremamente ricos. Entre 1998 e 2001, os quatro últimos anos do reinado de Strothotte, a empresa pagava para algumas centenas de traders uma média de US$110 milhões por ano em bônus.[36] As ações eram ainda mais lucrativas. A empresa tinha lucros médios de US$150 a US$200 milhões ao ano na década de 1990, número que subiu para a casa dos bilhões na década de 2000.[37] Strothotte, sozinho, estava na fila para receber cerca de 10 a 15% disso. E os multimilionários não paravam de surgir no registro de acionistas. Em apenas um único exemplo, que veio a público devido a uma disputa fiscal, um trader de carvão australiano que trabalhou para a Glencore por quinze anos sem nunca chegar a um cargo de gerência sênior recebeu um pagamento de US$160 milhões quando deixou a empresa em 2006.[38] Não seria remoto especular que a empresa transformou mais de cem pessoas em milionários ao longo de sua história.

A luta pela Marc Rich + Co remodelou o setor de trading de commodities, e não apenas por forçar Rich a se aposentar. A abordagem de trading da qual Rich foi pioneiro sobreviveria na Glencore e na Trafigura; porém, ao abandonarem seu nome manchado e manterem os próprios nomes fora das manchetes, eles poderiam se entrelaçar mais a fundo com o sistema financeiro global. As duas empresas não apenas dominariam os mercados globais de petróleo e metais, como também se tornariam financiadoras de recursos em todo o mundo, mobilizando quantias de dinheiro com as quais Marc Rich só poderia ter sonhado.

Para Strothotte e seus parceiros, os sonhos já estavam se tornando realidade. A aquisição das ações de Marc Rich por uma relativa bagatela foi um grande golpe. "Comprar a saída de Marc foi o melhor acordo que ele já fez na vida", afirma Crandall. "Foi uma avalanche de dinheiro. E uma vez que a saída de Marc foi comprada, eles simplesmente ficaram debaixo da avalanche colhendo os ganhos."[39]

SEIS

A MAIOR LIQUIDAÇÃO DA HISTÓRIA

David Reuben estava sentado em seu escritório quando entrou coxeando um homem que mudaria sua vida.

O cenário era Moscou, maio de 1992, alguns meses após o colapso da União Soviética. Para um trader de alumínio como Reuben, tudo estava um caos. Durante anos, ele lidou com apenas um fornecedor: o Estado soviético. E agora ele não existia mais.

Tudo o que ele sabia era que o alumínio podia ser comprado muito mais barato na Rússia do que em qualquer outro lugar do planeta. Qualquer um que pudesse colocar as mãos em um suprimento confiável e vendê-lo no mercado internacional ficaria rico.

O homem sentado na frente dele era uma dessas pessoas. Nascido na Ásia Central e incapacitado pela poliomielite quando menino, com olhos azuis intensos e um temperamento explosivo, Lev Chernoy foi um dos muitos negociadores incisivos que prosperaram enquanto a economia soviética planejada dava lugar a um vale-tudo.

Enquanto Reuben e Chernoy sentavam e conversavam, um mundo inteiro estava implodindo ao redor deles. A enorme indústria manufatureira soviética havia parado, pois a demanda do único comprador — o

Estado — havia desaparecido. O governo russo removera os controles sobre o preço dos artigos de uso diário, e os custos do pão, leite e queijo dispararam à medida que o valor do rublo despencou. As economias dos cidadãos russos, cuidadosamente acumuladas ao longo da vida, foram eliminadas da noite para o dia. Pensionistas se amontoaram nas esquinas das ruas gélidas vendendo tudo o que podiam para juntar dinheiro suficiente para comprar comida.

A razão pela qual Chernoy foi ao escritório de Reuben estava de acordo com a anarquia daqueles tempos. Chernoy concordou em vender uma pequena quantidade de alumínio para a empresa de Reuben, a Trans-World, e nunca a entregou. Isso era bastante comum na Rússia naqueles dias; o inusitado foi Chernoy ter ido até lá para se desculpar.

A empresa de Reuben, a Trans-World (que não tinha conexão com a Transworld Oil de John Deuss), já havia se estabelecido no pequeno grupo de traders de metais. Com um rosto redondo e aberto e um jeito de agir que levava alguns a considerá-lo ingênuo, Reuben era um homem com grandes visões para o seu negócio, disposto a correr grandes riscos, mas sem muito interesse pelos detalhes. Ele não queria ouvir as desculpas de Chernoy por não entregar seu alumínio. O que lhe interessava era que Chernoy parecia saber onde, neste admirável mundo novo da Rússia pós--soviética, era possível comprar alumínio.

Chernoy começou sua explicação. Mas Reuben o interrompeu.

"Me mostre", Reuben instruiu seu visitante, "e eu farei de você um bilionário".[1]

O colapso da União Soviética foi um evento sísmico para os traders de commodities, o desenvolvimento mais significativo na história da indústria desde que o mercado de petróleo foi libertado das garras das Sete Irmãs na década de 1970. Na época de sua dissolução, a União Soviética bombeava mais petróleo do que qualquer outro país do mundo e também era um dos maiores produtores de metais e grãos. Agora, subitamente, ela havia sido transformada de um sistema fechado em uma parte desordenadamente integrada da economia mundial.

Até o início da década de 1990, o comércio da União Soviética com o mundo exterior era rigidamente controlado pelo Estado. Então, de repente, alumínio, cobre, zinco, petróleo e carvão russos inundaram os mercados globais. Por um tempo, a Rússia e os outros ex-estados soviéticos tinham pouca infraestrutura para exportar suas commodities, nenhum conhecimento sobre como vender internacionalmente e nenhuma conexão com o mundo das finanças.

Traders de commodities como Reuben preencheram esta lacuna, conectando a enorme indústria de recursos naturais da Rússia ao resto do mundo e, assim, canalizando ganhos em moeda estrangeira para o país. Isso transformou os traders em pessoas extraordinariamente importantes — para a sobrevivência de indústrias inteiras, para a saúde das economias nacionais e para a questão de quem ficaria rico com os despojos de todo esse caos econômico.

Quando a União Soviética entrou em colapso, os traders de commodities já faziam negócios em Moscou há décadas. Theodor Weisser viajou para lá para comprar petróleo em 1954. A Cargill e outras traders de grãos fizeram visitas regulares durante as décadas de 1960 e 1970. A Philipp Brothers foi uma das primeiras empresas norte-americanas a abrir um escritório em Moscou, em 1973.

Durante todo esse tempo, os negócios dos traders na União Soviética foram altamente centralizados. Todo o comércio exterior do país era conduzido por apenas um punhado de agências estatais. Para os metais, havia a Raznoimport (que também cuidava das exportações); para grãos, havia a Exportkhleb (que também negociava importações, como havia feito durante o Grande Roubo de Grãos); e para o petróleo, havia a Soyuznefteexport.

Os traders concentraram seus esforços em cortejar os burocratas soviéticos que dirigiam essas agências. No ramo dos metais, Felix Posen, sócio da Marc Rich + Co nas décadas de 1970 e 1980, estabeleceu um relacionamento próximo com os chefes da Raznoimport que ajudaram a transformar sua empresa na principal contraparte do comércio internacional de metais da União Soviética. Posen lembra que os patrões da Raznoimport "adoravam ser convidados para jantar e beber".[2]

O sistema centralizado começou a mudar no final da década de 1980. Sob os programas da *perestroika* (reestruturação) e da *glasnost* (abertura) de Gorbachev, o velho sistema soviético começou lentamente a se abrir para a iniciativa privada. Em 1987, jovens cidadãos soviéticos com talento empreendedor foram autorizados pela primeira vez a operar pequenas empresas, chamadas cooperativas. Entre eles estavam muitos dos futuros oligarcas do país. As cooperativas atenderiam a necessidades não atendidas pelos órgãos do governo soviético — importação de computadores, realização de loterias ou troca de ingressos de teatro. E elas explorariam as ineficiências do sistema soviético que ia desmoronando, comprando materiais excedentes a baixo custo ou oferecendo serviços a burocratas que precisavam encontrar uma maneira de gastar seus orçamentos. Às vezes, os jovens empresários conseguiam colocar as mãos em commodities, e às vezes encontravam uma maneira de exportá-las. Assim, eles cruzaram o caminho dos traders.

Mais uma vez, os traders empregaram suas melhores habilidades de persuasão. Entre a nova geração de empreendedores soviéticos estava Artem Tarasov, que ganhou fama no final dos anos 1980 depois de se proclamar o primeiro milionário legal da União Soviética. Como muitos outros, ele estava fazendo fortuna negociando nas sombras da economia soviética. Um dia, ele teve a oportunidade de comprar um pouco de óleo combustível. A situação era um microcosmo das ineficiências do sistema soviético: uma refinaria de petróleo na Ucrânia estava produzindo óleo combustível para abastecer as usinas locais. Quando o inverno na região era ameno, as usinas utilizavam menos e, portanto, a refinaria ficava com excedentes. Sem maiores instruções sobre para onde enviá-lo, o diretor da refinaria simplesmente ordenou que seus funcionários cavassem buracos em uma floresta próxima e despejassem o óleo combustível neles.

De situações como essa, Tarasov logo se viu com quantidades significativas de óleo combustível soviético para vender. Assim, ele atraiu a atenção dos traders da Marc Rich + Co, que estavam procurando maneiras de negociar fora dos limites das agências comerciais estatais. Em sua autobiografia, Tarasov relembra sua primeira visita "inesquecível" ao Reino Unido.

"O pessoal de Rich que estava encarregado de comprar petróleo e seus derivados entendeu imediatamente: finalmente, uma brecha maravilhosa havia sido aberta, e isso lhes permitiria burlar o Estado e negociar sem quaisquer limites ou relatórios! Assim, eles decidiram me tratar bem, para garantir que seu cliente número um não se perdesse", escreveu ele.[3]

A equipe da Marc Rich + Co fez um grande esforço para garantir que Tarasov voltasse satisfeito para a União Soviética. Eles o colocaram em uma suíte no hotel Meridien, em Piccadilly. Alugaram um barco no Tâmisa com uma orquestra para entretê-lo. E, à noite, se certificavam de que todas as suas necessidades fossem atendidas. "Eles contrataram várias casas noturnas, onde me disseram para levar qualquer dançarina que eu quisesse para o meu quarto: tudo já havia sido pago por conta da empresa", lembra Tarasov. "É claro que isso teve um grande efeito na minha delicada psique soviética, e logo eu estava considerando, indubitavelmente, a Marc Rich como a melhor empresa estrangeira do mundo. Durante vários dias, eu comi e bebi bem, viajei, fui pescar, ouvi a orquestra tocando em minha homenagem e, no final, é claro, assinei um contrato."[4]

Uma variedade heterogênea de personagens floresceu naqueles últimos dias da União Soviética. A economia do país estava em queda livre. Todo tipo de acordo selvagem foi feito. A PepsiCo se tornou brevemente uma das maiores potências navais do mundo quando concordou que, em troca da Pepsi que estava vendendo para a União Soviética, seria paga com 17 submarinos soviéticos, um cruzador, uma fragata e um destróier. A frota naval foi vendida como sucata, levando o presidente da PepsiCo a provocar a Casa Branca: "Estamos desarmando a União Soviética mais rápido do que vocês."[5]

Durante anos, a Marc Rich + Co tinha sido uma força dominante no comércio de metais soviético graças ao cultivo das relações com os chefes da Raznoimport por parte de Felix Posen. Mas então a KGB começou a investigar essa relação, e a Marc Rich + Co acabou caindo em desuso.[6] As outras traders de metais não hesitaram em atacar. A Philipp Brothers fechou um acordo para comprar níquel soviético, o que caracterizava um golpe, já que o país respondia por um quarto da produção mundial de níquel. Quando chegou a hora de especificar a quantidade que a Raznoimport venderia para a Philipp Brothers, o contrato dizia simplesmente: "O total das exportações soviéticas."[7]

E então havia a Trans-World de David Reuben.

Reuben, que nasceu na Índia em 1938, em uma família de origem iraquiana, mudou-se para Londres na década de 1950, ainda adolescente e com muito pouco dinheiro.[8] Quase imediatamente, ele começou a trabalhar no comércio de metais, juntando-se a uma fornecedora de sucata chamada Mountstar Metals em 1958. Determinado a se estabelecer no Reino Unido, ele se lançou nos negócios junto com seu irmão Simon, que era seu amigo mais próximo e confidente, e que começara a investir em imóveis. Com um leve sotaque para o inglês, David Reuben tinha uma paixão de imigrante pelas armadilhas da alta sociedade inglesa e da sua língua, em particular por palavras cruzadas e pelo jogo de palavras Scrabble.

Enquanto Simon era um microgerente que gostava de conhecer cada detalhe de seu negócio, David era um visionário desinteressado em pormenores. De acordo com seu filho: "Meu pai é muito generalista. Ele não é um homem de detalhes. Ele diz algo em uma frase, mas espera que as pessoas traduzam isso em planos de negócios completos."[9]

Mesmo nos primeiros dias de sua carreira no ramo, David Reuben viajou muito em busca de metal para comprar, visitando a União Soviética, China e Coreia do Norte.[10] Em 1974, ele se juntou a um empreendimento de trading de metais de propriedade parcial do Merrill Lynch, e três anos depois saiu com sua equipe para começar por conta própria.

E foi assim que nasceu a Trans-World, em março de 1977. A empresa começou pequena, com apenas US$2 milhões em capital e escritórios em Londres e Nova York, mas Reuben logo abriu um nicho para si negociando alumínio e estanho. No final da década de 1980, porém, ele estava perdendo interesse pelo negócio de metais. Ele vinha discutindo há meses sobre uma crise na London Metal Exchange após o colapso de um esquema intergovernamental que visava controlar o preço do estanho. Além disso, seu irmão Simon foi diagnosticado com câncer. Exausto, ele deu um passo para trás em relação aos negócios.

Reuben foi arrancado de seu afastamento por problemas na União Soviética. A Trans-World tinha uma presença significativa na nação comunista desde a década de 1970, vendendo estanho para a Raznoimport em troca de alumínio. Mas quando, em 1992, Chernoy entrou no escritório de Reuben em Moscou, todo o sistema estava em colapso. Homens como Artem Tarasov, o trader de óleo combustível, vinham destruindo o domínio das agências soviéticas centralizadas sobre as exportações de commodities desde o final dos anos 1980. Quando o país inteiro se desintegrou em 1991, o que antes era uma goteira acabou se tornando um maremoto.

O colapso da União Soviética foi como uma liquidação de commodities. Recursos valiosos como petróleo, alumínio e cromo podiam ser comprados por apenas um quarto do seu preço no mercado internacional.[11] Para os traders, era um prêmio bom demais para ser recusado. À medida que avançaram com tudo, eles também ajudaram a forjar um novo sistema econômico. Onde antes os planejadores da economia soviética determinavam como os recursos e o dinheiro fluiriam pelo país, agora eram os traders de commodities ocidentais que desempenhavam esse papel.

As enormes empresas industriais da União Soviética estavam em choque. O sistema que os instruía sobre o que produzir e para onde enviar, que lhes fornecia matérias-primas e entregava o dinheiro para pagar seus trabalhadores, de repente parou de funcionar. Minas, campos petrolíferos, refinarias, fundições e até ministérios do governo ficaram sem dinheiro para pagar salários e comprar os suprimentos necessários para continuar operando. Em desespero, eles começaram a fechar acordos diretamente com traders de commodities locais ou estrangeiros, acabando com o domínio de agências governamentais como a Raznoimport de uma vez por todas. Além disso, a queda livre da economia significou que a demanda doméstica havia entrado em colapso, aumentando as quantidades de commodities disponíveis para exportação. Alguns traders que venderam metais para a Raznoimport se viram comprando de volta os mesmos metais alguns meses depois, ainda na mesma embalagem, conforme o foco ia deixando de ser alimentar a máquina industrial soviética para levantar dinheiro por qualquer meio.

Para os cidadãos dos países da antiga União Soviética, este foi um momento de dificuldades tremendas. No outrora poderoso império soviético, agora havia escassez de alimentos, roupas e de dinheiro, propriamente. Uma torrente de capital havia escoado para fora da União Soviética em seus últimos anos e, na recém-independente Rússia, a inflação disparou e o rublo desmoronou.

Para os traders ocidentais de commodities, no entanto, as oportunidades de lucros enormes estavam por toda parte. Como David Issroff, trader da Glencore que se tornou chefe de ferroligas, explicou: "Você tinha essas enormes instalações de produção [sem] escoamento. Então, vieram esses dois traders ocidentais que eram caras bacanas e disseram: "Vamos levar todo o seu produto, e vamos ajudá-los a levá-lo aos portos". E foi assim que começamos."[12]

Fazer negócios em uma economia em colapso forçava os traders a improvisar. Eles alugavam jatos inteiros por US$20 a hora, carregando caixas de cigarros e uísque Johnnie Walker — a única moeda que podiam usar para comprar combustível em aeroportos remotos nas cidades siberianas em dificuldades.[13] Eles aterrissavam em vastas minas e fundidores onde os chefes da era soviética — conhecidos como "diretores vermelhos" — davam início às reuniões matinais com um copo de vodca, ou vários.

Reuben havia viajado para Moscou em maio de 1992 para tentar entender essa nova ordem e descobrir qual seria o seu papel nela. Agora, diante da reordenação de todo o sistema econômico soviético, ele percebeu que isso poderia ser uma grande oportunidade.

O que estava em seu caminho era a maneira complexa, secreta e contraintuitiva pela qual a indústria soviética havia sido organizada. Com o alumínio, por exemplo, um metal cujo uso generalizado na indústria aeroespacial tornou-o estrategicamente importante para ambas as potências da Guerra Fria, a União Soviética foi o segundo maior produtor mundial depois dos EUA. Mas diferentes partes da indústria soviética de alumínio estavam espalhadas por todo o país. Algumas de suas refinarias de alumina mais importantes estavam localizadas no extremo oeste da Ucrânia e no leste do Cazaquistão, perto da fronteira com a Mongólia. Já os maiores fundidores, que transformavam a alumina em alumínio, estavam localizados na Sibéria russa, a milhares de quilômetros dos portos e privados do fornecimento de alumina devido às grandes distâncias e às recém-erigidas fronteiras internacionais.

No meio dessa desordem, surgiram homens como Lev Chernoy. Nascido em 1954, Chernoy cresceu em Tashkent, uma metrópole movimentada e complicada, e portanto condizente com seu status de capital da Ásia Central soviética. Assim como outros dos primeiros empresários soviéticos, Chernoy começou a operar nas sombras daquele sistema em decadência, explorando suas ineficiências para obter lucro. Junto com seu irmão mais velho, Mikhail (que translitera seu nome Michael Cherney), ele fez sua primeira fortuna administrando uma cooperativa de fabricação de sapatos. Eles alugavam o espaço e os equipamentos de uma fábrica que não os utilizava e compravam pedaços de couro e PVC excedentes às exigências do sistema soviético.[14] Aquele era um mundo que exigia que os irmãos Chernoy mantivessem uma rede de relacionamentos com todos, desde burocratas em Moscou até poderosos influentes das ruas de Tashkent.[15]

À medida que o sistema soviético desmoronava, faltava pouco para os irmãos Chernoy passarem dos sapatos para commodities como madeira e alumínio. Lev Chernoy estava vendendo mercadorias para os gerentes de uma fábrica de alumina no norte do Cazaquistão. Mas eles, como todos os outros negócios da antiga União Soviética, não tinham dinheiro. Assim, eles estavam pagando em alumina. Essa alumina seria processada em uma fábrica de alumínio em Krasnoyarsk, na Sibéria russa. Essa fábrica também não tinha dinheiro para pagar, e então pagaria em alumínio.

E foi assim que — como ele explicou a Reuben naquele dia em Moscou, em maio de 1992 — ele conseguiu chegar ao alumínio. Mas ouvir tal explicação não era o suficiente para Reuben; ele queria ver com seus próprios olhos. Chernoy não hesitou, propondo que os dois embarcassem no próximo avião para a Sibéria.

Reuben hesitou. Era uma sexta-feira, ele estava planejando voltar para Londres no fim de semana, e não estava preparado para uma viagem até a Sibéria. Para começar, ele não tinha nenhuma camisa limpa.

Mas Chernoy insistiu.

Foi assim que Reuben chegou a Krasnoyarsk. Fundada por uma dissidência militar de cossacos no século XVII, a cidade de Krasnoyarsk tornou-se um dos principais centros industriais da União Soviética. Foi o lar de uma base soviética secreta e extensa, que não pode ser encontrada em nenhum mapa, onde a URSS havia produzido combustível nuclear para a bomba atômica.

Agora o alumínio era a principal indústria dessa cidade de 1 milhão de habitantes, com intermináveis blocos de apartamentos idênticos intercalados com antigas casas de madeira esculpidas de forma elaborada. Localizada em uma curva do rio Yenisei, o fundidor de alumínio consistia em fileiras e mais fileiras de vastos corredores, cada um com meio quilômetro de comprimento, cheios de recipientes de metal fundido. Juntamente com sua fábrica-irmã em Bratsk, a algumas centenas de quilômetros de distância, era o maior fundidor de alumínio do planeta.

Para Reuben, foi uma experiência reveladora. O gerente do fundidor de Krasnoyarsk estava preocupado porque não tinha dinheiro suficiente para pagar o suprimento de alimentos da cidade. Imediatamente, Reuben concordou em lhe adiantar dinheiro, a ser reembolsado em alumínio.

Convencido de que havia dado de cara com uma oportunidade única na vida, Reuben voou de volta para Londres e começou a persuadir seu irmão a investir na Rússia. Eles juntaram grande parte de sua riqueza e, para além disso, pegaram dinheiro emprestado, tudo para ser investido na indústria do alumínio na antiga União Soviética. Eles construiriam um relacionamento com Lev Chernoy.

"Lev me mostrou o esquema de como fazer negócios na antiga União Soviética", David Reuben diria posteriormente.[16]

Em Krasnoyarsk, os parceiros da Trans-World fecharam um acordo para entregar a alumina de que a fábrica precisava e receber o pagamento em alumínio. Era o mesmo tipo de arranjo do qual Willy Strothotte e Manny Weiss, os traders da Marc Rich + Co, haviam sido pioneiros na Jamaica e nos Estados Unidos na década de 1980. Esse tipo de acordo de "tolling" logo varreria a indústria russa de alumínio, liderada por traders como a Trans-World.

David Reuben cuidaria das vendas do alumínio russo em todo o mundo, enquanto Chernoy cuidaria de coisas mais concretas. "Lev prometeu que seu pessoal literalmente viveria nas fábricas e acompanharia os trens para garantir que o alumínio fosse entregue a tempo", disse Reuben.[17]

A combinação do dinheiro de Reuben e a presença local de Chernoy provou ser eficaz, e logo a Trans-World se tornou a empresa dominante na indústria russa de alumínio. Ela não fazia apenas acordos de tolling. Quando o governo russo começou a vender ações de suas principais empresas industriais, a Trans-World não hesitou, comprando participações nos três maiores fundidores de alumínio da Rússia. Ela também levantou novas infraestruturas, como um porto no Extremo Oriente da Rússia para importação de alumina da Austrália.

Não fez mal que o maior rival em potencial da Trans-World, a Marc Rich + Co, havia sido consumido por disputas internas quando a União

Soviética entrou em colapso. A hesitação foi decisiva. A empresa, então renomeada para Glencore, voltaria anos mais tarde para se tornar a concorrente mais forte e resiliente da Trans-World na Rússia. Durante um período crítico em 1992 e 1993, contudo, ela estava enfraquecida e desfocada. Isso significava que a única concorrência real da Trans-World vinha de empresas menores, como a AIOC, a Gerald Metals, uma trading house pretensiosa, e a Euromin, uma joint venture entre um grupo de ex-traders da Marc Rich + Co e da Vitol.

Os riscos de se fazer negócios na nova Rússia eram significativos. As regras referentes à propriedade privada ainda estavam sendo escritas, por exemplo, e não havia garantias de que uma trader como a Trans-World pudesse manter sua parte na indústria de recursos naturais da Rússia. Mas de todos os traders, era Reuben, encorajado por Chernoy, quem estava mais disposto a correr esse risco. "Nós gostávamos de correr riscos. É por isso que fomos até a Rússia, e é por isso que você não vê nenhum dos grandes produtores, as Alcoas e Alcans da vida, na Rússia", disse David Reuben, referindo-se aos maiores produtores de alumínio dos EUA e do Canadá, respectivamente. "Eles não gostam de correr riscos. Éramos apenas nós e outros como nós."[18]

Para além do caos do colapso soviético, uma aparência de ordem foi novamente imposta à indústria — só que na nova Rússia capitalista, eram traders como os Reubens, e não o comitê de planejamento soviético, que direcionavam o fluxo das commodities.

"O nosso trabalho com o TWG [Trans-World Group] deu uma contribuição fundamental, nos anos mais difíceis de nosso país, para o renascimento da indústria russa de alumínio, a renovação de sua infraestrutura, o fornecimento de capital de giro para suas fábricas e a expansão de sua capacidade de produção", diz Lev Chernoy. "Graças a esses esforços, a indústria de alumínio do nosso país foi salva do colapso, permitindo à Rússia manter sua posição e se tornar um dos líderes no mercado mundial de alumínio."[19]

Ao final da primeira onda de privatizações em 1994, a Trans-World detinha propriedade e ligações comerciais em todos os maiores fundidores de alumínio da Rússia, tornando o grupo, na estimativa de um banco de investimento, a segunda maior empresa de alumínio do mundo, depois da Alcoa dos EUA.[20] Juntamente com seus acordos de "tolling", ela controlava cerca de metade da produção de alumínio da Rússia e, ocasionalmente, talvez até mais — tornando-se fornecedora de algo entre 5% e 10% da produção global do metal.[21]

A grande aposta dos Reuben na Rússia compensou, e muito. O grupo Trans-World, que era uma coleção de dezenas ou mesmo centenas de entidades em jurisdições que iam de Monte Carlo[22] a Samoa,[23] nunca publicou quaisquer informações de caráter financeiro. Mas seus rivais e ex-funcionários estimam que, no auge, ela estava ganhando centenas de milhões de dólares por ano. O acordo de tolling era "extraordinariamente lucrativo", afirma Gary Busch, que cuidou da logística do grupo de 1992 a 1997, estimando que este tenha faturado cerca de US$3 bilhões com seus negócios na Rússia ao longo da década de 1990.[24]

Nos dias iniciais, o preço do alumínio dentro da Rússia era negociado a uma fração do preço global, principalmente com a queda do rublo. A margem de lucro para o comércio de alumínio no mundo ocidental na época era de apenas US$5 a tonelada. Na Rússia, um trader podia fazer US$200 por tonelada, ou mais. A necessidade de alumina nos fundidores deu aos traders a vantagem na negociação dos acordos de tolling. E então, quando a indústria se abriu para a privatização, os traders puderam comprar grandes ativos industriais a baixo custo. "Acabamos encontrando uma mina de ouro", disse Reuben.[25]

A gigantesca onda de alumínio que saía da Rússia se espalhou pelo mercado global. Entre 1990 e 1994, mais de 2,5 milhões de toneladas de alumínio inundaram a London Metal Exchange.[26] O preço do alumínio, que havia chegado a US$4 mil a tonelada durante a tentativa de Manny Weiss de controlar o mercado em 1988, caiu para US$1 mil. Era tanto metal entrando no porto de Roterdã — o principal ponto de entrega para as trocas — que os armazéns não conseguiam mais armazenar tudo e começaram a empilhá-lo do lado de fora.

Para os traders, era uma indústria lucrativa, porém perigosa.[27] Empresários internacionais como os Reuben não foram os únicos a enxergar oportunidades nas ruínas da União Soviética — as riquezas da indústria de recursos atraíram todo tipo de caçadores de fortunas locais, incluindo criminosos. Logo, traders como a Trans-World se viram competindo com magnatas e gângsteres locais.

Em todo o mundo do trading de metais, a antiga União Soviética ficou conhecida como o "Velho Leste" — uma fronteira de alto risco onde apenas os corajosos ou imprudentes ousariam se aventurar. "A cada três dias, alguém era assassinado nesse negócio", diria mais tarde Roman Abramovich, um importante oligarca russo, a um tribunal de Londres.[28]

Em 1995, a violência se espalhou pelas ruas de Moscou. Felix Lvov, o confiante e charmoso representante da trading house AIOC em Moscou, vinha pressionando para fazer mais negócios com o fundidor de Krasnoyarsk. Mas mesmo este trader bucaneiro temia por sua vida. No outono daquele ano, quando partiu para o aeroporto Sheremetyevo, em Moscou, para voar para o Cazaquistão, ele estava acompanhado por um guarda-costas.

O capanga de Lvov acompanhou-o até a segurança do aeroporto e, depois de observá-lo passar pelos detectores de metal, retornou para Moscou. Mas Lvov nunca embarcou no avião. Em algum lugar entre a segurança e o portão, Lvov foi abordado por dois homens de uniforme que lhe disseram para segui-los. Um dia depois, seu corpo foi encontrado crivado de balas.[29]

Para a AIOC, o assassinato foi um choque grande demais para resistir. Em poucos meses, ela entrou em falência.

Com a AIOC fora do jogo, a Glencore se tornou a principal concorrente da Trans-World entre os traders internacionais de commodities. Em Krasnoyarsk, o diretor do fundidor de alumínio se deu bem com Willy

Strothotte e convidou ele e sua equipe para uma viagem de três dias para caçar ursos na taiga, a floresta pantanosa e conífera que cerca a região.[30]

No entanto, os ursos não eram o único perigo enfrentado pelos traders da Glencore. David Issroff, trader de ferroligas da empresa, estava prestes a embarcar em um avião para Almaty, no Cazaquistão, para fechar um acordo comercial, quando o representante da Glencore do país disse a ele para não embarcar. A pessoa que ele encontraria acabara de ser encontrada morta, enforcada em um quarto de hotel nos arredores da cidade. "Quando vou a restaurantes, ainda me sento de frente para a porta — por causa daqueles tempos", afirma Issroff.[31]

Krasnoyarsk foi o foco da batalha mais acirrada pelo controle, algo que David Reuben atribuiu à saída forçada da Trans-World da fábrica em meados da década de 1990. "Em 1994, eles confiscaram nossas ações em Krasnoyarsk", disse Reuben.[32] "Criou-se um vazio e isso atraiu muitos concorrentes, cada um competindo para ganhar poder sobre os demais."[33]

A imprensa russa contabilizou dezenas de assassinatos ligados ao trade de metais, e cunhou os confrontos de "A Grande Guerra Patriótica do Alumínio". As vítimas incluíam aliados e concorrentes da Trans-World, embora Reuben sempre tenha negado qualquer indício de que ele ou seus parceiros tenham tido algum papel na violência. "Não há absolutamente nenhuma verdade em nenhuma das alegações de que a Trans-World esteve envolvida em qualquer atividade ilegal na Rússia", disse ele em 2000. "Deixe-me ser bem claro. A Trans-World tem um princípio inabalável — que é o compromisso de seguir princípios e normas legais onde quer que trabalhemos. Em mais de uma ocasião, fomos alvo de ações que careciam de qualquer legalidade."[34]

No final da década de 1990, no entanto, os problemas estavam aumentando para a Trans-World. O grupo enfrentou dificuldades no Cazaquistão, onde seus parceiros locais confiscaram seus bens após uma disputa sobre o não-pagamento de impostos.[35] Além disso, uma mudança política estava tomando forma na Rússia, com o poder do envelhecido líder Boris Yeltsin diminuindo e Vladimir Putin esperando nos bastidores para se tornar o próximo presidente. Ao seu redor, havia pessoas argumentando a favor de um Estado russo mais forte e contra a propriedade estrangeira da riqueza dos recursos naturais da Rússia. Ao mesmo tempo, Oleg Deripaska, um magnata local do alumínio que trabalhou com a Trans-World no início dos anos 1990, mas que agora trabalhava para si mesmo, surgiu como uma força a ser reconhecida na indústria do alumínio.

Com pouca cerimônia, os Reuben decidiram se retirar. Eles resolveram seus processos no Cazaquistão, recebendo um pagamento de cerca de US$200 a US$250 milhões.[36] Com seus parceiros, eles fecharam um acordo para vender seus ativos de alumínio russos para um grupo liderado por Roman Abramovich no valor de US$575 milhões. Juntamente com os lucros que fizeram ao longo dos anos, isso somava uma "quantia de dinheiro muito significativa", de acordo com o próprio relato dos Reuben naqueles anos.[37] "As estruturas da indústria mudaram nos últimos anos", disse Simon Reuben em 2000. "Novos atores estão aparecendo em cena. Vimos uma oportunidade de nos desfazermos de algumas das nossas participações em condições favoráveis e, portanto, corremos atrás disso.[38]

Os irmãos Reuben não estavam satisfeitos. Eles pegaram os lucros de sua aventura na antiga União Soviética e investiram no mercado imobiliário de Londres, comprando grandes áreas da Mayfair. Na verdade, foi uma decisão ainda mais lucrativa do que a aposta total na Rússia no início dos anos 1990. Em 2020, eles eram a quarta e quinta pessoas mais ricas do Reino Unido, com uma fortuna estimada em US$6,8 bilhões cada, segundo a *Forbes*. Por fim, se tornaram os principais doadores do Partido Conservador, ao lado de primeiros-ministros.[39] E, em 2020, a Universidade de Oxford anunciou que abriria sua primeira nova faculdade em trinta anos, a ser nomeada Reuben College após uma doação de 80 milhões de libras da fundação familiar dos irmãos.[40]

Para a Glencore, a história foi diferente: a saída da Trans-World removeu sua maior concorrência na indústria metalúrgica russa.

Deripaska, que começou a adquirir uma participação na fundição de alumínio Sayanogorsk, a algumas centenas de quilômetros de Krasnoyarsk, estava comprando ferozmente o controle de outras partes da indústria russa de alumínio. Agora, a Glencore se tornara sua aliada mais próxima. Quando, em 2000, Deripaska fechou um acordo para reunir uma grande parte dos ativos de alumínio da Rússia para criar uma empresa chamada Rusal, seus fundidores precisavam novamente de alumina e dinheiro. Foi aí que a Glencore entrou. De acordo com Igor Vishnevskiy, ex-chefe do escritório da Glencore em Moscou, a trader organizou US$100 milhões em financiamento para a Rusal, além de fornecer-lhes alumina. "Nós salvamos a Rusal, porque demos a eles [seu] primeiro financiamento, além de alumina", afirmou.[41]

Percebendo que Deripaska era o rei em ascensão do alumínio russo, Ivan Glasenberg, então presidente-executivo da Glencore, cortejou-o como amigo. Juntos, eles iriam a um camarote VIP no estádio Stamford Bridge para assistir ao Chelsea, o time de futebol que o colega magnata do alumínio de Deripaska, Roman Abramovich, havia comprado em 2003.[42] Lá, eles esbarraram com membros do establishment britânico e celebridades. Em 2007, a Glencore, Deripaska e outro grupo de investidores russos concordaram em fundir seus ativos de alumínio. O acordo deu à Rusal um monopólio efetivo no mercado russo de alumínio. E a Glencore era sua conexão com o resto do mundo.

O colapso da União Soviética redesenhou o mapa mundial, substituindo um império em ruínas por novas nações e criando um novo conjunto de oligarcas bilionários cujo dinheiro fluiria pelo mundo nas décadas subsequentes. Reuben manteve sua promessa a Chernoy — ambos se tornaram espetacularmente ricos.

Mas o impacto de Reuben foi sentido muito além de seu próprio saldo bancário: o largo conglomerado de empresas da Trans-World seria a escola de aperfeiçoamento para uma nova geração de elites da Rússia

— os futuros oligarcas. Como Chernoy se gabou em uma entrevista em 2004: "Quase metade da elite empresarial do país é constituída por protegidos meus."[43]

E não foi apenas a Trans-World. "Patrocinamos vários oligarcas", afirma Lucio Genovese, que foi chefe do escritório da Glencore em Moscou na década de 1990, narrando uma lista de homens que hoje estão entre os mais ricos da Rússia. "Eles começaram a se tornar donos de algumas dessas operações, e nós os financiamos."[44]

Essa parceria entre os traders de commodities e os homens que se tornariam a nova elite da Rússia teve consequências abrangentes. Os traders estavam à disposição para mostrar aos primeiros oligarcas como exportar seus produtos, ajudando-os a adquirir o capital inicial que lhes permitiria comprar grandes parcelas da economia russa à medida que esta era privatizada. Eles ligaram os russos ao mundo das finanças ocidentais, ensinando-lhes, em alguns casos, os truques dos paraísos fiscais e empresas-fantasmas que vinham empregando há décadas.

Por exemplo, os traders da empresa de grãos André, com sede em Lausanne, iniciaram um relacionamento com o oligarca mais poderoso da época, Boris Berezovsky. Inteligente, inconstante e arrogante, Berezovsky foi, por um tempo na década de 1990, o homem mais rico e influente da Rússia — o "poderoso chefão do Kremlin", nas palavras de Paul Klebnikov, um proeminente jornalista norte-americano que foi assassinado em Moscou em 2004. Os traders da André mostraram a Berezovsky como estruturar suas empresas como entidades suíças cuja propriedade era baseada em ações ao portador — o que significa que os proprietários não seriam identificados em nenhum registro de acionistas.[45] Berezovsky estabeleceu uma série de entidades em Lausanne, a cidade à beira do lago onde a André estava sediada. Em troca, a trading house suíça tornou-se parceira de muitos dos empreendimentos de Berezovsky. Um deles administrou, por vários anos, quase todos os ganhos em moeda estrangeira da Aeroflot, a companhia aérea nacional russa na qual Berezovsky detinha uma participação que incluía os pagamentos robustos recebidos de companhias aéreas estrangeiras que utilizavam o espaço aéreo da Rússia.[46]

A natureza personalizada do poder na política e nos negócios russos se adequava perfeitamente aos traders de commodities. "Todo mundo tentou escolher um parceiro. Quem funciona melhor? Quem vai trazer o dinheiro? Quem vai trazer força financeira?", explica Vishnevskiy, ex-chefe da Glencore em Moscou. "A situação era favorável para todos os lados que sobrevivessem."[47]

Para os traders, aquilo era uma verdadeira El Dorado. Aqueles que se dispuseram a lançar a si mesmos e seu dinheiro no "Velho Leste" da ex-União Soviética foram recompensados com enormes lucros. E não foi apenas na indústria metalúrgica russa que os traders prosperaram. A queda da União Soviética reconfigurou o cenário econômico de dezenas de nações que operavam com o patrocínio de Moscou, indo da América Latina até a Ásia Oriental. Em todo lugar, havia um papel a ser desempenhado pelos traders de commodities.

SETE

COMUNISMO COM INFLUÊNCIAS CAPITALISTAS

A Revolução Cubana estava em apuros. A nação insular caribenha dependia de doações de Moscou desde que Fidel Castro chegara ao poder em 1959. Mas agora a União Soviética havia deixado de existir, assim como o apoio econômico a Cuba. A ilha, um posto avançado do comunismo no quintal dos EUA, enfrentava escassez de tudo, desde gasolina até comida e remédios.

Os gatos desapareceram das ruas e reapareceram nas mesas de jantar. As estradas ficaram vazias, pois simplesmente não havia combustível para os carros. O centro histórico de Havana à beira-mar estava literalmente desmoronando. Mas em meados da década de 1990, um edifício moderno e reluzente surgiu dos escombros na capital de Cuba. Essa massa de vidro e mármore italiano, completada com uma piscina com palmeiras no telhado, era o hotel Parque Central, uma mistura chocante de um reluzente palácio hedonista e uma obra da propaganda comunista. Atrás da fachada em arco neocolonial, o hotel ostentava quatro restaurantes, um desfile de lojas e um salão de charutos. No amplo saguão exuberante e repleto de plantas tropicais, turistas norte-americanos e empresários europeus conviviam sob o olhar atento dos heróis da Revolução Cubana, cujos retratos alinhavam-se nas paredes. O hotel representava a última esperança de Castro para salvar a economia do país, uma tentativa desesperada de manter a revolução viva abrandando as restrições aos investimentos estrangeiros e abrindo as praias de areia branca e as cidades coloniais de Cuba para multidões de turistas ricos. Na inauguração do hotel de 281 quartos em 1999, Carlos Lage, um dos conselheiros mais próximos de Castro e primeiro-ministro do país, elogiou o empreendimento de US$31 milhões como um modelo para a indústria do turismo cubano. Nos próximos anos, ele seria oficialmente reconhecido como o primeiro hotel cinco estrelas do país, recebendo diversos líderes mundiais e celebridades, incluindo uma delegação da Câmara dos Deputados dos Estados Unidos, o jogador argentino Diego Maradona e, mais recentemente, Kanye West e Kim Kardashian.[1]

Quem pagou por esse hotel de luxo em um dos últimos postos avançados do comunismo no planeta? Quem estava disposto a investir capital em Havana no meio de uma crise econômica, ignorando o risco de sanções dos EUA? Não era um desenvolvedor hoteleiro europeu astuto; nem um dos aliados socialistas de Castro. O primeiro investidor no primeiro hotel cinco estrelas de Cuba foi ninguém menos que a Vitol.

A trader de commodities havia embarcado no projeto em 1994, tomando a decisão pouco convencional de ir além de seu negócio tradicional de compra e venda de commodities e se aventurar no setor hoteleiro. Estimulada por seu ambicioso trader de petróleo bruto, Ian Taylor, a Vitol vendia combustível para Cuba há vários anos, e a nação sem dinheiro já acumulava uma dívida considerável. A trading house estava procurando uma maneira de recuperar seu dinheiro — e o turismo parecia a melhor chance. "O crescimento cubano será por intermédio do turismo", explicou Enrique Castaño, representante da Vitol em Havana, ao anunciar os planos de investir US$100 milhões na construção de seis hotéis na ilha.[2]

A aposta da Vitol em hotéis revelou quão globalmente as consequências do colapso da União Soviética estavam sendo sentidas. De um só golpe, redes profundamente enraizadas de comércio e dependência econômica foram destruídas. Muitos investidores estrangeiros hesitaram em colocar dinheiro e reputação em risco em lugares que até recentemente faziam parte da esfera de influência da União Soviética. Mas não os traders de commodities: eles sustentavam países sem dinheiro, fornecendo petróleo e alimentos a crédito; eles haviam investido seu dinheiro em projetos nos países do antigo Bloco Comunista; e redirecionavam os fluxos de recursos naturais das cadeias de abastecimento politicamente convenientes, favorecidas pelos planejadores centrais, para onde quer que o preço fosse mais alto.

Foi assim que a Vitol se viu construindo um resort de luxo em Cuba. A partir dali, apenas a lógica do mercado se aplicaria. Foi uma aula magistral sobre como os traders de commodities podiam transcender a política como ninguém: eles estavam intervindo para substituir o antigo sistema soviético e, no processo, ajudando a manter regimes comunistas como o de Castro de pé; e eles estavam fazendo tudo isso conectando-os aos mercados financeiros em Londres e Nova York.

A reconstrução de uma faixa tão grande da economia global foi um presente para os traders, abrindo uma nova área enorme de atuação e muitas outras oportunidades para comprar e vender commodities. Os traders que adentraram a Rússia no início dos anos 1990 fizeram fortunas; mas em todo o mundo comunista havia ainda maiores oportunidades de lucro — de Angola, com seus grandes recursos petrolíferos, à Romênia, um importante centro de refino de petróleo no Mar Negro, passando pelo Cazaquistão, com sua vasta riqueza mineral. Foi uma época em que as divisões ideológicas forjadas na Guerra Fria caíram, e a única coisa que importava era o dinheiro. Evidentemente, este tinha sido o princípio central da filosofia dos traders desde pelo menos a década de 1950, e eles abraçaram seu papel na nova ordem econômica com prazer.

Se houve um trader que incorporou o espírito dessa época, foi Ian Taylor. Ele tinha toda a verve bucaneira de seus antecessores, a qualquer momento pronto para voar para Havana e encontrar Fidel Castro ou para Mascate para ver o sultão de Omã — ou voar para uma Benghazi devastada pela guerra para fechar um acordo com os rebeldes da Líbia. Mas ele era mais suave e politicamente mais apto do que traders como Marc Rich e John Deuss. Mesmo enquanto conduzia a Vitol a todos os recantos da terra em busca de petróleo para comercializar, ele assegurou que seu nome seria visto com sorrisos pelos líderes do Ocidente.

Nascido em 1956 no sudoeste de Londres, em uma família de raízes escocesas, Ian Roper Taylor cresceu em Manchester, onde o pai era executivo da gigante química ICI. Ele se tornou trader de petróleo por acaso: estudou filosofia, política e economia na Universidade de Oxford, curso que é famoso por ser um meio rápido para uma carreira na política. Taylor, no entanto, queria ganhar muito dinheiro e se candidatou para vários empregos corporativos. Quando as ofertas chegaram, um dos empregos oferecia um salário de duzentas libras anuais a mais do que os outros. Ele o aceitou. Era um trabalho na Shell.

Já em tenra idade, Taylor havia demonstrado um gosto pela aventura que lhe cairia muito bem no mundo do trading de petróleo. Quando seus pais se mudaram para o Irã pré-revolucionário, Taylor passou as férias escolares em Teerã. Certa vez, ainda jovem, ele havia pegado carona do Irã para Cabul. E assim, quando surgiu um emprego na Shell para representar a petroleira em Caracas, Taylor aproveitou a oportunidade.

Sem falar uma palavra de espanhol, mas cheio de uma sede juvenil de viajar, Taylor chegou a Caracas em uma época de turbulência para os mercados de petróleo: 1979. Logo, ele se viu bebendo cerveja na piscina de um hotel de luxo em Caracas com ministros da OPEP, que estavam se reunindo na capital venezuelana. Foi um momento emocionante para o jovem trader. Ele viajou pela América Central, comprando e vendendo produtos refinados no Haiti, República Dominicana e Barbados. Ele estava no Suriname quando um golpe eclodiu, e teve que passar a noite em um bordel, pois era o único prédio de dois andares da cidade e oferecia um pouco mais de proteção contra a situação nas ruas. Quando viajou para a Jamaica, a Shell equipou-o com uma arma (mas não o ensinou a usá-la).

"Foi maravilhoso. Me diverti muito", disse Taylor sobre o seu tempo em Caracas.[3] Foi lá também que conheceu a esposa, Cristina, pedindo-a em casamento nas primeiras horas da manhã depois de uma noite de festa.

A próxima parada de Taylor foi Singapura, a fronteira para o mercado de petróleo asiático em desenvolvimento. Ele rapidamente se destacou, com uma energia e um entusiasmo sem limites, os quais aplicava igualmente em seus negócios e em sua vida social. Ele combinava um intelecto aguçado com um magnetismo pessoal que lhe rendia amigos onde quer que viajasse.

"A chave para o sucesso de Ian é que ele era uma dessas raras pessoas que era um bajulador, um networker e um comunicador, mas com a inteligência comercial para monetizar essas qualidades", diz Colin Bryce, um veterano do mercado de petróleo que, como chefe do negócio de petróleo da Morgan Stanley, foi por muitos anos um dos concorrentes mais fortes de Taylor.[4]

Foi essa inteligência comercial que primeiro chamou a atenção da Vitol. David Jamison, um dos primeiros parceiros da Vitol, que na época liderava as operações na Ásia, havia enviado uma grande carga de óleo combustível para Singapura para vendê-la a outros distribuidores. De todas as pessoas para quem ele vendeu, Ian Taylor foi o único que calculou corretamente os custos de Jamison no negócio.

"Ganhei muito pouco dinheiro com ele", lembra Jamison. "E não me esqueci disso, de forma que convidei-o para almoçar e disse que ele tinha que vir trabalhar para a Vitol."[5]

Sem a falta de polidez e o estilo intimidador de alguns outros grandes traders, Taylor tinha as habilidades sociais necessárias para ser bem-sucedido em um setor onde os relacionamentos pessoais são cruciais. Ele poderia interagir em público tão bem quanto qualquer político, sabendo instintivamente como conquistar cada pessoa, lembrando detalhes de suas vidas familiares e sempre cumprindo suas promessas. Além do mais, ele tinha o carisma de um intérprete nato. Um colega de trabalho de Taylor lembra uma vez na qual ele disse que, se pudesse trocar de lugar com qualquer outra pessoa no mundo, seria com Prince, o músico que, na época, era uma das maiores estrelas do mundo. "Ele sempre gostou dos holofotes, e nunca foi do tipo discreto na pista de dança", disse.[6]

O estilo pessoal de Taylor era bem adequado para a época. O fim da Guerra Fria marcou o início de um período de hegemonia dos EUA, no qual seria impossível para um fugitivo da justiça norte-americana liderar uma grande trader de commodities, como Marc Rich havia feito. Com a expansão do comércio internacional de commodities e a ascensão dos mercados futuros e de opções tornando os mercados mais eficientes, uma trading house precisaria cada vez mais de escala para obter sucesso. Para isso, elas precisavam de acesso irrestrito aos mercados financeiros e às linhas de crédito de bancos norte-americanos e europeus — e precisavam, acima de tudo, ser respeitáveis. E Taylor era o homem certo para garantir que a Vitol tivesse uma rede de amigos e conexões dentro do establishment de Londres e Washington. A empresa continuaria a andar no fio da navalha proverbial de Marc Rich nas próximas décadas, mas o charme fácil e o livro de contatos volumoso de Taylor deram-lhe o verniz de respeitabilidade que aqueles tempos exigiam.

Décadas de riquezas com o trading de petróleo permitiram a Taylor se dar ao luxo de gastar com algumas indulgências pessoais — um Aston Martin prateado e uma extensa coleção de arte. Mas sua verdadeira paixão sempre foi o trading. Quando, muitos anos depois, lutando contra um câncer de garganta, ele entrou em coma, suas alucinações eram as de um trader nato. "Pensei que estava... flutuando no espaço negociando acordos para o planeta", lembrou ele.[7] E poucos colegas da Vitol ficaram surpresos quando, alguns dias depois de passar por uma cirurgia, ele estava de volta ao trabalho.

No início da década de 1990, Cuba era um destino cobiçado para qualquer pessoa apaixonada pelo trading de commodities. E Taylor, uma estrela em ascensão que estava a caminho do cargo mais alto na Vitol, não precisou pensar duas vezes antes de mergulhar de cabeça no país. Fidel Castro logo consideraria Taylor um camarada leal, e a Vitol se tornaria um credor crucial para a economia cubana em dificuldades.

A Vitol não foi a primeira trading house a descobrir os lucros potenciais oferecidos em Cuba: essa honra pertencia à Marc Rich + Co. Desde os anos 1960, a União Soviética apoiava Cuba por meio de um acordo maciço de troca de petróleo por açúcar. Moscou fornecia 90% ou mais das importações de Cuba, em grande parte a preços subsidiados. E a ilha caribenha, então a maior exportadora de açúcar do mundo, enviava, por sua vez, a grande maioria de sua enorme safra de açúcar para a Rússia.[8] Esse sistema fazia perfeito sentido político, mas comercialmente era ilógico: o petróleo soviético estava localizado muito mais próximo das refinarias na Europa, enquanto o petróleo de outros países mais próximos de Cuba poderia facilmente abastecer a ilha caribenha. A mesma lógica se aplicava ao açúcar.

No final da década de 1980, os traders da Marc Rich + Co elaboraram um plano para resolver essa ineficiência: entregariam petróleo venezuelano e mexicano a Cuba e, em troca, o petróleo soviético seria enviado para refinarias na Itália e em outros lugares do Mediterrâneo. Da mesma forma, o açúcar de Cuba poderia ser vendido para outros países das Américas, enquanto os fornecedores mais próximos poderiam atender às necessidades da Rússia e do Leste Europeu. O arranjo foi benéfico para ambos os lados. Para os cubanos e soviéticos, economizou milhões de dólares em custos de transporte. E para a Marc Rich + Co, foi "substancialmente lucrativo", de acordo com uma pessoa diretamente envolvida.[9]

Quando a União Soviética começou a se desintegrar, Cuba subitamente passou a depender muito mais dos traders. Sem o apoio de Moscou, Castro foi obrigado a aceitar os preços do petróleo e do açúcar nos mercados internacionais. Quando Saddam Hussein invadiu o Kuwait em agosto de 1990, Cuba sentiu com toda a força o impacto do aumento dos preços do petróleo. E quando os preços do açúcar caíram, parecia que os mercados estavam conspirando contra Cuba.

O choque foi quase grande demais para suportar. A economia da ilha mergulhou em um período de dificuldades, conhecido em Cuba como "o Período Especial em Tempos de Paz". Sem a ajuda de Moscou, a ilha enfrentou escassez de todos os tipos de produtos básicos. Castro disse aos cubanos para se prepararem para o pior. "Não podemos nos enganar. Não temos grandes oleodutos ou gasodutos, linhas de energia ou comunicações ferroviárias. Exportamos algumas matérias-primas e alimentos. Eu não acho que eles sejam inúteis em nenhum aspecto, mas não têm o mesmo tipo de poder que a energia tem", disse ele em janeiro de 1990.[10]

Para Castro, que estava sem dinheiro e precisando desesperadamente de petróleo, as opções estavam se esgotando. Então ele se voltou para os traders de commodities. A Marc Rich + Co foi a primeira a se inserir nos acordos de petróleo e açúcar de Cuba, mas não demorou muito para que os traders rivais fossem para a ilha atrás dos próprios acordos.

Taylor foi rápido em identificar a oportunidade. Parte de sua missão quando ingressou na Vitol alguns anos antes era desafiar empresas como a Marc Rich + Co e a Phibro Energy no comércio de petróleo bruto, e Cuba tinha o potencial para se tornar um cliente considerável. Ajudado pelas disputas internas que estavam tomando conta da Marc Rich + Co nessa época, Taylor logo fez da Vitol uma protagonista no trading de commodities com Cuba. Ele se tornou um frequentador assíduo das maratonas de jantares de Fidel Castro, sentado até tarde da noite no Palácio da Revolução de Havana enquanto o líder cubano fumava charutos e dissertava sobre tudo, desde geopolítica até as minúcias dos mercados de commodities, ocasionalmente disparando uma pergunta para sua plateia para verificar se eles não tinham adormecido. Esta era uma relação incongruente entre um dos últimos líderes comunistas vivos e um dos capitalistas mais fervorosos do mundo. No entanto, era crucial: os traders forneceriam a Castro uma solução para seus problemas econômicos no momento em que a situação parecia quase desesperançosa.

O plano idealizado por Taylor e outros traders era atualizar o acordo de açúcar por petróleo da era soviética para a era capitalista. Os traders efetivamente assumiriam o papel que havia sido desempenhado por Moscou. Eles concordariam em comprar o açúcar de Cuba com meses de antecedência da colheita, fornecendo o financiamento de que o governo cubano tanto precisava. Havana, por sua vez, usaria esse crédito para comprar petróleo e combustível dos traders. Por fim, Cuba pagaria os traders com o açúcar, fechando o ciclo. De um lado do acordo, portanto, estavam os traders de commodities e um grupo de bancos europeus dispostos a financiar a operação; do outro, estavam a Cubazucar e a Cubametales, as duas empresas estatais encarregadas do comércio de açúcar, metais e petróleo.

A Vitol estava entre as traders mais agressivas a serem atraídas para a Cuba pós-Guerra Fria. Em 1992, a empresa inaugurou uma operação de comercialização de açúcar, uma unidade suíça chamada Vitol Sugar SA, que era uma joint venture entre a trader e o Estado cubano.[11] No seu auge, a unidade movimentava 5% do açúcar comercializado livremente no mundo.[12] A Vitol chegou a investir brevemente em uma refinaria de açúcar no Quirguistão, para onde despachou parte dessa safra cubana.[13] Em 1993, ela estava entregando US$300 milhões em combustível para a Cubametales.[14]

Para Castro, os traders representavam uma salvação financeira no momento de maior necessidade de seu país. Seus próprios ministros estavam lutando para arrecadar capital para Cuba, mas esse bando de traders capitalistas não parecia ter quaisquer dificuldades. Depois de uma reunião com Serge Varsano, chefe da trading de açúcar Sucres et Denrées, Castro afirmou: "Não sei como você conseguiu emprestar mais de US$1 bilhão, mas vamos priorizar o reembolso."[15]

O financiamento que o governo cubano recebeu no início dos anos 1990 teria sido impossível sem os traders. O país contava com a disposição de empresas como a Vitol para assumirem um risco enorme sobre a solvabilidade do governo cubano. No processo, a Vitol acumulou uma grande exposição financeira à economia cubana em dificuldades. Era uma aposta que, em relação ao tamanho da trading house na época, era tão ousada quanto os seus negócios com os rebeldes líbios duas décadas mais tarde. "Foi uma exposição boba em relação ao tamanho de nossa empresa", lembra David Fransen, que, como representante da Vitol nas Bermudas, assumiu a responsabilidade por muitos de seus investimentos cubanos.[16]

A Vitol não foi a única a ver potencial em Cuba. Claude Dauphin, ex-chefe de petróleo da Marc Rich + Co, não esqueceu dos lucros durante os primeiros dias do trading de petróleo cubano. Depois de fundar a Trafigura, ele prontamente viajou para a ilha atrás de negócios. Entre os acordos que fechou, havia um que envolvia a ajuda da Trafigura para financiar os estoques de petróleo e produtos refinados do país.

Mas nem tudo foi dinheiro fácil para os traders. A capacidade de Cuba de pagar os credores dependia em grande parte de um equilíbrio complicado entre o preço do açúcar, o volume da produção e o preço do petróleo no mercado internacional. Sem fertilizantes e pesticidas importados, a produção de açúcar de Cuba despencou no início da década de 1990, tornando a situação ainda pior.[17] De 8 milhões de toneladas na temporada de 1989 a 1990, a produção da ilha caiu para menos da metade: 3,3 milhões de toneladas de 1994 a 1995.[18]

Para os traders que venderam petróleo a Cuba com a promessa de entregas futuras de açúcar, isso significava uma espera de anos ou até mesmo décadas para receber seu dinheiro de volta. Cada vez mais frequentemente, os traders se encontravam em Havana para tentar salvar antigos acordos em vez de assinar novos. Com a safra de açúcar em declínio, os traders inventaram formas cada vez mais criativas de receber o pagamento.

Para a Vitol, a forma de recuperar o investimento em Cuba passou pelo setor hoteleiro. Em meados da década de 1990, Castro havia reconhecido a necessidade de abrir o país ao investimento estrangeiro e encontrar uma fonte de renda externa além do açúcar. E o turismo parecia a solução natural. O líder cubano, determinado a encontrar investimentos adequados para seus amigos traders de commodities, transportou Taylor e o restante da equipe da Vitol ao redor da ilha para avaliar locais para outros investimentos em hotéis, além do Parque Central. Em uma ocasião, eles voaram entre as praias de areia branca no helicóptero pessoal de Castro, um Mi-8 soviético equipado com grandes poltronas de couro nas quais os traders suavam devido ao calor caribenho. "Estávamos tentando entregar petróleo e de alguma forma sermos pagos por isso", diz Fransen.[19]

Já no início da década de 1990, o governo dos EUA estava fazendo perguntas sobre as atividades dos traders em Cuba. Houve um embargo dos EUA contra Cuba desde a revolução e, em 1996, o Congresso aprovou a Lei Helms-Burton, fortalecendo o bloqueio e penalizando empresas não-estadunidenses que fizessem negócios na ilha.

Ciente dos riscos de contrariar Washington, a Vitol criou uma rede de empresas da Suíça às Bermudas para manter seus negócios em Cuba longe do alcance dos reguladores norte-americanos. Os investimentos hoteleiros foram feitos em conjunto com a empresa estatal de turismo cubana, por meio de uma entidade chamada Amanecer Holding ("amanecer" é o termo em espanhol para "amanhecer"). A participação da Vitol se dava por meio de uma série de reservatórios nas Bermudas e na Suíça: Sunrise (Bermuda) Ltd, que por sua vez era de propriedade da Vitol Energy (Bermuda) Ltd, esta, de propriedade da Vitol Holding Sarl, uma holding suíça da trading house.[20]

Os traders falavam em códigos ao discutir os negócios cubanos, referindo-se a eles como "Os Intercâmbios da Ilha".[21] E a Vitol teve o cuidado de não envolver ninguém dos escritórios em Houston ou Nova York nos negócios. "Tinha que ser sem norte-americanos, sem entidades estadunidenses, sem dólar, sem nada disso", lembra Fransen.

Apesar de todo o alarde, o coração da Vitol não estava inteiramente no ramo hoteleiro. Apenas alguns anos depois de anunciar sua incursão na hospitalidade cubana, a trader vendeu seu empreendimento hoteleiro discretamente. Ainda assim, ela manteve assiduamente suas relações em Cuba. Taylor, já presidente-executivo da Vitol, visitava a ilha todos os anos para garantir que os cubanos nunca esquecessem quem os havia apoiado na hora de maior necessidade. Em uma ocasião, ele encontrou o ministro do Comércio do Reino Unido em Havana, e os dois britânicos se viram sentados com Castro até as 4h da manhã, bebendo as duas últimas garrafas de um Bordeaux de 1956 das adegas cubanas, um presente do presidente francês François Mitterrand.[22]

Era uma combinação estranha — o magnata do trading de petróleo, um político britânico e o líder guerrilheiro de uma revolução marxista. No entanto, de alguma forma aquilo fazia jus à época: uma era na qual o dinheiro importava mais do que a ideologia e na qual a influência dos traders de commodities se estendia para cada vez mais palácios presidenciais ao redor do mundo.

Como disse o primeiro gerente do hotel Parque Central: "A revolução que começou em 1959 está se adaptando aos tempos contemporâneos, mediante influências capitalistas."[23]

À medida que o colapso da União Soviética reverberava em todo o mundo, as traders de commodities estavam à disposição para explorar o cenário político modificado. Elas ofereceram novas oportunidades de crescimento, comprando e vendendo commodities em cada vez mais países e em maior escala. A desintegração da União Soviética deu origem a quinze novos países, desde a Lituânia, no Báltico, até o Turcomenistão, na Ásia Central. E o fim da Guerra Fria ajudou a encerrar muitos conflitos ao redor do mundo que foram alimentados por capitais e armas norte-americanos e soviéticos. Longas guerras civis em Moçambique e Angola, bem como na Nicarágua, El Salvador e Guatemala, finalmente chegaram ao fim.

De certa forma, essa transição foi mais difícil fora da Rússia. Não apenas os outros países do antigo Bloco Comunista tiveram que lidar com a transformação para sistemas mais ou menos capitalistas, como também perderam os subsídios russos dos quais muitos dependiam. Da América Central à Ásia Central, os países tiveram que se envolver com o mercado onde antes dependiam do dinheiro de Moscou. E em quase todos os casos, os traders de commodities vieram para o resgate.

Prosperar nas fronteiras do capitalismo na década de 1990 exigia a vontade de fazer negócios em todos os tipos de lugares complicados. No Tadjiquistão, na fronteira com o Afeganistão na Ásia Central, a Marc Rich + Co, e depois a Glencore, financiaram o governo em meio ao conflito mais sangrento da desintegração da União Soviética por meio da compra de alumínio, seu principal produto de exportação. "Foi um negócio realmente impressionante, porque era uma guerra civil", lembra Igor Vishnevskiy, o trader de alumínio da Glencore que passou a liderar o escritório da empresa em Moscou. "Um pouco arriscado, claro, porque ninguém sabia exatamente o que iria acontecer com aquela luta pelo poder."[24]

Isso também exigia que os traders fossem criativos, encontrando maneiras de obter lucro de países que tinham pouca capacidade de pagá-los por serviços ou commodities. Era uma época de barganhas impetuosas — poucos países ou empresas tinham dinheiro em caixa, e assim os traders se tornaram especialistas em trocar um bem por outro.

"Havia pessoas desesperadas para vender coisas que não sabiam como vender porque a Raznoimport estava caindo aos pedaços e ninguém sabia como pagar", diz Danny Posen, que foi chefe do escritório de Moscou da Marc Rich + Co em 1992, antes de sair para cofundar a Trafigura. "E foi aí que nós percebemos que você não precisava pagar com dinheiro; você poderia pagar com coisas que as outras pessoas precisavam."[25]

A Marc Rich + Co estava longe de ser a única. No Uzbequistão, a Cargill fez um acordo de permuta para comprar algodão e pagar com milho de uma outra ex-república soviética, a Ucrânia.[26] André, a trader suíça que era a quinta maior comerciante de grãos do mundo, tornou-se mestra em acordos de permuta. A empresa fornecia leite em pó para Cuba e recebia charutos como pagamento. Além disso, trocava grãos por metais com a Coreia do Norte.[27]

Mas de todas as traders que buscavam lucrar com o caótico mundo pós-comunista, a Vitol foi a que sofreu a transformação mais radical.

No início da década de 1990, ela era uma empresa de médio porte que focava principalmente em produtos refinados; no final da década, era a maior trader de petróleo do mundo. Entre 1990 e 1999, seus volumes de trading triplicaram.[28]

"O Grupo Vitol é o maior distribuidor independente de petróleo do mundo", a empresa podia se gabar até o final da década. "Nenhuma outra empresa cobre todos os mercados globais com a cobertura comercial física da Vitol."[29]

Já os primórdios da Vitol foram bem mais modestos. Em agosto de 1966, dois holandeses de trinta e poucos anos, Henk Viëtor e Jacques Detiger, fundaram a empresa para tentar a sorte comprando e vendendo embarcações de produtos refinados para cima e para baixo do Reno. Para nomear a empresa, eles contraíram o nome de Viëtor com a palavra "petróleo" (em inglês, "oil"). Seu capital inicial era de 10 mil florins holandeses (cerca de US$2.800 na época) — um empréstimo do pai de Viëtor. Detiger lembra o aviso do superior de Viëtor para a dupla: "Vocês têm seis meses — se não funcionar, vocês estão fora."[30]

Os dois traders tiveram sorte. Eles estavam dando os primeiros passos no trading de petróleo no momento em que o mercado estava prestes a crescer. E Roterdã, a base de seus negócios, estava prestes a se tornar a capital do mercado global de petróleo. No final de 1967, após apenas dezessete meses de operação, o primeiro lucro da empresa havia sido de respeitáveis 2,4 milhões de florins (cerca de US$670 mil).[31]

Mais lucros se seguiram, e a Vitol expandiu para além da Holanda, com escritórios na Suíça, Londres e Bahamas. Em 1973, ano da primeira crise do petróleo, a empresa faturou cerca de US$20 milhões[32] (no mesmo ano, os lucros brutos da Philipp Brothers foram de US$55 milhões).[33] A empresa começou a procurar por novos lugares para investir seus lucros, chegando até a criar uma subsidiária para investir no mercado da arte. A subsidiária, como a empresa observou em um relatório anual, "tem o atrativo de combinar o senso de investimento e o hobby dos colecionadores".[34] Eles investiram em pinturas modernas, ídolos russos e miniaturas chinesas.

Em 1976, uma década depois de terem começado a trabalhar juntos, Detiger e Viëtor se separaram. Eles entraram em conflito devido a seus respectivos apetites por riscos: Viëtor queria usar os lucros para investir em campos de petróleo; Detiger foi mais conservador, preferindo continuar no trading. Viëtor, que controlava 90% das ações, deixou a empresa e Detiger assumiu a presidência. A maior parte das ações — 72% — foi dividida entre ele e outros três funcionários seniores.[35] De um discreto prédio com fachada de vidro em um dos canais de Roterdã, Detiger administrava o que estava se tornando um participante importante no mercado de produtos petrolíferos refinados. Com ternos bem costurados e charutos caros, o holandês era um homem de relacionamentos consumado, levando os maiores e melhores da indústria petrolífera de Roterdã para almoçar rotativamente.[36]

Mas no coração da empresa havia um cabo de guerra entre os traders holandeses em Roterdã e seus colegas britânicos em Londres que definiria a Vitol pelas próximas duas décadas. À medida que o mundo do trading de petróleo evoluía para o cassino do mercado de Roterdã, o risco e a especulação estavam na ordem do dia. David Jamison, que mais tarde descobriria o talento de Ian Taylor, e que naquela época dirigia o escritório da empresa em Londres, estava "especulando cada vez mais", lembra ele.[37] Mas Detiger ainda estava desconfortável com a possibilidade de um movimento adverso de preços que acabaria com sua empresa da noite para o dia. A cautela de Detiger valeu a pena: enquanto muitas das primeiras traders desapareceram poucos anos após serem criadas, a Vitol persistiu.

Em meados da década de 1980, a empresa movimentava cerca de 450 mil barris de produtos refinados por dia. Isso fazia dela um participante significativo em certos nichos, como o fornecimento de óleo combustível para usinas de energia ou o transporte de diesel em embarcações pela Europa Continental. Mas ela ainda não tinha deixado sua marca no maior mercado de todos: o de petróleo bruto. A Vitol se interessou por petróleo bruto no início dos anos 1970, estabelecendo uma subsidiária chamada Crude Oil Trading na Suíça. Mas ela teve dificuldade em ganhar força, observando isso em seu relatório anual de 1970: "Dizer que a chegada da

COT ao mercado foi recebida com entusiasmo é exagerado porque, como todos sabem, as grandes empresas nunca veem com bons olhos os intermediários que se infiltram entre produtores e consumidores."[38]

O contratempo colocou a Vitol fora do ramo de petróleo bruto até meados da década de 1980. Mas a empresa havia estabelecido boas relações com as várias agências comerciais estatais do Bloco Oriental. Então, com a produção de petróleo russa aumentando acentuadamente, os soviéticos se ofereceram para vender petróleo bruto à Vitol, além dos produtos refinados usuais. Depois de perder dinheiro nas primeiras cargas, os gerentes da Vitol decidiram que deveriam contratar alguém que entendesse alguma coisa sobre petróleo bruto. Então, eles abordaram um jovem trader da Shell chamado Ian Taylor. Foi uma decisão presciente: o petróleo bruto se tornaria o futuro da empresa, já que o colapso dos países comunistas abriu uma vasta gama de novos suprimentos para traders como a Vitol.

Depois de ingressar na Vitol em 1985, Taylor subiu rapidamente na hierarquia. Em 1990, ele foi um dos cerca de quarenta traders a comprarem a Detiger e seus sócios mais antigos por 250 milhões de florins (cerca de US$140 milhões). A aquisição da administração, financiada pelo banco ABN, fez com que Ton Vonk, um dos traders holandeses da empresa, assumisse o cargo de presidente-executivo.

Naqueles anos, Taylor cruzou o mundo estabelecendo a presença da Vitol no mercado de petróleo bruto. O colapso da União Soviética desencadeou uma onda de novos fluxos para os mercados internacionais, criando a oportunidade perfeita para a Vitol. Não foi apenas em Cuba que Taylor viu potencial. A Vitol abriu um posto avançado em Moscou, que atraiu traders com gosto por adrenalina, incluindo um que conduzia executivos visitantes pela Praça Vermelha em seu ex-jipe militar russo, com os faróis desligados e usando óculos de visão noturna.[39] A empresa também avançou para outras ex-repúblicas soviéticas, fechando acordos em todos os lugares, do Cazaquistão ao Turcomenistão.

No entanto, nem tudo deu certo para a Vitol no "Velho Leste" da ex-União Soviética. O maior passo em falso da empresa envolveu uma tentativa malfadada de entrar no mercado de metais, imitando os negócios de alumínio que estavam gerando lucros gigantescos para empresas como a Trans-World e a Marc Rich + Co. Em 1991, a Vitol criou uma joint venture com um grupo de ex-funcionários da Marc Rich + Co para negociar metais, chamado Euromin. A empresa começou bem, fechando acordos de tolling com fundidores de alumínio russos e comprando uma fábrica de zinco russa. Chegou até a investir em um hotel na sombria cidade industrial de Chelyabinsk — um paralelo russo de sua aposta cubana.

Mas, em 1995, a Euromin começou a perder dinheiro. O maior problema foi aquilo que a empresa descreveu como "recebimento de uma tonelagem significativa de chapas de alumínio precárias".[40] A realidade era que a empresa havia sido roubada. Ela comprou dezenas de milhões de dólares do que pensava ser alumínio, e então o metal começou a enferrujar — um sinal claro de que não era alumínio. A Vitol teve que gastar 96 milhões de francos suíços (cerca de US$85 milhões) para manter a Euromin de pé.[41]

Não foi apenas no antigo mundo comunista que Taylor fechou acordos de petróleo. Ele voltou ao seu reduto de infância no Irã, construindo um relacionamento que já havia sido estabelecido pelos parceiros holandeses da Vitol. Ele comprou petróleo do coronel Gaddafi na Líbia e do sultão de Omã. E se aventurou no coração cleptocrático da crescente indústria petrolífera da África, a Nigéria.

Em 1995, Vonk se aposentou e Taylor se tornou o executivo-chefe da Vitol. Foi o triunfo do escritório de Londres no cabo de guerra com Roterdã. A Vitol tinha agora um toque britânico, e o conservadorismo dos gerentes holandeses havia desaparecido. "Londres era o escritório administrativo da empresa; ela se tornou menos holandesa", disse Taylor. "Os holandeses foram ótimos, mas não queriam trabalhar fora do expediente. Isso os eliminou rapidamente."[42]

A Vitol tornou-se uma empresa mais trabalhadora e exigente, com um apetite maior pelos riscos inerentes à compra e venda de petróleo em alguns dos cantos mais complicados do mundo. Era o momento perfeito para transformá-la em uma trading verdadeiramente global: a integração do antigo Bloco Comunista ao resto da economia global proporcionou uma rara oportunidade para as traders se expandirem, e a crescente onipresença de tecnologias como telefones celulares e a internet estavam facilitando o trade a grandes distâncias e em fusos horários diferentes. No final da década, a Vitol havia praticamente ultrapassado a Glencore para se tornar a maior trader de petróleo do mundo,[43] e Taylor estava a caminho de garantir seu lugar nos livros de história da indústria de trading.

*

A paisagem caótica do antigo mundo comunista foi uma dádiva para os traders de commodities que conseguiram navegar por ela com sucesso. Mas também era um lugar desafiador para operar no início dos anos 1990 — cheio de regras em constante mudança, que às vezes entravam em conflito direto umas com as outras; profundamente corrupto, em todos os níveis, do chão das fábricas até o palácio presidencial; e repleto de conflitos sangrentos e influências políticas agressivas. Foi exatamente por essas razões que muitas empresas ocidentais evitaram a região. A despeito disso, alguns dos traders de commodities que investiram nela emergiram com as contas bancárias transbordando, mas com as reputações manchadas.

A Vitol, por exemplo, forneceu combustível para a Iugoslávia mesmo quando o país estava se dividindo em uma série de guerras brutais. A ONU impôs sanções ao regime de Slobodan Milosevic, o líder sérvio envolvido em um sangrento conflito na Bósnia. Então, após um acordo de paz no final de 1995, as sanções foram suspensas. A Vitol não perdeu tempo e começou a enviar combustível para o país de Milosevic. Quando entrou em uma disputa com seus clientes, a empresa pagou um notório comandante sérvio para ajudar a resolver a situação. Bob Finch, o braço direito de Taylor na Vitol, voou para Belgrado para uma reunião com a pessoa que não havia pago a empresa. Participando do encontro estava o comandante conhecido por seu nome de guerra Arkan — serviço pelo qual a Vitol lhe pagou US$1 milhão. Coincidentemente ou não, a dívida da

Vitol foi paga rapidamente. Um ano depois, Arkan foi indiciado por crimes contra a humanidade, incluindo a limpeza étnica de dezenas de bósnios.[44] "Encontrei Arkan uma vez", disse Finch, quando o assunto se tornou público. "Não parece coisa boa, eu sei."[45] (A Vitol afirma que seus funcionários não sabiam quem era Arkan antes da reunião e que o pagaram porque temiam pela própria segurança.)[46]

A Glencore tampouco se comportou de maneira totalmente admirável na região. Marc Rich foi embora, mas a Glencore continuava sendo a empresa criada por ele: aventureira, inovadora e disposta a quebrar as regras.

Em 28 de abril de 1995, alguns meses depois que Rich deixou a empresa para sempre, a Glencore assinou um acordo com uma agência governamental na Romênia para fornecer petróleo ao país. Não havia nada particularmente notável no contrato. Mas quando ele veio à tona vários anos depois como parte de uma disputa legal, isso abriu uma janela para o funcionamento interno da Glencore — e para os tipos de comportamento antiético aos quais os traders de commodities se entregavam em meio ao caos do mundo pós-soviético. Para os traders de petróleo, a Romênia era um cliente importante. O porto de Constanta, às margens do Mar Negro, tornou-se um importante centro regional. Com uma capacidade de refino de 500 mil barris por dia, a Romênia podia atender ao próprio consumo e exportar um excedente significativo de gasolina, diesel e outros produtos petrolíferos para os vizinhos sem litoral. A Glencore fazia negócios na Romênia desde os dias de Marc Rich, e os contratos assinados em 1995 eram uma continuação desse relacionamento. Sob eles, a Glencore concordou em fornecer à Romênia petróleo bruto de certas variedades acordadas previamente — o Iranian Heavy, o Gulf of Suez Mix, do Egito, e o Urals, da Rússia.

Nem todo petróleo é o mesmo. Uma refinaria normalmente processa até quarenta ou cinquenta variedades. Cada um tem a própria impressão digital química: há o petróleo bruto denso, que parece marmelada e que, quando refinado, produz muito óleo combustível, mas pouco diesel e gasolina; há o petróleo leve, semelhante ao óleo de cozinha, que produz mais gasolina e produtos petroquímicos. E cada variedade tem diferentes níveis de enxofre, metais pesados e outras impurezas. Cada variedade também tem seu preço. As três variedades que a Glencore concordou em entregar à Romênia eram tipos populares de petróleo, cujos preços de mercado eram bem conhecidos.

Mas a Glencore não entregou os tipos que havia prometido. Em vez disso, durante um período de vários anos, a empresa entregou uma série de outras variedades de petróleo significativamente mais baratas e documentos falsificados, para que os romenos não percebessem. Mais uma vez usando o oleoduto Eilat-Ashkelon — de cujo uso Marc Rich foi pioneiro —, a Glencore criou misturas de diferentes tipos de petróleo no porto de Ashkelon que pareciam semelhantes às variedades acordadas, mas que na realidade eram coquetéis de outras variedades de petróleo bruto do Iêmen, Cazaquistão, Nigéria e outros lugares. As misturas nunca eram idênticas; em vez disso, eram feitas de qualquer coisa que a Glencore tivesse à mão. Mas o objetivo era sempre o mesmo: imitar a composição química dos tipos de petróleo mencionados no contrato da Glencore, mas a um custo menor para a trading house. A certa altura, a Glencore chegou a misturar petróleo bruto com óleo combustível refinado muito mais barato e fornecer a nova mistura como se fosse petróleo bruto.

Era uma prova de como poderia ser fácil tirar vantagem das antigas nações comunistas, onde poucos funcionários entendiam as complexidades do trading de commodities, e aqueles que entendiam podiam muitas vezes ser mal remunerados. Em uma decisão no Supremo Tribunal do Reino Unido, o juiz Flaux concluiu que a Glencore criou "um conjunto de documentos falsos" que incluía manifestos de remessa, faturas comerciais e contratos de seguro. O juiz terminou sua decisão expressando "indignação e descontentamento com a fraude da Glencore" e ordenando que a empresa pagasse US$89 milhões aos romenos em compensação.[47]

Apesar de todas as oportunidades que surgiram para traders inventivos com o colapso da União Soviética, a década de 1990 foi um momento desafiador para a indústria. A economia global estava em um caminho irregular que mantinha os preços das commodities baixos e dificultava a obtenção de grandes lucros. Sucessivas crises econômicas atingiram vários países onde os traders de commodities haviam investido em peso: primeiro o México, em 1994; depois o Sudeste Asiático, a partir de 1997; seguidos pelo default da dívida soberana russa em 1998 e pela crise financeira brasileira no ano seguinte.

Os custos também estavam subindo. Nos mercados cada vez mais conectados e financeirizados da década de 1990, não era mais suficiente para um trader de commodities operar em um determinado nicho de mercado. Cada vez mais, era necessário estar presente em todos os cantos do mundo. Isso significava financiar uma rede de escritórios custosa, além de mais funcionários.

Para piorar a situação, os investimentos que os traders fizeram em ativos como campos de petróleo, refinarias, confinamentos, minas e fundidores sofreram com a crise dos mercados emergentes, que atingiu a demanda por commodities. Os preços do petróleo atingiram a média de apenas US$12 o barril em 1998, a menor desde antes da Revolução Iraniana.

Para a indústria de trading, foi um período darwiniano de consolidação ao qual apenas os mais fortes sobreviveram. A Trafigura, que iniciou seus negócios em meio a todas essas convulsões em 1993, teve dificuldades em seus primeiros anos. "Subestimamos o valor da escala, o quão difícil é construir um negócio do zero", diz Graham Sharp, um dos fundadores da empresa.[48] As primeiras contas da empresa apresentaram um lucro de US$3,6 milhões e, de 1993 a 2000, registraram lucros modestos de US$20 a US$30 milhões por ano. A Glencore se recuperou de sua perda de zinco em 1992, mas os lucros permaneceram muito abaixo dos tempos áureos, chegando a apenas US$192 milhões em 1998. Em um ato simbólico, a empresa deixou o escritório que ocupava quando ainda era Marc Rich + Co, mudando-se para Baar, uma vila que começa onde termina Zug, a apenas alguns quilômetros de distância. Até a Vitol, no caminho para dominar o mercado de petróleo, teve alguns momentos assustadores: em 1997, ela praticamente faliu devido a problemas em uma refinaria de petróleo que havia comprado em Terra Nova e Labrador, no Canadá.[49]

As traders agrícolas enfrentaram dificuldades ainda maiores. A André entrou em colapso em 2001. A unidade de securitização de ativos da Continental, chamada ContiFinancial, não conseguiu acompanhar a crise da dívida do mercado emergente em 1998, e a unidade faliu. A Continental vendeu seu negócio de trading de grãos para sua arquirrival Cargill por aproximadamente US$450 milhões, mais o valor de mercado dos estoques disponíveis.[50]

Tão importante quanto a consolidação do setor de trading foi a consolidação paralela entre os grandes produtores de commodities — um processo que estreitou ainda mais o cenário competitivo para os traders.

As companhias petrolíferas eram traders importantes desde o início da década de 1980, quando as Sete Irmãs perceberam que não podiam continuar ignorando o crescente mercado spot de petróleo. Mas agora muitas delas estavam recuando. A Exxon comprou a Mobil em 1998, e a Chevron assumiu a Texaco em 2000. Nem a Exxon nem a Chevron tinham a cultura de trading profundamente enraizada das empresas que adquiriram, e, assim, os outrora poderosos braços comerciais da Mobil e da Texaco começaram a atrofiar rapidamente. A gigante petrolífera francesa Total se fundiu com as rivais Fina e Elf Aquitaine em 1998 e 1999, consolidando três operações de trading em uma só. Algo semelhante aconteceu na mineração. Empresas como Billiton e Pechiney, que administravam grandes operações de trading ao lado de seus negócios de mineração e fundição, basicamente se afastaram do mercado como resultado dessas fusões e aquisições.

A partir dessas negociações maníacas, surgiram duas grandes empresas petrolíferas que não apenas mantiveram seus negócios de trading internos, mas também os expandiram. Na virada do milênio, tanto a BP quanto a Shell reorganizaram e centralizaram suas operações de trading, tornando-se concorrentes formidáveis de tradings como a Vitol, a Glencore e a Trafigura.

As duas empresas mantiveram sigilo sobre seus negócios de trading por anos, e poucos detalhes referentes às suas atividades foram relatados. Porém, segundo pessoas com conhecimento direto dos negócios de trading dessas empresas, cada uma delas movimentava mais de 10 milhões de barris de petróleo por dia, muito mais do que produz. Assim como para os traders independentes, este tem sido um negócio magnificamente lucrativo para a BP e a Shell: a BP normalmente registra lucros brutos que vão de US$2 bilhões a US$3 bilhões por ano; a Shell visa lucros comerciais de US$4 bilhões.

No campo dos derivativos financeiros, suas unidades de trading são tão inovadoras quanto as traders. No final da década de 1990, por exemplo, a BP alocou um bocado de dinheiro para ser negociado, de fato, por um computador — muito antes de o comércio algorítmico se tornar uma força dominante nos mercados financeiros. A estratégia de negociação da BP, concebida por um gênio da matemática interno e conhecida como "Q book", negociou dezenas de futuros de commodities, incluindo ouro e milho.

Além disso, sua inteligência de mercado é tão afiada quanto a das trading houses. Desde os dias de Andy Hall, os traders da BP nunca tiveram medo de apostar alto — e eles mantêm esse destemor até os dias atuais. Quando o petróleo caiu para menos de US$30 o barril em 2016, por exemplo, os traders da BP fizeram uma grande aposta no mercado futuro de que os preços subiriam. Foi um movimento arriscado: a empresa já estava enormemente exposta aos movimentos no preço do petróleo graças à propriedade de campos petrolíferos em todo o mundo. Os traders, no entanto, argumentaram que o preço havia caído tanto que só poderia subir. Eles estavam certos: a aposta rendeu lucros na casa das centenas de milhões de dólares.

Mas enquanto a BP e a Shell usaram a consolidação da década de 1990 para construir grandes negócios de trading, elas não estavam preparadas para se igualar às trading houses em todos os aspectos nos mercados mais arriscados, como eram os países do antigo Bloco Comunista. E assim, apesar de seu tamanho, eles deixaram muitos dos acordos mais interessantes — e politicamente influentes — para os traders. Brian Gilvary, que foi diretor financeiro da BP até 2020, afirma que há países onde a petrolífera britânica não negociará devido aos riscos envolvidos. "Existe um valor disponível para nós que poderia ser capturado além do que capturamos hoje em dia? Com certeza. Estamos preparados para assumir o risco associado a isso? Definitivamente não. Posso dar-lhe uma lista de países, mas você já sabe quais são."[51]

Para alguns traders, sobreviver à década de 1990 significava ir a cantos cada vez mais ousados do globo; para outros, significava dar passos mais incertos. Mas o condutor de consolidações mais assertivo da época não era nem um trader, nem uma grande petroleira. Foi uma empresa que começou a vida na indústria de gasodutos, mas passou a surfar na liberalização dos mercados de gás e eletricidade para se tornar uma das maiores traders de commodities do mundo: a Enron.

Ao longo da década de 1990, a Enron havia sido uma força que consumia tudo no mercado de trading, atraindo jovens traders brilhantes, comprando empresas rivais e redefinindo como uma empresa de trading poderia se comportar, bem como redesenhando os próprios mercados de commodities. Assim que as inovações financeiras começaram a revolucionar o mercado de petróleo, a Enron, com seu exército de jovens traders inteligentes e seu robusto orçamento de lobby, ajudou a transformar a eletricidade e o gás natural de uma indústria tediosa e regulamentada em um cassino onde fortunas podiam ser feitas ou perdidas em um piscar de olhos.[52]

A partir de suas origens com gás e eletricidade, a Enron procurou conquistar o resto da indústria de trading de commodities. No início dos anos 2000, ela comprou a MG, o respeitável negócio de trading de metais da Metallgesellschaft, que era a maior trader de cobre do mundo na época, pagando US$445 milhões e mais em dívidas.[53] Ela também tentou se expandir para o trading de petróleo, fazendo uma oferta para comprar a Vitol. Ian Taylor e seus parceiros recusaram, evitando assim um desastre: a Enron estava se oferecendo para pagar os proprietários da Vitol com suas próprias ações, que logo se revelaram insignificantes.[54]

Nos dias da bolha das pontocom, a Enron era a queridinha de Wall Street. Não havia necessidade de competir no mercado de petróleo com Marc Rich e John Deuss, ou mesmo Andy Hall — isso apenas inventaria novos mercados. Depois de dominar o gás e a eletricidade, ela passaria a comprar e vender acesso a cabos de fibra ótica usados para transmitir dados. Tudo seria comprado e vendido na plataforma online da Enron. "Nós quase chegamos a acreditar que você poderia criar um mercado com pura força de vontade", disse um ex-trader da empresa.[55]

A realidade, no entanto, era mais prosaica. A empresa era simplesmente um castelo de cartas. Dívidas eram escondidas de investidores e reguladores. Os lucros foram muito inflacionados. A Enron criou uma cultura que encorajou os traders a pressionar os mercados, valendo-se de seu domínio para enganar os clientes.[56] A empresa saiu do mercado em dezembro de 2001, declarando falência em uma enorme fraude contábil.[57] O CEO Jeffrey Skilling e o presidente Kenneth Lay foram declarados culpados em várias acusações de conspiração e fraude. Seu colapso foi um dos maiores já ocorridos nos EUA corporativos, transformando o logotipo torto da Enron em um símbolo de improbidade e marcando o ponto culminante de um dos períodos mais desafiadores do setor de trading de commodities, no qual apenas os mais resistentes sobreviveram.

Dos destroços do antigo Bloco Comunista emergiram os contornos da atual indústria de trading de commodities. No início dos anos 2000, algumas traders gigantes acumularam uma grande parte do fluxo de petróleo, metais e agricultura — uma formação que permaneceu notavelmente constante até os dias atuais. Na agricultura, a Cargill, ao absorver a Continental, passou a responder por aproximadamente 40% de todas as exportações dos Estados Unidos.[58] No ramo do petróleo, a Vitol se expandiu para tornar-se a principal trader; a Glencore, por sua vez, era a força dominante no setor de metais. Atrás deles, a Trafigura crescia rapidamente. Apenas no mercado norte-americano de gás e energia ainda havia uma concorrência acirrada, à medida que os bancos e trading houses de Wall Street lutavam para preencher a lacuna deixada pela Enron.

Os traders de commodities emergiram dos acordos arriscados e perigosos da década de 1990 com empresas espalhadas por todo o mundo, desde a Cuba comunista até as nações capitalistas em rápido crescimento da Europa Oriental, com toda uma gama de ditaduras e estados falidos no meio. Acima de tudo, os sobreviventes da consolidação brutal daquela década cresceram e se tornaram poderosos mercadores de recursos naturais, maiores em escala e mais globais do que nunca.

Os traders podiam não ter percebido ainda, mas este logo seria o seu ingresso para uma nova era de riquezas. Uma nova e importante fonte de demanda por recursos naturais estava prestes a surgir, uma que revolucionaria os negócios: a China.

OITO

BIG BANG

Era uma manhã quente e úmida no final de junho de 2001, e Mick Davis estava sentado em sua mesa, na casa localizada no norte de Londres, com vista para a extensão arborizada de Hampstead Heath.

"XSTRATA", ele digitou. "Um salto para o alto."

Em um memorando de seis páginas para seus comparsas mais próximos, ele expôs os planos para a Xstrata, uma pequena empresa de holding listada na Suíça que passava por dificuldades. Ele os instruiu a vasculhar o mundo em busca de empresas de mineração para comprar.[1] Aos 43 anos, com barba curta e uma barriguinha, Davis parecia mais um ursinho de pelúcia do que um especulador corporativo intransigente. Mas a aparência mimosa do sul-africano escondia sua confiança e ambição.

Alguns meses antes, ele recebeu um telefonema de um velho conhecido, Ivan Glasenberg, o CEO designado da Glencore, com uma oferta intrigante: ele gostaria de administrar a Xstrata, na qual a Glencore detinha 39% de participação, e tentar virar o jogo.

Davis acatou a sugestão. Em uma carreira vertiginosa, ele passou de um emprego de contabilidade na África do Sul para liderar o maior acordo da indústria de mineração até aquele momento: a combinação de uma grande produtora de minério de ferro australiano chamada BHP e a Billiton, listada na bolsa de valores de Londres. Com poucas perspectivas de conseguir o cargo principal na nova BHP Billiton, ele aceitou de bom grado a oferta de Glasenberg.

Assim, no final de junho, ele estava de folga, no meio de um período de férias forçadas, com bastante espaço para planejar sua estratégia de transformar a Xstrata em uma das maiores mineradoras do mundo.

No centro do plano estava uma aposta nos preços das commodities. O mundo estava emergindo de um período de preços brutalmente baixos que humilharam as mineradoras e seus investidores. Davis, no entanto, se convenceu de que os preços das commodities estavam prestes a subir. Ele havia visitado a China alguns meses antes em seu cargo anterior como diretor financeiro da Billiton e começou a acreditar que o país estava prestes a passar por uma grande fase de industrialização, o que impulsionaria a demanda por recursos naturais. "Os preços das commodities devem estar perto do mínimo", escreveu ele no memorando, enviado às 11h42 de 27 de junho de 2001. "As restrições do lado da oferta estão crescendo, e a demanda da China deve gerar uma expansão de margem nos próximos anos — então agora é a hora de agir!"

As previsões de Davis seriam comprovadas para além de suas expectativas mais exageradas. Ao longo da década seguinte, a China passaria por um período surpreendente de crescimento que transformaria toda a indústria de recursos naturais, tornando-se, de longe, o maior consumidor mundial de matérias-primas tão variadas quanto aço, níquel, soja, lã e borracha, fazendo com que os preços triplicassem ou quadruplicassem. Isso faria da Xstrata a parte mais valiosa da Glencore, transformando a empresa que herdou o manto da Philipp Brothers e da Marc Rich + Co em um híbrido de trader e mineradora. Foi uma bonança sem igual para os traders de commodities, pelo menos desde a década de 1970. E pouquíssimos esperavam por isso.

A China é o país mais populoso do mundo, mas até o final da década de 1990, era tida como secundária pelos traders de commodities. Por anos, empresas como a Philipp Brothers, Cargill e Marc Rich + Co dirigiam suas operações asiáticas a partir de Tóquio, em vez de Hong Kong, Pequim ou Xangai.

A indústria estava acostumada a ver a China como uma exportadora de matérias-primas para o resto do mundo. Na Califórnia, os carros usavam petróleo bruto chinês. O carvão chinês era usado por usinas elétricas no Japão. E o arroz chinês enchia os estômagos do resto da Ásia. Poucos duvidavam que a China um dia seria um grande comprador de matérias-primas. O tamanho de sua população significava que era apenas questão de tempo até que o país se tornasse um dos fatores mais importantes na oferta e demanda global de commodities. Mas ninguém sabia quando isso aconteceria.

A mudança na economia chinesa começou em 1978, enquanto Davis ainda estudava na Rhodes University, na África do Sul. Na reunião do Partido Comunista daquele ano em Pequim, Deng Xiaoping, o líder chinês que chegou ao poder após a morte de Mao Zedong, estabeleceu um novo rumo para o país. Deng rejeitou o caos e o terror da Revolução Cultural de Mao e conclamou por uma nova era econômica sob a rubrica da reforma e da abertura: uma aderência limitada ao capitalismo e um envolvimento crescente com o mundo exterior. "Sob nosso atual sistema de gestão econômica, o poder está superconcentrado, e por isso é necessário devolver parte dele aos níveis mais baixos", disse ele. "Caso contrário, não conseguiremos livrar nosso país da pobreza e do atraso, ou alcançar — e muito menos superar — os países avançados."[2]

A transformação desencadeou três décadas de um crescimento espetacular na China, com a economia se expandindo em média 10% ao ano entre 1980 e 2010. Na maior metamorfose econômica desde a Revolução Industrial na Europa e nos EUA no século XIX, a China se tornou a maior fábrica do mundo, produzindo de tudo, desde eletrodomésticos até iPhones. Em 2008, a China exportava mais em um único dia do que em todo o ano de 1978.[3]

A industrialização da economia chinesa deu início a uma urbanização em massa da população do país. Quando Deng lançou seu programa de reformas, menos de dois em cada dez chineses viviam em áreas urbanas. Nas quatro décadas seguintes, cerca de 500 milhões de chineses migraram para as cidades, elevando a proporção de pessoas que vivem em áreas urbanas para quase 60% em 2017.[4]

O boom econômico chinês começou quase imediatamente depois que Deng divulgou suas reformas em 1978, mas só foi ter um impacto significativo nos mercados de commodities muito mais tarde. Para entender o porquê, é necessário examinar a relação entre a riqueza de uma nação e seu consumo de recursos naturais.

A quantidade de commodities que um país consome é, em grande parte, uma função de dois fatores: o número de pessoas no país e sua renda. No entanto, a relação com a demanda por commodities não é uma linha reta.[5] Enquanto um país permanece relativamente pobre, com uma renda per capita anual abaixo de US$4 mil, as pessoas gastam a maior parte de suas rendas com o básico de que precisam para sobreviver: comida, roupas e habitação. Além disso, os governos dos países pobres não têm dinheiro para fazer grandes investimentos em infraestrutura pública intensiva em commodities, como usinas de energia e ferrovias. Mesmo que um país muito pobre cresça rapidamente, isso não se traduz em uma alta demanda extra por commodities.

O mesmo vale para um país muito rico. Quando a renda de uma nação ultrapassa cerca de US$18 mil a US$20 mil per capita, as famílias gastam qualquer renda extra em serviços que demandam quantidades relativamente pequenas de commodities: melhor educação e saúde, lazer e entretenimento. Os governos desses países ricos geralmente já construíram a maior parte da infraestrutura pública de que precisam.

Entre os dois extremos, há um ponto ideal para a demanda por commodities. Após a renda per capita subir acima de US$4 mil, os países normalmente se industrializam e se urbanizam, criando uma relação forte e às vezes desproporcional entre maior crescimento econômico e demanda extra por commodities. A China atingiu o ponto ideal para as commodities na época em que Davis escreveu seu memorando da Xstrata: seu PIB per capita atingiu US$3.959 em 2001.[6] A análise de Davis não foi baseada em uma modelagem econômico-financeira detalhada, mas ele sabia, por suas viagens, que algo grande estava acontecendo na China, algo que poderia sobrecarregar os mercados de commodities.

As famílias chinesas estavam começando a gastar sua renda extra em bens de consumo, como geladeiras, máquinas de lavar e outros eletrodomésticos, além de trocar as bicicletas por carros. A dieta nacional também estava mudando: as tigelas de arroz deram lugar a carnes de porco e aves. Ao mesmo tempo, Pequim e seus governos provinciais embarcaram em uma expansão da infraestrutura comparável em escala apenas à reconstrução da Europa e do Japão após a Segunda Guerra Mundial. Milhares de quilômetros de novas rodovias e ferrovias foram construídos, assim como dezenas de usinas e aeroportos, e cidades inteiras surgiram em poucos anos, com hospitais, escolas e shopping centers.

Assim como a China estava passando pelo ponto de inflexão da demanda por commodities, outro evento importante sobrecarregou sua economia. Em 11 de dezembro de 2001, a China tornou-se formalmente membro da Organização Mundial do Comércio.[7] A medida anunciou uma fase ainda mais intensa de crescimento econômico. O investimento estrangeiro na China aumentou. A economia chinesa, que havia crescido 50% entre 1980 e 1989, e 175% na década seguinte, cresceria mais de 400% na década seguinte à adesão à OMC.[8]

O impacto na demanda por commodities foi assombroso. Em 1990, a China consumia aproximadamente tanto cobre quanto a Itália, respondendo por menos de 5% da demanda mundial. Em 2000, seu consumo era quase três vezes maior que o da Itália. Já em 2017, a China respondia por metade da demanda global de cobre, com um consumo quase vinte vezes maior que o da Itália.[9]

Tomemos o exemplo do petróleo. Até 1993, a China era um exportador líquido, vendendo mais petróleo no mercado mundial do que alguns membros do cartel da OPEP. Mas os campos petrolíferos da China logo deixaram de atender à sua demanda doméstica. A partir de 1993, então, o país tornou-se um importador líquido. Quando ele entrou no ponto ideal para o comércio de commodities, a demanda disparou. Em 2001, as importações da China eram de 1,5 milhão de barris por dia. Em 2009, elas haviam triplicado. Em 2018, por fim, a China tornou-se o maior importador de petróleo do mundo, comprando quase 10 milhões de barris por dia no mercado internacional, o equivalente a toda a produção da Arábia Saudita.

Em apenas alguns anos, a China se tornou, de longe, o maior consumidor mundial de commodities.

A China foi o país mais importante a entrar no ponto ideal para o comércio de commodities, mas não o único. Em todo o mundo, muitos países fora das nações industrializadas da América do Norte, Europa e Japão estavam atingindo um nível de desenvolvimento econômico que exigia muito mais recursos naturais do que antes. O crescimento sincronizado e intensivo em recursos criou o que os economistas chamam de "superciclo" de commodities: um período prolongado durante o qual o preço das matérias-primas fica muito acima de sua tendência de longo prazo, durando para além de um ciclo normal de negócios e muitas vezes se estendendo por décadas.[10]

Um ciclo normal de preços de commodities, resultado de um choque de oferta — a exemplo de uma colheita infrutífera ou o fechamento de uma mina —, tende a ser de curta duração: o aumento dos preços estimula a oferta adicional e esfria a demanda, e então o mercado se reequilibra. Já os superciclos são guiados pela demanda e duram mais tempo. Eles tendem a coincidir com períodos de rápida industrialização e urbanização na economia global. O primeiro superciclo moderno de commodities, por exemplo, foi desencadeado no século XIX pela Revolução Industrial na Europa e na América do Norte; o segundo, pelo rearmamento global antes da Segunda Guerra Mundial; o terceiro, pelo boom econômico da Pax Americana e a reconstrução da Europa e do Japão no final dos anos 1950 e início dos anos 1960.

O quarto começou por volta da virada do milênio, quando a China e outras economias emergentes entraram no ponto ideal para o comércio de commodities.[11] Isso fundamentalmente alterou a estrutura dos mercados globais de commodities. Entre 1998 e 2018, os sete maiores mercados emergentes (o bloco do BRIC, composto de Brasil, Rússia, Índia e China, além de Indonésia, México e Turquia) responderam por 92% do aumento do consumo mundial de metais, 67% do aumento do consumo de energia e 39% do aumento do consumo de alimentos.[12]

A indústria de commodities estava mal preparada para atender ao aumento da demanda. Os preços baixos da década de 1990 forçaram muitas mineradoras, companhias petrolíferas e agricultores a cortar os custos de um jeito brutal, de modo que, quando o consumo aumentou, eles não conseguiram corresponder aumentando a produção.

A combinação de demanda descontrolada e oferta estagnada teve um impacto explosivo nos preços. O petróleo bruto, que em 1998 atingiu uma baixa de menos de US$10, subiu para mais de US$50 em meados de 2004. O preço do níquel quadruplicou no mesmo período. Os preços do cobre, carvão, minério de ferro e soja também subiram. Mas isso foi apenas um prelúdio do que estava por vir. No final da década, todas as commodities estariam batendo recordes.

A alta dos preços encheu os cofres de países ricos em commodities, como Austrália, Brasil, Chile, Arábia Saudita e Nigéria, criando um ciclo virtuoso no qual o crescimento econômico na China e em outros lugares impulsionou a demanda e os preços das commodities, estimulando ainda mais o crescimento das nações ricas em commodities, que por sua vez exigiam mais produtos manufaturados da China. O crescimento econômico global acelerou em média mais de 5% entre 2004 e 2007, com os mercados emergentes atingindo uma média de quase 8% — em ambos os casos, a taxa mais alta em mais de trinta anos.

Davis não havia previsto tudo isso quando se sentou para escrever seu memorando em 2001. Mas, em poucos anos, o boom das commodities transformaria a Xstrata de um estorvo em meio a problemas financeiros para se tornar a parte mais valiosa da Glencore. No comando da empresa havia um homem que acabaria se saindo melhor no superciclo do que quase qualquer outra pessoa no planeta. Ele e Davis se tornariam uma dupla que assumiria tanto o trading quanto as indústrias de mineração. Esse homem era Ivan Glasenberg.

Nascido em 7 de janeiro de 1957, Glasenberg cresceu em uma família de classe média em Joanesburgo. A maior parte da comunidade judaica da cidade era originária da Lituânia, e os Glasenberg não eram exceção: o pai de Ivan nasceu lá, enquanto o nome de solteira de sua mãe era Vilensky — que significa "de Vilnius".

O jovem Glasenberg cresceu em um subúrbio confortável no norte de Joanesburgo, onde as ruas eram arborizadas e as grandes casas eram protegidas por muros de concreto e cercas de ferro. Ele frequentou a escola secundária de Hyde Park, nas proximidades, onde era um aluno comum, porém confiante e honesto. "Ele não era exatamente uma pessoa tímida", lembrou um professor, "e nem sempre aceitava que aquilo que o professor dizia estava certo".[13]

Uma coisa que Glasenberg tinha, entretanto, era o desejo de ser bem-sucedido. Enquanto seu irmão Martin assumiu a direção dos negócios da família — importando e distribuindo bolsas e malas —, Ivan, tendo completado o serviço militar, assumiu um emprego de contabilidade júnior por um salário de cerca de 200 rands (US$230). Ao mesmo tempo, matriculou-se na Universidade de Witwatersrand para estudar contabilidade. Em 1982, mudou-se para Los Angeles para fazer um MBA na Universidade do Sul da Califórnia.

Seu instinto competitivo não se limitava à carreira. Desde cedo ele era um atleta, e logo começou a competir na marcha atlética, esporte no qual os competidores devem percorrer uma distância o mais rápido possível, mantendo contato com o solo o tempo todo. Glasenberg esperava competir nas Olimpíadas de Los Angeles em 1984, mas os atletas sul-africanos foram impedidos de participar em meio a uma onda de campanhas antiapartheid.

Ele permaneceria um fanático por atividades físicas pelo resto da vida, correndo ou nadando quase todas as manhãs, e criando uma cultura de loucos por esportes dentro da Glencore, onde equipes inteiras de traders iam para corridas em grupo ou passeios de bicicleta nas colinas ao redor de Zug, em vez de fazer uma pausa para o almoço. O trading de commodities logo suplantaria os esportes como o foco principal do tempo e da energia de Glasenberg. Ainda assim, ele correu a maratona de Nova York em 1994, aos 37 anos, na respeitável marca de 3 horas e 34 minutos, e continuou a competir em triatlos na Suíça até os 50 anos.[14]

Glasenberg ingressou na Marc Rich + Co em abril de 1984, quando a empresa ainda estava sob os holofotes do sistema judiciário norte-americano. (O caso contra a empresa não seria solucionado até mais tarde naquele ano.) Glasenberg começou a trabalhar no escritório de Joanesburgo, onde havia uma sala separada com uma porta trancada para organizar as importações de petróleo para a África do Sul, que, apesar do embargo da ONU, era uma das principais linhas comerciais da empresa. Uma vez questionado sobre como ele se sentia em relação a ajudar o apartheid na África do Sul a contornar o embargo, Glasenberg respondeu com uma risada, afirmando que a empresa não havia infringido nenhuma lei e que apenas havia entregado carvão aos países que o queriam.[15] O negócio de carvão ao qual Glasenberg se juntara era uma empresa estagnada que fazia alguns milhões de dólares em um bom ano. Seu chefe era Udo Horstmann, um trader alemão da velha guarda cuja maior paixão era colecionar artes africanas nativas. Horstmann sentiu que Glasenberg era uma ameaça. Certa vez, ele reclamou com Felix Posen, então um dos sócios seniores da empresa, dizendo que o jovem sul-africano arruinaria o negócio de carvão.[16]

A realidade, no entanto, era exatamente o contrário. Não havia mercado futuro de carvão, o que limitava o potencial de estratégias de trading sofisticadas. Em vez disso, a chave era tramitar, pechinchando com os mineradores da África do Sul, Austrália ou Colômbia que produziam o carvão, e com as usinas de energia no Japão, Coreia do Sul e Alemanha que o consumiam, construindo e explorando relacionamentos com ambos os lados.

Nesse aspecto, Glasenberg se destacou. Nas palavras de Posen, que ajudou a contratá-lo, ele era um "fazedor". Ele conhecia todos os compradores e vendedores de carvão que valia a pena conhecer. O mercado estava lento o suficiente para que fosse possível acompanhar todas as negociações que estavam sendo realizadas — e o conhecimento de Glasenberg era enciclopédico. Logo ele se mudou para a Austrália para administrar a divisão de carvão lá, e depois para administrar o escritório da Glencore em Hong Kong. Em 1990, ele substituiu Horstmann como chefe de carvão da empresa em Zug.[17] Ele já era visto como uma das estrelas em ascensão da empresa e, em poucos anos, consolidaria sua posição como seu futuro líder. "Quando entrei na empresa, e Ivan veio para Zug, ele já era a estrela", diz Josef Bermann, que ingressou em 1990 e se tornaria chefe do setor de alumínio. Rich já estava no crepúsculo de sua carreira, mas o jovem e faminto trader de carvão chamou sua atenção. "Depois que eu saí, Marc sempre me disse que já conseguia ver que [Glasenberg] era o cara que basicamente levaria a Glencore ao próximo estágio", lembra Bermann.[18]

Glasenberg ficou de fora enquanto as lutas internas consumiam a Marc Rich + Co em 1992 e 1993. Mas quando a poeira baixou e Willy Strothotte saiu vitorioso na batalha pelo futuro da empresa, Glasenberg estava ao seu lado como um dos doze chefes de departamento que agora possuíam uma parte considerável da empresa.

Strothotte e Glasenberg, que exponencialmente se tornavam as duas pessoas mais importantes da empresa, tinham estilos complementares e ao mesmo tão diferentes que chegava a ser cômico. Strothotte, o alemão alto e gracioso, ocupava um posto de embaixador no comando da Glencore. Ele voava confortavelmente pelo mundo em seu jato particular e suas camisas bordadas, socializando com fornecedores, clientes e banqueiros na meia dúzia de idiomas que dominava com perfeição. Ele não vivia para o trabalho: de vez em quando, ligava para um dos principais executivos da Glencore e dizia para cancelarem suas reuniões da tarde e virem jogar golfe com ele no clube de elite Schönenberg, perto de Zurique, do qual era membro.[19]

Glasenberg era exatamente o oposto. Baixo e esguio, com seu cabelo castanho penteado para trás, ele era um dínamo com uma intensidade beligerante que poucos — dentro ou fora da Glencore — poderiam igualar. Com sotaque sul-africano marcado e estilo de falar contundente e abrasivo, repleto de palavrões, ele não tinha nada da suavidade de Strothotte. Um jornal australiano o descreveu como "um terrier irascível".[20] Ele não tinha interesse nos luxos que vinham com sua posição: cortava custos sem remorso e, durante anos, se gabou de que a Glencore não possuía um jato corporativo. (Na verdade, Strothotte era dono de um que alugou para a empresa, e a Kazzinc, uma subsidiária da Glencore, possuía outro.)[21] Além disso, para Glasenberg, o trabalho era tudo: entediado nos finais de semana, ele chamava colegas para se encontrar e falar sobre negócios.

Glasenberg tinha outras origens e pertencia a uma geração diferente da de Marc Rich, mas os dois eram semelhantes em muitos aspectos. Eles compartilhavam uma paixão pelo trading de commodities que eclipsava todos os outros aspectos de suas vidas, uma ética de trabalho stakhanovista que deixava todos os outros para trás e um estilo pessoal que dependia da força de vontade, e não do charme.

Glasenberg, um madrugador, cumprimentava os colegas que chegavam à sede da Glencore às 8h30 com um "boa-tarde" sarcástico.[22] Era a mesma piada que Rich fazia, várias décadas antes, para seus colegas da Philipp Brothers em Nova York.

Depois que Strothotte recuou e Glasenberg assumiu em 2002, ele construiu a Glencore cada vez mais à sua própria imagem. Isso significava uma empresa em que todos trabalhavam no seu ritmo implacável; em que os traders passavam mais tempo viajando do que com suas famílias; e em que cada detalhe de um acordo deveria ser negociado e renegociado para extrair alguns dólares extras de lucro. Glasenberg também centralizou o poder, acabando com a autonomia dos escritórios regionais e insistindo que os traders seniores se instalassem em Baar, a vila próxima a Zug, onde a Glencore agora tinha sede.

Glasenberg também assumiu o papel de Strothotte como administrador dos relacionamentos mais importantes da Glencore. Durante seu tempo como executivo-chefe da empresa, ele se tornou amigo de oligarcas como Alexander Mashkevich, do Cazaquistão, e políticos como o presidente sul-africano Cyril Ramaphosa. Ele estava pronto para entrar em um avião a qualquer momento, a fim de suavizar alguma dificuldade em um contrato ou selar um acordo.

Mas poucos que trabalharam com ele duvidam que os seus relacionamentos fossem apenas um meio para um fim. E isso se estendia aos traders da Glencore. Ele ligava para eles de tempos em tempos, independentemente da hora do dia, se quisesse algo deles, e tinha uma paciência quase nula para com a vida pessoal dos funcionários. Além disso, voltava-se rapidamente contra pessoas que considerava não estarem mais doando 100% de si à causa da Glencore.

"Ou você está na família ou está fora", segundo um ex-funcionário da Glencore. "Depois que eu disse que estava indo embora, Ivan nunca mais falou comigo."[23]

Anos antes do início do superciclo das commodities, Glasenberg havia embarcado em uma série de negócios que transformariam a fortuna da empresa, graças à ascensão da China. Em 1994, quando poucos no mundo dos recursos naturais tinham esperança de preços mais altos, ele começou a comprar minas de carvão para a Glencore.

Foi uma nova direção para a empresa, que até recentemente se concentrava em negociar commodities em vez de possuir ativos de produção. Nesse estágio, não havia uma grande estratégia — os preços do carvão estavam baixos e os mineiros de carvão estavam com dificuldades, e então Glasenberg aproveitou a oportunidade. Seu primeiro negócio foi com a

Tselentis Mining, uma mineradora de carvão familiar na África do Sul. A Glencore estava comprando carvão da empresa e fornecendo algum apoio financeiro; eventualmente, converteu sua dívida em uma participação acionária controladora. No mesmo ano, Glasenberg comprou uma participação na Cook Colliery, da Austrália.

Esses primeiros negócios eram pequenos, envolvendo investimentos de US$5 ou US$10 milhões cada. A Glencore, ainda em dificuldades devido à sua associação com Marc Rich, tinha pouca capacidade de pegar empréstimos a longo prazo e, portanto, teve que financiar acordos inteiramente com os próprios lucros retidos.

"Cada vez que um ativo era adquirido, você precisava demonstrar que Marc Rich não era acionista da empresa", lembra Greg James, que trabalhou nos acordos como parte da equipe de carvão de Glasenberg. "Não houve apoio efetivo de nenhum dos bancos. Eles não entendiam o que nós estávamos fazendo."[24]

Não foi apenas o otimismo de Glasenberg sobre o futuro do carvão que o impulsionou. Ele também estava pessimista em relação ao futuro do trading. A indústria de trading não era mais exclusividade de algumas empresas — a concorrência era implacável. E conforme os telefones celulares, a internet e o e-mail revolucionavam as comunicações, as vantagens de uma organização de trading tradicional no estilo da Philipp Brothers iam diminuindo. Manter escritórios em dezenas de países ao redor do mundo era custoso e, a cada ano, havia menos garantias de que os lucros do trading seriam suficientes para cobrir esses custos.

A compra de minas era uma maneira de resolver o problema: agora os traders da Glencore teriam um fluxo garantido de commodities para vender, sem precisar superar seus concorrentes para garanti-las. "Eu sempre disse que o trading de commodities sozinho, sem os ativos que o respaldam, é muito difícil", disse Glasenberg recentemente.[25]

Uma coisa era comprar algumas minas de carvão. Mas se a Glencore pudesse acumular minas suficientes, isso traria outra vantagem: uma influência sobre os preços, em particular nas negociações anuais com as usinas japonesas, onde o preço de grande parte do carvão mundial era definido. Na época, a indústria de carvão australiana era composta de dezenas de empresas pequenas e médias, enquanto a indústria de energia japonesa era representada por algumas empresas gigantes. Os japoneses tinham poucas dificuldades em dominar a situação, mas se Glasenberg pudesse comprar uma fatia grande o suficiente da indústria de carvão australiana, ele seria capaz de mudar isso.

Em 1998, o mercado de carvão entrou em uma desaceleração mais ampla, e veio a chance de Glasenberg. O preço da tonelada de carvão atingiu uma baixa que não era vista desde meados da década de 1980.[26] Grande parte da indústria de mineração de carvão estava perdendo dinheiro. Glasenberg, então, se convenceu de que os preços só poderiam subir. Mas no caso do carvão, que não tinha mercado futuro, não havia onde apostar na alta dos preços. A única opção era comprar minas inteiras. E foi o que Glasenberg fez. Nos quatro anos seguintes, ele comprou mais de uma dúzia de minas na Austrália e na África do Sul, além de fazer acordos na Colômbia.

No final da década, a Glencore era a maior exportadora de carvão térmico do mundo, comercializando 48,5 milhões de toneladas em 2000 — um sexto do que era comercializado no mercado transoceânico.[27] Os investimentos de Glasenberg não tinham como premissa um futuro boom econômico chinês, mas logo seriam transformados por ele. Mesmo antes de isso acontecer, eles foram suficientemente bem-sucedidos para catapultá-lo para o topo das fileiras de jovens chefes de departamento sedentes da Glencore. Quando Strothotte disse aos sócios que estava tentando se afastar da administração cotidiana da empresa, havia apenas alguns candidatos prováveis para substituí-lo: Glasenberg; Paul Wyler, o chefe suíço de cobre e níquel, que estava na empresa desde os anos 1970; e Ian Perkins, o gentil chefe britânico de alumina. Ao longo de algumas semanas, Strothotte chamou, isoladamente, cada um dos chefes de departamento, e indagou-os sobre quem achavam que deveria sucedê-lo. Houve pouca contestação — Glasenberg foi o CEO designado.

Em 2001, a aposta de Glasenberg no carvão deu certo: no meio do ano, os preços haviam subido 35% a partir de suas baixas. "Todo mundo está desesperado por carvão", Glasenberg gabou-se em uma entrevista.[28] Se ele tinha alguma preocupação com o impacto da queima de milhões de toneladas de carvão na atmosfera, não a demonstrou. Em outra entrevista no mesmo ano, ele até descreveu a produção de carvão da Glencore na Austrália como "favorável ao meio ambiente".[29]

O boom da China ainda não havia transformado o mercado, mas o negócio de carvão da Glencore já estava fervilhando. A empresa, no entanto, tinha um problema urgente: ela precisava recomprar a participação de 15% que Strothotte havia vendido para a Roche em 1994 para financiar a aquisição da administração de Marc Rich. Até então, a empresa farmacêutica tinha sido um investidor totalmente silencioso, satisfeito com a promessa de um retorno garantido de seu investimento e sem envolvimento direto nos negócios da Glencore.

Mas isso não duraria para sempre. Sob o acordo original, a Roche tinha o direito de forçar a Glencore a recomprar a participação — conhecida como "opção de venda" — de suas ações da Glencore a qualquer momento a partir de novembro de 1999. Não estava claro se a Glencore seria capaz de pagar, no entanto. Assim, os dois lados negociaram um acordo: a Roche adiaria seu direito de comprar as ações, dando à Glencore até janeiro de 2003 para conseguir o dinheiro. Caso contrário, a Roche teria o direito de vender algumas ou todas as suas ações "ao público ou [...] a outro investidor", de acordo com um prospecto publicado pela trading house.[30]

Esse era um pensamento inadmissível para os traders da Glencore. Outro investidor provavelmente estaria mais envolvido em seus negócios do que a Roche. Strothotte havia lutado contra Marc Rich para garantir a independência da empresa, e não estava disposto a entregá-la de mão beijada agora. E se a Roche vendesse suas ações ao público, a Glencore se tornaria efetivamente uma empresa pública. Strothotte não tinha a menor intenção de ser forçado a publicar as finanças da Glencore ou de se submeter a perguntas sobre suas atividades por parte dos investidores.

"Culturalmente, não acho que faça sentido", disse ele na época. "Não acho que possamos operar tendo que olhar por cima dos ombros. Eu acho que você precisa ter liberdade para empreender."[31]

Assim, teve início uma corrida para encontrar uma fonte de dinheiro para comprar a Roche. O preço que os dois lados negociaram foi de US$494,3 milhões. Isso logo pareceria uma quantia insignificante, mas no início dos anos 2000 ainda era uma quantia considerável para a Glencore ter que levantar. Era mais do que os lucros líquidos combinados da empresa em 1998 e 1999. "É nossa intenção adquirir as ações do Investidor [Roche] assim que a condição financeira da Glencore permitir", disse a empresa em outro prospecto.[32]

Glasenberg encontrou uma solução para o problema. A trading house, pensou ele, poderia colocar todas as minas de carvão que ele estava comprando em uma nova entidade. Em vez de vender ações da Glencore para levantar dinheiro, ele poderia vender as ações do império de carvão que acabara de construir. A Glencore arrecadaria dinheiro suficiente para comprar a Roche, e a trader teria apenas que contar aos investidores os segredos de seu negócio de mineração de carvão, e não de toda a empresa.

Para a Glencore, era um modelo testado e comprovado. A trader havia feito algo semelhante antes, utilizando a empresa que acabaria se tornando a Xstrata. O grupo de mineração começou a vida em 1926, quando foi estabelecido sob o nome de Südelektra, na Suíça, como um veículo para financiar projetos de eletricidade na América do Sul.[33] Em 1990, quando Marc Rich comprou uma participação majoritária, ela era um veículo de investimento em grande parte inativo. Sob a propriedade de Rich, contudo, assumiu uma função diferente. O status de Rich como fugitivo da justiça dos EUA tornava quase impossível para sua empresa levantar financiamentos de longo prazo, o tipo necessário para se comprar ativos — os bancos achavam que ele era nocivo.

A Südelektra ofereceu uma solução: a Marc Rich + Co, e mais tarde a Glencore, poderiam usá-la como um veículo para levantar capital em longo prazo e assim comprar ativos usando menos capital próprio. A empresa já estava listada na bolsa de valores de Zurique, então era fácil levantar capital vendendo ações, e seu conselho administrativo era composto de figuras influentes do establishment suíço. Assim, a Südelektra, sob o conselho de Rich, investiu em um campo petrolífero na Argentina, uma empresa florestal chilena e um negócio de ferrocromo sul-africano.

Durante anos, a empresa listada em Zurique foi a principal forma de a Marc Rich + Co comprar ativos. Então, quando os traders compraram as últimas ações de Marc Rich em 1994, a própria Glencore foi bem recebida de volta ao sistema financeiro internacional. Com a saída de Marc Rich, a empresa já renomeada conseguiu atrair uma gama maior de credores. Agora, traders como Glasenberg não precisavam mais usar a Südelektra como veículo para suas compras de ativos. E ainda assim, eles não esqueceram o quão útil essa estrutura poderia ser.

Glasenberg, diante da necessidade de pagar a Roche, agora procurava criar uma nova versão da antiga estrutura da Südelektra com os ativos de carvão que havia acumulado. Ele começou a trabalhar em uma oferta pública inicial das minas de carvão na Bolsa de Valores da Austrália, agrupando os ativos em uma nova empresa chamada Enex. Para a Glencore, seria uma manobra ideal: além de levantar o capital necessário, ela reteria cerca de um terço do patrimônio de suas minas de carvão e continuaria a comercializar o carvão que produzia.

O timing de Glasenberg foi quase perfeito: poucos investidores previram isso, mas o preço do carvão logo dispararia à medida que a demanda chinesa aumentasse — e o país, naquele momento ainda um grande exportador de carvão para o mercado global, começou a importar cada vez mais.

Mas o timing não foi perfeito. O engenhoso plano de Glasenberg foi arruinado quando terroristas sequestraram dois aviões e os lançaram contra o World Trade Center em Nova York, em 11 de setembro de 2001. Outro avião atingiu o Pentágono, em Washington, e um quarto caiu na zona rural da Pensilvânia. Foi o pior ataque terrorista em solo norte-americano da história e atingiu em cheio o coração de Wall Street. Os mercados financeiros estagnaram.

Em 10 de setembro, Glasenberg estava em Nova York com sua equipe para se reunir com potenciais investidores para o IPO da Enex. Ele voou de volta para a Suíça naquela noite e estava de volta ao escritório da Glencore em Baar no início da tarde de 11 de setembro, quando o telefone tocou.

Era Greg James, especialista em finanças do departamento de carvão, que estava fazendo as rondas de investidores do outro lado do mundo, em Sydney. "Dê uma olhada no que está acontecendo na CNN", disse-lhe James. "A listagem está cancelada."

A equipe da Glencore e seus banqueiros passaram algumas semanas tentando reviver o IPO da Enex, mas os eventos de 11 de setembro causaram um calafrio nos mercados financeiros.

A listagem de carvão fracassada não foi a única dor de cabeça da Glencore na época. A Xstrata, que era como a Südelektra havia sido renomeada até então, também estava passando por dificuldades. No início daquele ano, havia emprestado 600 milhões de euros para comprar a Asturiana de Zinc, uma das maiores produtoras de zinco do mundo, localizada no norte da Espanha. Ela havia planejado emitir mais ações na Suíça para pagar o empréstimo. Mas a queda do mercado de ações significava que esse plano também estava suspenso, e a empresa estava prestes a violar seus acordos com seus credores — o que poderia ter forçado a Glencore a fornecer apoio financeiro. "Estávamos solventes, mas certamente não estávamos dentro dos pactos", diz Mick Davis a respeito da empresa que assumiu em meados de 2001.[34]

Davis e Glasenberg eram velhos conhecidos: o primeiro havia dado seminários na Universidade de Witwatersrand quando Glasenberg estudava lá, e os dois se conheceram. Duas décadas depois, eles se viram em lados opostos dos acordos de carvão na Colômbia e na África do Sul. Quando Glasenberg e Strothotte procuravam um novo CEO para a Xstrata, seu nome surgiu.

Agora, Davis estava tentando descobrir uma maneira de livrar a Xstrata de sua confusão financeira — ao mesmo tempo em que capitalizava o boom das commodities que ele vinha antecipando. Glasenberg ainda estava tentando encontrar uma maneira de levantar capital para recomprar a participação da Roche na Glencore.

Poucas semanas após os ataques de 11 de setembro, Davis voou para Baar para apresentar seu novo diretor financeiro, Trevor Reid, a Glasenberg e Strothotte. No avião de volta a Londres, Davis e Reid começaram a discutir a situação de sua nova empresa. De repente, ocorreu-lhes a ideia de solucionar os problemas da Xstrata e da Glencore em uma única transação. Davis pegou um pedaço de papel e começou a esboçar os detalhes — a Xstrata compraria o negócio de carvão que a Glencore não conseguiu abrir, vendendo ações para novos investidores em Londres para financiar a compra. Ele rapidamente anotou alguns números importantes: quanto eles pagariam à Glencore pelas minas e quanto capital teriam que levantar para poder fazê-lo.[35]

Quando o avião pousou, Davis ligou para Glasenberg e Strothotte e disse que voltaria para Baar. Com o apoio de um punhado de gestores de fundos de Londres, que lhe disseram que apoiariam uma potencial venda de ações, Davis começou a negociar um acordo com Glasenberg para comprar as minas.

Seria a primeira de uma série de negociações combativas entre os dois homens nos onze anos que se seguiram, e que culminariam em uma das maiores e mais acirradas fusões da história do mercado londrino. Era uma relação complicada: Davis administrava a Xstrata como um veículo independente, mas Glasenberg tinha a palavra final em todas as grandes decisões, graças à grande participação que a Glencore possuía na mineradora.

Apesar de tudo, até então eles só precisavam concordar sobre quanto a Xstrata pagaria à Glencore pelas minas de carvão. Glasenberg continuou barganhando, dizendo a Davis que ele poderia retornar ao plano original de um IPO da Enex na Austrália, até que finalmente Strothotte interveio para acabar com o impasse.

Em 19 de março de 2002, a Xstrata vendeu US$1,4 bilhão em ações para novos investidores em Londres, usando esse dinheiro e as ações adicionais para comprar os ativos de carvão da Glencore. Por um tempo, parecia que as negociações favoreciam Glasenberg. A Glencore usou o dinheiro que recebeu da Xstrata para recomprar suas ações da Roche, concluindo o acordo em novembro. O preço do carvão caiu, e o valor de US$2,57 bilhões que a Xstrata pagou pelas operações de carvão da Glencore na Austrália e na África do Sul parecia alto.

Mas logo o otimismo de Davis sobre o futuro boom das commodities se justificaria. Como o preço do carvão subiu de menos de US$25 a tonelada em meados de 2002 para quase US$40 no final de 2003, Davis estava bem posicionado para tirar vantagem disso. Em retrospectiva, Glasenberg havia vendido barato. O superciclo liderado pela China estava prestes a transformar as fortunas da Xstrata e da Glencore — e com elas, todo o setor de trading de commodities.

"Precisamos colocar a XSTRATA no território do 'big bang'", escreveu Davis em seu memorando de junho de 2001, estabelecendo um plano de duas etapas para catapultar a empresa para a liga principal de mineração. Primeiro, ele tentaria expandir a base de investidores da empresa e aumentar o seu valor para cerca de US$2 a US$2,5 bilhões, dando-lhe escala para buscar um acordo "big bang". O objetivo era transformar a Xstrata em uma empresa avaliada em US$5 bilhões em três anos. Alimentada pelo otimismo de Davis em relação à China, a equipe da Xstrata começou a procurar empresas para comprar. Mesmo quando os preços das commodities começaram a subir em 2002 e 2003, a maioria dos executivos do setor de mineração, ainda com as cicatrizes da recessão, estava cautelosa demais para apostar em um boom. O preço dos futuros de metais como o cobre para entrega em dois, três ou cinco anos era menor do que os preços spot — condição conhecida como *backwardation* —, e a maioria dos executivos de mineração trabalhava com a suposição de que os preços realmente cairiam. O mesmo aconteceu com a equipe da Xstrata: eles apenas presumiram que os preços cairiam um pouco mais lentamente. "Acreditamos que os preços das commodities permaneceriam altos por mais tempo", lembra Davis. "Não tínhamos uma suposição certeira sobre qual seria o preço a longo prazo. Mas o *backwardation* com o qual a indústria estava contando formou-se a partir de suposições sobre os preços das commodities despencarem em relação ao preço spot predominante. Atrasamos a queda dos preços e assumimos um retorno mais lento à média."[36] Poucos meses depois de fechar o acordo para comprar as minas de carvão da Glencore, ele lançou uma oferta pública de aquisição para a Mount Isa Mines, uma produtora australiana de cobre, chumbo e zinco, e acabou comprando a empresa por pouco mais de US$2 bilhões. Outras mineradoras tentaram fazer uma contraproposta, mas nenhuma conseguiu igualar o preço de Davis.

Alguns executivos da Glencore, com suas economias atreladas às ações da companhia, foram mais cautelosos do que Davis quanto às perspectivas nos primeiros anos do boom. Willy Strothotte, o patriarca da empresa, que agora começava a pensar em se aposentar, havia manifestado dúvidas sobre o acordo para comprar a Mount Isa Mines e precisava de Glasenberg para convencê-lo. Telis Mistakidis, um grego hiperativo, que era o principal trader de cobre da empresa, chegou a resguardar parte da produção de cobre da Glencore nessa época — uma aposta de que os preços altos poderiam não durar.

Mas não demorou muito para que qualquer cuidado fosse esquecido. No final de 2003, Davis havia mais do que alcançado sua meta para a Xstrata: a empresa, que valia apenas US$450 milhões em meados de 2001, agora valia US$7 bilhões. Em seu auge, em 2008, ela teria um valor de mercado de US$84,2 bilhões, tornando-se a quinta empresa de mineração mais valiosa do mundo.[37]

A aposta de Glasenberg na compra de ativos uma década antes estava ajudando-o, agora, a gerar lucros para a Glencore que superaram até os anos dourados de Marc Rich. Em 2003, o lucro líquido da empresa ultrapassou US$1 bilhão pela primeira vez e, no ano seguinte, passou de 2 bilhões; em 2007, a trading house faturou US$6,1 bilhões.[38]

A Glencore não estava sozinha. Por volta de 2003, traders de commodities de todos os setores estavam começando a despertar para o efeito transformador da China em seus mercados.

Em Connecticut, Andy Hall começava a perder o entusiasmo pelo trading de petróleo. A essa altura, graças a uma série de fusões, a Phibro fazia parte do Citigroup. Hall, entediado com um mercado de petróleo que durante anos esteve desprovido das emoções da primeira guerra do Golfo, passava cada vez mais tempo participando de competições de remo e aumentando sua coleção de arte.

Ele foi impelido a agir por Robert Rubin, que se juntou ao Citigroup depois de deixar o cargo de secretário do Tesouro dos EUA. Rubin pediu a Hall para que montasse uma apresentação sobre as perspectivas do mercado de petróleo para um grupo composto pelos principais traders do banco. Hall, que naquele momento estava em uma regata na Califórnia, começou a analisar números sobre as perspectivas de oferta e demanda de petróleo nos próximos anos.

"Eu realmente fiquei em choque", lembra ele. "Eu fiquei tipo, uau, isso é inacreditável, o ritmo em que as importações da China estão crescendo. E então eu comecei a verificar todos os dados de fornecimento e a investigar o que as companhias de petróleo estavam fazendo em termos de aumentar suas reservas, e aquilo simplesmente não batia."[39]

Assim como Mick Davis, Andy Hall acreditava que o mercado estava fora de controle quando se tratava dos mercados futuros. Em meados de 2003, os preços spot do petróleo haviam triplicado em relação ao seu valor mais baixo em 1998, sendo negociados a cerca de US$30 o barril. Mas os futuros para entrega ainda estavam sendo negociados abaixo de US$25 vários anos depois.

Hall decidiu apostar tudo. Ele pediu a seus chefes no Citigroup que lhe dessem mais capital para jogar — medido de acordo com o conceito estatístico de "valor em risco". Esses eram os anos do boom de Wall Street, e eles concordaram rapidamente. E assim, Hall fez a maior aposta de sua vida em futuros de petróleo de longo prazo.

Em Londres, um trader de metais veterano chamado Michael Farmer também estava pensando em desistir do trading de commodities. Por mais de uma década, ele dominara o mercado global de cobre, primeiro como chefe do setor de cobre na Philipp Brothers e depois como chefe da unidade de trading de metais físicos da Metallgesellschaft. Agora, depois que a Enron havia comprado a MG e falido em seguida, ele estava desempregado.

Farmer, um cristão renascido, começou sua carreira em meio à gritaria do piso comercial da London Metal Exchange. Na esteira da falência da Enron, ele se matriculou em um curso de teologia e considerou o treinamento para ser padre, mas foi persuadido a retornar ao trading de commodities por um colega de longa data e companheiro cristão chamado David Lilley.

Os dois homens — que adquiriram o apelido de "esquadrão de Deus" — logo se depararam com um problema que acabou se revelando uma dádiva. "Percorremos os negócios físicos, mas não havia cobre em lugar nenhum, e aos poucos fomos aprendendo que o rápido crescimento chinês havia deixado essa indústria desfalcada", lembrou Farmer.[40] Se eles precisavam de mais alguma indicação de que o mercado estava prestes a disparar, agora eles a tinham. Sob o nome de Red Kite, eles começaram a apostar que os preços do cobre subiriam, fazendo uma fortuna no processo.

Em Hong Kong, um ex-hippie britânico que abandonou o Ensino Médio e que vinha pregando sobre a China há anos também estava vendo suas previsões se concretizarem. Richard Elman aprendeu sobre o trading comprando e vendendo sucata em Newcastle, São Francisco e Tóquio, e também ao administrar futuramente o escritório da Philipp Brothers em Hong Kong antes de começar por conta própria criando o Noble Group em 1986.

Elman disse que se acostumou com amigos "ouvindo pacientemente meus sonhos para a Noble enquanto reviravam os olhos".[41] Mas quando a China ingressou na OMC em 2001, ele sabia que seu momento havia chegado. "Acho que esta é singularmente uma das coisas mais significativas que aconteceu no comércio mundial em muitos e muitos anos", disse ele, entusiasmado.[42]

Não demorou muito para que todo o setor de trading de commodities estivesse ciente do impacto transformacional do crescimento da China. E não foram apenas os traders de commodities que se aproveitaram do cenário — mineradoras, perfuradoras de petróleo, agricultores, financistas e logo o público em geral começaram a prestar atenção ao surpreendente movimento dos preços das commodities. Em 2005, o termo "superciclo" tornou-se um chavão em Wall Street, atraindo uma ampla gama de investidores para os mercados de commodities.

A corrida do ouro havia começado, e qualquer um que pudesse colocar as mãos em um suprimento confiável de commodities estava praticamente garantido que enriqueceria.

NOVE

PETRODÓLARES E CLEPTOCRATAS

Ninguém se surpreendeu quando Murtaza Lakhani entrou nos escritórios da Glencore em Baar em um dia de primavera em 2002.

O empresário nascido no Paquistão, com jeito sedutor, olhos brilhantes e uma propensão para camisas em dois tons, juntou-se ao fluxo de funcionários bem-vestidos que marchavam para o prédio quadrado que era a sede da maior trader de commodities do mundo.

Nesses primeiros dias do boom das commodities, era normal encontrar uma variedade de personagens heterogêneos no discreto saguão com fachada de vidro da Glencore, desde oligarcas da Ásia Central e magnatas africanos até executivos elegantes de alguns dos maiores bancos do mundo. E de qualquer forma, Lakhani era um frequentador habitual. Descrevendo-se orgulhosamente como o "homem em Bagdá" da Glencore, esta foi uma das quatro visitas que ele faria à empresa apenas no primeiro semestre de 2002.

Na ocasião, em 15 de maio, Lakhani passou pela pequena área da recepção e entrou em um escritório. Não há registro de quem se encontrou com ele ou quanto tempo durou a conversa. O que se sabe é o que ele levou consigo. Foi registrado em um recibo oficial da Glencore: um pequeno vale pré-pago de número 7165, confirmado com a assinatura de um caixa da empresa. A soma, no entanto, estava longe de ser pequena: US$415 mil em dinheiro, pesando cerca de quatro quilos, o suficiente para encher uma pequena maleta.

A próxima parada de Lakhani foi do outro lado da Suíça. Dois dias após sua visita à Glencore, ele entrou no escritório diplomático do Iraque em Genebra, a cerca de três horas de carro de Baar. Ele estava lá para fazer um depósito. Em dinheiro. O valor: US$400 mil.

O pagamento, de acordo com registros oficiais iraquianos, era para cobrir uma "sobretaxa" — algo que funcionários das Nações Unidas consideravam ilegal — que foi paga a Bagdá em troca de contratos de petróleo que beneficiaram a Glencore.

Foi uma viagem que Lakhani fez várias vezes naquele ano, sempre com uma carga semelhante. Em 24 de janeiro, ele deixou os escritórios da Glencore com 170.850 euros. Em 24 de abril, ele levou mais 230 mil euros. E em 10 de junho, ele deixou o prédio com 190 mil euros. No total, uma investigação em nome da ONU descobriu que Lakhani pagou um pouco mais de US$1 milhão em "sobretaxas por petróleo financiado e levantado pela Glencore".

A empresa sempre negou qualquer conhecimento dos pagamentos ilícitos. Mas não podia negar as grandes quantias de dinheiro que havia dado a Lakhani. Luis Alvarez, que estava encarregado do petróleo iraquiano na Glencore e havia se tornado chefe do comércio de petróleo bruto, disse mais tarde aos investigadores da ONU que havia recomendado oralmente aquilo que chamou de "taxa de sucesso" de US$300 mil ou US$400 mil para Lakhani. Mas outro executivo sênior da empresa, o chefe de operações de petróleo bruto, disse aos investigadores que, até onde ele sabia, a Glencore nunca pagou nenhum bônus com essa quantia. E o próprio Lakhani disse aos investigadores da ONU que recebia periodicamente o dinheiro da Glencore para o pagamento das sobretaxas.[1]

Lakhani tinha muita familiaridade com o mundo do trading de petróleo, sentindo-se igualmente à vontade tanto no palácio presidencial de um megalomaníaco rico em petróleo quanto no mundo refinado e discreto das finanças suíças. Ele nasceu em Karachi, Paquistão, mas cresceu em Londres e Vancouver.[2] Era um artista nato, que organizava concertos para os corpos diplomáticos em seu bangalô localizado em um bairro rico de Bagdá.[3] Mais tarde, em Erbil, na região curda semiautônoma no Norte do Iraque, ele organizava festas com champanhe e frutos do mar que vinham de Dubai, onde os convidados se maravilhavam com sua coleção de pinturas de Salvador Dali.

O papel de Lakhani era uma mistura de articulador e diplomata. Conhecidos como "intermediários", "agentes" ou "consultores" (Lakhani prefere o termo "consultor"), homens como ele são contratados por traders de commodities devido a suas conexões e capacidade de fazer as coisas acontecerem em partes difíceis do mundo, onde as traders não podem ter um escritório com todo o pessoal necessário. O fato de serem remunerados como contratados externos, ao invés de funcionários internos, ajuda, dando às trading houses uma camada de isolamento caso algo dê errado. Lakhani uma vez resumiu seu papel, dizendo: "Eu sujo as minhas mãos."[4]

No início dos anos 2000, o trabalho de Lakhani era representar a Glencore "para a aquisição de petróleo bruto iraquiano" por uma taxa mensal de US$5 mil.[5]

Foi um momento em que a aquisição de petróleo se tornou a chave para o sucesso de uma trader como a Glencore. Após uma década de preços estagnados, o boom econômico chinês estava apenas começando a virar o mercado de petróleo de cabeça para baixo. À medida que os preços subiam, o dinheiro fluía para os cofres de qualquer pessoa com petróleo, capacitando uma nova geração de barões e cleptocratas do petróleo. Príncipes árabes, governadores congoleses, oligarcas russos e políticos cazaques inundaram os hotéis e boates da Mayfair e de Knightsbridge em Londres, bem como os hotéis à beira do lago da Suíça. Toda uma indústria de advogados, contadores e banqueiros surgiu para atender essa nova classe de multimilionários.

Mas ninguém foi mais crucial para a ascensão desses novos ricos do que os traders de commodities. Foram eles que garantiram que seu petróleo pudesse ser vendido no mercado internacional, e foram eles que garantiram que os dólares fluíssem de volta para as contas bancárias apropriadas. À medida que os líderes de países ricos em petróleo, como Rússia, Omã e Venezuela, ganhavam confiança no cenário mundial, isso se devia em grande parte aos traders.

A dependência era mútua. Pela primeira vez em anos, o petróleo estava em falta. Para as traders, a pressão era para vasculhar todos os cantos do mundo em busca de barris extras, indo até onde fosse necessário e negociando com quem quer que fosse.

Saddam Hussein, o astuto líder iraquiano, enxergou aí uma oportunidade.

Após o fim da Guerra do Golfo em 1991, os EUA e seus aliados convenceram as Nações Unidas a manter o embargo ao petróleo iraquiano, visando manter Saddam sob controle. Sem o dinheiro do petróleo, o governante iraquiano não seria capaz de arcar com mais aventuras militares, como a invasão do Kuwait. Mas a falta desse dinheiro também atingiu o resto da economia do país e, como resultado, foi o povo iraquiano que sofreu com a pobreza e a desnutrição. Em 1995, o Iraque estava em plena crise humanitária, e Washington e seus aliados acabaram cedendo.

A ONU criou o programa Petróleo por Comida: o Iraque poderia vender seu petróleo no mercado internacional, mas todo o lucro iria para uma conta em Nova York controlada pela ONU, e o dinheiro seria usado para comprar alimentos, remédios e algumas outras necessidades. Para a comunidade internacional, foi uma forma de manter Saddam sob controle e, ao mesmo tempo, aliviar o efeito devastador das sanções sobre o povo iraquiano.

Os traders de commodities foram os primeiros na fila para o petróleo iraquiano: Oscar Wyatt, fundador da Coastal Petroleum, recebeu a primeira carga quando o embargo foi retirado em 1996. Wyatt era um veterano no Iraque: foi ele que viajou para Bagdá em meio à Guerra do Golfo em 1990 para resgatar os norte-americanos que Saddam estava usando como escudo humano. Logo, ele se juntou a outras traders e grandes petrolíferas que buscavam por fontes mais baratas de petróleo nos mercados difíceis do final da década de 1990.

Nos primeiros quatro anos, o programa Petróleo por Comida funcionou de forma relativamente tranquila. O Iraque distribuiu alguns contratos de petróleo para seus aliados políticos que se manifestaram contra o programa de sanções — o Partido Comunista da Rússia recebeu alocações, assim como vários políticos da França, que argumentaram a favor da retirada das sanções. O petróleo foi vendido um pouco abaixo do preço de mercado, permitindo que quem recebesse alocações pudesse revendê-los às traders com uma margem de lucro. Mas os petrodólares fluíram, tal como pretendido, para a conta controlada pela ONU.

Bagdá teve a chance de jogar com o sistema depois que a demanda extraordinária da China elevou os preços do petróleo em 2000. Na reunião da OPEP em Viena naquele outono, autoridades iraquianas espalharam a mensagem entre os compradores de petróleo: se eles quisessem continuar recebendo cargas de petróleo, precisariam pagar uma "sobretaxa" diretamente a Bagdá, por meio das embaixadas do Iraque e de contas bancárias no exterior controladas pelo governo iraquiano. A sobretaxa equivalia a alguns centavos por barril de petróleo, mas funcionários da ONU encarregados do programa Petróleo por Comida alertaram as traders de que isso era ilegal.[6] A maioria dos compradores acatou o pedido e nunca mais recebeu petróleo iraquiano. Outros encontraram maneiras de continuar comprando.

O que aconteceu a seguir foi alvo de uma extensa investigação da ONU presidida pelo ex-chefe da Reserva Federal dos EUA, Paul Volcker.

Em um relatório de 623 páginas, publicado em 2005, ele oferecia um dos insights mais abrangentes sobre o obscuro submundo do trading de petróleo que floresceu nesta era de preços em alta e riquezas facilmente conquistadas.[7] Os investigadores entrevistaram traders, políticos e banqueiros; eles receberam cópias de transferências bancárias, contratos e e-mails. As contas meticulosas do próprio governo iraquiano de todas as sobretaxas ilícitas pagas pelos traders de commodities, que foram disponibilizadas para os investigadores da ONU depois da derrubada de Saddam Hussein pela invasão dos EUA em 2003, foram cruciais para a investigação.

O relatório detalhava, barril por barril e transferência bancária por transferência bancária, como o comércio de petróleo do Iraque ficou nas sombras depois que Bagdá começou a exigir sobretaxas.

O petróleo era passado de uma empresa para outra por meio de uma rede de entidades praticamente anônimas incorporadas em paraísos fiscais. A Trafigura usou uma empresa de prateleira nas Bahamas chamada Roundhead; a Vitol canalizou os pagamentos por meio de uma misteriosa empresa das Ilhas Virgens Britânicas chamada Peakville Limited, cujas transferências eletrônicas constavam como pessoa responsável o principal contador da Vitol em Genebra; Oscar Wyatt pagou por meio de duas empresas no Chipre que foram criadas logo após a imposição das sobretaxas.

A Glencore seguiu uma rota ainda mais elaborada: comprou o petróleo que os iraquianos haviam alocado para uma empresa registrada no Panamá chamada Incomed Trading Corporation. Em sua resposta aos investigadores da ONU, a Glencore disse que não havia nada de errado nas compras de petróleo iraquiano.

"Era conhecido e aceito pela comunidade internacional que o regime iraquiano estava concedendo alocações de petróleo a amigos e aliados políticos", disse a Glencore por meio de seu advogado. "O entendimento predominante na comunidade internacional na época era que os destinatários das alocações de petróleo estavam sendo recompensados pelo regime por sua lealdade e apoio político, não porque haviam pago sobretaxas a ele."[8] No entanto, a Incomed tinha ligações com a Glencore, e não com Bagdá. Ela pertencia aos parentes de Luis Alvarez, o principal trader de petróleo iraquiano da Glencore, e o mesmo homem que afirmou ter autorizado uma taxa de sucesso de US$400 mil para Lakhani. O pai de Alvarez era o principal acionista da Incomed, e sua mãe era a presidente da empresa.[9]

A investigação da ONU concluiu que Lakhani pagou "aproximadamente US$1 milhão" em sobretaxas nos dois contratos da Incomed Trading com

Bagdá. Desse total, cerca de US$710 mil foram liquidados com dinheiro depositado na missão iraquiana da ONU em Genebra, com o dinheiro que Lakhani havia recebido da Glencore. Uma investigação separada — conhecida como o relatório Duelfer — descreveu a Glencore como um dos "compradores mais ativos" de petróleo iraquiano e citou registros iraquianos mostrando que a Glencore havia pago US$3.222.780 em "sobretaxas ilegais" ao longo do programa Petróleo por Comida.[10]

No total, o regime iraquiano faturou US$228,8 milhões entre 2000 e 2002 — anos em que operou o esquema ilícito de sobretaxa de petróleo — de vários traders de commodities e companhias petrolíferas. Saddam Hussein garantiu que o Iraque mantivesse o preço do petróleo o mais baixo possível para deixar espaço para as traders de petróleo pagarem as sobretaxas a Bagdá.[11]

A Glencore sempre negou ter feito ou autorizado pagamentos ilegais ao governo iraquiano. E a empresa nunca foi acusada de qualquer irregularidade no caso do Petróleo por Comida — e tampouco Lakhani, Alvarez ou qualquer outro funcionário ou representante da Glencore. Como a empresa estava sediada na Suíça, a responsabilidade por qualquer possível processo judicial com base no relatório da ONU recaiu sobre as autoridades suíças, e ninguém se mostrou disposto a assumi-lo.

Questionado anos depois sobre seu papel, Lakhani respondeu por meio de um porta-voz que "foi solicitado a participar de entrevistas com o governo dos EUA para ajudá-lo em sua investigação e voluntariamente forneceu sua assistência". "Desde 2006, o Sr. Lakhani não teve mais envolvimento com o assunto", disse o porta-voz.[12]

A Glencore não parecia ver nada de errado com Alvarez assegurando o petróleo iraquiano por meio de uma empresa de propriedade de seu pai e presidida por sua mãe. Na verdade, ela o fomentou a administrar toda a operação de trading de petróleo bruto. Quando a Glencore foi lançada na Bolsa de Valores de Londres, Alvarez emergiu como um dos maiores acionistas da empresa, com uma participação no valor de US$550 milhões em 2012.[13]

Outros traders de commodities, depois de inicialmente negarem as alegações, acabaram admitindo irregularidades no esquema do Petróleo por Comida. Após a investigação de Volcker, a Vitol se declarou culpada nos EUA por furto e pagou US$17,5 milhões em multas e restituições.[14] Assim como a Glencore, porém, a empresa não demonstrou nenhuma insatisfação evidente com os funcionários envolvidos. Tanto o trader encarregado de lidar com o petróleo iraquiano quanto o contador citado no relatório da ONU continuaram a trabalhar para a Vitol ou para entidades associadas a ela por muitos anos.

A Trafigura se declarou culpada da acusação de alegar falsamente que o petróleo que estava vendendo nos EUA estava em conformidade com o programa Petróleo por Comida.[15] Os traders norte-americanos enfrentaram as penalidades mais severas. Oscar Wyatt, proprietário da Coastal Petroleum, foi condenado a um ano de prisão, enquanto seu amigo David Chalmers, proprietário da Bayoil, foi condenado a dois anos.[16]

O escândalo do Petróleo por Comida foi emblemático da nova era de escassez da indústria de commodities. Para a década seguinte, os preços baixos seriam uma memória distante, e os traders de commodities atropelariam uns aos outros para garantir as preciosas matérias-primas necessárias para alimentar o apetite aparentemente inesgotável da China e de outros mercados emergentes por commodities. E o petróleo era o recurso mais valioso de todos.

O boom das commodities realmente ganhou força no segundo semestre de 2003 e em 2004. A indústria do petróleo já estava operando perto da sua capacidade total. Quase duas décadas de preços baixos reduziram os investimentos em campos petrolíferos, oleodutos e refinarias, de modo que não havia oferta suficiente para atender à crescente demanda global, que em 2004 teve o maior aumento desde 1978.[17] Os preços passaram de US$40 o barril pela primeira vez desde a primeira Guerra do

Golfo e depois ultrapassaram US$50 pela primeira vez na história (ver o gráfico no Apêndice iv).

De muitas maneiras, foi uma repetição da década de 1970. Os políticos dos países consumidores mostraram a mesma ansiedade quando a OPEP recuperou seu poder. O preço da gasolina tornou-se um marco nos noticiários. Houve avisos apocalípticos sobre o esgotamento das reservas mundiais de petróleo.

E para os traders a corrida pelo petróleo significou uma nova era de riquezas. As crescentes demandas chinesas exigiam um aumento drástico nas importações da China, e isso significava que mais commodities precisavam ser enviadas ao redor do mundo. Entre 2000 e 2008, o comércio global de petróleo cresceu em 27,2% — mais do que o dobro da taxa de crescimento da demanda por petróleo no mesmo período.[18] Isso, por sua vez, significou mais negócios para traders, cujo principal negócio era enviar commodities internacionalmente.

A alta dos preços também transformou a maneira pela qual traders de commodities ganhavam dinheiro. Era uma época em que a especulação pura e simples funcionava: o mercado estava claramente crescendo. Ao contrário da década de 1970, agora era possível apostar no preço do petróleo nos mercados futuros, e muitos o fizeram. De 2001 a 2008, o preço médio anual do petróleo Brent aumentou anualmente — a maior sequência de aumentos anuais de preços na história da indústria do petróleo, remontando a 1861.[19]

Mas a especulação não foi a única maneira pela qual o aumento dos preços tornou o trading mais lucrativo. Em alguns casos, contratos de longo prazo que as traders haviam assinado anos antes de repente se tornaram extremamente lucrativos. A Glencore, por exemplo, conseguiu comprar alumina da Jamaica a um preço fixo sob contrato de longo prazo, que havia sido renegociado em 2000. Quando os preços dispararam, a trader estava pagando menos da metade do preço de mercado pela alumina.[20]

Até mesmo os negócios de commodities acordados a preços de mercado tornaram-se altamente lucrativos no mercado em alta. Isso porque a maioria dos contratos de commodities físicas incluem alguma tolerância na quantidade, permitindo que a trader compre ou forneça uma tonelagem acordada com uma porcentagem ligeiramente maior ou menor. Em tempos normais, essa margem, conhecida no jargão da indústria como "opcionalidade", significava que uma trader não violaria seu contrato se uma remessa fosse um pouco maior ou menor do que o planejado — uma possibilidade compreensível em um negócio de logísticas em grande escala.

Mas, à medida que os preços dispararam, essa opção tornou-se extremamente valiosa: uma trader podia comprar um pouco mais de seu fornecedor em um momento em que havia muita demanda, ou entregar um pouco menos a um comprador em um momento em que outros estivessem dispostos a pagar um bônus para colocar as mãos nas mercadorias de que precisavam. Ou a trader poderia se beneficiar de ambos os lados.

Imagine que uma trader tenha um contrato de longo prazo com um produtor e um consumidor de petróleo de, digamos, 1 milhão de barris por mês. O preço de cada contrato é o mesmo: o preço médio do mês. Cada contrato permite à trader uma tolerância de volume de 10%. Se os preços do petróleo estivessem totalmente estáveis, a trader certamente perderia dinheiro: estaria vendendo o petróleo pelo mesmo preço que comprou, não obtendo, portanto, qualquer lucro, antes de contabilizar os custos de remessa e finanças.

Mas em um mercado de petróleo em alta, essa trader pode explorar a opcionalidade do contrato para obter lucro. Do produtor ela maximizará o volume sob seu contrato, assegurando 1,1 milhão de barris — 10% a mais do que o normal. Para o consumidor, ela minimizará o volume contratado, fornecendo apenas 900 mil barris, ou 10% a menos que o normal. A diferença — 200 mil barris — poderá ser revendida. O mercado está crescendo, então até o final do mês o preço estará acima da média mensal, e a trader revenderá os 200 mil barris com uma margem de lucro.

Até os anos 2000, poucos fornecedores e compradores de commodities entendiam o valor de tal opcionalidade para as traders — afinal, na época anterior ao superciclo fazer os preços dispararem, isso não era algo tão valioso. Mas, quando os preços decolaram, essa opção tornou-se uma autorização para imprimir dinheiro. Ton Klomp, que ajudou a construir a Mercuria, uma das traders iniciantes da era do superciclo, depois de passar uma carreira negociando petróleo na Cargill e na Goldman Sachs, lembra que "antigamente" as traders podiam aproveitar contratos com amplas tolerâncias: o contrato padrão de nafta, produto refinado utilizado na indústria petroquímica, permitia a entrega de 17 a 25 mil toneladas, a critério do trader. "Jesus Cristo. Isso é muito dinheiro de graça, se você souber como otimizar essas tolerâncias", diz ele.[21]

O clima do boom, durante o qual os compradores estavam mais preocupados em ficar sem matéria-prima do que em pechinchar até o último centavo, também ajudou. O mundo clamava por commodities. As refinarias de petróleo, enfrentando uma demanda alta por gasolina, diesel e outros produtos, estavam dispostas a pagar um bônus para garantir cargas de petróleo bruto e assim continuar atendendo à demanda dos clientes.

Para os traders, aquilo foi uma chamada à ação. Eles partiram em busca de recursos que abrangiam todos os países do globo. Eles foram para novas nações petrolíferas como o Chade e o Sudão, que estavam exportando petróleo pela primeira vez, e para produtores já estabelecidos prestes a crescer ainda mais, como Rússia, Azerbaijão, Cazaquistão, Iêmen, Brasil, Guiné Equatorial e Angola.

Foi um processo que aproximou ainda mais as traders do mundo dos oligarcas, déspotas e ditadores, que enriqueciam com o boom das commodities. Elas forjaram alianças, e às vezes joint ventures, com indivíduos locais poderosos. Algumas traders infringiram a lei, como demonstrou o escândalo do Petróleo por Comida. Outras navegaram por todo tipo de situações arriscadas: guerras, golpes de estado, governos corruptos e nações caóticas. Todas na busca de garantir recursos naturais.

"Quanto mais complicado o país, maiores as vantagens", explica Bob Finch, o ex-executivo da Vitol que foi uma das principais figuras da empresa durante os anos 2000.[22]

Qualquer um que tivesse acesso a commodities estava subitamente em uma posição privilegiada graças ao boom da demanda chinesa. Empresas que antes eram pequenas participantes nos mercados globais de commodities de repente se tornaram estrelas lidando com dezenas de bilhões de dólares em recursos por ano. Não se tratava apenas de negócios lucrativos — em um mundo no qual as commodities eram escassas e o apetite da China era aparentemente insaciável, a capacidade das traders de manterem o fluxo de commodities em movimento fazia delas uma engrenagem crucial na economia global.

Além disso, a combinação de muito dinheiro e importância estratégica deu às traders um papel político fundamental em muitas partes do mundo. Sua capacidade de manter o dinheiro fluindo para os cofres dos potentados ricos em petróleo transformava-as em fortes aliados. Era algo que Saddam havia entendido instintivamente, e que o levou a começar a exigir propinas pelas vendas de petróleo do Iraque. E era igualmente verdadeiro na Rússia, onde um Kremlin cada vez mais forte precisava de traders amigáveis para garantir que seu petróleo continuasse a ser vendido, mesmo em momentos de tensão política.

Dessa mistura reativa de um mundo desesperado por petróleo e petro-Estados famintos por dinheiro surgiram duas empresas que saltaram para a grande liga do comércio global de petróleo em apenas alguns anos. De muitas maneiras, elas simbolizariam o mercado de petróleo dos anos 2000 — oportunistas, bem conectadas, ligando produtores de petróleo de rápido crescimento em mercados emergentes à demanda insaciável da China. Eram elas a Mercuria e a Gunvor.

As duas empresas emergiram do vale-tudo da antiga União Soviética na década de 1990, mais ou menos na mesma época em que David Reuben estava transformando a Trans-World na maior trader de alumínio do mundo. Mas para a Mercuria e a Gunvor, o grande momento não viria na década de 1990, mas, sim, na década de 2000, quando elas se tornaram cruciais para o petróleo da Rússia, ajudando a manter bilhões de dólares fluindo para os cofres do Kremlin e dando ao então jovem presidente Putin a confiança para se tornar mais assertivo no cenário mundial.

As origens da Mercuria remontam aos dias após o desmembramento da União Soviética, quando dois músicos nascidos na URSS e chamados Wiaczeslaw Smolokowski e Gregory Jankilevitsch deram uma pausa na música para entrar no comércio de petróleo. Na década de 1980, a dupla ganhava a vida tocando violão e piano em shows em restaurantes e clubes em Moscou. Eles haviam emigrado para a Polônia e estavam administrando um pequeno negócio de compra e venda de equipamentos de informática e eletrodomésticos, quando um de seus clientes em uma remota cidade petrolífera siberiana trouxe uma sugestão: será que eles gostariam de entrar no trading de petróleo? Ele havia conseguido uma licença de exportação, coisa rara e preciosa no início dos anos 1990. Os dois traders hesitaram. Eles não sabiam nada sobre petróleo. Mas ele foi persuasivo. "Ele disse que aprenderíamos juntos", Jankilevitsch lembraria mais tarde.[23]

E assim eles passaram de geladeiras a navios petroleiros. De volta à Polônia, eles fecharam um acordo com uma refinaria em dificuldades e logo se tornaram os principais transportadores do petróleo russo para a Polônia através do oleoduto Druzhba, construído pelos soviéticos. Em meados da década de 1990, sua empresa, a J&S, respondia por 60% da oferta de petróleo do país.

Como os dois emigrantes conseguiram estabelecer uma posição tão dominante no "Velho Leste" da Rússia na década de 1990? "Nós atendemos aos requisitos de ambos [produtores e consumidores]; e assumimos riscos", disse Jankilevitsch. "Nunca deixamos nossos parceiros da Polônia na mão."[24] Enquanto isso, outros estavam menos entusiasmados com o seu papel. Quando alguns dos oligarcas mais poderosos da Rússia processaram alguns de seus próprios funcionários responsáveis pela venda de seu petróleo por aceitar subornos, o processo descobriu um pagamento de US$1,7 milhão da J&S. O juiz descreveu o pagamento como uma das várias "comissões secretas ou subornos" que os funcionários receberam.[25] (Quando indagados a respeito, Jankilevitsch e Smolokowski observaram que nenhuma alegação de impropriedade havia sido dirigida contra eles, e que eles teriam "defendido vigorosamente" qualquer uma que tivesse sido levantada.)[26]

Na mesma época em que Jankilevitsch e Smolokowski começaram a comercializar computadores e geladeiras, dois outros homens também começaram a comercializar petróleo russo. Em São Petersburgo, então ainda chamada de Leningrado, um jovem, tranquilo e confiante engenheiro eletromecânico chamado Gennady Timchenko recebeu um telefonema de um amigo perguntando se ele gostaria de entrar no comércio de petróleo. Timchenko não desperdiçou a oportunidade.[27]

No caótico mundo do trading de petróleo russo na década de 1990, Timchenko se viu competindo com Torbjörn Törnqvist, um sueco que havia criado uma nova empresa com a ideia de exportar produtos refinados russos pela Estônia. A dupla começou como rival, mas eles acabariam trabalhando juntos, em uma das parcerias de maior sucesso na história do trading de petróleo.

Eram tempos perigosos para quem fazia negócios no setor de commodities russo. As guerras do alumínio ficaram famosas, mas os traders de petróleo também estavam em risco. Um dia, o parceiro de negócios de Törnqvist desapareceu, presumivelmente assassinado; Törnqvist temia pela própria segurança. "Como eu era muito próximo dele, decidi ficar fora da Rússia por pelo menos um ano", diz ele. "Eu fui muito cauteloso por um tempo."[28]

As exportações de óleo combustível de Törnqvist através do terminal estoniano o colocaram em concorrência com Timchenko e seus parceiros. Em vez de competir na Estônia até que um dos dois falisse, a dupla decidiu fazer negócio juntos. Timchenko e seus parceiros uniram forças com Törnqvist e os parceiros deste, para criar uma empresa chamada Gunvor Energy. (Gunvor é um nome feminino sueco que, em nórdico antigo, significa "Vigilante na Guerra".)[29]

Quando alguns dos sócios da Gunvor Energy se desentenderam com Törnqvist, Timchenko ficou do lado do sueco e expulsou seus antigos colegas. Os dois homens viriam a criar uma nova empresa juntos em 2000: a Gunvor International.

*

Até então, o negócio desses novos traders de petróleo era lucrativo, mas tinha um alcance limitado. Os lucros estavam na casa das dezenas, e não das centenas de milhões de dólares a cada ano.

Mas o grande momento estava por vir. A economia chinesa estava crescendo, oferecendo a oportunidade de lucros espetaculares para qualquer pessoa com acesso a suprimentos de petróleo. Foi nesse ambiente que Saddam Hussein conseguiu persuadir as traders internacionais de petróleo a pagar sobretaxas sob o esquema do Petróleo por Comida. A Mercuria e a Gunvor tiveram sorte: estavam no lugar certo, na hora certa e com as conexões certas para ter acesso a muito petróleo.

A produção de petróleo russa também estava crescendo. Após um colapso na produção no início dos anos 1990, quando a economia russa travou com a queda do comunismo, o setor petrolífero do país conseguiu se recuperar com a mesma rapidez no início dos anos 2000. A essa altura, a propriedade da indústria estava bem estabelecida nas mãos de alguns oligarcas poderosos, e eles estavam desviando seu foco da proteção de suas participações para o aprimoramento de suas empresas. De 1999 a 2005, a produção de petróleo russa cresceu mais de 50%.[30] As exportações dispararam.

Os traders, enquanto elo entre os produtores russos e o sistema financeiro internacional, assumiram um novo significado político para o Estado russo. O novo presidente do país, Vladimir Putin, reconheceu que o petróleo significava dinheiro e poder. Enquanto o Kremlin buscava fortalecer o controle sobre o setor petrolífero, a Mercuria e a Gunvor abriram novas portas para as vendas de petróleo da Rússia, ajudando de diferentes maneiras a manter o fluxo de dólares para o Estado.

Para a Mercuria, isso significava ser a precursora no trading de petróleo entre duas das forças geopolíticas mais importantes do novo século: Moscou e Pequim. Como a produção de petróleo russa havia aumentado no início dos anos 2000, a J&S começou a comprar mais petróleo do que podia vender na Polônia e, assim, começou a exportar, levando petróleo da Sibéria para a Polônia e para o porto de Gdansk, na costa do Mar Báltico, e de lá para o resto do mundo por meio de petroleiros.

Jankilevitsch e Smolokowski, no entanto, entenderam que não seriam capazes de construir um negócio internacional de trading de petróleo sozinhos. Então, eles entraram em contato com Marco Dunand e Daniel Jaeggi, um par de traders com a reputação de combinar a inteligência para o trading com uma ambição implacável. Os dois estudaram juntos na Universidade de Genebra e passaram a trabalhar juntos em uma série de empresas importantes. Em 2004, Jaeggi e Dunand fecharam um acordo com a J&S. Uma nova holding do Grupo J&S, chamada J&S Holding, seria criada no Chipre. Jankilevitsch e Smolokowski reduziram sua participação para 62%, Dunand e Jaeggi ficaram com 15% cada, enquanto Vadim Linetskiy e Pavel Pojdl, dois membros da equipe J&S, ficaram com 7% e 1%, respectivamente.[31]

Dunand diz que ele e Jaeggi investiram "praticamente todo o dinheiro" que tinham para adquirir suas ações da empresa. Mas eles também conseguiram um empréstimo substancial de Jankilevitsch e Smolokowski, que concordaram que este poderia ser pago com os lucros futuros da empresa. Com uma capitalização inicial de US$250 milhões, a participação de Dunand e Jaeggi na empresa valia US$75 milhões. Sob o acordo, Dunand e Jaeggi teriam autoridade total para administrar a empresa, e Jankilevitsch e Smolokowski reduziriam gradualmente sua participação ao longo do tempo. "Eles nos deram a chave e seguiram em frente", afirmou Dunand.[32]

Acabou sendo uma decisão inteligente. Dunand acreditava há muito tempo que o crescimento chinês revolucionaria o mercado de petróleo.

Logo, a empresa estava enviando petróleo russo, via Gdansk, na Polônia, para a China. O fluxo comercial cresceria em importância ao longo dos anos à medida que outros traders se envolvessem, a ponto de, hoje em dia, a Rússia estar entre os maiores fornecedores de petróleo para a China.

A empresa cresceu a um ritmo surpreendente. Em 2009, seu lucro líquido atingiu um recorde de US$454 milhões.[33] A essa altura, a empresa havia mudado seu nome para Mercuria, mas Jankilevitsch e Smolokowski continuavam sendo acionistas importantes.[34] Eles apareciam em festas da empresa e — com Jankilevitsch no violão e Smolokowski no piano — tocavam alguns clássicos do rock para os traders da Mercuria presentes.

A capacidade de conectar o suprimento de petróleo russo com a demanda chinesa no momento em que o mercado estava crescendo enriqueceu todos eles.

Entre 2007 e 2018, a Mercuria teve lucros líquidos acumulados de US$3,9 bilhões. E conforme os parceiros originais reduziam sua participação, Pequim decidiu investir na empresa, com a estatal China National Chemical Corporation comprando uma participação minoritária.

Se a Mercuria havia mostrado que era possível fazer dinheiro trazendo petróleo russo para a China, então sua principal rival, a Gunvor, revelou outra forma de tomar a dianteira: conexões políticas. Timchenko e Törnqvist há muito cultivavam relacionamentos com pessoas importantes na política e nos negócios russos. Mas um desses relacionamentos faria mais do que qualquer outro para moldar o futuro da empresa, quando Vladimir Putin ascendeu à presidência russa em 31 de dezembro de 1999.

Timchenko e seus parceiros haviam lidado com Putin pela primeira vez no início dos anos 1990, quando ele era responsável pelas relações econômicas externas da cidade de São Petersburgo. No final da década, quando Putin estava prestes a se tornar presidente, Timchenko era um trader de petróleo estabelecido que havia acabado de começar a trabalhar sob o manto da Gunvor. Eles mantiveram contato: em 1998, Timchenko e outros patrocinaram um clube de judô e fizeram de Putin — para quem o judô era uma paixão desde a infância — o presidente honorário.

Por muitos anos, Timchenko se ofendeu com qualquer sugestão de que ele e Putin fossem amigos. Mesmo assim, em 2014, o presidente russo não via problema algum em descrever Timchenko como um dos "meus conhecidos próximos — meus amigos".[35] Timchenko, por sua vez, revelou que sua cadela de estimação era filha do labrador de Putin, um presente do próprio presidente russo em 2004.[36]

E foi depois que Putin se tornou presidente que Timchenko e a Gunvor tiveram seu maior sucesso. Após a caótica década de 1990 na Rússia, Putin prometeu ordem, estabilidade e uma liderança forte. Como muitos russos comuns, ele estava ressentido com a classe oligarca e a forma como eles se aproveitaram de um Estado russo vulnerabilizado sob a presidência de Boris Yeltsin, que governou de 1991 a 1999, para roubar os recursos do país a preços baixos.

Quando chegou ao poder pela primeira vez, na virada do milênio, Putin havia oferecido aos oligarcas um acordo implícito: ele não tentaria reverter os acordos de privatização por meio dos quais eles fizeram suas fortunas, mas eles, por sua vez, deveriam ficar fora da política. As tensões, no entanto, nunca deixaram de ser aparentes. Mikhail Khodorkovsky, proprietário da petrolífera Yukos, por exemplo, foi um oligarca que, mais do que qualquer outro, testou os limites da postura de Putin.

Em 2003, Khodorkovsky, um estudioso de quarenta anos, tornou-se o oligarca número um da Rússia e o homem mais rico do país. Brilhante e ambicioso, ele havia fundado uma cooperativa no final da década de 1980, quando a iniciativa privada estava se tornando possível na União Soviética. Logo sua cooperativa, a Menatep, se transformou em um banco, tornando-se rapidamente uma das maiores e mais agressivas empresas privadas do país, e com uma das melhores redes de contatos governamentais. Quando o governo fraco de Yeltsin lançou um malfadado esquema de empréstimos por ações, Khodorkovsky comprou uma participação majoritária na petrolífera Yukos por apenas US$309 milhões.[37] Uma década depois, ele a transformou na queridinha da indústria petrolífera russa, com um valor de mercado de mais de US$20 bilhões.

Mas Yukos também era um símbolo de tudo o que enfurecia Putin e seus aliados em relação aos oligarcas dos anos 1990: era um dos usuários mais agressivos de empresas offshore e de zonas econômicas especiais de baixa tributação para reduzir sua carga tributária, e estava entre os lobistas corporativos mais descarados da Rússia.

Além do mais, Khodorkovsky estava se tornando cada vez mais ousado — e até provocativo. Ele desafiou Putin em relação à corrupção em uma reunião televisionada no Kremlin; disse que se aposentaria da Yukos em 2007 — um ano antes de Putin ser obrigado pela Constituição a deixar o cargo —, abrindo espaço para especulação de que ele poderia estar interessado em uma chance na política;[38] iniciou conversações com a Chevron e a ExxonMobil para vender uma participação na Yukos; ele até chegou perto de um acordo para fundir a Yukos com a Chevron, o que teria criado a maior empresa de petróleo do mundo.[39]

Em 25 de outubro de 2003, Khodorkovsky estava voando pela Sibéria quando seu avião parou para reabastecer, apenas para se encontrar cercado por forças especiais. O oligarca mais rico da Rússia estava preso. Ele passaria a próxima década em um campo de prisioneiros sob acusações de fraude, evasão fiscal e peculato. Um ano depois, com o aumento das reivindicações fiscais contra a Yukos, a estatal petrolífera russa Rosneft assumiu o controle de seu principal ativo — um enorme negócio de produção de petróleo no coração da Sibéria.

Foi um dos momentos decisivos da presidência de Putin: uma afirmação de que nenhum oligarca poderia esperar ser mais poderoso do que o Kremlin, que os empresários russos se enriqueceriam apenas à medida que isso agradasse ao presidente e que os recursos naturais da Rússia, em última análise, pertenciam ao Estado. O evento tornou-se um para-raios para os críticos locais e internacionais de Putin, e tem sido o foco de uma prolongada batalha legal multibilionária entre o governo russo e os ex-acionistas da Yukos.

Para a Gunvor, foi a passagem para o seu grande momento no trading de petróleo.

Quando a Yukos entrou em colapso sob a pressão da campanha do Kremlin contra ela, a Gunvor estava à disposição para ajudar o estado russo a manter o petróleo fluindo. A trader, pouco conhecida até então, de repente se tornou uma engrenagem essencial enquanto Putin procurava restabelecer o domínio do Estado sobre a indústria petrolífera russa.

Durante anos, a Gunvor guardou silêncio sobre sua relação com a Yukos. Timchenko, questionado sobre isso em uma de suas poucas entrevistas, disse: "Não quero dar opiniões sobre uma empresa com a qual não tive qualquer tipo de ligação."[40]

Hoje em dia, entretanto, Törnqvist está disposto a falar tanto sobre a queda de Khodorkovsky quanto sobre o papel que a Gunvor desempenhou em ajudar o Estado russo a gerenciar as consequências.

Törnqvist afirma que sabia de antemão que a Yukos seria derrubada. "Eu não sabia exatamente o que ia acontecer, só me disseram que algo estava a caminho", diz ele. Ele não quis comentar sobre quem lhe deu a dica. "Apenas me disseram que eu deveria me preparar para lidar com volumes maiores."[41]

Ele diz que Khodorkovsky cometeu dois erros. O primeiro foi ignorar o aviso de Putin para não se intrometer na política russa. O segundo foram suas negociações para vender a Yukos para uma companhia petrolífera norte-americana. "Você pode imaginar a fúria. Esses caras tinham conseguido aquilo de graça. Eles não pagaram quase nada: eles basicamente ganharam. E agora iriam vendê-la para uma multinacional norte-americana?"

"Foi nesse momento que decidiram derrubá-lo", diz Törnqvist. "Eles foram muito abertos em relação a isso... se permitirmos que isso aconteça, a Rússia vai desmoronar. As riquezas da Rússia vão parar em todos os lugares, e o povo russo não receberá nada."

Depois que os campos petrolíferos da Yukos foram apreendidos, a Gunvor estava à disposição para ajudar a vender o petróleo. A empresa, até aquele momento, negociava pouco petróleo, concentrando-se mais em produtos refinados. De repente, perguntaram a Törnqvist se ele poderia lidar com grandes volumes todos os meses. "Eu entendi que aquilo era uma chance única na vida", disse ele. "Liguei para o meu diretor financeiro, que disse: eu não sei como você vai fazer isso, mas você precisa ligar para o BNP Paribas e conseguir uma linha de crédito *imediatamente*."

Törnqvist diz que não foi o único trader que recebeu uma chamada à ação. Mas a Gunvor logo se tornou a principal parceira, manipulando, pela estimativa de Törnqvist, 60% das exportações marítimas da Rosneft em seu auge. Outros acordos se seguiram. Até então uma empresa pequena, a Gunvor de repente se tornou uma parte fundamental do mercado internacional de petróleo. Em 2008, quando os preços do petróleo dispararam acima de US$100 o barril e o controle de qualquer quantidade de petróleo era a chave para o sucesso, a empresa era a maior trader de petróleo russo, chegando a lidar com 30% das exportações marítimas do país.[42]

À medida que Vladimir Putin se tornava mais ousado no seu país e no exterior, a Gunvor era uma das principais empresas que trabalhavam nos bastidores para manter o petróleo russo fluindo para o resto do mundo. E a empresa colheu lucros enormes com esse trabalho. Durante anos, os seus primeiros lucros foram uma questão de especulação e conjecturas. Mas atualmente a Gunvor declara que, entre 2005 e 2009, teve um lucro médio anual de US$347 milhões.[43] Seu valor patrimonial subiu de US$254 milhões em 2005 para quase US$1,4 bilhão em 2009.

Como uma trader antes desconhecida conseguiu ganhar tanto dinheiro? Os lucros de Gunvor foram feitos às custas da petrolífera estatal russa? "A Rosneft, de repente, era dona da maior empresa de petróleo de lá... eles não tinham organização, não tinham nada. Como um trader, obviamente é lá que você quer estar. Então, será que você tira proveito da situação? É claro que sim", diz Törnqvist. "É assim que os traders são, sempre tentando estar no lugar certo para tirar proveito da situação. Então, eu não diria que nós estávamos nos aproveitando da Rosneft, e sim que vimos claramente uma oportunidade para nós durante aquela situação."

Mas as questões sobre como a Gunvor havia chegado a tal posição de destaque no setor de petróleo russo — uma alavanca fundamental do poder do Estado — e tão rapidamente, perduraram. O próprio Timchenko negou repetidamente que tivesse recebido quaisquer favores especiais graças ao seu relacionamento com o presidente russo.[44] Mas as suspeitas sobre essa conexão continuariam assombrando a Gunvor por anos — e, em última instância, forçariam um acerto de contas dramático.

Mais uma vez, a Rússia e o resto da antiga União Soviética entregaram grandes riquezas aos traders de commodities. Porém, ao contrário da década de 1990, dessa vez os lucros não se deviam ao caos de um sistema em colapso, mas à capacidade da região de aumentar a produção no momento em que a China e outros mercados emergentes clamavam por petróleo. A Mercuria e a Gunvor foram as duas vencedoras mais óbvias. No final desse período, elas estavam confortavelmente estabelecidas como a quarta e a quinta maiores traders independentes de petróleo do mundo. Nos dez anos até 2018, os lucros combinados das duas empresas totalizaram cerca de US$6,6 bilhões — sendo a maior parte disso acumulada por apenas seis indivíduos: Jankilevitsch, Smolokowski, Dunand, Jaeggi, Timchenko e Törnqvist.[45]

A história deles, assim como o programa Petróleo por Comida, era uma demonstração de como o aumento do preço do petróleo havia redesenhado os contornos da economia global, empoderando líderes autoritários ricos em petróleo e dando aos traders um papel influente na canalização do seu petróleo para o mercado.

Mas à medida que o boom das commodities foi acelerando, nem mesmo as riquezas naturais da antiga União Soviética foram suficientes para satisfazer o apetite do mercado por recursos. Os traders de commodities se voltaram, então, para uma nova fronteira, um continente que era uma das mais ricas fontes de recursos naturais do mundo, mas também uma das regiões mais difíceis para se operar: a África.

DEZ

DESTINO: ÁFRICA

Às 7h da manhã, a estrada que sai de Kolwezi já está engarrafada.

Em todos os pontos ao longo do caminho para fora da cidade, podem ser encontrados lembretes de que, neste planalto empoeirado no coração da África, é a indústria de mineração que reina. Fileiras de martelos e picaretas rudimentares são colocadas à venda na beira da estrada, tudo para equipar os homens e meninos com roupas enlameadas que se arrastam todos os dias até a periferia da cidade e começam a cavar com as mãos.

A estrada passa pelos imponentes prédios erguidos pelos colonizadores belgas que começaram a minerar nesta região em 1906. Depois, ela passa pelos frutos da indústria de mineração mais moderna: cassinos e restaurantes, todos com placas em inglês, francês e chinês, para ajudar os aventureiros que foram atraídos para Kolwezi a passar as longas noites e aliviar os maços de dólares em seus bolsos.

Ninguém aqui dirige à noite, que é quando as ruas são tomadas por gangues de motocicletas. E assim que chega a manhã, todos têm um lugar para estar: os caminhões carregados de metal e minério, os petroleiros transportando combustível ou ácido, os jipes transportando executivos e consultores estrangeiros.

Saindo de Kolwezi, a estrada atravessa o Lualaba, o maior afluente do poderoso rio Congo. E então, finalmente, o destino fica claro: uma colina se ergue ao longe, para a qual muitos dos caminhões se dirigem.

Esta é Mutanda, na República Democrática do Congo, uma das jazidas minerais mais ricas do mundo. Dentro dela há três enormes poços, cada um com 150 metros de profundidade, onde caminhões carregados de minério de cobre serpenteiam para cima e para baixo como formigas em um formigueiro.

O proprietário desse labirinto de atividades localizado em uma das fronteiras de mineração mais remotas e difíceis do mundo não é outro senão a Glencore.

Mutanda é um símbolo da luta pela África que tomou conta da indústria de recursos na década de 2000. À medida que o superciclo ganhava ritmo, mineradoras, companhias petrolíferas e traders não podiam mais ignorar as riquezas da África. Durante décadas, a maior parte do continente foi negligenciada pelas grandes empresas ocidentais como muito remota, muito subdesenvolvida e muito corrupta. Agora, eles estavam se atropelando uns aos outros para investir nele.

Na vanguarda, estavam traders de commodities como a Glencore. Elas compravam commodities africanas, investiam em minas como a de Mutanda e ajudavam a financiar governos africanos. Nesse processo, também apoiaram muitos líderes impopulares e autoritários, bem como forjaram novas conexões entre as commodities africanas e as fábricas chinesas, e entre cleptocratas africanos e contas bancárias em Londres e na Suíça.

Para a Glencore, que emergia da disputa por recursos como proprietária de Mutanda, a corrida pela África foi uma dádiva, mas também uma maldição. Seria o alicerce de boa parte das riquezas da empresa, mas também a origem da nuvem mais obscura a pairar sobre o seu futuro.

A maioria dos países africanos exporta commodities, e não muito mais do que isso.[1] E isso significa que as fortunas econômicas da África aumentaram e diminuíram de acordo com os mercados de commodities. As décadas de 1950 e 1960, quando muitas nações africanas conquistaram a independência das potências coloniais europeias, foram uma época de ouro para o continente. Após a Segunda Guerra Mundial, quando a Europa e a Ásia precisavam de commodities para sua reconstrução, os traders viajaram para a África em busca de cobre e outros metais.

Mas logo a dependência da África dos recursos naturais se tornaria um empecilho. Os baixos preços das commodities, má gestão, corrupção, guerras e o legado do colonialismo prejudicaram o desenvolvimento do continente durante grande parte das décadas de 1980 e 1990. Em 2001, o tamanho da economia da África subsaariana não era maior do que em 1981.[2]

Em grande parte, a produção de commodities do continente também caiu. Os preços baixos desencorajaram os investimentos; infraestruturas antigas não foram substituídas; diversas guerras devastaram minas, campos petrolíferos e fazendas; e a corrupção e a ditadura assustaram os financistas estrangeiros. O país que hoje se chama República Democrática do Congo era um dos maiores produtores de cobre do mundo, respondendo por mais de 7% da oferta global em 1975. Vinte anos depois, sua produção havia caído para apenas 0,3% do total mundial.[3] O Zimbábue deixou de ser um celeiro para se tornar um caso perdido. A Nigéria extraiu menos petróleo em 1999, quando a democracia havia retornado após décadas de regime militar cleptocrata, do que em 1979.[4] A África era, aos olhos de muitos investidores estrangeiros, "o continente sem esperança".[5]

Os traders de commodities, por sua vez, fizeram dinheiro na África mesmo durante os anos ruins: esse foi o período em que Marc Rich e John Deuss desafiaram o embargo da ONU para abastecer a África do Sul com combustível. Mas geralmente as traders concentravam a atenção em outros lugares. Com a produção de commodities caindo nas décadas de 1980 e 1990, não havia muito o que comprar na África. E com as atividades econômicas em queda, também não havia muito o que vender para a África.

Então, a partir do início dos anos 2000, o boom liderado pela China colocou os mercados de commodities de pernas pro ar, e a sorte do continente mudou drasticamente. As fontes tradicionais de oferta de commodities, como EUA, Canadá, Austrália, Oriente Médio e América Latina, não eram mais suficientes. Se o mundo precisasse de mais recursos naturais, a indústria precisaria viajar para mais longe. E a resposta foi a África. Os traders de commodities se apressaram, não apenas negociando com países africanos, mas investindo em minas, campos de petróleo e processamento agrícola.

Para a economia africana, novamente, as commodities foram uma dádiva. Em uma década de preços em alta de 2001 a 2011, a economia da África subsaariana quadruplicou de tamanho.[6]

O fluxo de dólares da venda de commodities enriqueceu uma geração de líderes africanos, enraizando elites políticas estabelecidas mesmo quando estas eram descaradamente corruptas ou amplamente impopulares. Os traders de commodities tornaram-se um elo fundamental em um novo recanto do sistema financeiro internacional, ajudando governos e políticos africanos a acessarem as reservas de dinheiro do Ocidente. Muitos logo manteriam o próprio dinheiro no Ocidente também, finalizando os detalhes de um acordo de commodities durante o dia antes de passar noites em Londres ou Paris.

Em um exemplo que veio a público graças a um caso anticorrupção dos EUA, de 2011 a 2015, a ministra do Petróleo nigeriano Diezani Alison-Madueke supostamente dirigiu contratos de petróleo para dois empresários locais, que a recompensaram financiando um estilo de vida luxuoso para ela e sua família. Eles lhe compraram presentes, incluindo várias propriedades em Londres e nos arredores, e equiparam as casas com milhões de dólares em móveis e obras de arte. Os dois empresários locais que receberam os contratos de petróleo não estavam interessados em trading, no entanto. Suas empresas simplesmente revendiam o petróleo para traders de commodities — principalmente a Glencore, que comprou US$800 milhões. Embora os EUA não tenham sugerido que a Glencore tenha feito algo errado, ficou claro que, sem o envolvimento de uma trader, não haveria dinheiro para financiar a suposta corrupção.[7]

As traders também se tornaram um importante canal para uma nova dinâmica na economia global: o aumento dos fluxos comerciais entre as nações de mercados emergentes que ignoravam completamente o Ocidente. O boom começou na China, então não foi surpresa que grande parte das commodities que as traders compravam na África ficassem por lá. Em breve, a China estaria seguindo o rastro das traders para fazer seus próprios investimentos diretamente na África, o início de uma nova fase de investimentos chineses que faria de Pequim um dos atores mais importantes em grande parte do continente africano.

Para as próprias traders, fazer negócios na África impunha certos desafios. Negociar no continente muitas vezes significava cruzar caminhos com ditadores brutais, políticos corruptos e magnatas locais gananciosos. Em muitos casos, a solução dos traders de commodities foi terceirizar os relacionamentos com chefões locais para uma equipe heterogênea de agentes, reparadores e consultores. Eram pessoas como Ely Calil, um dos mediadores mais proeminentes da região, cuja lista de contatos se estendia da Nigéria ao Congo, do Senegal ao Chade.

Em alguns casos, o papel desses consultores ou mediadores externos era extremamente simples: colocar uma camada de negação entre os traders de commodities, os subornos e outros pagamentos que precisavam ser feitos para manter o fluxo de petróleo e metais. "Não há como fazer negócios no Terceiro Mundo sem enriquecer os líderes governamentais", disse Calil. Ele explicou como a prática de molhar as mãos dos poderosos africanos foi evoluindo: "Você costumava dar a um ditador uma mala cheia de dólares; agora, você dava uma dica sobre ações ou comprava um conjunto habitacional do tio ou da mãe dele por dez vezes o valor."[8]

Em outros casos, o trabalho dos mediadores era mais mundano: lidar com logísticas complicadas em países africanos onde eles tinham mais experiência do que os traders para os quais trabalhavam, ou organizar uma rede superior de conexões para lidar com papeladas burocráticas e bloqueios de estradas.

Para a Glencore, na República Democrática do Congo, esse papel foi cumprido por um trader de diamantes israelense que havia estabelecido uma amizade improvável com o jovem presidente do país. Seu nome era Dan Gertler.

Com cerca de dois terços do tamanho da Europa Ocidental, a República Democrática do Congo contém uma das mais ricas extensões de minerais do mundo. Conhecido anteriormente como Zaire, e depois como Congo Belga, o país vem sendo, há um século, um dos mais importantes fornecedores de metais para o mercado internacional.

O urânio congolês de uma mina a cerca de oitenta quilômetros de Mutanda foi usado no Projeto Manhattan para produzir a primeira bomba atômica, lançada sobre Hiroshima nos últimos dias da Segunda Guerra Mundial. E o cobre congolês foi usado mais tarde para reconstruir o Japão e a Europa. O país também é rico em minerais que alimentam a vida contemporânea: cobalto, usado em baterias de alto desempenho, como as dos carros elétricos, e tântalo, usado em telefones celulares.

Mas em 1965, Mobutu Sese Seko chegou ao poder. Mobuto, um ditador cleptocrata que governaria o país por mais de três décadas, não perdeu tempo em nacionalizar a indústria de mineração. As riquezas minerais do Congo pagaram os caprichos extravagantes de Mobutu, como transformar a vila onde ele nasceu em um palácio de prazer vulgar que possuía uma pista que cortava a floresta, longa o suficiente para pousar o Concorde. À medida que os preços do metal caíram nas décadas de 1980 e 1990, a indústria de mineração do Congo caiu em desuso. Com suprimentos abundantes em outros lugares, mineradoras e traders internacionais simplesmente se retiraram para lugares onde era mais fácil fazer negócios.

Dan Gertler chegou à República Democrática do Congo (RDC) pela primeira vez em 1997, ainda com vinte e poucos anos, quando Mobutu foi deposto em um conflito sangrento.[9] Laurent-Désiré Kabila, o novo presidente da RDC, travava uma guerra brutal para consolidar seu poder, e estava desesperado por dinheiro.[10] Gertler viu aí uma oportunidade. Em agosto de 2000, sua empresa concordou em pagar US$20 milhões ao governo congolês em troca do monopólio das vendas de diamantes do país.[11]

Sua influência aumentou quando, em 2001, Laurent-Désiré Kabila foi assassinado por um dos próprios guarda-costas, e seu filho, Joseph Kabila, tornou-se o presidente. Gertler logo se tornou o confidente do jovem presidente. Os dois homens tinham a mesma idade. Gertler morava em Israel, mas voava toda semana para o Congo.

E ele estava pronto para ajudar tanto na política quanto nos negócios. Em meados dos anos 2000, atuou como intermediário entre Kabila e a Conselheira de Segurança Nacional dos EUA, Condoleezza Rice, quando o novo presidente congolês ainda estava se firmando no cenário internacional.[12] Por fim, Kabila foi convidado por George W. Bush para a Casa Branca em 2007.[13] O escritório de Gertler em Tel Aviv, que também funciona como um posto diplomático congolês, exibe fotos de Gertler e Kabila juntos, na casa dos vinte anos, ao lado de fotos aéreas da mina de cobre e cobalto que ele construiu com a Glencore.[14]

Não foi apenas com Kabila que Gertler cultivou um relacionamento. Ele também se tornou próximo de Augustin Katumba Mwanke, a eminência parda de Kabila e ex-governador da província rica em minerais de Katanga, onde está localizada a mina de Mutanda. Diplomatas norte-americanos, que descreveram Katumba como uma "figura obscura, e até mesmo nefasta", acreditavam que ele administrava grande parte da fortuna pessoal de Kabila.[15] O magnata levou Katumba e a esposa em uma viagem de iate pelo Mar Vermelho e os presenteou com uma apresentação do ilusionista Uri Geller, que, de acordo com a autobiografia autopublicada de Katumba, dobrava colheres. No livro, ele também conta como Gertler salvou sua vida ao contratar médicos para tratá-lo. "A partir de então, as ideias dele também se tornaram as minhas", escreveu Katumba. "Dan, meu amigo, meu irmão gêmeo, apesar de tudo que parece nos diferenciar, eu tenho orgulho de ser o irmão que você nunca teve."[16]

À medida que o boom econômico chinês aumentava a demanda por metais congoleses, Gertler estava perfeitamente posicionado. Ele se tornou o guardião das riquezas minerais do Congo assim que o mundo começou a experimentar uma escassez de commodities que não era vista desde a década de 1970. Ele foi além dos diamantes para começar a investir em outras commodities, como cobre, cobalto e petróleo. Em um e-mail para um parceiro de negócios em 2008, ele se gabou de que o Congo estava "em formação, e eu estou moldando-o como ninguém".

No mesmo e-mail, ele se gabava do próprio poder: "Facilitei sua entrada por um preço e em uma hora atraentes, sabendo que você enxerga que há algo maior em jogo aqui. O que é esse algo, ainda não foi determinado, mas é o seu parceiro aqui quem está segurando a caneta — só preciso de flexibilidade nesse quadro para criar um valor total para a nossa parceria."[17]

Gertler teve a oportunidade de redesenhar a paisagem da indústria de mineração congolesa no período que antecedeu as eleições presidenciais do país, em novembro de 2011. Kabila estava com pouco dinheiro e Katumba, seu braço direito, trabalhava fervorosamente para garantir uma vitória.[18] Mais do que qualquer outra coisa, ele precisava levantar dinheiro. O Estado congolês começou a vender participações em recursos minerais importantes por meio de uma série de negócios que só vieram à tona mais tarde. Os compradores eram veículos offshore que muitas vezes estavam ligados ao "irmão gêmeo" de Katumba, Gertler. Entre 2010 e 2012, o Africa Progress Panel, grupo liderado pelo ex-secretário-geral da ONU, Kofi Annan, estimou que o estado congolês havia recebido US$1,36 bilhão a menos do que deveria com a venda de participações em minas a preços baixos.[19]

Gertler rejeitou a sugestão de que os negócios foram feitos a preços abaixo do mercado, argumentando que ele deveria receber um prêmio Nobel pelo que fez no Congo.[20] "Começamos a investir nos primeiros dias, quando ninguém mais queria investir, quando o país estava em guerra e os preços do cobre e do cobalto estavam no fundo do poço", disse ele.[21] O governo dos EUA discorda. Em 2017, impôs sanções a Gertler, dizendo que ele se valera de sua estreita amizade com Kabila "para atuar como mediador na venda de ativos de mineração na República Democrática do Congo, exigindo que algumas multinacionais passassem por ele" para poder fechar acordos. O resultado, disse Washington, foram "centenas de milhões de dólares" em negócios de mineração e petróleo pouco transparentes e corruptos.[22] Gertler negou essas alegações, e um porta-voz afirma que todos os negócios no Congo foram legais e honestos, ressaltando que nada foi provado contra ele em um tribunal.[23]

As sanções contra Gertler estavam a mais de uma década de distância de quando Ivan Glasenberg se aventurou no Congo em busca de cobre. O chefe da Glencore foi atraído para o país em busca de riquezas, mas, no fim das contas, a associação com Gertler se tornaria a maior dor de cabeça da empresa.

Durante anos, a colina de Mutanda atraiu centenas de congoleses locais, que vinham cavar os veios de rocha esverdeada com pouco mais do que as próprias mãos. Eles não estavam organizados com nenhuma empresa; não possuíam equipamentos de segurança; e ninguém os regulamentava. Eles ficariam conhecidos, no jargão das ONGs contemporâneas, como "mineradores artesanais". Suas ferramentas eram primitivas: martelos, formões, picaretas e pás. Ainda assim, cavavam buracos profundos, com até setenta metros de profundidade, para alcançar os mais ricos e valiosos veios de minério.[24] Era um trabalho perigoso; todos os anos, dezenas morriam em operações semelhantes em todo o país. Mas, em um dos países mais pobres do mundo, as recompensas eram ótimas. Em um dia, um escavador poderia ganhar mais dinheiro do que um professor em uma semana. Para os mineradores artesanais, o minério de cobre e o cobalto eram a única fonte de renda em uma economia que, por sua vez, estava desolada.

Eles estavam ligados ao mercado internacional não pelas grandes traders, mas por pequenos intermediários indianos, libaneses e, posteriormente, chineses. Todas as noites, os garimpeiros vendiam a produção do dia para os intermediários, que se reuniam em um vilarejo agitado nos arredores de Kolwezi. No início dos anos 2000, um dos comerciantes mais bem-sucedidos era um libanês chamado Alex Hayssam Hamze. Seus traders compravam sacos do minério verde — chamado malaquita — que vinha de Mutanda, empilhavam-nos em caminhões e conduziam-nos por uma estrada esburacada até o fundidor mais próximo, onde poderiam ser transformados em cobre puro.

Um desses fundidores era de propriedade parcial da Glencore, a cerca de quinhentos quilômetros de distância e do outro lado da fronteira com a Zâmbia. A Glencore alimentava o fundidor com minérios das próprias minas da Zâmbia e qualquer outro material que pudesse comprar mais barato no mercado. As minas da Zâmbia produziam minérios excelentes. Mas quando os traders da Glencore viram os minérios que estavam vindo da fronteira do Congo, eles não conseguiram acreditar no que viam.

A pureza do minério congolês estava fora dos padrões, não apenas para o minério de cobre, mas também para o cobalto. O teor médio de minério do mundo para uma mina de cobre é de cerca de 0,6%. No Chile e no Peru, qualquer mina com teor médio de minério superior a 1% seria considerada excepcionalmente boa. Em seus primeiros dias, Mutanda tinha um teor médio de minério de cobre em torno de 3%.[25]

Os traders da Glencore pediram a Hamze para que lhes mostrasse a fonte desse minério espetacularmente rico em malaquita.[26] Assim, em 2006, Glasenberg viajou primeiro para Kolwezi e depois para a colina de Mutanda. Glasenberg, que se tornou CEO em grande parte graças à sua onda de compras de minas de carvão uma década antes, acreditava que o crescimento futuro da Glencore dependia da combinação de sua inteligência comercial tradicional com um império de mineração. Ele estava convencido de que o Congo era a oportunidade que ele vinha esperando.

Hamze evoluiu de um mero intermediário para um investidor de minas, adquirindo o controle da terra ao redor da colina de Mutanda. O timing foi impecável: ele criou a Mutanda Mining em maio de 2001, apenas algumas semanas antes de Mick Davis escrever seu memorando argumentando que os preços das commodities só poderiam subir. Quando Glasenberg chegou a Mutanda, Hamze precisava de um parceiro com solidez financeira e experiência para o desenvolvimento da mina. Glasenberg não perdeu tempo: em meados de 2007, comprou 40% de Mutanda e, com ela, o controle operacional, avaliado em cerca de US$150 milhões.[27]

Foi mais ou menos nessa época que Glasenberg conheceu Gertler, quando os dois se tornaram acionistas majoritários em outra mina perto de Kolwezi. Foi o início de uma relação que transformaria a economia do Congo.

Até então, a influência de Gertler sobre o setor de mineração congolês não era tão dominante. Ele já havia enfrentado a concorrência de outros negociantes e empresários. Mas Gertler e a Glencore, juntos, eram uma combinação formidável: a trader trouxe o poder financeiro e a influência de mercado, enquanto Gertler abriu as portas para os corredores do poder do Congo.

Em 2011, enquanto Katumba trabalhava para financiar a campanha de reeleição do presidente congolês, Gertler ingressou na Glencore como acionista de Mutanda. Em março, uma de suas empresas comprou uma participação de 20% na mina da mineradora estatal do Congo, a Gecamines. O preço, de apenas US$120 milhões, parecia incrivelmente baixo.[28] Os preços do cobre estavam altíssimos, e, quase exatamente ao mesmo tempo, um consultor de mineração contratado pela Glencore avaliou toda a mina em quase US$3,1 bilhões, sugerindo que o valor real da participação de 20% que Gertler havia comprado era de US$620 milhões.[29] Apenas alguns meses depois, a Glencore aumentaria a própria participação em Mutanda por um valor quatro vezes maior do que Gertler havia pago.[30]

Ao longo de mais de uma década, Gertler e a Glencore estiveram envolvidos em mais de uma dúzia de transações, no valor de mais de US$1 bilhão. A Glencore comprou participações nas minas de Gertler; forneceu-lhe centenas de milhões de dólares em empréstimos; e pagou-lhe royalties de cobre e cobalto originalmente destinados ao estado congolês. Gertler, por sua vez, tornou-se parceiro de negócios da Glencore, além de um conselheiro e um mediador no Congo. Durante anos, a trader não teve nenhum representante em Kinshasa, a capital, confiando em Gertler e sua equipe para lidar com as relações com o governo.[31]

Se a Glencore tinha dúvidas sobre entrar no negócio com Gertler, não as manifestou. "Seu envolvimento ajudou a atrair investimentos estrangeiros muito necessários para a RDC", disse Glasenberg em 2012.[32] Mas a reputação de Gertler como empresário envolvido em negócios obscuros no Congo já estava bem estabelecida, enquanto a Glencore negociava um acordo após o outro com ele.

Quando, no início de 2008, outro investidor da indústria de mineração congolesa buscou informações a respeito de Gertler, o relatório que recebeu de uma empresa de due diligence, divulgado em documentos legais posteriores, soou como uma advertência. Gertler mantinha "o que só pode ser descrito como sócios de negócios repugnantes", de acordo com o relatório que foi preparado para o Och-Ziff Capital Management, um fundo de hedge multibilionário dos EUA. Gertler, acrescentava o relatório, estava usando "sua significativa influência política" no Congo "para facilitar aquisições, resolver disputas e frustrar seus concorrentes".[33]

A Och-Ziff acabou pagando mais de US$400 milhões em setembro de 2016 para resolver um caso com os reguladores dos EUA que, entre outras coisas, envolvia seus acordos com Gertler no Congo.[34] No acordo de acusação deferido com o fundo de hedge, o governo dos EUA revelou a influência do magnata, alegando que Gertler, juntamente com outros, pagou mais de US$100 milhões em subornos a funcionários congoleses.[35]

Em fevereiro de 2017, alguns meses depois que os detalhes do caso Och-Ziff se tornaram públicos, Gertler trocou suas fichas. A Glencore comprou suas participações em suas duas principais minas no Congo. O preço foi de US$960 milhões.[36]

Os acordos congoleses pareciam ter sido um golpe para Glasenberg. Ele aproveitou a hesitação de outras grandes empresas em investir no Congo e estabeleceu uma grande posição para a Glencore, fazendo da empresa a líder no fornecimento de cobre e cobalto, dois metais usados em carros elétricos e baterias cujas perspectivas futuras pareciam brilhantes. Para Kabila, a aposta da Glencore no Congo também foi uma dádiva. A empresa havia liderado uma onda de investimentos no setor de mineração congolês e logo se tornou um dos maiores contribuintes do país.

Então, em 3 de julho de 2018, a festa acabou. A Glencore anunciou que havia sido intimada pelo Departamento de Justiça dos EUA em uma ampla investigação sobre corrupção e lavagem de dinheiro que incluía seus negócios no Congo desde 2007 — o ano em que investiu pela primeira vez em Mutanda e que começou a lidar com Gertler. O preço das ações da empresa despencou.[37]

A aventura africana de Glasenberg não era mais um triunfo de investimentos astutos, mas uma mancha no legado do chefe da Glencore.

Apesar dos perigos, a riqueza de recursos da África atraiu traders de commodities de todos os tipos.

A Trafigura, por exemplo, foi além de seu foco inicial na América Latina e na Europa Oriental e se lançou no continente em expansão. Em Angola, fez parceria com um ex-oficial do Exército, general Leopoldino Fragoso do Nascimento, popularmente conhecido como "General Dino".

Aliado próximo do presidente angolano José Eduardo dos Santos, o General Dino tornou-se acionista de duas das mais importantes subsidiárias da Trafigura — a Puma Energy, que detém terminais petrolíferos e centenas de postos de combustível na África e na América Latina, e o DT Group, uma joint venture focada principalmente em Angola.[38] Por meio do DT Group, a Trafigura e o General Dino entregaram uma grande parte das importações de combustível da Angola, gerando lucros de mais de US$500 milhões em seis anos, até 2018.[39]

Apesar de gostarem de se considerar os investidores mais astutos do planeta, alguns dos traders de commodities foram levados à África por um motivo familiar a qualquer um: o medo de ficar por fora. "Todo mundo estava na África. Portanto, temos que estar na África", diz Torbjörn Törnqvist, CEO da Gunvor, sobre aqueles dias.[40] Mais tarde, ele viria a se arrepender da incursão no continente.

Até a Cargill, cujas origens sóbrias no Centro-oeste a tornavam relativamente cautelosa pelos padrões da indústria, embarcou nessa. A venerável trader de grãos pareceria uma candidata improvável para se estabelecer como uma alternativa ao Banco Central de um país. Mas, no Zimbábue, foi exatamente isso que ela fez.

Em meados de 2003, o Zimbábue enfrentava uma crise financeira e econômica. Os supermercados de Harare, a capital, estavam vazios pela metade. A inflação estava fora de controle. O Banco Central do Zimbábue não conseguiu imprimir novas cédulas com rapidez suficiente para acompanhar as desvalorizações do dólar do Zimbábue, criando uma escassez de cédulas. As filas do banco se estendiam por vários quarteirões, e os correntistas ocasionalmente recorriam à violência.[41]

Para a Cargill, que entrou no setor de algodão no Zimbábue em 1996, isso significou uma séria dor de cabeça. A trader havia construído uma grande operação no Zimbábue, com várias fábricas de descaroçamento para separar a fibra de algodão de suas sementes, estações de compra em todo o país e contratos com 20 mil agricultores para comprar seus produtos.[42] Com o aumento da demanda chinesa por algodão, a Cargill precisava de todos os suprimentos que conseguisse obter. Mas a escassez de cédulas significava que ela não poderia mais pagar aos pequenos agricultores, que dependiam de dinheiro, pelo seu algodão.

Diante da tarefa impossível de comprar algodão sem cédulas, a Cargill encontrou uma solução inovadora: simplesmente imprimiria as próprias cédulas.

Assim, ela pediu a uma empresa local que imprimisse 7,5 bilhões de dólares zimbabuanos em cédulas de 5 mil e 10 mil, o que equivaleria a cerca de US$2,2 milhões. Para garantir as cédulas, ela depositou fundos em um banco local.[43]

Esse dinheiro à la *Banco Imobiliário*, que parecia com cheque, trazia o logotipo da Cargill Cotton e as assinaturas de dois de seus principais executivos locais. Não importava que as cédulas não levassem a assinatura do presidente do Banco Central do Zimbábue ou as cenas da vida selvagem que normalmente ilustravam as cédulas do país. Elas logo seriam aceitas junto com a moeda oficial do país nas lojas de Harare.

Em tudo menos no nome, a Cargill atuava como Casa da Moeda e Banco Central do país. A empresa publicou anúncios em um jornal local, instruindo os zimbabuanos de que as cédulas "devem ser tratadas como dinheiro".[44] Ela emitiu mais cédulas em 2004, com denominações de até 100 mil dólares zimbabuanos.

Na sede da trader, nos arredores de Minneapolis, os funcionários do setor financeiro brincavam, chamando as cédulas de "grana do Staley", em homenagem ao presidente-executivo da Cargill na época, Warren Staley. "Aquilo era tido como mais confiável do que a própria moeda do Zimbábue", diz David MacLennan, um dos sucessores de Staley.[45]

O dinheiro à la *Banco Imobiliário* não era brincadeira para a Cargill, no entanto. A empresa disse ao governo do Zimbábue, que em grande parte não tinha conhecimento da impressora paralela da Cargill, que estava ajudando o país aliviando a escassez de cédulas. Mas, para a trader, emitir o próprio dinheiro também era um negócio lucrativo. Executivos da Cargill disseram aos diplomatas dos EUA que estavam "fazendo fortuna" imprimindo as próprias cédulas.

A razão era simples. O Zimbábue sofria com uma hiperinflação, com os preços pagos pelo consumidor aumentando a uma taxa de cerca de 365% ao ano. Com as cédulas em falta, os destinatários do dinheiro de *Banco Imobiliário* da Cargill tendiam a gastá-lo em vez de levá-lo ao banco. Quando as cédulas finalmente chegaram ao banco, seu valor já havia sido corroído pela inflação, reduzindo drasticamente o pagamento real da Cargill em dólares. "Isso fazia do dinheiro à la *Banco Imobiliário* um negócio ainda melhor do que o algodão nesta economia bizarra", escreveu o vice-chefe da embaixada norte-americana em Harare, em um telegrama diplomático.[46]

À medida que o superciclo de commodities amadureceu, isso criou outras oportunidades para os traders de commodities inventivos na África. O boom elevou o crescimento econômico em todo o continente, criando uma classe média africana em franca expansão, que podia comprar carros, televisores e telefones celulares. E isso reformulou o papel da África no comércio global de commodities.

O negócio de comprar commodities na África e exportá-las para o mundo continuou a atrair traders para o continente. A África ainda era o que sempre foi — no jargão dos traders, um negócio "de origens". Origem, no caso, das matérias-primas para os mercados mundiais: ouro da África do Sul, café da Etiópia, petróleo bruto da Nigéria, cacau da Costa do Marfim e cobre da Zâmbia. Mas, ao mesmo tempo, um novo negócio surgiu — um negócio "de destino". À medida que a atividade econômica em todo o continente aumentava, aumentava também a demanda por commodities da própria África. A nova demanda redesenhou as cadeias de suprimentos: o óleo combustível saudita fluiu para as usinas de energia do Quênia; o trigo do Kansas chegou aos moinhos de farinha no porto tanzaniano de Dar es Salaam; o cobre peruano apareceu na Namíbia; e o arroz tailandês tornou-se um alimento básico na Nigéria.[47]

Uma razão pela qual tantos países africanos eram um destino de negócios atraente era que os regulamentos de qualidade costumavam ser muito menos rigorosos do que no mundo desenvolvido, permitindo que os traders fornecessem produtos que seriam considerados abaixo do padrão no Ocidente. Na Europa, os traders de petróleo não podem vender legalmente diesel com mais de dez partes por milhão (ppm) de enxofre, que é uma das causas de chuva ácida. Em algumas nações africanas, no entanto, eles podem vender o mesmo diesel com teor de enxofre de até 10 mil ppm sem violar as regras locais.[48] Sendo assim, os traders podem comprar cargas baratas de produtos refinados de baixa qualidade de refinarias pouco sofisticadas na América Latina e na Rússia, e enviá-las para a África.

Tomemos também o exemplo do cobre. Grande parte do minério de cobre do mundo contém uma pequena quantidade de arsênico, uma substância tóxica conhecida por seu uso como veneno de rato. Muitos governos tentaram abordar os riscos representados pelo arsênico na indústria do cobre, com regulamentações cada vez mais rígidas. O governo da China, por exemplo, proibiu traders e fundidores de importarem minério de cobre com teor de arsênico superior a 0,5%. Mas a Namíbia não tem restrições quanto ao teor de arsênico de suas importações de minério de cobre, tornando-se um destino útil para um trader experiente. Em meados dos anos 2000, a África, aos olhos dos traders, tornou-se um lugar para o qual as commodities que ninguém mais queria podiam ser escoadas. O continente não era apenas um fornecedor de último recurso, mas também um comprador de último recurso. E para os menos escrupulosos, tornou-se um verdadeiro lixão.

O sol estava se pondo sobre Abidjan, na Costa do Marfim, em 19 de agosto de 2006, quando um caminhão chegou à entrada de um depósito de lixo nos arredores da cidade. O local era um grande lixão rançoso a céu aberto chamado Akouédo, onde há décadas os moradores da capital comercial do país jogavam o lixo. Todos os dias, um batalhão dos moradores mais pobres da cidade descia até a extremidade para catar sucatas que poderiam ser vendidas.

O caminhão parou ao lado da pequena cabana de concreto que marcava a entrada do lixão. Ele passou por uma báscula para medir o tamanho da carga — 36,2 toneladas — e continuou até um canto do local reservado para resíduos "privados". Eram 19h06. Outros caminhões vieram na sequência.[49]

Na manhã seguinte, as pessoas que viviam nas aldeias em ruínas perto de Akouédo acordaram com um cheiro repulsivo de ovo podre.[50] Logo, milhares começaram a sentir sintomas semelhantes aos da gripe. Os caminhões continham um resíduo tóxico, tão nocivo que poucas empresas na Europa o tocariam.

A empresa responsável pelo transporte daquela carga para a Costa do Marfim foi a Trafigura.

O clamor internacional resultante faria com que a trader fosse criticada nos meios midiáticos e levada a tribunais em Londres e Amsterdã. Em última análise, o escândalo custou à empresa mais de US$200 milhões e arruinou sua reputação.

Os milhares de páginas de inquéritos e ações judiciais que se seguiram expuseram o funcionamento interno da indústria de trading de commodities a um escrutínio sem precedentes, reforçando a imagem pública dos traders como pistoleiros amorais. O escândalo também mostrou como a África se tornou um vale-tudo para as traders menos escrupulosas, um lugar onde havia poucas regras, e as que existiam podiam ser facilmente contornadas.

A incursão da Trafigura na África coincidiu com sua ascensão às grandes ligas do trading de commodities. Quando o boom começou, no início dos anos 2000, a empresa ainda estava enfrentando dificuldades. Mas, à medida que a demanda por commodities aumentou, os lucros também aumentaram. Em 2005, a Trafigura estava ganhando quase US$300 milhões e, em 2006, ganhou mais de US$500 milhões pela primeira vez. A empresa iniciante estava estabelecendo seu lugar como líder no trading de petróleo e metais ao lado da Vitol e da Glencore.[51]

Ainda assim, a Trafigura ainda mantinha a sensação de ser a desfavorecida da indústria de trading, sempre pronta para lutar para obter alguns dólares de lucro ou pular em um acordo pouco convencional. E assim começou a saga que terminou no lixão de Abidjan. No final de 2005, a petrolífera estatal mexicana Pemex havia se oferecido para vender uma carga incomum de coque de petróleo, uma forma de combustível que contém grandes quantidades de enxofre e outras impurezas, a um preço muito baixo. Os traders da Trafigura podiam sentir o cheiro do lucro. Em uma série de e-mails que circularam pela empresa, de Houston a Londres e Genebra, os traders se entusiasmaram com a oportunidade de ganhar dinheiro. "Isso é tão barato quanto qualquer um pode imaginar e deve render muito dinheiro", dizia um dos e-mails.[52]

A Trafigura entrou em ação. A Pemex era uma vendedora desesperada: estava sem espaço de armazenamento para o coque de petróleo e precisava de um comprador para um produto que tinha muito poucos mercados. A trader pensou que poderia garantir a carga, nas palavras de trader, "por uma pechincha".[53]

Se tudo corresse como planejado, a empresa ganharia US$7 milhões por carga.[54] Não se tratava de uma fortuna, mas ainda assim era um lucro decente.

Mas havia uma boa razão pela qual a Pemex estava vendendo o produto a um preço baixo. A remoção de enxofre do coque de petróleo, uma etapa necessária antes que o combustível seja utilizável, normalmente exige o seu processamento em uma unidade especializada de uma refinaria de petróleo — e isso é caro.

Existe outra maneira de remover o enxofre sem pagar uma refinaria para fazer o trabalho. Mas trata-se de um processo primitivo, que é proibido em grande parte do mundo ocidental. A razão é que esse processo alternativo, chamado de lavagem cáustica, produz um resíduo nocivo com cheiro forte e repugnante.

No entanto, era isso que a Trafigura estava planejando para as cargas extremamente baratas que estava comprando da Pemex. Foi mais difícil do que qualquer um na Trafigura poderia ter imaginado. Os traders primeiro tentaram encontrar um porto onde pudessem descarregar o coque de petróleo e realizar a lavagem cáustica. Mas todos os portos se negaram. Um trader informou aos colegas que os terminais norte-americanos e europeus "não permitem mais o uso de lavagens com soda cáustica, uma vez que as agências ambientais locais não permitem o descarte do cáustico tóxico após o tratamento".[55]

A Trafigura estava começando a ficar sem opções. Se não pudesse realizar a lavagem cáustica, a empresa seria forçada a revender o coque de petróleo para uma refinaria, o que provavelmente acabaria com qualquer lucro em potencial. Claude Dauphin, o incansável chefe da Trafigura, instruiu sua equipe a ser criativa.[56] Demorou algumas semanas, mas os traders chegaram a uma solução imaginativa. Em vez de enviar o coque de petróleo a um terminal para ser tratado, eles realizariam a lavagem cáustica a bordo do petroleiro que a transportava. Assim, pensaram eles, poderiam enviar os resíduos tóxicos para onde quer que encontrassem alguém disposto a aceitá-los.

A lavagem cáustica é um processo desagradável. Não só libera produtos químicos fétidos como a soda cáustica é altamente corrosiva. Assim, a melhor solução, pensou um dos traders, seria encontrar um petroleiro prestes a ser desmantelado e estacioná-lo na costa da África Ocidental. Seria possível? De forma barata? "Isso implicaria em você não querer um seguro...

e que você não se importaria caso o petroleiro afundasse", respondeu um despachante que atuou em nome da Trafigura.[57]

O navio kamikaze que os traders da Trafigura encontraram foi o *Probo Koala*. O petroleiro de 182 metros de comprimento já havia visto tempos melhores: construído em 1989, estava chegando ao fim da vida útil, com manchas de ferrugem aparecendo na pintura do casco.

Mas o *Probo Koala* foi capaz de fazer o trabalho. Em 15 de abril, o capitão do navio enviou uma mensagem por rádio para confirmar que a lavagem cáustica havia sido concluída. Ele foi instruído a bombear o resíduo tóxico para o tanque de resíduos da embarcação, usado em circunstâncias normais para coletar a mistura de petróleo, água e outros produtos químicos que sobraram da limpeza dos tanques do navio.

A essa altura, o navio estava flutuando perto de Gibraltar, com uma carga de coque de petróleo tratado que poderia ser vendido. Mas ele também carregava outra carga, esta mais desagradável, no tanque de despejo: 528 metros cúbicos de resíduo tóxico. A Trafigura ainda estava procurando uma maneira de descartar o resíduo. Nesse meio-tempo, não seria bom se o conteúdo se tornasse amplamente conhecido. "Por favor, não, repito, não divulgue informações sobre a presença do material", foi a instrução dada ao capitão.[58]

A Trafigura achou que havia encontrado uma solução, pois um terminal em Amsterdã estava disposto a ajudar no descarte dos resíduos. Então o terminal exigiu uma pequena fortuna pelo serviço. Sendo assim, o *Probo Koala* foi para a África. Em Lagos, a capital comercial da Nigéria, a Trafigura tentou novamente descarregar os resíduos tóxicos, mas, novamente, não conseguiu.[59]

Dentro da Trafigura, os ânimos estavam se agitando. Os traders estavam tentando encontrar um lugar para a carga há vários meses. Os e-mails que iam e voltavam entre os diferentes escritórios da Trafigura não estavam mais cheios de otimismo em relação ao acordo. Todos no departamento de petróleo, de Dauphin para baixo, estavam envolvidos na procura de uma solução. Nenhuma das ideias funcionou e, em meados de agosto, o

Probo Koala, ainda carregando os resíduos, estava perto de Abidjan. Aqui, a Trafigura finalmente encontrou uma empresa disposta a tirá-los de suas mãos. Seu nome era Compagnie Tommy.

Após o escândalo, a Trafigura colocou grande parte da culpa na Compagnie Tommy. A empresa da Costa do Marfim, segundo a Trafigura, produziu as suas licenças de funcionamento mediante solicitação e reconheceu "a necessidade de um tratamento correto e legal" dos resíduos.[60]

Mas a Compagnie Tommy não parecia ser uma empresa séria, e de fato não era. Ela só havia obtido uma licença para lidar com resíduos no porto de Abidjan em 9 de agosto, pouco mais de uma semana antes de assinar o contrato com a Trafigura.[61] Uma investigação oficial na Costa do Marfim concluiu que a rapidez com que a Compagnie Tommy obteve suas licenças era "preocupante e sugeria conluio fraudulento".[62]

Se isso não fosse suficiente para soar o alarme, o preço que a Compagnie Tommy cobrou para fazer o trabalho seria. Enquanto a empresa de descarte de resíduos de Amsterdã pediu quase US$700 mil, a Compagnie Tommy estava disposta a descartar os mesmos resíduos por apenas US$20 mil.[63]

A eliminação de resíduos tóxicos é um trabalho especializado, o tipo de coisa que leva os advogados de uma empresa a redigirem contratos legais enormes. No entanto, o contrato entre a Trafigura e a Compagnie Tommy, datado de 18 de agosto, tinha uma única página com apenas 108 palavras escritas à mão. Afirmava que, devido ao "cheiro forte do produto", eles planejavam "descarregar resíduos químicos em um local fora da cidade chamado Akouédo, que estava devidamente preparado para receber qualquer tipo de produto químico".[64]

Evidentemente, Akouédo era um lixão a céu aberto, de nenhuma forma preparado para lidar com resíduos tóxicos. Poucas horas após a assinatura do contrato, o primeiro caminhão chegou. Algumas horas depois disso, os moradores de Abidjan começaram a acordar com um cheiro pútrido. Então, a crise começou.

O escândalo logo se tornou uma questão existencial para a Trafigura. O governo da Costa do Marfim pediu ajuda internacional para lidar com o lixo tóxico. Dauphin, sentindo a magnitude da ameaça, voou para Abidjan para tentar acalmar as coisas. Em vez disso, no entanto, ele foi jogado na prisão, onde passaria os próximos cinco meses sob prisão preventiva. No ano seguinte, para garantir a libertação de Dauphin, a Trafigura pagou US$198 milhões ao governo da Costa do Marfim pelos custos de limpeza e compensação a mais de 95 mil vítimas que disseram ter adoecido. Mais tarde, a empresa pagaria mais 30 milhões de libras para resolver um caso contra ela no Reino Unido.[65] O estigma, contudo, permaneceria.

"Aquilo foi tão evidentemente estúpido", diz Mark Crandall, um dos cofundadores da Trafigura, que deixou a empresa pouco antes do escândalo.

Ele não acredita que alguém na Trafigura soubesse que a Compagnie Tommy despejaria o lixo tóxico em uma área urbana, mas isso dificilmente inocenta a trading house.

"Alguém deve ter dito... tudo isso parece um pouco desonesto, mas se nós não sabemos de nada a respeito, não podemos ser responsabilizados", afirma Crandall. "Se uma empresa recém-criada na Costa do Marfim disser: vou tirar essas coisas das suas mãos por menos dinheiro do que você acha que custa tratá-las, minha hipótese de trabalho seria... que eles estavam planejando carregar aquilo em uma embarcação e então jogar no mar."[66]

A Trafigura diz que aprendeu a lição com a crise. "A Trafigura expressou, e reitera, profundo pesar pelo impacto que o incidente causou, que foi tão real quanto perceptível", a empresa disse em um comunicado.[67] No entanto, José Larocca, que é hoje um dos três principais executivos da empresa e que esteve intimamente envolvido no caso do *Probo Koala*, acredita que o principal erro da empresa não foi como ela lidou com o lixo tóxico, mas, sim, como lidou com a atenção negativa da mídia que veio na sequência. "A mídia se articulou: era uma máfia", diz ele.[68]

ONZE

FOME E LUCRO

Wen Jiabao tentou parecer calmo. Era abril de 2008, e o primeiro-ministro chinês estava no comando da potência que mais crescia no mundo há meia década. Mas enquanto percorria os campos de trigo da província de Hebei, perto de Pequim, ele precisava convocar todos os seus poderes de liderança. "Com os grãos em nossas mãos, não há necessidade de pânico", disse ele a uma pequena reunião de agricultores e autoridades locais.[1]

O governo chinês estava no meio de uma campanha cada vez mais desesperada para aliviar os temores de uma escassez de alimentos. Durante semanas, os jornais chineses imprimiram fotografias de despensas estatais abastecidas com carne congelada, sacos de grãos e tonéis de óleo de cozinha. Agora, Wen insistia que os estoques de grãos da China eram suficientes para atender às suas necessidades. "Nós, chineses, somos completamente capazes de prover nossa própria alimentação", disse ele.[2] Internamente, no entanto, a liderança chinesa estava apavorada. O preço dos alimentos básicos vinha subindo desde 2006, impulsionado pela demanda da China e de outros mercados emergentes. Pela primeira vez em décadas, os agricultores do mundo foram incapazes de acompanhar o aumento do consumo de uma população global, que não apenas crescia rapidamente, como também enriquecia. Então, a partir do início de 2008, as principais regiões agrícolas do mundo foram atingidas por um período de mau tempo. Da Argentina ao Canadá, do Vietnã à Rússia, o tempo estava quente quando os agricultores precisavam que estivesse temperado, e seco quando precisavam que estivesse úmido.

Agora, os preços dispararam. Um alqueire de soja custava apenas US$5,40 em meados de 2006. Quando Wen estava visitando fazendas na província de Hebei, era mais que o dobro. O aumento nos preços do trigo, arroz e milho em todo o mundo foi igualmente dramático. Enquanto uma crise bancária ia tomando forma em Wall Street, uma crise alimentar estava se formando nas ruas de Dhaka, Cairo e Cidade do México.

O aumento dos preços dos alimentos foi o resultado de uma década de superciclo das commodities. E não era só com os alimentos. A demanda crescente reconfigurou o fluxo de petróleo em todo o mundo, abrindo os recursos minerais da África para novos investimentos e enchendo os bolsos de produtores e traders de commodities em todo o mundo. Nos primeiros anos do superciclo liderado pela China, a maioria das pessoas mal notou as mudanças que varreram os mercados de commodities. Mas agora o mundo dos traders de commodities havia colidido com o mundo dos cidadãos comuns, pois o custo dos bens do dia a dia disparou.

O impacto foi sentido quase imediatamente pelas pessoas mais pobres do mundo. Aquelas que já sofriam para poder comprar o suficiente para comer foram forçadas a uma fome ainda maior. O Programa Mundial de Alimentos, uma agência da ONU que apoia os mais pobres, quase ficou sem dinheiro e foi forçada a reduzir o tamanho das rações diárias que distribuía aos refugiados.[3]

Os traders de commodities estavam no olho do furacão. Apesar de toda a retórica, Wen estava longe de ter certeza de que a China conseguiria enfrentar a crise sem ajuda. Sua maior preocupação era a soja. Por muito tempo, Pequim insistiu na autossuficiência total da agricultura. Mas em meados da década de 1990, à medida que uma população cada vez mais rica e urbana exigia mais carne, ela reescreveu sua política para permitir a importação de soja para alimentar um número crescente de porcos e galinhas. No início, as importações chinesas de grãos passavam despercebidas. Mas então, assim como aconteceu com as outras commodities, o apetite da China disparou. Em 2008, suas compras representavam mais de 50% do comércio global de soja.

Confrontado com preços em espiral e uma população com medo de escassez, o primeiro-ministro da China se voltou para o único grupo de pessoas em quem se podia confiar para garantir o fornecimento de alimentos, independentemente do clima: os traders de commodities.

Pequim não precisou ligar para muitas empresas. Se a Vitol, a Glencore e a Trafigura eram as principais traders de petróleo e metais, o comércio de commodities alimentares era dominado por quatro empresas, conhecidas como "ABCD": Archer Daniels Midland, Bunge, Cargill e Louis Dreyfus. "Eu tinha que ir até lá", lembra Alberto Weisser, que na época era chefe da Bunge. "Trabalhamos sem parar com o governo chinês."[4]

A China não estava sozinha. À medida que uma nova onda de inflação de alimentos varria o mundo, governos ricos e pobres começaram a perceber que o aumento dos preços era uma ameaça não apenas ao desenvolvimento, mas também à segurança. "A fome maciça representa uma ameaça à estabilidade de governos, sociedades e fronteiras", disse Hillary Clinton, que foi secretária de Estado dos EUA de 2009 a 2013. "Segurança alimentar não é apenas sobre comida. É sobre segurança como um todo — segurança econômica, segurança ambiental e até segurança nacional."[5]

Em todo o Oriente Médio e Norte da África, onde o pão é o alimento básico para milhões, os presidentes se preocupavam com o preço do trigo. Na Arábia Saudita, o maior importador de cevada do mundo, o rei e sua comitiva estavam preocupados se teriam cevada suficiente para alimentar seus camelos. Na Ásia, os governos das Filipinas e do Vietnã estavam preocupados com o aumento desenfreado dos custos do arroz.

Os traders de commodities não estavam apenas transportando carregamentos de grãos ao redor do mundo para satisfazer as necessidades de políticos ansiosos. A sua posição no centro do comércio internacional conferia-lhes uma visão inigualável do estado cada vez mais frágil da economia mundial. Ao mesmo tempo em que aconselhavam governos e vendiam commodities em todo o mundo, os traders também faziam apostas massivamente lucrativas na direção futura dos mercados.

Era uma época em que milhões de pessoas estavam passando fome, quando a crise bancária desencadeou o caos nos mercados financeiros e o mundo experimentou sua recessão mais profunda em algumas gerações.

Mas, para os traders de commodities, este seria o período mais lucrativo que eles haviam presenciado até então.

De seus escritórios em uma ruela arborizada de Genebra, os traders da Cargill examinavam com interesse crescente o caos que engolia a economia global. Desde que John H. MacMillan Jr. estabeleceu a Tradax como braço internacional da empresa em Genebra em 1956, a unidade se tornou a espinha dorsal da Cargill. As informações fluíam dos escritórios da empresa em 70 países ao redor do mundo para os traders em Genebra, que por sua vez as utilizavam para fazer apostas nos mercados globais de commodities.

Os traders haviam entendido o quão valioso poderia ser o insight do negócio de trading físico da Cargill desde os dias do Grande Roubo de Grãos, quando a empresa teve uma pequena perda em seus negócios com a União Soviética, mas os traders em Genebra fizeram fortuna com suas apostas de que os preços subiriam. Daquele ponto em diante, um silêncio cairia sobre o pregão de Genebra sempre que os soviéticos os convocassem para negociar. Um trader sussurrava para outro, "o urso está no telefone", e todos saberiam que era hora de comprar futuros de grãos, antecipando um disparo nos preços.[6]

Em 2008, a operação da Cargill em Genebra era uma máquina bem lubrificada, sintetizando informações e ajustando posições de negociação com muita facilidade. E assim, enquanto os executivos da Cargill eram enviados para tranquilizar os governos em pânico sobre o estado do abastecimento global de alimentos, os traders em Genebra estavam usando essas informações para formar um cenário da saúde geral da economia global. Logo, eles perceberam que ela estava funcionando a todo vapor. A expansão maciça na década anterior elevou os preços das commodities a valores recordes, mas agora eram esses preços que estavam prejudicando a economia global. O aumento dos preços da gasolina fez com que os motoristas ficassem em casa; os preços elevados dos alimentos forçaram as famílias a reduzir as compras; e as margens de lucro dos fabricantes foram corroídas pelos altos preços dos metais. Acrescente isso à crise nos mercados de crédito que, na primavera de 2008, estava colocando em risco o setor bancário global, e o boom econômico estava rapidamente se revertendo. Os traders da Cargill seguiram a escola de Andy Hall do trading de commodities: tranquilos e despretensiosos, mas autoconfiantes o suficiente para apostar grandes somas do dinheiro de sua empresa. Tantos deles vieram da Holanda ou do Reino Unido que as piadas do escritório se referiam a eles como a "máfia holandesa" e a "máfia britânica". Agora, cada vez mais certos de que a economia global estava pronta para uma forte recessão, eles começaram a fazer apostas substanciais nos mercados futuros de que os preços do petróleo e as taxas de embarque estavam prestes a cair. No início, as apostas — posições de venda, no jargão do mercado — perderam dinheiro à medida que os preços continuaram subindo. Mas os traders não desanimaram. E logo eles se provaram certos: em setembro, a Lehman Brothers entrou com um pedido de falência, provocando uma drástica perda de confiança nos mercados financeiros. De um pico no verão, os preços das commodities despencaram quando ficou claro que o mundo estava caminhando para uma recessão. O petróleo, que havia sido negociado a US$147,50 o barril no início de julho, caiu para US$36,20 no final do ano. Os preços da soja atingiram um pico acima de US$16 por bushel, antes de cair para menos da metade desse nível.

A Cargill nunca disse nada publicamente sobre os negócios especulativos, nem revelou quanto dinheiro ganhou com eles. Mas, de acordo com duas pessoas com conhecimento direto deles, a empresa faturou mais de US$1 bilhão entre o final de 2008 e o início de 2009 com suas posições de venda em petróleo e frete.[7] Foi uma demonstração da facilidade com que, para a maior trader de commodities agrícolas do mundo, a turbulência que abalava os mercados globais poderia ser transformada em lucro.

A especulação sempre foi um elemento central do trading de commodities, embora ao longo dos anos muitas traders tenham negado que seu negócio envolvesse apostar na direção futura dos preços. De todas as empresas, no entanto, são as traders agrícolas cujo modelo de negócios tradicionalmente se baseia mais na especulação. Isso pode não ser surpreendente: as traders agrícolas já tinham décadas de negociação nos mercados futuros de Chicago, que haviam sido fundados no século XIX, antes mesmo de existir um mercado futuro de petróleo.

Mas isso também se dava em função da estrutura diferente dos mercados de commodities agrícolas. No caso do petróleo ou dos metais, existem alguns fornecedores-chave — agências governamentais de países ricos em petróleo e grandes empresas de petróleo e mineração. Isso significa que, para as traders de petróleo e metais, conseguir contratos grandes e favoráveis com essas organizações é uma das chaves para o sucesso. Mas também significa que ser uma trader, por si só, não confere uma vantagem informacional tão grande.

As traders de commodities agrícolas, por outro lado, compram de milhares de agricultores individuais. Isso dificulta o trabalho delas, mas também oferece uma oportunidade: lidar com tantos agricultores implica um acesso a informações valiosas. Muito antes de o conceito de "big data" se tornar popular, as traders agrícolas estavam colocando-o em prática, agregando informações de milhares de agricultores para obter uma visão em tempo real do estado dos mercados. A cada mês, quando o Departamento de Agricultura dos EUA publicava sua atualização sobre as principais culturas do mundo, os traders das empresas agrícolas podiam apostar com quase 100% de certeza que estavam certos. Na maioria das empresas, havia um grupo de traders cujo único trabalho era especular lucrativamente com o seu dinheiro — eles eram conhecidos como traders proprietários, ou traders "prop".

"Em todas as empresas para as quais trabalhei, a maior parte do dinheiro foi feito com prop trading", diz Ricardo Leiman, trader agrícola de formação que trabalhou para a Louis Dreyfus e depois se tornou CEO do Noble Group e da Engelhart Commodities Trading Partners.[8]

Não foram apenas as traders agrícolas que ganharam dinheiro especulando quando os preços das commodities dispararam e depois caíram em

2008-09. Algumas tradings estavam mais confortáveis com a especulação do que outras. Mas, em maior ou menor grau, todos elas especularam — seja por meio de uma mesa proprietária dedicada, seja escolhendo quando e como proteger suas commodities, ou simplesmente fazendo negócios nos mercados físicos que valeriam a pena se os preços se movimentassem como o esperado. "Somos especuladores", diz Mark Hansen, executivo-chefe da Concord Resources, uma trader de metais. "Não pediremos desculpas pelo fato de fazermos negócios especulativos. As piores coisas que aconteceram nesta indústria aconteceram quando as pessoas fingiram que não havia um elemento especulativo no que estavam fazendo."[9]

Nem todas as apostas especulativas dos traders foram bem-sucedidas. Enquanto os preços despencavam em 2008, por exemplo, a Glencore perdeu dinheiro especulando no mercado de alumínio.[10] Mesmo a maior trader de metais do mundo não conseguia acertar no mercado todas as vezes.

Mas, em geral, o final da década de 2000 foi um período de expansão para a especulação. E a corrida dos traders de commodities não terminou em 2009. Embora a economia global tenha sofrido um duro golpe com o colapso de alguns dos maiores bancos, o principal motor do superciclo de commodities — a China — se recuperou rapidamente, graças a uma enorme onda de estímulos de gastos por parte do governo chinês. Os preços das commodities voltaram a subir rapidamente e, em 2010, estavam alcançando novos patamares.

Mais uma vez, os mercados de alimentos foram atingidos por um mau tempo. Desta vez, foi a Glencore que usou sua posição no centro de um fluxo de commodities politicamente sensível para obter um efeito lucrativo. A empresa estava no comércio de grãos desde que a Marc Rich + Co havia comprado uma trader holandesa, a Granaria, em 1981. Na década de 1980, ela era uma importante fornecedora de grãos para o Bloco Comunista. Desde o colapso da União Soviética, no entanto, os países da região tornaram-se grandes exportadores de commodities agrícolas — particularmente trigo, que era enviado da estepe cazaque e da bacia russa do Volga para o mundo por intermédio de portos no Mar Negro.

A Glencore mantinha boas relações na antiga União Soviética e, no final dos anos 2000, era a maior exportadora de trigo da Rússia, comprando de agricultores de todo o país. Sendo assim, seus traders estavam bem preparados para reagir rapidamente quando uma seca devastou a principal região de crescimento da Rússia no verão de 2010.

O mercado de trigo já começava a temer que o governo russo, preocupado com os preços internos, pudesse impor restrições às exportações de grãos, como havia feito alguns anos antes. Então, a Glencore interveio. Em 3 de agosto, Yury Ognev, chefe dos negócios de grãos russos da trading house, foi à TV para encorajar publicamente tal movimento. Mas Ognev não estava apenas pedindo algumas restrições às exportações — ele estava pedindo por uma interdição total. "Do nosso ponto de vista, o governo tem todos os motivos para interromper todas as exportações", disse ele.[11] Seu vice enviou um e-mail aos jornalistas com a mesma mensagem.[12]

Se o governo russo estava lutando para decidir como responder à crise, a Glencore tinha acabado de dar a cobertura política necessária para uma tomada de decisão. Dois dias depois, em 5 de agosto, Moscou seguiu o conselho de Ognev e impôs uma proibição das exportações, elevando em 15% do preço do trigo em apenas dois dias.

Por que a Glencore, uma empresa cujos negócios se beneficiaram de forma espetacular da expansão do trade irrestrito em todo o mundo, exigiria uma medida tão retrógrada? A empresa se distanciou dos comentários de Ognev, dizendo que ele e seu vice não falavam em nome da Glencore. Alguns traders rivais especularam que a Glencore esperava usar a proibição das exportações como desculpa para conseguir sair de contratos onerosos.

O que eles não sabiam era que, nas semanas anteriores a Ognev e seu vice se manifestarem a favor da proibição da exportação de grãos, a Glencore vinha apostando discretamente que os preços dos grãos subiriam. Percebendo a gravidade da situação na Rússia, os traders da empresa compraram futuros de milho e trigo em Chicago — "going long", na linguagem dos traders — colocando-se em uma posição lucrativa no caso de os preços dispararem.

A negociação nunca teria se tornado pública se não fosse a decisão da Glencore de lançar suas ações em Londres no ano seguinte. Enquanto informava os banqueiros cujo trabalho era persuadir os investidores a comprar as ações da Glencore, a trading house se gabava de sua visão de mercado superior. A Glencore recebeu "relatórios muito oportunos dos ativos agrícolas da Rússia de que as condições de cultivo estavam se deteriorando violentamente na primavera e no verão de 2010, à medida que a seca se instalava no país", de acordo com o relatório de um banco baseado em reuniões com executivos da Glencore. "Isso a colocou em posição de fazer prop tradings do trigo e do milho comprados."[13]

Entre junho de 2010 e fevereiro de 2011, o preço do trigo mais que dobrou. A Glencore estava perfeitamente posicionada para lucrar com a crise que havia ajudado a provocar. A unidade de trading agrícola da empresa registrou lucros de US$659 milhões em 2010, o melhor ano que já teve e bem acima dos lucros dos traders de petróleo e carvão da Glencore combinados.[14]

É claro que a seca devastaria a safra russa, independentemente das declarações da Glencore ou da decisão de Moscou de impor uma proibição. Mas a proibição desencadeou um efeito cascata que teve amplos desdobramentos para uma região que dependia do trigo russo mais do que qualquer outra: o Oriente Médio.

À medida que a Rússia se tornou uma exportadora de trigo mais importante, as nações consumidoras de pão no Oriente Médio e no Norte da África tornaram-se seus clientes mais importantes. Em 2010, o Egito estava comprando metade de seus suprimentos da Rússia. Assim, a notícia de uma proibição das exportações russas colocou os governos da região em pânico.

As traders fizeram o possível para oferecer garantias, redirecionando grandes volumes de trigo francês e norte-americano para a região. No entanto, a reação assustada dos governos foi redobrar a compra de trigo, aumentando a demanda pelo grão no momento em que a oferta estava particularmente apertada. Essa compra apavorada elevou ainda mais os preços, exacerbando a insatisfação que vinha se formando no Oriente Médio e no norte da África há anos. A região já sofria de altos índices de desemprego, corrupção e falta de liberdade política. Sua população mais jovem clamava por reformas.

Quando, em dezembro de 2010, um jovem vendedor de frutas tunisiano se encharcou de gasolina e se incendiou em protesto contra a burocracia corrupta de seu país, iniciou-se uma cadeia de eventos que reformulou a história do Oriente Médio. Em poucos meses, movimentos de protesto arrancaram do poder ditadores vitalícios na Tunísia, Egito e Iêmen. A guerra civil que derrubaria Muammar Gaddafi havia começado na Líbia; também foi o início dos protestos na Síria, que levariam a um dos conflitos mais longos e sangrentos da história da região.

A série de revoluções logo ficaria conhecida como a Primavera Árabe. E o aumento da inflação de alimentos em 2010 foi uma das faíscas que ajudaram a desencadeá-la. "Eu não diria que aqueles eventos foram causados pelos alimentos, mas isso certamente fazia parte da equação", afirma Ian McIntosh, CEO da Louis Dreyfus até 2020. "A maneira mais fácil de se criar problemas políticos é ter pessoas famintas".[15] Mais uma vez, um aumento no preço dos alimentos ajudou a lançar a vida de muitas das pessoas mais pobres do mundo no caos; e mais uma vez, para as traders de commodities, isso foi uma oportunidade lucrativa para a especulação.

Para as traders, esse período culminante do superciclo trouxe lucros em uma escala sem precedentes. A Cargill, a essa altura líder incontestável no quesito trading de commodities agrícolas, sintetizou a escala desse golpe de sorte. Em 2000, seus lucros líquidos haviam sido de pouco menos de US$500 milhões. Quando o superciclo ganhou força em 2003, esses lucros ultrapassaram US$1 bilhão pela primeira vez, e US$2 bilhões dois anos depois. E em 2008, enquanto os traders da Genebra apostavam oportunamente em um colapso econômico global, a empresa obteve lucros recordes de quase US$4 bilhões.

Para toda a indústria de trading de commodities, foi uma época de negócios espetacularmente lucrativos. Na década até 2011, as maiores trading houses de petróleo, metal e agricultura do mundo — Vitol, Glencore e Cargill, respectivamente — tiveram um lucro líquido combinado de US$76,3 bilhões (ver tabela no Apêndice ii). É uma quantia surpreendente de dinheiro — dez vezes o lucro que as traders estavam gerando na década de 1990.[16] Foi mais do que a Apple ou a Coca-Cola fizeram no mesmo período.[17] E teria sido dinheiro suficiente para comprar gigantes norte-americanas, como a Boeing ou a Goldman Sachs.[18]

Mesmo ajustado pela inflação, este foi de longe o período mais lucrativo que o setor já viu na história contemporânea, superando os anos selvagens da década de 1970, quando traders como a Philipp Brothers e a Marc Rich faturaram centenas de milhões de dólares no mercado de petróleo, e a Cargill e a Continental com os grãos. E esse lucro foi acumulado por apenas um pequeno punhado de pessoas. A Cargill ainda era propriedade das famílias Cargill e MacMillan, que agora contavam quatorze bilionários — mais do que qualquer outra família no mundo, excluindo a realeza.[19] A Glencore, a Vitol e a Trafigura ainda eram de propriedade de seus funcionários, o que significa que a bonança do trading de commodities fez de alguns altos executivos pessoas fantasticamente ricas. Nem todos os lucros de traders no período vieram da especulação nos mercados futuros. O aumento dos preços também significava que seus investimentos em minas, refinarias de petróleo, currais e outros ativos gerariam retornos descomunais. E os mercados voláteis da época criaram diversas maneiras de se extrair dinheiro das commodities.

À medida que a demanda por commodities despencou no despertar da crise financeira, traders de petróleo como a Vitol fizeram fortuna comprando petróleo indesejado e armazenando-o — uma versão dos negócios que Andy Hall havia feito quase vinte anos antes. Era um trade muito lucrativo, que eles repetiam toda vez que o mercado estivesse com excesso de oferta — principalmente em 2020, quando a pandemia do coronavírus começou. Os traders de alumínio também estavam obtendo lucros enormes canalizando o metal excedente para os armazéns. "Tirávamos o melhor da situação todos os dias", lembra um dos principais traders de alumínio a respeito de seus lucros naquele período.[20]

As traders de commodities estavam desfrutando de uma fartura, mas, para um mundo que padecia de fome e recessão, seu sucesso era uma afronta. Era apenas uma questão de tempo até que os enormes lucros das traders fizessem delas alvos de políticos atrás de bodes expiatórios.

Ativistas que perguntavam quem era o responsável pelas oscilações no preço dos bens básicos logo voltariam sua ira para os especuladores — entre eles, os traders de commodities. "Os especuladores de petróleo estão ganhando dinheiro apostando contra os consumidores norte-americanos nos postos de gasolina", reclamou Nancy Pelosi, presidente da Câmara dos Deputados dos EUA.[21]

A partir daí, era apenas um pequeno passo para exigir uma regulamentação maior da indústria de trading. "Como os traders continuam a exercer uma grande influência sobre o sistema alimentar global, eles devem assumir a devida responsabilidade", disse Jeremy Hobbs, diretor-executivo da Oxfam.[22]

Não foi a primeira vez que as traders chamaram a atenção dos políticos. Na década de 1970, quando os preços dos grãos e do petróleo dispararam, a primeira reação foi pressionar por mais informações sobre os mercados que na época eram inescrutáveis para qualquer um, menos para os próprios traders de commodities. Mas a pressão por informações melhores fez pouco para abordar a regulamentação real das atividades dos traders de commodities. Uma segunda pressão veio em meados da década de 1990, depois que Yasuo Hamanaka, trader de cobre da Sumitomo, uma empresa japonesa, perdeu mais de US$2 bilhões em uma série de acordos que seus empregadores disseram não ter sido autorizados.[23] O escândalo envolveu todo o mercado de cobre, desencadeando uma série de ações judiciais e levando um consórcio de reguladores de dezesseis países a procurar mais uma vez por maneiras de melhorar a regulamentação dos mercados de commodities.

"A natureza cada vez mais global da precificação, produção, armazenamento e entrega de commodities, bem como o tratamento regulatório diversificado desses mercados, aumentou o potencial de integridade do mercado e também questões de confiança", disseram os reguladores após um encontro em Tóquio, em 1997. "Em mercados de entrega física com oferta finita, a informação é uma ferramenta crítica para mantê-los justos e ordenados e garantir a sua integridade."[24]

Em 2008, no entanto, como mostraram as apostas durante a crise alimentar, as melhores informações ainda estavam nas mãos dos traders de commodities. Embora tivessem começado a reconhecer a importância dos mercados físicos, os governos fizeram muito pouco para regulamentar as atividades das traders. No auge do boom das commodities, a agência reguladora do Reino Unido, a Financial Services Authority, foi questionada pelos legisladores britânicos quanto ao motivo de os preços estarem tão altos e sobre como ela estava supervisionando o mercado. Em um memorando aos parlamentares, a FSA explicou em termos surpreendentemente contundentes: "Não regulamentamos o trading físico (spot) das commodities subjacentes."[25]

Mas será que a especulação dos traders realmente foi responsável pelo superpico nos preços das commodities? A resposta é quase certamente que não. Não há dúvida de que os traders de commodities podiam influenciar os preços, e que o fizeram ao longo da história. Como compradores e vendedores de última instância do mercado, muitas vezes eles estavam envolvidos nas negociações para o barril marginal de petróleo ou o bushel de trigo que definiam o preço. E, enquanto os grandes produtores e consumidores tendiam a usar principalmente contratos de longo prazo, os traders de commodities eram mais ativos nos mercados spot, onde os preços de referência utilizados por todos eram definidos.

É evidente que eles também podiam manipular os preços — principalmente ao comprar ações físicas de uma commodity e acumulá-las, tentando, dessa forma, elevar os preços. Nos mercados de metais, as primeiras grandes curvas começaram em 1887, apenas alguns anos após a fundação da London Metal Exchange; já na década de 1980, eram uma ocorrência bastante regular.[26] Mas era uma verdade amplamente reconhecida que seria um desafio para qualquer trader, não importa o quão grande fosse, empurrar o preço em uma direção por muito tempo, se os fundamentos de oferta e demanda ditassem que ele deveria se mover na direção oposta. Era algo que Marc Rich havia aprendido a seu próprio custo, com seu comércio equivocado de zinco em 1992.

Na década de 2000, os mercados para a maioria das commodities eram muito maiores e tinham mais participantes, o que significava que encurralar uma fatia significativa das ações globais era financeiramente inviável, mesmo para as maiores traders. Certamente, em alguns recantos do mercado, ainda ocorriam apertos e outras distorções. Mas estes tendiam a se limitar a locais específicos ou a subcategorias de produtos e não duravam muito. Em 2010, por exemplo, uma trader comprou quase todos os estoques disponíveis de cacau de uma só vez, ajudando a elevar o custo da commodity usada para fazer chocolate para uma alta de 33 anos, o que fez com que ganhasse o apelido de "Chocfinger".[27] Mas nem mesmo a Chocfinger conseguia mudar o clima, e o mercado logo voltou à realidade quando a Costa do Marfim, o principal produtor de cacau do mundo, produziu uma colheita que não foi tão pequena quanto se temia.

Era tentador culpar os especuladores de commodities pela crise alimentar — no decorrer da história, quando os preços das commodities subiam, os políticos encontravam um bode expiatório fácil nos especuladores. Em 301 d.C., o imperador romano Diocleciano impôs um teto aos preços de centenas de mercadorias em resposta à "ganância" que "delira e arde e não impõe limites a si mesma".[28] Em 1897, o Reichstag da Alemanha proibiu a negociação de futuros de trigo depois que uma colheita desastrosa fez os preços dispararem.[29] E na década de 1950, os políticos dos EUA proibiram a negociação de futuros da cebola, proibição esta que vigora até hoje.[30]

Novamente, como os preços das commodities dispararam, caíram e depois dispararam novamente entre 2007 e 2011, houve uma discussão calorosa sobre o papel dos especuladores financeiros nos mercados. Estudiosos, pesquisadores, traders e banqueiros apresentaram argumentos a favor e contra. Enquanto a maioria acreditava que os especuladores financeiros poderiam ter amplificado as oscilações de preços de curto prazo, até mesmo ajudando a inflar algumas bolhas,[31] na maior parte das vezes eles argumentaram que os fatores de oferta e demanda foram a principal razão para as movimentações nos preços.[32] Os acadêmicos encontraram algum apoio para essa conclusão em um nicho obscuro da economia global: o preço de algumas matérias-primas que não eram negociadas nos mercados financeiros, como a serapilheira, o couro e o sebo, subiram junto com o preço daquelas que eram negociadas em bolsas, sugerindo que o investimento financeiro teve pouco efeito sobre os preços das commodities.[33] O FMI concluiu que "as pesquisas recentes não oferecem fortes evidências de que a financeirização do mercado de commodities tenha tido efeitos desestabilizadores óbvios".[34]

Mas há uma maneira pela qual as traders de commodities tiveram alguma responsabilidade pelo aumento nos preços dos alimentos em 2008, e novamente em 2010. Por décadas a fio, uma trader em particular vinha promovendo uma política que exacerbava o aperto no abastecimento global de alimentos. Foi uma aula magistral sobre a capacidade das traders de exercerem influência política — mesmo dentro da Casa Branca. E no final da década de 2000, suas consequências foram sentidas em todo o mundo; à medida que os preços dos alimentos subiam, milhões passavam fome e as revoltas varriam o Oriente Médio.

A política era o uso do etanol — um tipo de álcool derivado de grãos ou açúcares — para abastecer os carros. Não era uma ideia nova: o etanol era usado como combustível desde os primórdios do automóvel. O inventor alemão Nikolaus Otto usou etanol para alimentar uma versão inicial de seu motor de combustão interna, e Henry Ford projetou seu popular carro Modelo T em 1908 para operar com etanol.[35] Mas logo o etanol perdeu terreno como combustível para a gasolina e o diesel.

A ideia de obrigar o uso do etanol derivado do milho em carros começou a ganhar força durante a crise do petróleo da década de 1970 e, nas quatro décadas seguintes, ganhou cada vez mais apoio. Algumas traders estavam preocupadas com o impacto desse desvio maciço de suprimentos globais de alimentos para produzir combustível. Warren Staley, presidente-executivo da Cargill até 2007, argumentou que a promoção do etanol poderia acabar tirando a comida da boca das pessoas. "O mundo terá que fazer escolhas", alertou.[36]

Mas havia uma trader que não estava nem um pouco preocupada; na verdade, ela fez do etanol a peça central de sua estratégia por quatro décadas. Essa empresa era o "A" do ABCD: a Archer Daniels Midland, ou ADM. Sua história é um testemunho do fato de que as traders de commodities são muitas vezes tão influentes nas capitais ocidentais quanto nos países em desenvolvimento. A ADM era uma processadora de grãos de médio porte de pouca importância até que, em 1970, nomeou Dwayne Andreas como seu executivo-chefe. Andreas, que se formou na Cargill, era um dínamo diminuto. Com a compleição de um jóquei e olhos que brilhavam sob sobrancelhas espessas, ele era um mestre da manipulação, que via políticos e governos como brinquedinhos de empresas como a sua própria.[37]

À frente da ADM, Andreas passou a usar suas conexões políticas para fazer lobby para a indústria do etanol. Sob o regime de Andreas, a ADM investiu dólares de lobby para políticos que defendiam incentivos fiscais e garantias de empréstimos para a indústria de etanol. Entre os alvos do lobby de Andreas se encontrava Bob Dole, que concorreria como candidato republicano à presidência em 1996.

Até o presidente dos Estados Unidos estava na sua mira. Andreas entregou pessoalmente US$100 mil em espécie à secretária de Richard Nixon em 1971 — um ano antes de esse tipo de contribuição anônima de campanha se tornar ilegal. Não foi a única vez que Andreas deu dinheiro a Nixon — outro pagamento de US$25 mil do chefe da ADM chegou, por meio de uma das angariações de fundos de Nixon, à conta bancária de um dos cinco ladrões de Watergate cujo arrombamento na sede do Comitê Nacional Democrata acabaria por levar à queda de Nixon.[38]

O lobby de Andreas valeu a pena: o governo dos EUA introduziu incentivos fiscais para misturar etanol à gasolina; impôs tarifas aos fornecedores estrangeiros de etanol; e ofereceu garantias de empréstimos para construir usinas de etanol. A ADM, que respondia por quase 80% da produção de etanol de milho dos EUA em meados da década de 1990, foi a maior beneficiária da generosidade do governo. No final da década de 1990, quando se aposentou, Andreas transformou a ADM em uma gigante de commodities agrícolas envolvida no processamento, produção e comercialização de etanol, e que se autodenominava o "supermercado do mundo".[39]

A ADM não mudou muito seu estilo ou sua estratégia depois que Andreas deixou o cargo, continuando a investir na indústria do etanol e a canalizar dinheiro e favores para políticos que pudessem ajudar sua causa. Naquele que talvez tenha sido o sinal mais evidente da futura prioridade da empresa em produzir combustível em vez de alimentos, a ADM até contratou uma nova executiva-chefe da indústria de petróleo: Patricia Woertz, ex-chefe de refino da Chevron, que ingressou em 2006.

Woertz, até hoje a única mulher a se tornar diretora-executiva de uma grande trading de commodities, era tão determinada quanto Andreas. Durona, impaciente e ferozmente ambiciosa, ela sempre soube que queria ser CEO. Ela conseguiu superar o sexismo da indústria do petróleo nas décadas de 1980 e 1990 para subir na hierarquia, e trouxe o mesmo espírito desafiador para o seu papel na ADM. "Estou fora da empresa, fora da indústria, fora da família, fora das expectativas de gênero", disse ela.[40]

Na Chevron, Woertz havia alertado sobre as "consequências não intencionais" de exigir o uso de etanol à base de milho.[41] A partir dali, no entanto, com a fé de quem foi convertida, ela resolveu aplaudir o apoio de Washington ao etanol: "Os biocombustíveis são bons para o meio ambiente, para a segurança energética e para a economia norte-americana."[42]

Com Woertz no comando, a ADM expandiria sua capacidade de etanol com novas usinas gigantescas no Centro-oeste dos EUA. Ao mesmo tempo, a empresa aumentou seus gastos com lobby de cerca de US$300 mil em 2006 para quase US$2,1 milhões em 2008.[43]

Os esforços da ADM não foram em vão. No início dos anos 2000, quando os preços do petróleo começaram a subir, a política de promoção do etanol uniu um grupo de companheiros políticos improváveis: falcões de segurança de direita preocupados com a dependência dos EUA do petróleo do Oriente Médio; agricultores que buscavam preços mais altos para o milho; e alguns ativistas de mudança climática de esquerda que pressionavam por uma alternativa aos combustíveis fósseis.

Era uma rede formidável de apoiadores que fez o etanol ser politicamente irresistível. Em 2005, George W. Bush aprovou uma legislação que obrigava as refinarias de petróleo a misturar bilhões de galões de etanol na gasolina. A produção disparou. Em 2000, os EUA destilaram cerca de 2 bilhões de galões de etanol de milho; em 2006, a nova lei exigia o consumo de pelo menos 4 bilhões.

Como os preços do barril de petróleo ultrapassaram US$100, um novo conjunto de regulamentações do governo dos EUA forçou um uso ainda maior de etanol no setor de energia. Em 2011, quando a Primavera Árabe tomou conta do Oriente Médio, a indústria de etanol dos EUA consumia um em cada seis bushels de milho no planeta.[44]

Evidentemente, o etanol não foi o único responsável pelo aumento dos preços das commodities agrícolas, mas há poucas dúvidas de que foi um fator contribuinte. Até a ADM passou a repudiar o combustível: a empresa colocou suas usinas de etanol à venda. "Temos sido muito claros em relação ao etanol não ser uma área de foco estratégico para nós daqui em diante", disse uma porta-voz.[45]

Mas quando a ADM se afastou do etanol, os efeitos de seu lobby já haviam sido sentidos em todo o mundo. As crises alimentares de 2008 e 2010 foram uma demonstração dessa influência das traders de commodities. Uma política defendida por uma trader ajudou a trazer o caos para os mercados mundiais. Isso, por sua vez, ajudou as traders a se tornarem mais importantes do que nunca para a alimentação do mundo — o que lhes permitiu obter os maiores lucros que já haviam visto. Toda essa situação marcou o ponto culminante do superciclo das commodities, um processo que elevou as traders a uma posição de grande importância estratégica e lhes rendeu riquezas espetaculares.

Mas a colisão entre o mundo das traders e o das pessoas comuns teria consequências duradouras para o setor de trading. Isso marcaria o início do processo de saída das sombras por parte das traders de commodities. Além disso, o mundo estava prestes a ter uma visão muito mais ampla dos seus negócios e da riqueza que elas acumularam.

DOZE

A FÁBRICA DE BILIONÁRIOS

Os traders começaram a chegar antes do amanhecer.

Um por um, alguns dos empresários mais poderosos do mundo chegaram à sede da Glencore na pacata vila suíça de Baar. O chefe deles, Ivan Glasenberg, não era fã de carros chamativos, então a maioria deixava seus Porsches em casa.

Mas às 6h06, quando o sol nasceu sobre as colinas ao redor de Baar, o estacionamento no porão do prédio estava lotado. Os traders correram para o escritório em uma hora que era cedo até mesmo para os próprios padrões punitivos da Glencore, por um motivo simples. Na manhã daquela quarta-feira, no início de maio de 2011, um dos maiores segredos da indústria de commodities estava prestes a ser revelado: quem era o dono da Glencore.[1] Por um ano, Glasenberg, sua equipe e um círculo cada vez maior de banqueiros vinham se preparando para uma oferta pública inicial. Para o setor financeiro, um IPO é um evento com toda a pompa e cerimônia coreografada de um casamento real. Antes que uma empresa possa vender ações ao público pela primeira vez, ela deve passar por uma série de rituais: escolher banqueiros, reunir-se com investidores e preparar resmas de informações sobre sua história, gestão e finanças.

Nos meses anteriores, a equipe da Glencore havia redigido um prospecto com mais de 1.600 páginas, explicando em detalhes minuciosos as atividades da empresa nos mercados globais de commodities — a Glencore lidava com mais da metade do zinco e cobre comercializados no mundo, um quarto das exportações mundiais de carvão e 24% das exportações mundiais de cevada. Longos adendos foram adicionados detalhando a mineralogia de seus ativos na República Democrática do Congo, Colômbia e Cazaquistão; o documento de praxe tinha dezenas de páginas. Mas nas incontáveis versões do prospecto que foram redigidas e reelaboradas, repassadas e examinadas, uma página sempre estava em branco. Era a página marcada "Interesses de acionistas significativos".

O tamanho da participação acionária de cada funcionário era um assunto tabu na Glencore desde que os traders compraram a empresa de Marc Rich duas décadas antes. Até mesmo a questão de quais funcionários eram acionistas era considerada um segredo. A cada ano, envelopes brancos eram distribuídos pelo escritório, para os acionistas, informando a respeito do movimento do valor das ações. Os traders mais intrometidos corriam de um lado para o outro, tentando ver quem havia recebido um envelope ou não.

Um ex-funcionário da Glencore, que mencionou casualmente sua alocação de ações a um colega, lembra-se de ter sido chamado ao escritório de Eberhard Knoechel, contador de longa data da empresa e guardião dos segredos. Knoechel o repreendeu por sua indiscrição, dizendo: "Na Glencore, há uma coisa sobre a qual você não fala — suas ações."[2]

Mesmo aqueles mais próximos de Glasenberg, os doze chefes poderosos dos departamentos de commodities individuais, não conheciam o tamanho da participação de todos, exceto a própria e as dos traders que trabalhavam diretamente para eles. As únicas três pessoas na empresa que conheciam a participação de todos eram o contador da empresa, Glasenberg e Willy Strothotte, que agora era o presidente da Glencore.

É por isso que o estacionamento estava cheio às 6h da manhã do dia em que o prospecto deveria ser publicado. Era o dia em que os traders descobririam quais dos colegas eram os maiores acionistas da maior empresa de trading de commodities do mundo. Eles descobririam isso exatamente ao mesmo tempo que o resto do mundo.

A escala das riquezas que o prospecto revelou chocaria até mesmo alguns veteranos da Glencore. Ivan Glasenberg, o CEO, possuía 18,1% da empresa, dando-lhe uma fortuna no valor de US$9,3 bilhões no dia em que o IPO foi lançado e tornando-o uma das 100 pessoas mais ricas do planeta.[3]

Mas ele estava longe de estar sozinho — o IPO cunharia nada menos que sete bilionários. Daniel Maté e Telis Mistakidis, o espanhol analítico e o grego hiperativo que eram os chefes de cobre, chumbo e zinco, tinham participações de US$3,5 bilhões cada. Tor Peterson, o desbocado chefe de carvão norte-americano, valia US$3,1 bilhões, enquanto Alex Beard, o britânico pretensioso que administrava o petróleo, tinha US$2,7 bilhões. Também no clube dos bilionários estavam Chris Mahoney, chefe de agricultura, e Gary Fegel, chefe de alumínio.[4]

Os treze principais funcionários parceiros, que possuíam 56,6% da Glencore imediatamente antes do IPO, valiam juntos US$29 bilhões. Abaixo deles, havia dezenas cujas participações na empresa valiam dezenas ou centenas de milhões.

O IPO da Glencore marcou a cristalização das riquezas do boom das commodities. De certa forma, foi o ápice da ascensão dos traders de commodities da relativa obscuridade: uma década de surpreendente crescimento chinês fez da Glencore e de seus concorrentes peças indispensáveis na nova ordem econômica mundial, ao mesmo tempo que tornou alguns dos traders da Glencore as pessoas mais ricas do planeta.

O documento levou aos olhos do público um canto da economia global que até agora operava nas sombras. Até o IPO da Glencore, as traders eram em grande parte anônimas. Elas forneciam as matérias-primas essenciais à vida moderna: a energia, os metais e os alimentos. Pode ter havido poucas pessoas entre os 7 bilhões na Terra que em algum momento não usaram seus serviços; mas apenas alguns poucos sabiam seus nomes. Quando a

Glencore publicou seu prospecto, foi como se Glasenberg tivesse acionado um interruptor e iluminado uma indústria inteira. Talvez sem querer, a Glencore, que durante décadas trabalhou duro para permanecer nos bastidores, atraiu o escrutínio público não apenas para si mesma, mas também para todo o mundo do trading de commodities.

Foi uma mudança que teria consequências importantes para as traders. Todos, de jornalistas a ativistas, executivos de mineração e reguladores, agora teriam uma visão das atividades das traders e um lembrete, nos resultados anuais da Glencore, de sua escala e lucratividade. Quer Glasenberg e seus traders soubessem ou não, o IPO da Glencore marcaria um ponto de virada. As traders não poderiam mais passar despercebidas enquanto exerciam sua enorme influência e poder financeiro em todo o mundo.

O IPO também foi um reconhecimento da mudança de forma da indústria. O boom havia sido gloriosamente lucrativo para as traders, mas mascarou uma tendência de longo prazo que estava tornando seus negócios mais desafiadores. As informações estavam se tornando mais rápidas, mais baratas e mais amplamente disponíveis, corroendo a vantagem que, em décadas anteriores, permitira que os traders tivessem uma posição privilegiada em relação ao resto do mercado. Um mundo cada vez mais transparente tornou cada vez mais difícil para as traders menos escrupulosas ganhar dinheiro com corrupção ou suborno. E as mineradoras e grandes petrolíferas que eram seus principais fornecedores passaram por uma fase de consolidação, deixando alguns grandes operadores que precisavam pouco dos traders para ajudá-las com a logística.

O modelo de negócios antiquado dos traders, comprando em um lugar e vendendo em outro com lucro, estava se tornando quase impossível de sustentar. Eles poderiam ter sacado o dinheiro de suas empresas e ido para casa, mas esse não era o estilo deles. Em vez disso, a maioria dos traders seguiu o caminho pioneiro da Glencore e da Cargill de investir em ativos, usando os lucros para construir as próprias cadeias de suprimentos, incluindo minas, petroleiros, armazéns, moinhos de farinha e muito mais.

Era uma abordagem que Glasenberg vinha defendendo desde a década de 1990, quando começou a acumular minas de carvão. Ele sustentou que haveria cada vez menos oportunidades para os traders que não possuíam ativos, como minas. "O exemplo perfeito: não temos ativos em alumínio e minério de ferro", diz Glasenberg, citando duas commodities que também se tornaram concorrentes na máquina de negociação da Glencore. "Você não vai fazer bonanças, vai fazer muito volume, com margens pequenas, e vai ganhar um dinheiro decente, mas nada espetacular."[5]

À medida que outros seguiram seu exemplo em uma escala cada vez maior, as traders tornaram-se não apenas intermediários, comprando e vendendo petróleo, metais e grãos em todo o mundo, mas pequenos impérios de infraestrutura cruciais para o fluxo do comércio global, principalmente em mercados emergentes. Em 2011, a Vitol investiu em uma rede de postos de gasolina na África que a tornou a segunda maior varejista de todo o continente, tirando a África do Sul.[6] No mesmo ano, a Cargill comprou uma das maiores fabricantes mundiais de ração animal, com usinas de processamento do Vietnã à Rússia. A família de Theodor Weisser, o homem que havia trocado o petróleo soviético na década de 1950 pela Mabanaft, emergiu como proprietária de uma das maiores redes de tanques de armazenamento de petróleo do mundo.

Quando, alguns anos depois, em 2015, a crescente produção de petróleo de formações rochosas de xisto transformou os EUA em um exportador significativo de petróleo bruto pela primeira vez em quarenta anos, os traders de commodities foram os primeiros na fila não apenas para comprar o petróleo, mas também para construir a infraestrutura necessária para conectar os campos petrolíferos norte-americanos com o resto do mundo.[7] A Trafigura, por exemplo, gastou US$1 bilhão construindo um terminal no Texas capaz de atracar grandes petroleiros.[8] A Mercuria também investiu em uma instalação portuária nos EUA, que a empresa usou para enviar petróleo de lugares tão distantes quanto a Dakota do Norte para o mercado global.

Investir em ativos pode ter feito sentido para os negócios, mas — como a Glencore aprendeu quando começou a investir em minas — era caro, exigindo capital de longo prazo. Agora, os concorrentes da Glencore também estavam procurando maneiras de obter financiamento de longo prazo. Uma opção era vender ações, como fez a Glencore. Nenhum dos concorrentes seguiu o caminho de se tornar uma empresa pública (algumas, como a ADM, Bunge e Noble Group, já eram públicas há anos). Mas muitos levantaram dinheiro dos mercados públicos na forma de títulos. No período entre 2010 e 2013, a Trafigura, Louis Dreyfus e Gunvor emitiram títulos pela primeira vez. Outros encontraram maneiras diferentes de atrair investidores externos, como fundos soberanos e private equity. A Vitol, por exemplo, montou uma nova empresa para investir em ativos com recursos próprios, juntamente com investimentos de George Soros, o fundo soberano de Abu Dhabi, e uma rica família saudita. O Noble Group vendeu ações para a China Investment Corporation, um fundo soberano, enquanto a Mercuria vendeu uma participação para uma empresa estatal chinesa.

Esse novo capital deu aos traders o poder de fogo para fazer negócios maiores e investimentos de alto valor. Mas também os forçou a revelar muito mais informações sobre si próprios do que antes, trazendo um brilho indesejado de publicidade para uma indústria que há muito operava nas sombras. A Glencore, uma empresa da qual poucos tinham ouvido falar, mesmo no mundo das finanças, tornou-se tema regular para as manchetes. Traders que estavam acostumados a viajar anonimamente pelo mundo agora encontravam fotógrafos acampados do lado de fora de suas casas. Mesmo as empresas que optaram por emitir títulos em vez de abrir o capital, como a Glencore havia feito, ainda precisavam publicar muitas informações para seus detentores de títulos.

Foi uma mudança que alguns na indústria viriam a lamentar mais tarde, já que a maior publicidade dos mercados públicos também significava maior consciência da escala e importância das traders. A abertura de capital da Glencore, em maio de 2011, marcou o ponto em que, para investidores, jornalistas e governos, as traders se tornaram grandes demais para serem ignoradas.

O caminho para o IPO da Glencore havia começado quatro anos antes.

Em 2007, Glasenberg reuniu os traders mais experientes e apresentou-lhes um dilema. Como uma empresa privada, a Glencore não podia se dar ao luxo de continuar fazendo negócios no ritmo que vinha fazendo. A única maneira de a empresa continuar crescendo era se tornar pública.

O aumento implacável dos preços das commodities significava que a estratégia consagrada de Glasenberg de investir em ativos — particularmente em minas — estava se tornando impossível de sustentar. A Glencore simplesmente não podia se dar ao luxo de continuar comprando. Ficou muito caro comprar mais ativos, e a Glencore, como empresa privada, não podia pagar pelas aquisições usando ações da mesma forma que as empresas públicas faziam.

Além disso, a trader de commodities havia se tornado vítima do próprio sucesso. Ela havia ganhado tanto dinheiro nos dois anos anteriores que seria potencialmente devastador se vários de seus principais traders acionistas saíssem de uma vez. Isso porque, sempre que os traders saíam da Glencore, a empresa recomprava as ações e então, em um período de cinco anos, pagava-lhes o valor acumulado do patrimônio.[9] Efetivamente, a saída de um acionista significava uma redução no capital acionário da empresa ao mesmo tempo que um aumento da dívida, sendo um golpe duplo para o equilíbrio da trader.

Isso era administrável quando o tamanho dos lucros históricos da empresa era relativamente pequeno e ela estava gerando capital suficiente para pagar os acionistas que estavam saindo. Mas então veio o boom da China e, com ele, a lucratividade disparada. Em 2006–7, a Glencore ganhou mais dinheiro do que nos oito anos anteriores juntos.[10] Agora, se vários acionistas importantes saíssem, a dívida da empresa poderia aumentar em bilhões de dólares.

As opções que Glasenberg apresentou aos sócios eram objetivas: eles poderiam permanecer no sigilo, mas teriam que parar de fazer aquisições e economizar para poder pagar os acionistas maiores à medida que saíssem. Ou eles poderiam ir a público.

Havia outra dinâmica motivando Glasenberg. A relação entre a Glencore e a Xstrata havia começado a se desgastar. A Xstrata cresceu a um ritmo espetacular, tornando-se uma das maiores empresas de mineração do mundo. E a Glencore também vinha fazendo negócios de mineração cada vez maiores por si só, como sua incursão na República Democrática do Congo. As duas empresas irmãs começaram a entrar em conflito: quando a BHP Billiton quis vender uma mina de cobre no Peru, por exemplo, ambas as empresas manifestaram interesse.

Então Glasenberg começou a conversar com Davis sobre um plano para fundir a Glencore e a Xstrata. Para a Glencore, a fusão com a Xstrata, que já estava listada em Londres e Zurique, teria alcançado o mesmo resultado de um IPO, mas sem a ladainha desse processo. Se os traders da Glencore concordavam com a necessidade de se tornar uma empresa pública, ficou claro que uma fusão com a Xstrata era o meio preferido para alcançar esse objetivo. Dentro da Glencore, muitos brincaram que o nome da Xstrata, uma invenção de uma consultoria que combina "extração" e "estrato", na verdade representava a "estratégia de saída" da empresa.

"Em 2007, concordamos com um jeito de fazer isso", diz Glasenberg.[11] A ideia era que a Xstrata absorvesse a Glencore, que ainda detinha cerca de 34% da mineradora. Os gerentes da Glencore receberiam ações da Xstrata em troca das ações de sua empresa.

Isso resolveria os dois problemas de Glasenberg. Como parte de uma empresa pública, os traders da Glencore poderiam comprar ativos muito maiores: agora podiam usar as próprias ações como moeda, entregando-as, em vez de dinheiro, aos acionistas de qualquer empresa que decidissem comprar. E quando os traders se aposentassem, isso não colocaria mais toda a empresa em perigo — eles simplesmente teriam ações negociadas publicamente que poderiam vender quando quisessem. "Era uma coisa lógica juntar essas empresas", diz Davis.[12] Mas as negociações falharam. Glasenberg e Davis não chegaram a um acordo sobre o valor, mesmo que ambos concordassem que juntar as duas empresas fazia sentido.

Suas conversas logo se tornariam um espetáculo à parte de um negócio muito maior. Em novembro de 2007, Davis foi abordado por Roger Agnelli, o ambicioso executivo-chefe da Vale, a gigante brasileira de mineração e a maior produtora de minério de ferro do mundo. Agnelli queria que a Vale comprasse a Xstrata, criando a maior mineradora do mundo. Para Davis, foi a culminação natural de seu tempo na Xstrata — depois do turbilhão de seis anos na onda do superciclo das commodities, agora ele e seus acionistas podiam se retirar.

Mas havia um problema: Glasenberg. Com a Glencore possuindo mais de um terço das ações da Xstrata, o trader sul-africano tinha, efetivamente, poder de veto sobre qualquer negócio. Glasenberg, Davis e Agnelli, ocasionalmente mediados por alguns dos banqueiros de investimento mais bem pagos do mundo, passaram vários meses negociando os detalhes. Mas Glasenberg empurrou a situação com a barriga.

O chefe da Glencore passou semanas analisando detalhes aparentemente menores, como a duração de um acordo para a Glencore comercializar a produção de níquel da empresa combinada. Mas, na opinião de Davis, isso era apenas uma desculpa. "A transação falhou porque Ivan queria que falhasse", diz ele. "Ivan valorizava o controle acima do valor."[13] Davis, frustrado e chateado, estava pronto para sair da Xstrata. Ele e Glasenberg retomaram as discussões sobre uma fusão entre a Glencore e a Xstrata.

Então a crise financeira global chegou e, de repente, os dois homens tiveram que se concentrar na sobrevivência de suas empresas. Em teoria, a situação da Xstrata deveria ter sido mais precária do que a da Glencore: era uma empresa de mineração, e a queda nos preços das commodities contribuiu diretamente para os lucros mais baixos em suas minas. A Glencore, como trader, poderia simplesmente apostar contra os preços das commodities e continuar gerando capital. E os preços em queda significariam menos necessidade de empréstimos, já que o custo de cada carga de petróleo, metais ou grãos era menor.

Essa era a teoria, mas na prática os destinos das duas empresas estavam entrelaçados. Em sua busca para continuar comprando coisas, a Glencore havia hipotecado suas ações da Xstrata para obter empréstimos. À medida que o preço das ações da Xstrata despencava no final de 2008 e início de 2009, crescia o risco de que a Glencore fosse forçada a entregar sua participação na Xstrata aos bancos. Tornou-se um ciclo de autorreforço: os fundos de hedge apostaram contra a Xstrata, sabendo que isso colocaria mais pressão sobre a Glencore e tornaria mais provável uma queima de estoque de suas ações da Xstrata.

Ao mesmo tempo, apostavam contra a Glencore nos mercados de crédito. O custo do seguro contra a falência da Glencore disparou. Na esteira do colapso da Lehman Brothers, quando todas as empresas do mundo estavam preocupadas com quem poderia ser o próximo, isso causou profunda preocupação entre os bancos e as contrapartes comerciais da Glencore.

O crédito é a força vital do trading de commodities. É o que permite que as traders manuseiem grandes quantidades de matérias-primas sem ter que pagar antecipadamente todas as vezes. Sem isso, o negócio fica paralisado. Agora, de repente, a Goldman Sachs estava ligando para a Glencore e sugerindo educadamente que poderia ser melhor para todos se, na próxima vez que quisesse fazer uma negociação, a trader procurasse um banco diferente. Algumas empresas industriais começaram a fazer a Glencore pagar adiantado pelos carregamentos de metal.

Até os traders da Glencore começaram a duvidar do futuro de sua empresa. "Não foi uma época agradável", diz um executivo sênior daquele período, cuja participação o tornaria bilionário no período do IPO. "Se você tivesse me perguntado quanto valiam minhas ações da Glencore em setembro de 2008, eu não teria dito nada."[14]

O medo viscoso da crise financeira logo diminuiu quando a China liderou uma recuperação econômica global com uma onda maciça de gastos em infraestrutura que impulsionou a demanda por commodities. Mas a experiência mudou profundamente a Glencore. No auge da crise, no final de 2008, Glasenberg foi questionado por uma das agências de classificação de risco, que avaliam a credibilidade das empresas, sobre como a Glencore agiria se vinte dos principais acionistas saíssem de uma vez.[15] Glasenberg ligou para os sócios: em 24 horas, todos concordaram em não deixar a empresa por pelo menos três anos.

Para Glasenberg, foi um raro momento de vulnerabilidade. A empresa estava sob pressão, e ele precisava pedir apoio aos parceiros. Se um deles tivesse usado o momento como uma oportunidade para negociar, Glasenberg não teria como resistir. A dinâmica do poder havia mudado e a atmosfera dentro da empresa tornou-se mais densa. Antes, os traders da Glencore eram como irmãos, compartilhando brincadeiras e horários de viagem punitivos, agora eles se tornaram mais desconfiados, implacáveis e agressivos. A experiência de ter que lutar pela sobrevivência da Glencore durante a crise financeira deixou Glasenberg ainda mais certo de que precisava eliminar o risco de uma saída em massa de sócios e enfrentar as restrições ao crescimento da empresa.

Isso reforçou a escolha da Glencore de fazer um IPO. Logo, Glasenberg e seus traders estavam se apresentando para alguns dos maiores fundos soberanos do mundo, bem como para outros gestores de capital. Em dezembro de 2009, a empresa levantou US$2,2 bilhões desses investidores na forma de dívida que, sob certas circunstâncias, poderia ser convertida em ações da Glencore. Pela primeira vez desde o investimento da Roche em 1994, um investidor de fora da trading avaliou a Glencore — neste caso,em US$35 bilhões.[16]

Glasenberg continuou pressionando Davis para que fizessem uma fusão entre a Glencore e a Xstrata. Mas os dois homens ainda não haviam chegado a um acordo sobre o valor da Glencore. Assim, por volta de maio de 2010, uma pequena equipe de financistas, advogados e contadores internos da Glencore começou a se preparar para o IPO. A empresa estava, invariavelmente, no caminho para se tornar pública.

Para Glasenberg, uma das principais tarefas era encontrar novos diretores para fazer parte do conselho da Glencore. Até agora, o conselho da empresa consistia no próprio Glasenberg e alguns membros internos. Seu papel era em grande parte cerimonial: carimbar os resultados da empresa a cada ano e lidar com algumas decisões importantes. As reuniões do conselho geralmente duravam cerca de dez minutos.

Glasenberg poderia ter ficado muito feliz em continuar com esse tipo de acordo, mas ele sabia que, para persuadir os gerentes financeiros de Londres a investir na Glencore, precisaria de um conselho que parecesse mais robusto. Ele começou a ligar para seus contatos no mundo das commodities e das finanças e contratou alguns novos diretores. Mas Glasenberg ainda precisava de um presidente. Strothotte estava muito entrelaçado com a história da empresa para permanecer no posto. A trader começou a elaborar uma lista de candidatos em potencial.

No início de abril de 2011, quando o IPO estava pronto, o principal candidato era John Browne, ex-presidente-executivo da BP. Um dia antes de a Glencore planejar fazer um anúncio formal de seu IPO, uma etapa do ritual semelhante ao envio de convites de casamento — Glasenberg e vários de seus principais funcionários foram à casa de Browne, em Chelsea, para conhecer um pouco melhor seu novo presidente.

Browne, um homem pequeno com uma mente aguçada e um jeito arrogante, transformou a BP, a partir de uma série de negócios, em uma das empresas petrolíferas dominantes no mundo. Quando foi abordado por Glasenberg, Browne tinha pouco a provar. Ele transformou um doloroso escândalo pessoal — quando foi denunciado por um ex-namorado e teve que deixar a BP depois de mentir sobre o caso no tribunal — em uma plataforma para defender a diversidade no local de trabalho. Ele era um membro da Câmara dos Lordes e presidente dos curadores das galerias de arte do Tate.

Browne reuniu os traders da Glencore na biblioteca de sua casa luxuosa e de muito bom gosto, onde todos se sentaram em cadeiras estofadas em veludo de seda veneziano, cercados pela coleção de livros raros e antiguidades de Browne. Em seus dias na BP, Browne foi apelidado de "Rei Sol da indústria do petróleo".[17] Agora ele estava na corte, cercado por um grupo de homens que logo se tornariam bilionários, tendo como pano de fundo um teto forrado de folhas de ouro.[18]

Browne começou a fazer perguntas sobre a empresa que ele deveria presidir. Logo ficou claro que ele estava deixando os traders da Glencore desconfortáveis. Diferentes pessoas que estavam naquela reunião têm relatos variados sobre o que deu errado. Os traders da Glencore, que desde a saída de Marc Rich eram donos do próprio destino e não prestavam contas a ninguém, ficaram ofendidos com o estilo dominador de Browne. Eles saíram resmungando sobre a arrogância do ex-chefe da BP e preocupados que ele quisesse administrar a empresa sozinho.

De sua parte, Browne achava que os traders da Glencore não haviam sido totalmente abertos com ele sobre como eles realmente geravam capital. E ele não estava inclinado a emprestar sua reputação a uma empresa que queria que ele fosse um fantoche e nada mais.[19]

Quando Glasenberg e os sócios deixaram a casa de Browne e saíram para a rua de Chelsea com vista para o Tâmisa, o acordo para Browne se tornar presidente da Glencore estava cancelado. Só havia um problema: a coreografia do IPO já estava em andamento. O plano para Browne presidir o conselho da Glencore estava sendo elaborado há meses, e a empresa deveria anunciar a nomeação na mesma manhã, depois que Glasenberg e sua equipe o visitassem em casa. Os comunicados de imprensa haviam sido redigidos: a nomeação de Browne deveria ser revelada quando a Glencore anunciasse oficialmente o tão esperado IPO.

Mas agora não havia presidente, e Glasenberg precisava encontrar um plano B. Ele escolheu Simon Murray, um ex-legionário com gosto por aventura que havia construído sua carreira em Hong Kong, onde a Glencore também planejava arrecadar dinheiro. Mas quando Glasenberg tomou sua decisão, faltavam apenas algumas horas para o anúncio. Murray não pôde ser contatado por telefone. E assim o comunicado de imprensa saiu com um espaço em branco onde deveria estar o nome do presidente.

"A Glencore tomou sua decisão sobre o novo presidente e está nos estágios finais da nomeação, que será comunicada em breve", dizia o anúncio.[20]

No fim das contas, a natureza um tanto descuidada da preparação da Glencore pouco importava. Com o entusiasmo dos investidores por commodities chegando ao auge, a empresa levantou US$10 bilhões. Foi a maior listagem de todos os tempos em Londres, catapultando a empresa para as fileiras do FTSE 100 e para os fundos de pensão dos aposentados da Grã-Bretanha.[21]

Ao longo daquele período, Glasenberg não parou de negociar com Davis para fundir a Glencore com a Xstrata.[22]

Por fim, Glasenberg tinha uma avaliação de mercado, que não era muito abaixo da empresa de Davis. (O valor da Glencore no IPO foi de pouco menos de US$60 bilhões, enquanto o da Xstrata foi de US$67 bilhões.) Mas a relação entre os dois azedou. Davis culpou Glasenberg por bloquear o negócio da Vale. Glasenberg se ressentiu com Davis por ter pedido mais capital aos acionistas da Xstrata no ponto baixo dos mercados de ações, em janeiro de 2009.

Para Glasenberg, o IPO sempre foi um avanço considerável para uma fusão com a Xstrata. Agora, com o IPO da Glencore concluído, as negociações sérias haviam começado. Glasenberg e Davis discordaram em quase tudo: como o negócio deveria ser estruturado; qual deveria ser a avaliação relativa das duas empresas; e quem seria o responsável pela nova empresa.

Dado o desafio de chegar a um acordo, os dois lados deram às suas discussões o codinome de "Everest". No final de 2011, Glasenberg e Davis haviam se digladiado para chegar a um consenso. Davis levou o acordo ao conselho da Xstrata. Foi o melhor acordo? Não. Mas, ele disse ao conselho, foi o melhor acordo que conseguiu com Glasenberg.

Ao mesmo tempo, Glasenberg estava realizando uma pequena reunião com seus principais traders. Nem todos ficaram satisfeitos com o plano de fusão com a Xstrata. Em particular, Mistakidis, trader de cobre, argumentou que a Glencore estava pagando demais pelos ativos da Xstrata e ficou chocado com a ideia de ter que trabalhar ao lado de seus chefes, que ele considerava como ineficazes e preguiçosos. Steve Kalmin, o chefe de finanças, também estava relutante.

Ainda assim, Glasenberg prevaleceu. As duas empresas anunciaram um acordo em 7 de fevereiro de 2012. Formalmente, a Glencore compraria a Xstrata, emitindo novas ações da empresa para os acionistas da Xstrata; o preço seria de 2,8 ações da Glencore para cada ação da Xstrata, valorizando a empresa ligeiramente acima do que o mercado vinha negociando; Davis permaneceria como executivo-chefe e Glasenberg seria seu vice, responsável pelo trading.[23]

Quase imediatamente, as tensões no centro do plano tornaram-se aparentes. Os traders de Glasenberg mal disfarçaram o desprezo por Davis e sua equipe de executivos de mineração. Mas os dois lados teriam que trabalhar juntos, lado a lado, em uma estrutura em que, pelo menos no papel, o pessoal da Xstrata fosse igual ou mesmo superior aos traders da Glencore. Ao mesmo tempo, os traders da Glencore continuariam sendo proprietários de uma parte substancial das ações da empresa combinada.

Poucos observadores dentro e fora das empresas acreditavam que o arranjo poderia durar. Era apenas uma questão de tempo, eles presumiram, até que os traders de Glasenberg afirmassem o poder que suas participações lhes davam. “Nenhum de nós pensou que duraria muito, e estávamos todos bem certos sobre quem sairia por cima”, diz uma pessoa envolvida nas negociações do lado da Glencore.[24]

Davis tinha chegado à mesma conclusão. Foi isso que gerou o engano que levaria à sua queda.

À medida que a Xstrata e a Glencore cresciam lado a lado durante o boom das commodities, Davis ficava cada vez mais ressentido com a riqueza fenomenal que havia acumulado para os traders da Glencore. O CEO da Xstrata também se tornou muito rico para além de qualquer padrão normal: na época da fusão, a lista de ricos do *Sunday Times* estimou sua fortuna em £80 milhões (US$130 milhões), sendo que cerca de metade desse valor era proveniente de sua participação na Xstrata.[25] Mas a riqueza de Glasenberg estava em outra escala — e foi construída em grande medida com base no sucesso da Xstrata, a empresa que Davis administrava. Glasenberg havia se tornado o maior acionista da Glencore enquanto ela permanecia privada, enquanto Davis era um acionista relativamente pequeno da Xstrata, que era listada publicamente, estando atrás de vários fundos de pensão e outros investidores institucionais.

Com a fusão se aproximando, Davis percebeu que certamente era apenas uma questão de tempo até que ele e os colegas fossem expulsos da empresa combinada. Então ele negociou um pacote generoso de "bônus de retenção" para ele e sua equipe — no valor de mais de US$200 milhões — que eles receberiam por permanecerem na empresa ou se fossem forçados a sair pelos traders de Glasenberg.

O momento não poderia ser pior. Uma onda de ativismo dos acionistas estava varrendo o Reino Unido, com investidores ameaçando votar contra executivos e diretores que consideravam gananciosos ou ineptos. O movimento se tornaria conhecido como a "primavera dos acionistas", e os grandes pacotes de remuneração dos executivos eram o foco principal. Alguns dos principais acionistas da Xstrata expressaram publicamente o descontentamento com o acordo salarial de Davis.

A briga pelos bônus de retenção galvanizou a oposição ao negócio entre os acionistas da Xstrata. Logo, alguns deles sentiram que Glasenberg deveria oferecer um preço mais alto pela empresa. Paralelamente, o fundo soberano do Catar começou a comprar ações da Xstrata. Em apenas alguns meses, o fundo acumulou uma participação de mais de 10%. E então a empresa exigiu que a Glencore aumentasse sua oferta.[26] O negócio estava prestes a desabar.

Mais uma vez, Glasenberg fez uma reunião com os principais traders. Alguns estavam relutantes em seguir em frente com o acordo inicial; e estavam ainda mais relutantes em pagar mais. Mistakidis, juntamente com alguns dos outros grandes acionistas, argumentou que eles só deveriam aumentar a sua oferta se pudessem assumir o controle da gestão da empresa. Glasenberg jogou duro e por semanas se recusou a aumentar a oferta. Mas ele estava blefando, e os catarenses sabiam disso. Eles repetiram a demanda: aumente a oferta ou o negócio já era.

Glasenberg, um homem que construiu um mito pessoal como o mais astuto negociador da indústria de recursos naturais, foi forçado a admitir a derrota. Era tarde da noite de 6 de setembro quando Glasenberg entrou no Claridge's, o hotel londrino conhecido por receber visitantes da realeza. Ele estava lá para se encontrar com o primeiro-ministro do Catar, em uma última tentativa de salvar sua fusão com a Xstrata.

Tony Blair, o ex-primeiro-ministro britânico, que tinha uma relação próxima com os catarenses, também estava presente. A horda de banqueiros de investimento que tinham dezenas de milhões de dólares em taxas, aproveitando-se do sucesso do negócio, sugeriu chamar Blair para tentar suavizar as coisas.

Funcionou. Glasenberg, o trader consumado, foi pronto para negociar. Algum tempo depois da meia-noite, ele surgiu com um acordo: ele precisou aumentar sua oferta para 3,05 ações da Glencore para cada ação da Xstrata, mas havia obtido a aprovação do Catar. O chefe da Glencore foi direto para um bar próximo onde os traders de carvão da empresa estavam bebendo.

Por volta das 2h da manhã, ele ligou para Davis. Ele tinha um acordo com os catarenses, disse ao rival, mas havia apenas um detalhe: Glasenberg, e não Davis, seria o executivo-chefe da empresa combinada.

Na manhã seguinte, o conselho de administração da Xstrata se reuniu em Zug para uma reunião na qual os acionistas da empresa deveriam votar sobre o acordo. Poucos minutos antes do início da reunião, um pedaço de papel foi entregue ao conselho detalhando os novos termos da proposta da Glencore. O presidente da Xstrata leu o acordo devidamente para os acionistas reunidos. "Maldição", murmurou um deles.[27]

Oito meses depois, o negócio foi finalmente concluído, e a cortina para um dos maiores melodramas corporativos que já haviam se apresentado nos palcos de Londres se fechou. Davis, que se tornou executivo-chefe e tesoureiro do Partido Conservador do Reino Unido, continuou chateado com o resultado do acordo entre a Xstrata e a Glencore. Ele acreditava que a Glencore havia prejudicado o acordo desde o início, ajudando a incitar a divergência dos acionistas quanto aos bônus de retenção, enquanto os catarenses haviam descumprido a promessa de apoiar sua equipe.

Mas Glasenberg e sua equipe estavam no topo do mundo. Eles detinham cerca de um terço da empresa combinada, que logo seria a terceira mineradora mais valiosa do mundo, atrás apenas da BHP Billiton e da Rio Tinto.[28] A Glencore não era mais apenas a maior trader de commodities do mundo, mas também uma das maiores produtoras de recursos naturais do planeta. Era a maior exportadora mundial de carvão térmico, usado para acionar estações de energia na China, Japão e Alemanha; a maior mineradora de ferrocromo e zinco, metais essenciais para a indústria siderúrgica; e a maior produtora de cobalto, crucial para as baterias usadas em telefones celulares e carros elétricos. A empresa também tinha cacife para fazer investimentos em todos os pontos da cadeia de abastecimento — em campos petrolíferos no Chade e na Guiné Equatorial; em silos e portos de grãos no Canadá, Austrália e Rússia; e em postos de gasolina no México. Tratava-se, nas palavras de Glasenberg, de "uma nova potência".[29]

O IPO da Glencore não apenas enriqueceu Glasenberg e seus traders, como também permitiu que eles se expandissem ainda mais agressivamente. Ao mesmo tempo em que negociava a compra da Xstrata com Mick Davis, Glasenberg também fechava um acordo de US$6 bilhões para comprar a Viterra, uma trader canadense de grãos. Pouco mais de um ano depois, ele estava ao telefone com o presidente da Rio Tinto, propondo que as duas empresas estudassem um acordo para criar a maior mineradora do mundo.

O IPO foi um passo à frente no que parecia ser uma marcha inexorável em direção a uma maior abertura que — por mais que houvesse resistência de algumas traders de commodities — era cada vez mais essencial. Assim como fora necessário abandonar Marc Rich, seu fundador fugitivo, para que os traders da Glencore começassem a fazer negócios com os bancos de Wall Street, uma maior publicidade foi o preço que o setor pagou ao se tornar maior e mais integrado ao mercado financeiro global.

Mas ser público também trouxe novos desafios para os quais Glasenberg e sua equipe estavam mal preparados. Eles tinham que se submeter — junto aos seus resultados — a uma avaliação pública a cada seis meses. Cada movimento deles foi narrado em detalhes elaborados na imprensa. Mais do que tudo, o IPO revelou lucros surpreendentes que fizeram com que todos, dos concorrentes da Glencore a seus clientes, de investidores a jornalistas, ONGs a governos, sentassem e prestassem atenção. A trader estava sob escrutínio como nunca antes.

Esse tipo de escrutínio era algo que a empresa há muito procurava evitar, preferindo operar silenciosamente e nas sombras. Em parte, isso era para evitar perguntas embaraçosas sobre com quem estava lidando e como. Mas também era simplesmente uma questão de não querer divulgar, em uma época em que a rede global da empresa a colocava em vantagem significativa em relação a muitos outros participantes do mercado, qualquer um de seus insights para pessoas de fora. Essa foi a razão pela qual, em ocasiões anteriores, a empresa recusou a oportunidade de abrir o capital.

Na era de Marc Rich, a empresa nunca havia discutido sobre a abertura de capital, de acordo com Felix Posen, um dos primeiros sócios da trader. "Certas coisas você prefere não tornar públicas," disse ele. "E acho que também é com o que você está acostumado. Estávamos todos acostumados a estar em empresas privadas."[30]

Então, no final da década de 1990, quando a empresa estava procurando uma maneira de recomprar a participação que havia vendido para a Roche, vários banqueiros de investimento sugeriram que ela deveria abrir o capital.[31] Mas a geração de traders da Glencore de Willy Strothotte não se comoveu com as propostas dos banqueiros: abrir o capital, disse ele, restringiria a "liberdade empresarial" da trader.[32]

Paul Wyler, um dos três diretores-executivos da empresa ao longo da década de 1990, foi mais direto: "Tínhamos vantagens se quiséssemos pagar comissões. Então, se quiséssemos pagar por certas coisas, não precisávamos declará-las em nosso relatório anual."[33]

Ainda assim, essas vantagens já estavam desaparecendo no final da década de 1990. Legislações como a Convenção de Combate ao Suborno de Funcionários Públicos Estrangeiros em Transações Comerciais Internacionais, adotada em 1997 pelos membros da OCDE, e a Convenção da ONU contra a Corrupção em 2003, dificultaram o pagamento de comissões ou subornos por parte das empresas. E o valor dos insights da Glencore sobre a economia global diminuiu à medida que notícias e informações se tornaram mais baratas e mais amplamente disponíveis. "Existem algumas vantagens, mas sabíamos que isso chegaria ao fim", diz Wyler. "A empresa cresceu demais para permanecer privada, na minha opinião."

Mesmo assim, a publicidade gerada pelo IPO teve um efeito cascata que os traders da Glencore mal haviam previsto. Mineradores, companhias de petróleo, fazendeiros, refinadores e fabricantes que eram fornecedores e compradores da Glencore sempre souberam que a trader estava lucrando, mas até o IPO eles não haviam sido forçados a calcular quanto dinheiro a trader estava ganhando. Isso acrescentou urgência à questão de saber se o dinheiro estava sendo feito à sua custa. E a Glencore não apenas levantou o próprio véu de sigilo: o IPO tornou impossível ignorar a lucratividade da indústria de trading como um todo.

"Sempre havia essa tensão com os clientes: bem, se você está sendo um trader justo, por que vocês estão ganhando tanto dinheiro com tudo isso?", diz David Issroff, que foi chefe do departamento de ferroligas da Glencore até 2006. Até o IPO, diz ele, "as pessoas sabiam que estávamos lucrando... ninguém sabia o quanto."

Era um argumento familiar contra a abertura de capital — na verdade, foi a principal razão pela qual alguns traders de commodities eram contrários ao IPO. Na década de 1940, a Philipp Brothers considerava que as informações sobre seu balanço e lucros anuais estavam na "mesma categoria secreta do desenvolvimento da bomba atômica", segundo um executivo da época.[34] Mais tarde, porém, a empresa mudou de ideia, tornando-se um dos primeiros exemplos de uma trader de commodities de capital aberto quando, em 1960, se fundiu com a Minerals & Chemicals Corporation. Mais do que tudo, ser público significava que, quando algo dava errado, acontecia em detalhes lúgubres em um palco público. Glasenberg não teve que esperar muito para experimentar isso: mesmo quando a empresa estava preparando seu IPO, o preço do algodão havia disparado, chegando a um recorde histórico. A Glencore, uma empresa relativamente nova no mercado de algodão, estava do lado errado da mudança. Quando Glasenberg veio anunciar os resultados anuais da empresa pela primeira vez como uma empresa de capital aberto, ele teve que revelar uma perda comercial de algodão superior a US$330 milhões.[35] A aura de invencibilidade dos traders da Glencore, tão cuidadosamente cultivada durante o IPO, foi despedaçada.

O pior viria apenas alguns anos depois de Glasenberg ter selado seu acordo para assumir a Xstrata. Em 2015, o preço das commodities, do petróleo ao cobre, despencou devido à desaceleração do crescimento chinês, ao mesmo tempo que muitos investimentos da era do boom estavam dando frutos na forma de aumento da produção. A carga de dívida da Glencore era alta graças à paixão de Glasenberg pela expansão, e os fundos de hedge começaram a apostar contra as ações da empresa.

Glasenberg ficou abalado. Durante semanas, a empresa ficou em silêncio enquanto o preço de suas ações despencava. Então, com relutância, ele aprovou um plano para emitir novas ações, vender ativos e pagar dívidas. Por algumas semanas, parecia que isso talvez não fosse suficiente. Em uma ocasião, o preço das ações da empresa despencou 29% em um dia, uma queda extraordinária para um membro de primeira linha do índice FTSE 100. Eventualmente, o mercado virou e o preço das ações da Glencore se recuperou, mas foi uma experiência angustiante que a empresa provavelmente não teria vivido se fosse uma empresa privada.

Foi uma lição salutar sobre as desvantagens de uma listagem pública, e não foi a única entre os traders de commodities. A Noble Group, trader de Hong Kong fundada pelo ex-negociante de sucata Richard Elman, sofreu uma queda espetacular depois que um ex-funcionário começou a alegar que havia usado truques contábeis para inflar os lucros da empresa. Os problemas da empresa se desenrolaram de maneira terrivelmente pública. Cada novo problema desencadeava uma enxurrada de notícias nos jornais e uma queda no preço das ações da Noble; por fim, a empresa foi assumida por seus credores.[36]

Histórias como essas levaram muitos traders a concluir que a indústria de trading de commodities funciona melhor como uma sociedade. "É um negócio que não deveria ser público", diz David Tendler, ex-presidente-executivo da Philipp Brothers.[37] De fato, nenhuma outra grande trader seguiu a Glencore no caminho para os mercados públicos. Aquelas que eram privadas em meados dos anos 2000 tomaram uma decisão consciente de permanecer assim. A Vitol havia flertado com a ideia de um IPO no início dos anos 1980, chegando a contratar um banco de investimento, o Kleinwort Benson, que propunha uma avaliação de US$650 a US$750 milhões.[38] Novamente, por volta de 2006, a empresa considerou contratar um banco para explorar a abertura de capital, mas acabou decidindo não fazê-la.[39] A Louis Dreyfus também considerou brevemente um IPO.[40]

Outros permaneceram veementemente contrários à ideia. "A maior vantagem é que temos cerca de setecentos acionistas na empresa. E seus interesses comerciais estão alinhados com ela", diz Jeremy Weir, CEO da Trafigura.[41]

Entre todas as grandes traders, a Cargill foi a que trabalhou mais fervorosamente para evitar abrir o capital. Por mais de um século, a empresa foi propriedade das famílias Cargill e MacMillan, descendentes dos pioneiros do comércio de grãos.

Então, em 2006, Margaret Cargill, neta do fundador da empresa, faleceu. Margaret era uma das mulheres mais ricas dos Estados Unidos, mas a maior parte de sua fortuna estava vinculada a uma participação de cerca de 17,5% na Cargill. Após sua morte, as instituições de caridade que ela fundou procuraram lucrar com seu investimento. Elas começaram a pressionar a trader para organizar um IPO, pelo menos referente à participação de Margaret no negócio.

O resto das famílias Cargill e MacMillan estava totalmente contra a ideia. Por cinco anos, ocorreu um conflito nos bastidores entre os diferentes grupos de acionistas da Cargill. Por fim, a empresa encontrou uma solução: comprou de volta a participação de Margaret na Cargill das instituições de caridade que ela havia criado. Em troca, as instituições de caridade receberiam quase US$9,4 bilhões em ações da Mosaic, uma empresa de fertilizantes de capital aberto na qual a Cargill detinha participação majoritária.[42] Outros acionistas da Cargill e da família MacMillan receberam mais US$5,7 bilhões em ações da Mosaic. O acordo resolveu dois problemas para a empresa: atendeu aos pedidos das instituições de caridade fundadas por Margaret e levantou bilhões de dólares para o restante dos acionistas da família, minando assim o apoio em potencial para um futuro IPO.[43] Também foi feita, pela primeira vez, uma avaliação pública da própria Cargill — cerca de US$53,5 bilhões.[44] "Esta é provavelmente a melhor evidência que se pode imaginar do compromisso da família em permanecer privada", disse Gregory Page, executivo-chefe da Cargill na época.[45]

No entanto, apesar dos melhores esforços de empresas como a Cargill, Vitol e Trafigura para permanecerem privadas e ficarem fora dos olhos do público, o IPO da Glencore inevitavelmente levantou o perfil de toda a indústria. De repente, as ações da Glencore eram um componente considerável do fundo de pensão de todos os aposentados britânicos, e a empresa e seus rivais renderam manchetes mais interessantes do que suas colegas do FTSE 100, como a Vodafone, empresa de telecomunicações, ou o grupo farmacêutico GlaxoSmithKline.

Em 2008, apesar de todo o furor sobre os preços altos do petróleo e dos alimentos, havia apenas 385 artigos nos principais jornais globais que mencionavam uma das principais traders. Em 2011, o número de artigos era de 1.886.[46] As agências de notícias começaram a contratar correspondentes cujo principal objetivo era escrever sobre as traders de commodities. Por sua vez, os traders foram obrigados a reforçar as equipes de relações públicas — em alguns casos, isso significava contratar um especialista em relações públicas pela primeira vez. A Trafigura até contratou o ex-editor do *Financial Times*.

Inexoravelmente, o véu de sigilo que envolvia as traders de commodities por décadas estava sendo levantado. Às vezes, a transição para uma vida aos olhos do público era dolorosa. Alguns ainda acham que era um erro. Zbynek Zak, o ex-diretor financeiro que era membro do conselho de administração da Glencore até o IPO, diz: "A empresa não deveria ter feito a abertura de capital". Ele atribui a decisão do IPO à "ganância e arrogância".[47]

Quaisquer que sejam as desvantagens potenciais de abrir o capital, a mudança da indústria para os mercados públicos trouxe benefícios consideráveis. Quer eles buscassem um IPO, uma venda de títulos ou parcerias com investidores de private equity, a capacidade das traders de commodities de atrair um grupo mais amplo de investidores lhes deu a capacidade de levantar muito mais capital.

Como nunca antes, eles detinham o poder de fogo financeiro para moldar eventos globais.

TREZE

COMERCIANTES DO PODER

É um tanto improvável que algum dos professores das escolas públicas da Pensilvânia tenha prestado atenção a isso, mas um breve anúncio no início de 2018 trouxe algumas notícias desagradáveis para suas economias de aposentadoria.

Os fundos de pensão dos professores da Pensilvânia são supervisionados por um escritório de tijolos vermelhos em Harrisburg, capital do estado, de onde o Public School Employees' Retirement System [o Sistema de Aposentadoria dos Funcionários das Escolas Públicas da Pensilvânia] administra mais de US$50 bilhões em economias em nome de 500 mil professores e ex-professores. Os fundos de pensão públicos têm a reputação de serem investidores extremamente conservadores. Tradicionalmente, eles colocam a segurança acima de rendimentos exagerados. Dificilmente eles se encaixariam no estereótipo dos investidores fanfarrões das partes mais arriscadas do mundo. No entanto, em 19 de março de 2018, um breve aviso de uma de suas holdings alertou os professores da Pensilvânia para o fato de que seu último investimento não era nada conservador.

"Comunicamos por este meio que, como resultado do referendo de independência realizado pelo Governo Regional do Curdistão em 25 de setembro de 2017, as exportações do KRG [Governo Regional do Curdistão] diminuíram em quase 50% devido à aquisição dos campos petrolíferos de

Kirkuk, o que gerou um efeito adverso na capacidade de fornecer o mínimo de volumes contratuais", dizia o aviso.[1]

Os professores da Pensilvânia podiam não estar cientes disso, mas, alguns meses antes, uma pequena parte de suas economias de aposentadoria havia sido direcionada para o Curdistão. E eles estavam longe de ser os únicos. Na Carolina do Sul, as economias de mais de 600 mil policiais, juízes e outros funcionários do setor público foram canalizadas para o mesmo investimento, assim como as economias dos professores, bombeiros e policiais da Virginia Ocidental.

Os investimentos que os conectavam a uma das regiões mais ardentes do Oriente Médio poderiam ter sido uma parábola para o sistema financeiro contemporâneo, em que o capital é repassado entre veículos anônimos em jurisdições de baixa tributação e pouca fiscalização. A jornada do capital de Pensilvânia, Carolina do Sul e Virgínia Ocidental até o Norte do Iraque envolveu paradas em George Town, a capital do paraíso fiscal notoriamente opaco das Ilhas Cayman; Dublin, a capital irlandesa que é um ambiente extremamente favorável às finanças; Mayfair, o bairro endinheirado no coração de Londres; e Dubai, o glamoroso emirado que é um polo de capital do Oriente Médio.

Se os aposentados norte-americanos tivessem examinado os relatórios anuais de seus fundos, provavelmente não teriam percebido nada disso. Soterrados na lista de investimentos dos fundos de pensão, eles até poderiam ter visto o nome "Oilflow SPV 1 DAC". Indo um pouco mais fundo, descobririam que a Oilflow SPV 1 DAC era uma empresa irlandesa cujo endereço apontava para um prédio sem graça de quatro andares no centro de Dublin, onde cerca de duzentas outras empresas também estavam formalmente constituídas.[2]

Seu objetivo oficial, de acordo com um documento às autoridades irlandesas em 2016, era "adquirir, gerenciar, manter, vender, alienar, financiar e comercializar todas as formas de ativos financeiros".[3] Então, no início de 2017, a Oilflow SPV 1 DAC foi registrada na Bolsa de Valores das Ilhas Cayman. A empresa levantou US$500 milhões em "notas de amortização garantidas", um investimento semelhante a um título, e que seria pago até 2022.[4]

O elemento mais incomum da Oilflow SPV 1 DAC era que ela parecia ser um bom investimento. Em um mundo de taxas de juros extremamente baixas, a empresa irlandesa de aparência anônima oferecia um rendimento surpreendentemente alto. As notas prometiam pagar 12% ao ano ao longo de cinco anos, mais de seis vezes a taxa de juros da dívida do governo dos EUA na época.

Obviamente, o alto rendimento refletia o fato de que o produto de investimento carregava um risco significativo. Franklin Templeton, o gestor do fundo que direcionou o capital dos fundos de pensão norte-americanos para as notas, descreveu-as simplesmente como "títulos em dólares norte-americanos lastreados em petróleo do norte do Iraque".[5]

Na realidade, os títulos faziam parte de uma estrutura financeira complexa que canalizava as economias dos aposentados dos EUA para ajudar a financiar um movimento de independência no Curdistão iraquiano. Foi um investimento que mergulhou os fundos de pensão em um grande jogo envolvendo séculos de história do Oriente Médio, a luta pelas riquezas do petróleo e o mundo audacioso dos traders de commodities. E para a Oilflow SPV 1 DAC, aquele não era apenas um veículo de investimento anônimo: ele era controlado por ninguém menos que a Glencore.[6]

Os traders de commodities estavam dispostos a colocar a si mesmos e seu capital em lugares que poucos ousavam pisar desde, pelo menos, os dias da viagem de Theodor Weisser à União Soviética. E desde, pelo menos, a década de 1980, eles vinham arranjando financiamento para países ainda mais desafiadores utilizando o fluxo de commodities como garantia. No início da década de 1980, por exemplo, a Marc Rich + Co concordou em adiantar cerca de US$80 milhões para o governo de Angola em meio a uma guerra civil. Foi uma das primeiras vezes que o petróleo de um país era usado como garantia para um empréstimo, um tipo de negócio que, anos mais tarde, se tornaria extremamente popular.[7]

Agora, a mudança do setor para levantar capital externo — simbolizada pelo IPO da Glencore em 2011 — dava às traders de commodities uma influência sem precedentes. Os fundos de pensão norte-americanos jamais sonhariam em emprestar para a Marc Rich + Co, mas estavam satisfeitos em colocar capital em um veículo criado e controlado pela sua encarnação contemporânea. Afinal, segundo o raciocínio, a Glencore era uma empresa pública e componente do prestigioso FTSE 100.

Seu novo poder financeiro fez dos traders de commodities uma parte ainda mais importante do sistema econômico global, e deu-lhes os meios para influenciar a política global como nunca antes havia sido visto. Os traders eram orientados pelo capital, mas, na busca pelo lucro, eles inevitavelmente desempenhavam um papel político. De repente, tinham os meios financeiros para financiar países inteiros, para fornecer acesso ao sistema financeiro global para indivíduos e países que antes haviam ficado de fora, e até mesmo para desempenhar um papel decisivo em conflitos de conotação política, como era o caso da guerra civil na Líbia ou a luta pela independência do Curdistão. Dos confortáveis escritórios em Londres, Zug e Houston, os traders estavam moldando a história.

Com cerca de 30 milhões de pessoas espalhadas pelo Iraque, Síria, Turquia e Irã, os curdos são frequentemente descritos como o maior grupo étnico do mundo sem um país próprio.[8] Desde o fim da primeira Guerra do Golfo em 1991, os curdos desfrutavam de um Estado semiautônomo no norte do Iraque, a despeito dos protestos do governo de Saddam Hussein em Bagdá. Quando as forças norte-americanas derrubaram Saddam em 2003, a região saiu da guerra desfrutando de uma autonomia ainda maior em relação a Bagdá.

Ainda assim, sua autonomia ficou aquém do Estado totalmente independente pelo qual a maioria dos curdos ansiava. No entanto, para que o Curdistão fosse um país viável, teria que ser capaz de se sustentar economicamente. E a melhor esperança para se estabelecer um país economicamente viável era o petróleo.

No início de 2014, veio a chance dos curdos. A guerra civil na vizinha Síria já durava três anos. Emergindo dos destroços, uma força nova e perigosa estava se fortalecendo: o Estado Islâmico, o grupo jihadista conhecido como ISIS. Em 2014, com a consolidação de sua fortaleza na Síria, o grupo voltou sua atenção para o Iraque.

Inicialmente, o ISIS conquistou cidades no oeste do país, incluindo pontos conturbados como Ramadi e Faluja. Então, em junho, lançou uma ofensiva que subjugou o exército iraquiano no norte e conquistou Mossul. Na retirada que se seguiu, o exército iraquiano, em pânico, praticamente abandonou Kirkuk, uma importante cidade ao sul de Mossul. Kirkuk, no entanto, não foi dominada pelo ISIS. Em vez disso, uma força de guerrilha curda, a Peshmerga, preencheu aquela lacuna.

Para os curdos, foi uma vitória incomum. Desde a criação do Estado-nação moderno do Iraque na década de 1920, o petróleo de Kirkuk era controlado pelo governo central de Bagdá. Mas os curdos sempre cobiçaram a cidade, que era uma grande mistura de civilizações com milhares de anos de história. E agora eles haviam assumido o controle dela sem sequer ter que lutar por isso.

As tropas curdas conquistaram o lendário Baba Gurgur, local cujo nome significa “Pai do Fogo” em curdo. Ali, por milhares de anos, o fogo queimou do solo, alimentado pelo gás natural que escapa de um gigantesco campo de petróleo abaixo da superfície. Alguns acreditam que as chamas de Baba Gurgur são a fornalha ardente do Antigo Testamento, na qual Nabucodonosor, o rei da Babilônia, jogou três judeus que se recusaram a se curvar diante de uma imagem de ouro.

Em 2014, os curdos iraquianos já haviam passado mais de uma década desde a queda de Saddam fazendo lobby junto à comunidade internacional pelo reconhecimento do seu esforço pela independência. Depois que o Sudão do Sul se separou do Sudão em 2011 com reconhecimento internacional, os curdos esperavam ser vistos de forma semelhante. Mas Washington e outras capitais ocidentais foram relutantes.

A captura inesperada das riquezas petrolíferas de Kirkuk deu aos curdos a chance de construir um país economicamente autônomo. Uma variedade heterogênea de intermediários e consultores logo apareceu para ajudar a orientá-los. Para o petróleo, eles contrataram um homem que sabia como colocá-lo no mercado: Murtaza Lakhani, o mesmo intermediário que havia sido o homem da Glencore no Iraque uma década antes e que desempenhou um papel no escândalo do Petróleo por Comida. Agora, trabalhando como consultor independente, Lakhani ajudou a conectar os curdos com os traders de commodities.[9] Entre outros intermediários que surgiram no Curdistão estava Paul Manafort, ex-presidente de campanha de Donald Trump, que mais tarde seria preso por fraude financeira. No Curdistão iraquiano, o papel de Manafort era ajudar a organizar um referendo de independência.[10]

Mas, para converter seu novo petróleo em capital, os curdos precisavam encontrar uma maneira de vendê-lo, e essa não era uma tarefa fácil: Bagdá ameaçou os compradores de petróleo bruto com uma ação legal contra eles, ao considerá-lo propriedade roubada do Estado iraquiano. A advertência dissuadiu muitas refinadoras, para as quais o governo central de Bagdá era um fornecedor de petróleo muito mais importante do que a frágil região curda jamais poderia esperar ser.[11] As refinarias de petróleo podem ter sido acuadas pelas ameaças de Bagdá, mas os traders de commodities não seriam intimidados tão facilmente. Alguns deles já estavam comprando as quantidades relativamente pequenas de petróleo vendidas pelos curdos antes da conquista de Kirkuk, e ficaram felizes em ajudar a lidar com um volume maior. O petróleo do Curdistão atraiu todas as grandes traders, como Trafigura, Glencore e Vitol, até Arbil, a capital da região, em busca de barris.

Até mesmo para os traders de commodities, lidar com o Governo Regional do Curdistão, a entidade que governava a região semiautônoma no Norte do Iraque, era uma situação politicamente delicada. Assim como no caso dos rebeldes na aventura da Vitol em uma Líbia devastada pela guerra, o governo em Arbil não era reconhecido internacionalmente. E, é claro, o próprio direito de propriedade sobre o petróleo era disputado: os curdos o reivindicavam como seu, enquanto Bagdá argumentava que apenas o governo federal poderia vendê-lo legalmente. A ameaça de uma ação legal pairava sobre cada acordo que os traders de commodities faziam.

"O acordo inicial era: você pode pegar um pouco de petróleo bruto e nos ajudar a encontrar compradores para ele? Porque aquela era, obviamente, uma das mercadorias mais disputadas na época", disse Ben Luckock, chefe de petróleo da Trafigura, que ajudou a organizar algumas das remessas.[12] "Foi realmente muito difícil", acrescentou. "Por um período de tempo, nós não tivemos compradores [para o petróleo]."

Os traders voltaram àquelas técnicas de cortina de fumaça utilizadas nas décadas de 1970 e 1980 para evitar embargos. Desde o norte do Iraque, o petróleo curdo fluiu por mil quilômetros via oleoduto através da Turquia até Ceyhan, um porto no Mediterrâneo (ver o mapa no Apêndice iii). Lá, ele foi carregado em petroleiros e, como que por mágica, desapareceu.

Para a Trafigura, uma das pioneiras do comércio de petróleo curdo, o truque de mágica envolveu o oleoduto Eilat-Ashkelon, a mesma rota que Marc Rich havia empregado na década de 1970 para trazer petróleo iraniano para a Europa via Israel. O oleoduto já era capaz de bombear petróleo em ambas as direções. E assim, a Trafigura enviou petroleiros até Ascalão para descarregar o petróleo curdo, que então viajou por Israel até o porto de Eilat, no Mar Vermelho, onde se tornou impossível de rastrear. Parte do petróleo acabou ficando na própria Israel; outras partes chegaram às refinarias de petróleo independentes na China, que são conhecidas como "bules" por causa de seu design muitas vezes rudimentar.[13]

Assim como na década de 1970, o uso do oleoduto Eilat-Ashkelon foi cobrado diplomaticamente. O Iraque estava formalmente em estado de guerra com Israel desde 1948, e Bagdá não reconhecia o Estado judeu. Mas Claude Dauphin, o executivo-chefe da Trafigura, fez a própria mágica, e logo Israel estava permitindo que o petróleo curdo do Norte do

Iraque fluísse através de seu território. "Os israelenses fizeram uma escolha, isso é claro", diz Luckock. "A situação política era que os israelenses não se importavam."[14]

Nem todo acordo referente ao petróleo curdo funcionou como planejado, no entanto. Em uma ocasião, em meados de 2017, a Vitol carregou um petroleiro chamado *Neverland* com cerca de 1 milhão de barris de petróleo curdo e enviou-o para uma refinaria no Canadá. O governo de Bagdá entrou em ação. Uma entrega de petróleo bruto para a América do Norte seria uma vitória política intolerável para a campanha dos curdos de vender seu petróleo de forma independente. O governo central iraquiano alegou publicamente que o petróleo havia sido roubado e entrou com uma ação para apreender o navio e sua carga, além de pedir US$30 milhões em danos à Vitol. O Tribunal Federal do Canadá, então, ordenou a apreensão do navio caso ele entrasse em suas águas territoriais.

Toda a indústria petrolífera global — para não mencionar inúmeros diplomatas, advogados e oficiais de justiça nomeados pelo tribunal — estava fixada na localização de um único petroleiro. Mas o *Neverland* simplesmente desapareceu. Ele desligou seu sinal de rádio, que permite aos traders de commodities seguirem cargas de petróleo ao redor do mundo, tornando-se efetivamente um navio fantasma. O que aconteceu em seguida é um mistério. Mas quase quatro semanas depois, o petroleiro ligou o sinalizador novamente. Estava novamente perto de Malta, onde tinha sido visto pela última vez. Mas agora estava completamente vazio. A Vitol tinha, em algum lugar, descarregado o petróleo curdo. Como? Onde? Para quem?

Muitos anos depois, os parceiros da Vitol ainda são acanhados em relação ao assunto. "Todo mundo sabe que uma carga desapareceu, e todo mundo sabe que não foi descarregada na Europa ou na América do Norte", afirma Chris Bake, sócio sênior da Vitol. "Então, ela foi para algum lugar do Leste."[15]

Bagdá estava destinada a perder a batalha pelo petróleo curdo. Aquele fluxo de capital e petróleo era muito sedutor, e os traders de commodities encontraram formas muito fáceis de contornar quaisquer obstáculos que o governo iraquiano pudesse lançar no caminho. "No final, eles perceberam que esta não era uma luta que eles ganhariam carga por carga", diz Bake. Com a ajuda dos traders de commodities, o Governo Regional do Curdistão estava embarcando quase 600 mil barris por dia em seu pico, o equivalente a cerca de metade das exportações de petróleo da Noruega. E metade do petróleo curdo vinha dos campos petrolíferos que os Peshmerga haviam tomado em torno de Kirkuk.[16] No entanto, Arbil ainda estava com pouco dinheiro; e se a região quisesse pressionar pela independência, precisaria de uma injeção considerável de capital. A liderança curda, então, voltou-se uma vez mais para os traders de commodities. Eles fariam algum empréstimo ao governo em troca de futuros carregamentos de petróleo? Os traders concordaram. Tendo o petróleo como garantia, a Vitol, a Trafigura e a Glencore, juntamente com a petrolífera russa Rosneft e outra trader menor chamada Petraco, adiantaram ao Governo Regional do Curdistão uma soma de US$3,5 bilhões.[17] Para o Curdistão, essa era uma quantia incrivelmente grande, equivalente a cerca de 17,5% da economia da região.[18] Os empréstimos seriam pagos ao longo de vários anos com exportações de petróleo. Algumas traders fizeram o empréstimo de capital utilizando os próprios fundos; outras contaram com a ajuda dos bancos.

A Glencore, por sua vez, tomou uma rota incomum: a trading house decidiu que o Curdistão era arriscado demais para o próprio capital, recorrendo, assim, a investidores internacionais, vendendo-lhes um título lastreado em petróleo que pagava uma alta taxa de juros. A nota, por sua vez, financiaria seus adiantamentos aos curdos. É aí que nasce a Oilflow SPV 1 DAC.

Os riscos para todos os traders envolvidos eram significativos: Bagdá continuou a considerar o petróleo de Kirkuk como roubado; as fronteiras entre a região semiautônoma e o resto do país eram, na melhor das hipóteses, fluidas; o risco de uma guerra civil era onipresente; e, para piorar as coisas, o ISIS estava ameaçando toda a região.

Os riscos, é claro, também eram significativos para os aposentados norte-americanos cujas economias davam suporte à Oilflow SPV 1 DAC.

Um terço da apresentação do investidor para as notas foi dedicado a enumerar os vários riscos envolvidos. Estes incluíam "terrorismo, conflitos religiosos, guerras civis, disputas de fronteira, atividades de guerrilha, agitação social, dificuldades econômicas, volatilidade nas taxas de câmbio e inflação alta". A apresentação também aludia à possibilidade de que o capital dos investidores pudesse ser utilizado para corrupção, observando que o Curdistão era "uma região de alto risco no que diz respeito às práticas de governança".[19]

Além disso, a Glencore havia organizado o acordo de tal forma a não comprar o petróleo diretamente do Governo Regional do Curdistão, mas por meio de uma empresa intermediária. Como os outros traders de petróleo, a Glencore estava arriscando a ira de Bagdá ao facilitar as vendas de petróleo do Curdistão, e sua solução foi utilizar um intermediário. Em troca de US$500 milhões de capital dos investidores, o Governo Regional do Curdistão assinaria um contrato não com a Glencore, mas com a empresa intermediária. Esta, por sua vez, teria então um contrato com a Glencore.

A intermediária não era uma empresa notória e, em sua apresentação aos investidores, a Glencore nem sequer a mencionou. Não obstante, ela era bastante conhecida pela própria Glencore. Essa intermediária para o acordo de petróleo curdo era uma empresa estabelecida pouco mais de um ano antes em Dubai, chamada Exmor Group. Operando a partir de um arranha-céu de 47 andares com vista para a Palm Jumeirah, uma ilha artificial na costa de Dubai, a Exmor foi criada por um trader chamado Josef Drujan, que havia passado quinze anos trabalhando para a Glencore na Ásia e na antiga União Soviética.[20] A Glencore, portanto, estava usando um ex-funcionário de longa data como intermediário entre ela e o governo curdo.

O capital proveniente dos acordos de petróleo com as traders tornou-se o principal meio de sobrevivência para a região curda.[21] Mas esse capital fez muito mais do que pagar os salários de professores e policiais. Os petrodólares também encorajaram o movimento de independência do Curdistão. Antes de seus acordos com os traders de commodities, o governo curdo tinha poucas fontes de renda além dos subsídios de Bagdá. Agora, pela primeira vez, os políticos locais sentiram que a verdadeira independência em relação a Bagdá estava ao seu alcance — e pela primeira vez, eles poderiam ter capital para arcar com isso.

Em setembro de 2017, apenas alguns meses após a Glencore ter arrecadado capital para a região por meio da Oilflow SPV 1 DAC, os políticos do Curdistão tomaram uma decisão fatídica e tentaram transformar sua recém-descoberta independência econômica em uma libertação política. Com sua segurança financeira assegurada pelos acordos de petróleo com a Glencore e outras trading houses, o governo curdo desafiou o governo central em Bagdá e realizou um referendo de independência. O resultado foi esmagador: 93% da população votou para se separar do resto do país.[22]

No entanto, se os curdos esperavam que a comunidade internacional acolheria uma nova nação como havia feito com o Sudão do Sul apenas alguns anos antes, eles se enganaram: com o ISIS em retirada, o Ocidente não era mais tão dependente dos curdos como aliados militares. Washington e outros governos ocidentais alertaram Arbil contra a realização de um referendo de independência. A última coisa que eles queriam era outra nação frágil em uma região já fragilizada. Agora, tendo seus avisos ignorados, os EUA e a Europa pouco fizeram para deter a resposta de Bagdá.

Poucos dias após o referendo, o governo central reafirmou autoridade. Bagdá enviou o exército federal para o norte para retomar a cidade de Kirkuk e seus campos de petróleo. A esperança de independência da região curda ficou em frangalhos. A autonomia econômica que poderia ter sido possível graças às riquezas petrolíferas de Baba Gurgur começou a parecer uma fantasia. Para os traders de commodities que ajudaram o movimento de independência com bilhões de dólares, aquele era um desenvolvimento preocupante.

Foi então que a Oilflow SPV 1 DAC começou a publicar comunicados sobre as manobras militares no Iraque para a Bolsa de Valores das Ilhas Cayman. A Glencore montou o veículo com bastante margem de manobra para administrar uma queda nas exportações ou nos preços do petróleo, e sua capacidade de pagar os credores não foi imediatamente afetada pela redução drástica na quantidade de produção de petróleo sob o controle do governo curdo. Mas quando os preços do petróleo também despencaram em 2020, nem mesmo a margem que a Glencore construiu com a Oilflow SPV 1 DAC foi suficiente. O veículo não foi mais capaz de cumprir seus compromissos, e os investidores tiveram que concordar com um cronograma de pagamento atrasado.

Para fundos de pensão como o dos professores da Pensilvânia, o investimento na Oilflow SPV 1 DAC foi uma maneira de gerar mais renda para os grupos crescentes de aposentados do que a maioria dos investimentos convencionais poderia oferecer. Não está claro se eles sequer consideraram o efeito que seu capital teria nas políticas do Oriente Médio. O investimento na Oilflow SPV 1 DAC pelo Public School Employees' Retirement System (PSERS) da Pensilvânia, por exemplo, fazia parte de um amplo portfólio de títulos de dívida de mercados emergentes que, de acordo com um porta-voz, era administrado por Franklin Templeton.

"Os profissionais e consultores de investimento da 'PSERS' estavam cientes dos riscos envolvidos com esse tipo de investimento em mercados emergentes, bem como os prós e contras envolvidos em todas as estratégias e portfólios de investimento", disse o porta-voz.[23]

Os traders de commodities gostam de dizer que são apolíticos — eles não tomam partido; eles são guiados simplesmente por seu interesse financeiro. Tem sido um mantra da indústria ao longo de sua história moderna. Desafiado pelas negociações com o Irã em meio à crise dos reféns, Marc Rich disse: "Em nosso negócio, não somos políticos. Nós nunca fomos. Essa é a filosofia da nossa empresa."[24]

Sem dúvida, alguns traders de commodities usaram riqueza pessoal para promover uma agenda política. Os irmãos Koch, proprietários da Koch Industries, gastaram centenas de milhões de dólares apoiando candidatos e políticas conservadoras nos EUA. Em uma escala menor, Ian

Taylor, da Vitol, doou vários milhões de libras ao Partido Conservador da Grã-Bretanha e usou sua riqueza pessoal para apoiar a campanha "Better Together" ["Melhor Juntos"] para que a Escócia permanecesse no Reino Unido durante o referendo de independência escocesa de 2014.

No entanto, a motivação dos traders em negociações de commodities é quase sempre friamente financeira. Se uma negociação é legal e lucrativa, a maioria dos traders não se detém para considerar se as ramificações políticas são desejáveis. "Lidamos com o fluxo físico de petróleo até o ponto em que sentimos ser certo ou permitido", diz Chris Bake, da Vitol. "Não creia que nós nos sentemos, acendamos um charuto e digamos: vamos fazer história aqui. Gostaria que tivéssemos tempo para isso."[25]

Mas ainda que a influência política não seja o seu objetivo, isso não quer dizer que os traders de commodities não sejam influentes. Em um mundo no qual as commodities são uma rota direta para o capital e o poder, esses traders têm a capacidade de mudar o curso da história. No caso do Curdistão, por exemplo, eles ajudaram a libertar a região da dependência econômica de Bagdá e lhe deram confiança para que reivindicasse independência.

Os traders podem negar quaisquer pretensões políticas, mas Ashti Hawrami, ministro dos Recursos Naturais do Curdistão, não tinha ilusões sobre a importância de seu papel. Sua filosofia era de que a independência econômica era uma condição para a independência política. "A economia pode conduzir a política e forçar políticos a tomarem decisões", disse ele.[26] E o capital dos traders de commodities? "Isso ajuda na nossa independência econômica".[27]

Poucas semanas após o referendo de independência, Taylor, o CEO da Vitol, foi questionado em uma conferência a respeito de os traders terem sido fundamentais para pressionar o Curdistão a ir longe demais. Depois de uma pausa, ele reconheceu: "É, nós fomos, sim."[28]

O Curdistão não foi o único lugar onde os traders de commodities aplicaram o seu recém-descoberto poder financeiro. A combinação de lucros na época do boom e acesso expandido aos mercados públicos lhes deu a capacidade de espalhar sua prodigalidade por toda parte. Da Líbia ao Cazaquistão, do Congo ao Sudão do Sul, esses traders se tornaram os principais financiadores de um tipo de país politicamente frágil, mas rico em recursos, que deixava os outros investidores inquietos.

Cada vez mais, os traders de commodities deixavam de arriscar o próprio capital, agindo como elo entre mercados financeiros internacionais, canalizando dólares de bancos, fundos de pensão e outros investidores para acordos de commodities em países distantes. Tratava-se, afinal, de um papel familiar, visto que os traders sempre atuaram como intermediários nos mercados de commodities. Agora, eles estavam simplesmente expandindo para atuar como intermediários para o capital, também.

Não é coincidência que isso estivesse acontecendo na esteira da crise financeira global de 2008. Os bancos de investimento norte-americanos, britânicos e europeus, que haviam simbolizado a expansão desenfreada do setor financeiro, estavam agora em retirada. Se eles não tivessem falido ou sido nacionalizados, ficariam sob o controle de regulamentações cada vez mais rigorosas. Além disso, eles mal precisavam ser instruídos a se afastar daqueles países complicados e ricos em recursos que eram conhecidos, na linguagem dos banqueiros, como "mercados de fronteira".

Os traders de commodities, não sendo sujeitos a nada parecido com o grau de escrutínio regulatório que os bancos enfrentavam, estavam extremamente dispostos a preencher aquela lacuna. O acordo com a Oilflow SPV 1 DAC, da Glencore, era um exemplo perfeito. Mas tratava-se de apenas um entre muitos outros acordos semelhantes, em partes igualmente desafiadoras do mundo. Na sua apresentação de 2016 para potenciais investidores, a trading house de commodities se gabou de ter providenciado, nos seis anos anteriores, mais de US$17 bilhões em pré-pagamentos de petróleo; de que nunca havia perdido dinheiro em um acordo; e de que tinha um relacionamento próximo com "mais de 150 instituições financeiras em todo o mundo, incluindo todos os principais bancos e principais investidores institucionais".[29]

O crescente papel dos traders de commodities como financiadores de larga escala também foi reflexo das mudanças no negócio de trading, particularmente do petróleo. À medida que seu modelo tradicional foi erodido pelo crescente acesso mundial à informação, os traders priorizaram tamanho e escala para ajudar a manter sua lucratividade. Seus investimentos em redes de oleodutos, portos, tanques de armazenamento e refinarias ajudaram bastante e, por meio desse "sistema" de ativos, eles procuraram alimentar volumes cada vez maiores de petróleo. Em vez de ganhar muito dinheiro comprando e vendendo algumas cargas de petróleo, eles teriam como objetivo obter pequenos lucros individuais em grandes volumes. Em meados da década de 1980, a Marc Rich + Co, a maior trader de petróleo da época, movimentava cerca de 1,3 milhão de barris por dia de produtos brutos e refinados.[30] Em 2019, a Vitol, que havia conquistado a coroa de maior trader de petróleo, movimentava 8 milhões de barris por dia. E ela não era exceção: a Trafigura estava negociando 6,1 milhões de barris por dia e a Glencore, 4,8 milhões de barris.

"No final das contas, o nosso negócio precisa de escala", afirmou Ian Taylor. "Odeio ter que dizer isso, mas o tamanho importa."[31]

Com escala suficiente, os traders poderiam explorar seus contratos e ativos de petróleo em resposta a movimentações de última hora nos preços de mercado. Talvez uma carga que deveria seguir para os EUA pudesse ser redirecionada para a Ásia? Ou uma refinaria poderia alterar a mistura de diferentes tipos de petróleo bruto que estava processando para aproveitar as variações de preço? Talvez um contrato permitisse ao trader entregar o produto alguns dias depois, ou entregar alguns barris a mais ou a menos? Ou talvez alguns milhões de barris pudessem ficar parados em tanques de armazenamento, aguardando o próximo disparo nos preços?

Esse tipo de sistema se tornou o modelo para o comércio de commodities — do petróleo em particular, mas também de metais e grãos. Para que isso funcionasse, os traders precisavam ter grandes volumes de petróleo fluindo pelo seu sistema, prontos para responder a qualquer oportunidade que o mercado viesse a apresentar. E a melhor maneira de garantir grandes volumes de petróleo era financiar os produtores, prendendo-os a um relacionamento de vários anos.

E assim os traders de commodities entraram com tudo. Eles colocaram seu capital (e o dos outros) para operar onde quer que houvesse petróleo para comprar e vendedores de petróleo precisando de capital. Levou-os dos campos de batalha da guerra civil líbia aos salões dourados do Kremlin.

A ascensão desses acordos financeiros em grande escala marcaria uma nova era no desenvolvimento dos traders de commodities: com acordos maiores, eles supervisionariam quantias maiores de capital, passando a ter a capacidade de financiar nações inteiras — e de ajudar outras a nascerem. Com isso, eles já não eram mais apenas traders de commodities, mas verdadeiros comerciantes do poder.

*

Existem poucos lugares no mundo onde um trader de commodities desempenhou um papel tão dominante na economia de um país como no Chade. Os acordos da Glencore na nação africana revelaram como alguns traders estavam preparados para colocar seus recursos financeiros para operar ao lado de algumas das figuras mais repugnantes da política internacional.

Sem litoral, desesperadamente pobre e implacavelmente corrupto, o Chade oferece uma perspectiva pouco convidativa para os investidores internacionais.[32] Desde um golpe de Estado em 1990, o país é governado por Idriss Déby, um general veterano do exército cujo compromisso com o uísque Chivas Regal muitas vezes é mais profundo do que o compromisso com a democracia.[33] Rechaçando tentativas de expulsá-lo tanto de dentro quanto de fora do país (o governo francês certa vez lhe ofereceu uma pensão e um apartamento confortável em troca de sua renúncia),[34] Déby manteve o controle, tornando-se um dos líderes que permaneceram mais tempo no poder em todo o mundo.

O povo do Chade não compartilhou da sua boa sorte, apesar do desenvolvimento dos modestos recursos petrolíferos do país. Sua expectativa de vida é a terceira mais baixa do planeta;[35] quase metade da população vive abaixo da linha de pobreza do Banco Mundial;[36] e o país foi arruinado por conflitos e distúrbios.

Em 2013, o Chade estava enfrentando sua mais recente ameaça na forma de militantes islâmicos. A Al-Qaeda era forte na África Central, e Déby mobilizou seu exército para combater jihadistas no Mali, país vizinho, e na fronteira com a Nigéria.

Mas o presidente chadiano tinha um problema. Ele não tinha capital suficiente para pagar as empreitadas militares. Amplamente visto entre os investidores internacionais como uma zona economicamente desastrosa, o Chade não podia simplesmente ligar para bancos e pedir um empréstimo. Doadores governamentais como a França, o antigo poder colonial, o Banco Mundial e o FMI ficaram cautelosos em conceder doações generosas a Déby, e ultimamente vinham insistindo na delimitação estrita de todo e qualquer empréstimo, para garantir que estes seriam gastos exclusivamente na redução da pobreza.

Rejeitado por todos os outros credores, o presidente do Chade pediu ajuda a uma empresa que parecia confortável com os riscos envolvidos em conceder empréstimos para o seu país, além de parecer indiferente às repercussões que o seu capital poderia ter em toda a região: a Glencore.

Em maio de 2013, Déby recebeu um influxo de US$300 milhões em capital da Glencore, na forma de um empréstimo garantido por futuros fornecimentos de petróleo, um tipo de acordo conhecido como pré-pagamento. No final do ano, a trader havia dobrado o valor do empréstimo para US$600 milhões.[37] O capital veio com uma condição: só poderia ser utilizado "para fins civis para apoiar o orçamento do Estado".[38] Mas essa cláusula aparentemente restritiva era um truque: o Chade poderia usar o capital da Glencore para despesas não militares, liberando o restante de seus recursos orçamentários para financiar as forças armadas. Com efeito, a Glencore estava ajudando a financiar as guerras de Déby contra o islamismo jihadista em seus países vizinhos.

Com os preços do petróleo acima de US$100 o barril, Déby encontrou na Glencore um banco que estava disposto a emprestar-lhe grandes somas de dinheiro, apesar de um histórico terrível de direitos humanos e preocupações internacionais sobre sua má gestão econômica. Logo, ele estava de volta para mais: em 2014, ele tomou um empréstimo de mais US$1,45 bilhão da Glencore, dessa vez para comprar a participação da Chevron nos campos petrolíferos do Chade.[39]

Assim como no caso do Curdistão, a Glencore não emprestou, ela mesma, todo o capital ao Chade. Em vez disso, persuadiu um grupo de bancos e outros investidores a assegurarem o acordo.[40] E, também como no caso do Curdistão, esses investidores incluíram alguns dos maiores fundos de pensão dos EUA — de acordo com um documento corporativo, o Public Employees Retirement System of Ohio e o West Virginia Investment Management Board contribuíram com fundos para os acordos da Glencore no Chade.[41]

As negociações da Glencore com Déby foram bastante amigáveis enquanto os preços do petróleo estavam acima de US$100 o barril; no entanto, quando eles começaram a cair no final de 2014, essa relação piorou. Com o aumento da produção da indústria de petróleo de xisto dos EUA, o preço do petróleo caiu de um pico de US$115 o barril em 2014, para apenas US$27 no início de 2016. O Chade simplesmente não conseguia pagar suas dívidas naquele novo ambiente de preços do petróleo. A nação africana pediu para renegociar o acordo e, após longas negociações, a Glencore concordou em reestruturar os empréstimos. Tal reestruturação demonstrou o quão importante a Glencore havia se tornado no Chade: com os preços do petróleo ainda baixos, o país assolado pela pobreza devia à Glencore e seus parceiros quase US$1,5 bilhão, o equivalente a 15% de seu PIB.[42]

Mesmo depois de reestruturado, o empréstimo da Glencore impôs uma austeridade punitiva ao governo chadiano. O país foi forçado a cortar gastos com educação, saúde e investimentos, e lutou por meses a fio para conseguir pagar salários — tudo para cumprir as obrigações de reembolso com a maior trader de commodities do mundo. Até o FMI, conhecido por impor disciplina fiscal a países em dificuldades, descreveu os cortes de gastos do Chade como "dramáticos".[43]

Déby viria a se arrepender do seu acordo com a Glencore, chamando o empréstimo de um grande engano. "Devo admitir que o empréstimo obtido da Glencore foi irresponsável", declarou.[44] Com o país à beira do colapso, Déby pediu ainda por outra revisão dos termos da dívida, com a qual a Glencore acabou concordando em 2018, dando ao Chade mais tempo para pagar e reduzindo pela metade a taxa de juros.[45]

Hoje em dia, o empréstimo da Glencore é tão importante para o Chade que, quando o FMI publica análises da economia nacional, a trader de commodities ganha a própria menção na análise das finanças governamentais do país africano. Mesmo antes do coronavírus, o país não esperava terminar de pagar a Glencore até 2026.[46] Apesar de seu controle quase absoluto no Chade, Déby ficou desconfiado sobre o seu acordo com a trading house, levando-o a comentar: "Quando recebi o chefe da Glencore aqui, perguntei a ele: "Existem pessoas a quem você pagou comissões?"[47]

Se a Glencore era o credor de última instância no Chade, no Cazaquistão esse papel era desempenhado pela Vitol. Embora os acordos da Glencore no Chade tenham sido relativamente simples, adiantando capital em troca de futuros suprimentos de petróleo, os muitos anos de acordos da Vitol no Cazaquistão foram uma demonstração da complexa rede de relacionamentos que os traders de commodities estavam dispostos a construir para manter seus negócios em países ricos em recursos — e das recompensas por fazê-lo.

Na era do boom das commodities, o Cazaquistão era uma nova fronteira para as companhias petrolíferas investirem. As planícies cazaques escassamente povoadas foram subitamente inundadas por geólogos e engenheiros do Texas, Escócia e Canadá em busca de riquezas petrolíferas. Os dólares jorravam e uma nova capital futurista brotou da estepe cazaque, enquanto os políticos e oligarcas do país lotavam os clubes e hotéis de Mayfair e Dubai.

No início da década de 2010, a nação da Ásia Central já havia perdido o brilho para muitos investidores internacionais. Eles estavam frustrados com a burocracia pós-soviética decrépita do país, suas frequentes mudanças de regras e a avareza de suas elites. O principal projeto de petróleo do Cazaquistão, Kashagan, foi assolado por tantos atrasos e estouros de custos que os engenheiros o apelidaram de "capital perdido".

Quando o preço do petróleo despencou em 2014, as autoridades cazaques entraram em pânico. Desde antes do colapso da União Soviética, o país era governado por apenas um homem, Nursultan Nazarbayev. O regime autoritário do presidente cazaque havia sido tolerado, em sua maior parte, por uma população que vinha ficando mais rica a cada ano. Mas agora que isso já não era mais uma realidade, o reinado de Nazarbayev parecia cada vez mais frágil.

Uma área de particular interesse era a companhia estatal de petróleo KazMunaiGas (KMG). Tratava-se de uma vasta empresa, responsável pelo emprego de cidades inteiras. Uma greve dos petroleiros em 2011 no Oeste do Cazaquistão terminou em confrontos mortais com a polícia, em um dos momentos mais sombrios da história pós-soviética do país.

Após a queda do preço do petróleo no final de 2014, a KMG precisava tão desesperadamente de financiamento que foi forçada a implorar por uma injeção de capital do Banco Central do Cazaquistão. Mas isso foi apenas uma solução provisória. Para uma solução permanente, a estatal recorreu à Vitol. A partir do início de 2016, a trader de petróleo canalizou um total de mais de US$6 bilhões em empréstimos para a KMG em troca de futuros suprimentos de petróleo.[48]

Efetivamente, os acordos fizeram da Vitol o maior financiador da companhia petrolífera estatal cazaque, e provavelmente a maior financiadora individual do Estado cazaque.[49] Era o mesmo tipo de acordo de pré-pagamento — empréstimos em troca de futuros fornecimentos de petróleo — que os traders tinham feito no Chade e no Curdistão. E assim como nesses acordos, o capital veio de um grupo de bancos. Mas isso não poderia ter acontecido sem a Vitol.[50]

A presidência de Nazarbayev sobreviveu à queda do preço do petróleo, permitindo-lhe efetuar uma sucessão há muito planejada e supervisionar o país em sua velhice a partir da posição de "Líder da Nação". E a Vitol, em troca dos bilhões de dólares depositados nos cofres estatais do Cazaquistão, recebeu centenas de milhões de barris de petróleo cazaque.

Mas estes estavam longe de ser os primeiros acordos da empresa no Cazaquistão. A trading house cultivava assiduamente laços no país há mais de uma década. Já em 2005, uma entidade com o nome de Vitol Central Asia era o maior comprador de petróleo da unidade comercial da KMG.[51]

Para todo o mundo, a Vitol Central Asia parecia apenas mais uma subsidiária da gigantesca trader de petróleo. Ela compartilha um endereço em Genebra com a Vitol, e seus diretores são dois dos sócios mais importantes da empresa.[52]

Mas a Vitol Ásia Central não era apenas mais uma subsidiária da Vitol. Na verdade, era apenas 49% de propriedade da própria Vitol.[53] A participação majoritária na empresa era de propriedade de um homem chamado Arvind Tiku. (Mais tarde, sua participação seria reduzida para pouco menos de 50%).

Pode parecer estranho para a maior trader de petróleo do mundo permitir que um estranho detenha uma participação majoritária em uma empresa que perpetua o seu nome; mas Tiku não era qualquer um. Por alguns anos, ele foi um agente importante no setor de energia do Cazaquistão, começando no país na década de 1990, negociando petróleo e grãos, incluindo aí um período trabalhando para Marc Rich após sua saída da Glencore. Ele também se tornou sócio de Timur Kulibayev, genro do presidente cazaque, amplamente considerado o indivíduo mais poderoso do setor petrolífero cazaque e ocasionalmente visto como um possível sucessor de Nazarbayev.[54]

Em resposta a questionamentos, a Vitol afirmou que "não acredita que o relacionamento do Sr. Tiku com o Sr. Kulibayev tenha beneficiado a empresa de maneira significativa". Um porta-voz de Tiku apontou que ele não teve qualquer relacionamento comercial com Kulibayev até 2006, anos depois de ter feito negócios com a Vitol. "O Sr. Tiku não se valeu de nenhum relacionamento com o Sr. Kulibayev para obter quaisquer favores ou condições favoráveis para a VCA [Vitol Central Asia], a Vitol ou qualquer outra empresa", disse esse porta-voz.[55]

A aliança entre a Vitol e Tiku tem sido um empreendimento extremamente lucrativo. Entre 2011 e 2018, por exemplo, a holding da Vitol Central Asia — que incluía várias outras joint ventures entre a Vitol e Tiku, com nomes como Wimar, Titan Oil Trading e Euro-Asian Oil — pagou mais de US$1 bilhão em dividendos a seus acionistas.[56]

Atualmente, depois de mais de uma década, a Vitol continua a ser a trader internacional de petróleo dominante no Cazaquistão — uma prova das recompensas oferecidas para uma trader disposta a se comprometer com um relacionamento de longo prazo.

No Cazaquistão, Chade e Curdistão, os traders usaram seu peso financeiro com excelentes resultados. Mas em nenhum lugar eles canalizaram mais dólares para um Estado do que na Rússia. E no processo, eles provavelmente fizeram mais para ajudar Vladimir Putin a permanecer no poder do que qualquer outra pessoa na comunidade empresarial internacional — mesmo quando ele estava envolvido em um impasse geopolítico hostil com a Europa e os EUA.

Durante grande parte do boom dos anos 2000, a Rússia não precisava realmente do capital das traders de commodities. Ela era, afinal, a queridinha dos investidores ocidentais e uma das economias do BRIC cujo rápido crescimento e classe média em expansão a tornavam uma aposta irresistível no futuro dos mercados emergentes ricos em commodities. Mesmo após o choque da aquisição dos ativos da Yukos pelo Estado e a prisão de Mikhail Khodorkovsky, as empresas e o Estado russo podiam tomar empréstimos de investidores e bancos ocidentais com a maior facilidade.

Então, em 2012, Igor Sechin, um poderoso confidente do presidente Vladimir Putin, que há muito pressionava pela consolidação dos ativos petrolíferos da Rússia sob a campeã estatal Rosneft, concordou em comprar a TNK-BP, de propriedade privada. Com uma avaliação de US$55 bilhões, a aquisição foi uma das maiores da história do setor de energia. Os bancos ocidentais fizeram fila para realizar empréstimos de capital à Rosneft, mas Sechin precisava de mais do que o sistema bancário global era capaz de reunir, mesmo para uma das maiores empresas de petróleo do mundo.

Assim, os traders de commodities entraram em cena. Desde que Sechin assumira o cargo de executivo-chefe da Rosneft, a Gunvor havia perdido prestígio com a petrolífera estatal (Sechin e Timchenko, ainda que fossem amigos de Putin, tinham um relacionamento tenso e às vezes nem sequer se falavam).[57]

Naquele momento, precisando de capital imediatamente, Sechin ligou para dois dos concorrentes de Gunvor: Ivan Glasenberg da Glencore e Ian Taylor da Vitol. Dentro de algumas semanas, os traders haviam conseguido levantar impressionantes US$10 bilhões que dariam à Rosneft em troca de futuros fornecimentos de petróleo.[58] Foi o maior acordo de "petróleo por empréstimos" de todos os tempos: desde o primeiro acordo desse tipo, entre a Marc Rich + Co e Angola, trinta anos antes, os traders passaram de empréstimos de US$80 milhões para mais de cem vezes esse valor.

Para a Glencore e a Vitol, era uma base lucrativa em um dos maiores exportadores de petróleo do mundo. Muito em breve, no entanto, os traders se tornariam ainda mais importantes para a Rosneft, Sechin e a própria Rússia.

Em 18 de março de 2014, Putin assinou um decreto para incorporar a Crimeia à Rússia, após um referendo organizado às pressas. O Ocidente, descrevendo a medida como uma anexação ilegal de parte da Ucrânia, respondeu aumentando a pressão econômica sobre a Rússia por meio de sanções. Washington começou aplicando sanções a indivíduos influentes que eram próximos do Kremlin, incluindo Sechin, citando sua "total lealdade a Vladimir Putin".[59]

Durante o verão, os combates se intensificaram no leste da Ucrânia, e o Ocidente impôs sanções cada vez mais restritivas contra a economia russa — inclusive contra a própria Rosneft. As sanções à Rosneft não bloquearam todas as negociações com a petrolífera russa, mas proibiram especificamente créditos de longo prazo para ela.

Isso criou uma enorme dor de cabeça para Sechin, com o problema se tornando quase fatal para todo o sistema financeiro russo. Além dos US$10 bilhões que recebeu da Vitol e da Glencore, a Rosneft havia tomado empréstimos de cerca de US$35 bilhões de bancos e investidores ocidentais para consumar o acordo da TNK-BP. No final de 2014 e início de 2015, alguns dos empréstimos estavam prestes a serem restituídos. Parecia que a única solução para a Rosneft, excluída dos mercados de dívidas internacionais pelas sanções, seria contrair empréstimos em rublos e converter a moeda em dólares. À medida que os prazos da Rosneft se aproximavam, o rublo entrou em queda livre, perdendo um quarto do valor em apenas algumas horas.

As traders de commodities não se incomodaram com os problemas da Rosneft — na verdade, estavam fazendo fila para ver como poderiam ajudar. A Trafigura expandiu drasticamente seus negócios com a Rosneft, com o executivo-chefe Jeremy Weir descrevendo o ambiente no início de 2015 como uma boa oportunidade de negócios. "Vimos ali um nicho", afirmou.[60]

Mas foi a Glencore que conquistou, talvez, a maior vitória com a Rússia. Em 2016, com o preço do petróleo ainda em crise, o governo russo estava com pouco dinheiro. Sechin, sempre o ousado e agressivo construtor de impérios do setor de energia russo, persuadiu Putin a permitir que a Rosneft assumisse um produtor de petróleo russo menor e privado. Em troca, ele prometeu que seria capaz de vender parte da participação do governo russo na Rosneft — entregando, assim, um lucro inesperado ao orçamento russo até o final do ano.

Mas com o prazo se aproximando, os compradores eram escassos. Sechin oscilava entre as negociações com investidores do Oriente Médio e da Ásia, mas ninguém estava disposto a gastar bilhões de dólares por uma participação na Rosneft.[61] Mais uma vez, a Glencore veio em socorro de Sechin. A trading house não estava disposta a investir todo o capital, e então apelou para o governo do Catar. O mesmo fundo soberano do Catar com o qual Glasenberg havia lutado pelo acordo com a Xstrata era agora o maior acionista da Glencore. Naquele momento, a Glencore e o Catar estavam unindo forças como coinvestidores em um acordo de US$11 bilhões para comprar parte da participação do governo russo na Rosneft.

Sechin havia triunfado — o acordo havia desafiado as previsões de que nenhum investidor ousaria comprar uma participação na Rosneft, dadas as sanções. Assim, com a ajuda dos traders, Putin resistiu a uma forte recessão econômica. Seria exagero dizer que os traders de commodities salvaram a carreira política do presidente russo, mas não há dúvida de que suas ações ajudaram.

Em uma recepção no Kremlin, um Putin sorridente lembrou Glasenberg de suas origens mais humildes negociando carvão.[62] "Gostaria de expressar a minha confiança de que seus negócios na Rússia se desenvolverão, e se desenvolverão com êxito", afirmou o presidente, concedendo a Glasenberg e aos outros participantes do acordo a Ordem da Amizade da Rússia.[63] Seis décadas depois de um temeroso Theodor Weisser ter viajado para Moscou em busca de petróleo para comprar, os traders de commodities agora eram recebidos de braços abertos na cidadela do poder político russo.

Em todo o mundo, o dinheiro dos traders de commodities vinha mudando o curso da história. No entanto, não havia garantia de que esses traders — muitos dos quais viajavam pelo mundo com passaportes britânicos e norte-americanos e operavam a partir de bases na Europa e nos Estados Unidos — estariam agindo de acordo com os interesses políticos ocidentais.

Em alguns casos, como a guerra na Líbia, quando a Vitol enviou mais de US$1 bilhão em combustível para os rebeldes, eles estavam claramente indo na mesma direção que os ministérios das Relações Exteriores de seus governos de origem. Em alguns casos, como no Cazaquistão, os governos ocidentais se mostraram mais ou menos indiferentes às suas atividades.

Já em outros casos, os acordos foram diretamente contra as políticas ocidentais. O capital dos traders ajudou a estimular um referendo de independência curda diante da forte oposição dos EUA, que argumentavam que isso poderia comprometer a luta contra o ISIS.[64] No Chade, o capital da Glencore ajudou a financiar o governo de Idriss Déby mesmo quando instituições lideradas pelo Ocidente, como o Banco Mundial e o FMI, tentavam impor-lhe condições estritas. Na Rússia, o capital dos traders contrariava abertamente as políticas ocidentais, ajudando a Rosneft e Putin a resistirem ao impacto das sanções dos EUA e da UE contra eles.

Quando se deram conta de que os traders de commodities haviam se tornado agentes extremamente importantes nas finanças e políticas globais, os políticos e reguladores ocidentais também começaram a perceber que tinham uma supervisão assustadoramente pequena do que esses traders estavam fazendo. Até mesmo quando os traders acumulavam um poder financeiro sem precedentes, suas atividades permaneceram quase totalmente não regulamentadas.

Houve pressão por maior regulamentação dos mercados futuros como consequência das oscilações desenfreadas de preços de 2007 a 2011, mas os mercados físicos de commodities permaneceram praticamente intocados. A questão não passou despercebida aos reguladores. Na maioria das vezes, no entanto, eles não tinham autoridade legal, apoio político ou simplesmente os recursos necessários para fazer algo a respeito. Mas havia um aspecto dos seus negócios em que os traders de commodities eram potencialmente vulneráveis a uma regulamentação mais agressiva. Eles dependiam de um grupo relativamente restrito de bancos para fornecer-lhes grandes somas de crédito. E, mais do que tudo, contavam com o acesso a essas quantias em dólares norte-americanos.

CONCLUSÃO

MUITOS ESQUELETOS

O telefonema que quase acabou com a Trafigura aconteceu em um dia de verão em 2014.

A essa altura, a empresa não era mais a arrivista desajeitada de outrora. Simbolizando sua chegada à mesa principal do trading global de commodities, a Trafigura havia acabado de assumir um prédio inteiro de escritórios, com o último andar equipado com salas de reuniões com paredes de vidro colorido e assentos de couro de onde seu incansável chefe Claude Dauphin podia observar os telhados de Genebra.

O sucesso da Trafigura foi construído em grande parte graças ao capital de um banco: o BNP Paribas. Desde o início do mercado spot de petróleo na década de 1970, o credor francês era o rei do financiamento do trading de commodities, a força vital de toda a indústria, fornecendo bilhões de dólares em empréstimos de curto prazo que permitiram às traders comprar e vender petróleo, metais e grãos em todo o mundo sem usar muito de seu próprio capital. Para Dauphin, o relacionamento com o BNP Paribas era indispensável: desde os primeiros dias da Trafigura, o banco francês era seu maior credor, às vezes respondendo por metade de todo o seu financiamento. Ele esteve ao lado da Trafigura em todos os momentos, mesmo no pior momento pessoal de Dauphin, quando ele foi jogado em uma cela na Costa do Marfim em meio ao escândalo do lixo tóxico.

Então, quando Dauphin atendeu o telefone de seu banqueiro no BNP Paribas, ele poderia ter esperado uma conversa amigável. Poderia ter presumido que o executivo do BNP Paribas estava ligando para perguntar sobre sua saúde. Alguns meses antes, Dauphin havia sido diagnosticado com câncer de pulmão. Ele também poderia estar pronto para lamentar: o BNP Paribas estava passando por um dos períodos mais sombrios de sua história, estando sob pressão do governo dos EUA por violar sanções.

Mas Dauphin não esperava o que ouviu a seguir. Esta não era uma chamada social. O BNP Paribas estava telefonando para informar ao chefe da Trafigura que o banco não queria mais fazer negócios com ele. O credor francês estava retirando da empresa cerca de US$2 bilhões em linhas de crédito. Seu relacionamento, forjado ao longo de décadas de trading de commodities em todos os cantos do planeta, havia acabado.[1]

Foi um momento cataclísmico para Dauphin, que despejou sua vida na Trafigura. Fumante inveterado, implacável, charmoso e espirituoso, ele foi o último de uma geração de traders que foram vistos como herdeiros de Marc Rich na década de 1980, missionários comerciais que levaram o estilo de negociação de Rich a todos os cantos do globo. Ele construiu a Trafigura a partir dessa imagem, conduzindo a nova empresa em direção à grande liga de empresas como a Vitol e a Glencore quase por força de vontade.

Foi também um momento que marcaria o início de uma nova era para os traders de commodities. Assim como eles atingiram o apogeu da riqueza e influência em todo o mundo, sua indústria estava prestes a mudar para sempre. Depois de décadas expandindo seu alcance ao redor do mundo na quase total ausência de regulamentação ou supervisão, agora havia um policial agressivo e imprevisível na área: o governo dos EUA.

O BNP Paribas havia acabado de se declarar culpado por violar as sanções dos EUA contra Cuba, Sudão e Irã e concordou em pagar quase US$9 bilhões.[2] Foi um caso marcante que chocou tanto a elite francesa quanto o setor bancário global — era a primeira vez que autoridades dos EUA perseguiram um caso tão grande contra um grande banco em um país estrangeiro que também era aliado dos EUA.

Em uma declaração devastadora a respeito do caso, o governo dos EUA expôs como o BNP Paribas havia "conscientemente, intencionalmente e voluntariamente" movimentado bilhões de dólares pelo sistema financeiro dos EUA em violação às sanções. Entre os negócios que violaram as sanções estavam empréstimos em dólares norte-americanos que o BNP Paribas havia concedido "a uma empresa holandesa".[3] Os empréstimos foram concebidos para "financiar a compra de produtos petrolíferos brutos destinados a serem refinados e vendidos a Cuba".

Os EUA não revelaram o nome da empresa holandesa, tampouco sugeriram que ela tivesse feito algo errado. Mas sua presença na lista de acusações contra o BNP Paribas foi a razão pela qual um executivo sênior do banco ligou para Claude Dauphin. Desconhecida por todos, exceto por um pequeno círculo de pessoas internas, a misteriosa empresa holandesa que transportava petróleo para Cuba era a Trafigura.[4]

A Trafigura e o BNP Paribas trabalhavam juntos em Cuba desde a década de 1990, quando Dauphin abriu caminho para o país em um desafio ao domínio da Vitol. Dauphin concordou em ajudar a financiar estoques de petróleo bruto e produtos refinados em tanques de armazenamento em uma refinaria nos arredores de Havana. E a Trafigura continuou fazendo isso desde então. "Financiamos essas ações com um banco, que era o BNP Paribas, e eles [a estatal petrolífera cubana] compravam o petróleo em dinheiro quando necessário", lembra Eric de Turckheim, que era o chefe de finanças da Trafigura na época.[5]

O acordo ajudou o governo de Fidel Castro a conservar seu dinheiro em um momento de dificuldades, dando a Dauphin sua posição desejada no mercado cubano. Para a Trafigura, era um negócio relativamente pequeno, já que os estoques envolvidos valiam apenas cerca de US$40 milhões.[6] Mas ao ser repetido muitas vezes ao longo dos anos, somou centenas de milhões de dólares em vendas.

Os norte-americanos ficaram anos sem saber disso. Os EUA proibiram as empresas norte-americanas de negociar com Cuba, mas os governos europeus se opuseram à proibição e muitas empresas europeias ficaram felizes em investir lá. O problema para o BNP Paribas era que seus empréstimos para apoiar os negócios cubanos da Trafigura eram em dólares norte-americanos, o que significava que eles tinham que ser encaminhados pelo sistema financeiro norte-americano.

Ciente das sanções dos EUA, o credor francês ocultou a ligação com Cuba. Em vez de fazer pagamentos diretos, o banco montou camadas de contas para disfarçar a origem dos negócios e instruiu outros bancos envolvidos a "não mencionar CUBA em sua ordem de transferência".[7]

Quando Washington descobriu o complô, agiu agressivamente contra o BNP Paribas. O acordo de US$9 bilhões em 2014 foi uma das maiores multas já impostas a uma única instituição financeira. Para aumentar o prejuízo, os EUA impediram partes do BNP Paribas de acessar o sistema do dólar norte-americano por um ano — uma punição de severidade sem precedentes para um banco que opera nos mercados financeiros globais onde o dólar norte-americano reina. De volta à sede da Trafigura em Genebra, Dauphin entendeu a magnitude do problema rapidamente. O telefonema do BNP Paribas era uma ameaça existencial à sua empresa. O banco francês não era apenas o maior financiador da Trafigura, era um criador de tendências para os bancos, principalmente europeus, que financiavam os traders de commodities. Se outros bancos vissem o BNP Paribas abandonando a Trafigura, eles também poderiam correr para a saída. Dauphin começou a telefonar para seus outros contatos bancários, implorando para que não puxassem o plugue.

O caso contra o BNP Paribas destacou a mudança de filosofia do governo dos EUA para o mundo além de suas fronteiras: a partir de agora, o país processaria agressivamente comportamentos que contrariassem sua política externa — mesmo que isso significasse atacar grandes empresas em países que eram aliados dos EUA.

E sua principal arma era o dólar norte-americano, cuja importância singular para o sistema bancário global deu a Washington um enorme poder para impor sua vontade. Nenhum banco poderia se dar ao luxo de ficar de fora do sistema do dólar norte-americano, como o BNP Paribas. E assim todos os bancos ao redor do mundo se tornariam efetivamente uma extensão da aplicação da lei dos EUA, caçando proativamente qualquer comportamento que fosse contrário à política norte-americana.

Ao anunciar as multas do BNP Paribas, Eric Holder, o procurador-geral dos EUA, enviou um aviso às empresas de todo o mundo: os EUA não fariam mais vista grossa só porque elas não eram norte-americanas.

"Esse resultado deve enviar uma mensagem forte a qualquer instituição — em qualquer lugar do mundo — que faça negócios nos Estados Unidos: conduta ilegal não será tolerada", disse Holder. "E onde quer que seja descoberta, será punida em toda a extensão da lei."[8]

O episódio marcou o início do fim da era em que os traders viajavam pelo mundo, fazendo negócios em países corruptos ou com governos párias impunemente. As enormes multas contra o BNP Paribas afetaram apenas tangencialmente os traders de commodities.

A campanha de Dauphin para manter os outros banqueiros do seu lado foi bem-sucedida, e a Trafigura sobreviveu — mas era um sinal do que estava por vir. Em breve, as traders de commodities também estariam na mira do governo dos EUA, e o futuro do trading como indústria estaria sob suspeita.

Durante anos, muitos traders de commodities viram sanções e embargos como oportunidade, e não como ameaça. Os países sob embargo tinham menos opções de negociação e, portanto, os lucros para aqueles que encontravam maneiras de fazer negócios com eles eram proporcionalmente maiores. Foi isso que permitiu a Marc Rich e John Deuss obter lucros astronômicos ao subverter o embargo de petróleo contra o apartheid na África do Sul em 1980.

Isso foi possível porque os embargos foram mal aplicados. Se eles fossem implementados por apenas alguns países, seria fácil para os traders abrir uma subsidiária em um país que não havia imposto sanções e negociar por meio dessa subsidiária. Grande parte da atividade dos traders ocorria em águas internacionais e, portanto, não era governada pelas leis de qualquer nação. E os negócios dos traders operavam de maneira semelhante nos cantos mais opacos do sistema financeiro internacional, onde eles podiam usar uma empresa de fachada das Ilhas Cayman em um dia e uma empresa de fachada maltesa no dia seguinte; e onde os navios podiam navegar sob a bandeira de qualquer nação, do Panamá à Libéria ou às Ilhas Marshall.

Era raro que as sanções fossem impostas de uma forma verdadeiramente global. Até o colapso da União Soviética, o Conselho de Segurança das Nações Unidas havia imposto sanções econômicas apenas duas vezes, contra a Rodésia do Sul em 1966 e a África do Sul em 1977. Uma vez que Moscou abandonou sua oposição perene ao uso de penalidades econômicas após 1991, a ONU impôs sanções mais de vinte vezes, da Somália à Iugoslávia.[9] Mas ainda assim, eram fáceis de contornar: a Suíça, onde muitas das traders de commodities tinham bases, não se tornaria membro da ONU até 2002. Mesmo que as traders fizessem algo errado na Suíça, os promotores suíços raramente eram agressivos ao processar empresas que eram algumas das maiores contribuintes de seu país.

Por muitos anos, os traders viveram de acordo com a máxima de Marc Rich de andar no fio da navalha — chegando o mais próximo possível do limiar da legalidade, usando todas as brechas que pudessem encontrar. Se não quebravam a letra da lei, pelo menos zombavam de seu espírito. A Vitol, por exemplo, usou sua subsidiária no Bahrein para contornar as sanções europeias ao Irã em 2012.[10]

Foi uma história semelhante em relação à corrupção. Cultivar relacionamentos acolhedores com autoridades poderosas há muito estava no centro dos negócios do trading de commodities e, em muitos países da África, da antiga União Soviética e do Oriente Médio, isso significava encontrar maneiras de lhe pagar.

Os traders de commodities certamente não estavam sozinhos ao ver o suborno como um custo inevitável de fazer negócios na década de 1970. Após o escândalo de Watergate, as autoridades norte-americanas começaram a investigar os pagamentos das empresas a políticos nos EUA e em outros países. O que eles descobriram chocou os fundamentos dos EUA corporativo. Mais de quatrocentas empresas admitiram ter feito pagamentos questionáveis ou totalmente ilegais no exterior.[11] A Ashland Oil, a refinaria estadunidense que negociou com Marc Rich em seus últimos dias na Philipp Brothers, admitiu ter pagado milhares de dólares em subornos a funcionários estrangeiros, inclusive em uma ocasião em que seu diretor-executivo "entregou pessoalmente US$7.500 a um funcionário" de uma nação estrangeira.[13]

Até então, os EUA não consideravam ilegal o suborno de funcionários estrangeiros para fins comerciais. Mas, em 1977, a Lei de Práticas de Corrupção no Exterior foi aprovada, tornando ilegal que indivíduos ou empresas norte-americanas pagassem subornos no exterior. Passo a passo, muitos outros países também endureceram as leis de suborno.

Mas alguns, principalmente a Suíça, foram extremamente lentos em agir. O pagamento de subornos a funcionários estrangeiros não era apenas amplamente aceito na comunidade empresarial, como também era dedutível de impostos. Foi apenas em 2016, com a aprovação de uma nova legislação, que as empresas suíças deixaram de poder reclamar um crédito fiscal das propinas que haviam pago a empresários no exterior. "Os pagamentos de suborno não devem mais ser permitidos como despesas justificadas para fins comerciais", escreveu o governo suíço.[14]

A Suíça também demorou em processar o suborno de funcionários de governos estrangeiros. O primeiro caso de corrupção estrangeira contra uma empresa na Suíça ocorreu apenas em 2011.[15] E as penalidades, além da vergonha pública, permaneceram muito baixas. Para empresas cujos funcionários subornam um funcionário estrangeiro, a penalidade máxima é de cinco milhões de francos suíços, além da retenção dos lucros. O FMI descreveu as multas como "não eficazes, proporcionais ou dissuasivas".[16]

Graças às regulamentações antiquadas e à disposição de países como a Suíça de fazerem vista grossa, muitos traders de commodities tiveram pouca dificuldade em encontrar maneiras de manter seus relacionamentos mais importantes. Marc Rich admitiu publicamente ter pagado subornos durante seus anos dourados. A Vitol admitiu ter pagado propinas ao Iraque no escândalo do Petróleo por Comida. A Trafigura, em 2006, pagou US$475.000 ao partido no poder na Jamaica, onde a trader tinha um grande contrato de petróleo. O governo jamaicano, que se beneficiou com o dinheiro, chamou-o de doação de campanha; a empresa disse que era uma questão comercial.[17] Uma subsidiária da ADM pagou US$22 milhões por meio de intermediários a funcionários do governo ucraniano entre 2002 e 2008 para ganhar um desconto de US$100 milhões em impostos.[18]

Na Glencore, havia traders que voavam pelo mundo carregando maletas cheias de dinheiro. "Eu costumava ir com 500 mil libras para Londres", diz Paul Wyler, que foi um dos executivos mais importantes da Glencore até 2002. Certa vez, ele foi parado no aeroporto de Heathrow por funcionários da alfândega chocados com a quantidade de dinheiro em sua bagagem. Perguntaram-lhe o que planejava fazer com toda aquela quantia. Sabendo que não conseguiria um recibo do que planejava gastar, Wyler respondeu calmamente: "Vou apostar."

Ainda assim, ele diz que houve menos corrupção na história da Glencore do que se acredita. "Não conseguíamos acordos apenas porque pagávamos todo mundo", diz ele. "Em muitos países, era simplesmente impossível. Você não podia pagar comissões no Japão, ou não podia pagar comissões no Chile, ou na maior parte da Europa Ocidental… não era tão difundido. Na América do Sul, sim. E, sim, na China havia muita corrupção."[19]

Mas em 2014, quando os EUA aplicaram sua enorme multa ao BNP Paribas, o mundo estava mudando. Durante décadas, os EUA impuseram sua vontade em todo o mundo usando seu poder militar proeminente. Mas agora, depois de anos de combates no Iraque e no Afeganistão, o povo norte-americano estava cansado de guerras. Sob o governo de Barack Obama, Washington encontrou um novo método para impor sua vontade: usando o poder do dólar no sistema financeiro global como arma.

Os programas de sanções proliferaram como uma ferramenta da política externa dos EUA contra países que eram seus inimigos e indivíduos que, na opinião do governo dos EUA, eram responsáveis por corrupção e abusos de direitos humanos em todo o mundo. Tudo isso foi possível devido à enorme importância do dólar norte-americano. À medida que os EUA se tornaram a economia dominante do mundo na segunda metade do século XX, uma grande proporção do comércio global foi precificada em dólares norte-americanos — incluindo quase todas as commodities. Como qualquer transação em dólar deve ser compensada por um banco norte-americano, as sanções dos EUA assumiram "enorme peso e influência para além de nossas fronteiras", segundo Jack Lew, secretário do Tesouro de 2013 a 2017.[20]

Mas os EUA foram ainda mais longe, introduzindo um novo conceito conhecido como "sanções secundárias" que usaria a importância global do dólar para policiar o comércio que nem mesmo era conduzido em dólares norte-americanos. As sanções secundárias envolveram a ameaça de bloquear o acesso ao sistema financeiro dos EUA para empresas que haviam feito negócios com entidades sancionadas, mesmo que não o tivessem feito em dólares. O efeito foi transformar os EUA em reguladores a nível mundial. O próprio Lew reconheceu que tais sanções secundárias "são vistas, mesmo por alguns de nossos aliados mais próximos, como tentativas extraterritoriais de aplicar a política externa dos EUA ao resto do mundo".[21] O primeiro alvo foram os bancos. O BNP Paribas não estava sozinho. Os EUA forçaram o HSBC a pagar US$1,9 bilhão por se permitir ser usado para lavar dinheiro do narcotráfico mexicano;[22] O Credit Suisse pagou US$2,6 bilhões por ajudar cidadãos norte-americanos a evitar impostos.[23]

Para as traders de commodities, o mundo também estava mudando. A Trafigura sobreviveu à perda do BNP Paribas como seu principal banqueiro. Mas o incidente foi um alerta para a indústria: era apenas questão de tempo até que as traders ficassem na mira de Washington. Durante décadas, alardeando que eram apolíticos, os traders correram para fazer negócios com todos os tipos de indivíduos e regimes que não eram amados pelo governo dos EUA. Mas, à medida que os EUA começaram a usar seu domínio econômico em vez de seu poderio militar para impor sua política externa, foi cada vez mais relutante em tolerar a propensão dos traders em prejudicar o país.

As sanções dos EUA começaram a atingir muitos dos países onde as traders mais faziam negócios — incluindo Irã, Rússia e Venezuela. E os EUA colocaram muitos dos amigos e aliados mais próximos das traders na lista de sanções que havia reservado anteriormente para terroristas e traficantes de droga.

Washington impôs sanções a Oleg Deripaska, o magnata do alumínio com quem Ivan Glasenberg havia assistido ao futebol, citando "alegações de que Deripaska subornou um funcionário do governo, ordenou o assassinato de um empresário e tinha ligações com um grupo do crime organizado russo".[24] (Deripaska nega essas alegações e entrou com uma ação contra o governo dos EUA.) Dan Gertler, parceiro de negócios de longa data da Glencore, foi colocado sob sanções por supostos "negócios opacos e corruptos de mineração e petróleo na República Democrática do Congo".[25] (Gertler também negou as acusações.) E também Didier Casimiro, o chefe belga da unidade de trading da Rosneft que foi, por muitos anos, um contato chave para muitas das traders.[26] Não eram apenas os parceiros de negócios das empresas que estavam na linha de fogo. Cada vez mais, as próprias traders pareciam ser os alvos dos EUA. Na Gunvor, Gennady Timchenko, cofundador da empresa, foi colocado sob sanções após a anexação da Crimeia pela Rússia em 2014. Descrevendo-o como membro do "círculo íntimo" do presidente russo, o Tesouro dos EUA declarou: "As atividades de Timchenko no setor de energia foram diretamente ligadas a Putin, que tem investimentos na Gunvor e poderia ter acesso aos fundos da empresa."[27]

Foi uma bomba para a trader — uma aparente confirmação de todos os rumores que há muito giravam em torno de seu sucesso na Rússia. A Gunvor, tão dependente do crédito dos bancos, sobreviveria a essa associação? Nas horas após as sanções, a situação da empresa parecia sombria. Mas a Gunvor tinha um coelho para tirar da cartola. Poucas horas após a declaração do Tesouro dos EUA, a empresa anunciou que Timchenko havia vendido sua participação um dia antes, pouco antes das sanções serem impostas. Os lobistas de Timchenko em Washington ouviram que as sanções ao círculo de Putin estavam chegando, e então ele correu para fazer um acordo no qual seu parceiro Törnqvist compraria a sua parte, de acordo com o CEO da Gunvor.[28]

Nos anos após o acordo do BNP Paribas em 2014, uma profusão de investigações surgiu no lado mais obscuro das práticas comerciais dos traders. No Brasil, promotores locais, com a ajuda do FBI, do Departamento de Justiça dos EUA e da procuradoria-geral da Suíça, começaram a investigar pagamentos feitos por várias traders internacionais a funcionários da Petrobras, petrolífera estatal brasileira, em troca de contratos de fornecimento. Os promotores alegaram que a Vitol, a Trafigura e a Glencore pagaram um total de US$31 milhões em propinas a funcionários e intermediários da Petrobras entre 2011 e 2014.[29] Um ex-trader da Petrobras, que atendia pelo apelido de "Phil Collins", testemunhou que a Vitol havia lhe pagado propinas. "Na negociação, quando você quer receber um suborno, você não ganha US$10 por barril em uma carga", disse ele. "É a perpetuidade de alguns centavos em cada venda, em cada produto, que proporciona o ganho ilícito."[30] Em dezembro de 2020, a Vitol concordou em pagar US$164 milhões depois de admitir subornar funcionários no Brasil, Equador e México. A Trafigura negou as acusações, enquanto a Glencore disse que estava cooperando com os investigadores.

Na Suíça, Gunvor foi forçado a pagar US$95 milhões depois que um de seus traders subornou funcionários na República do Congo e na Costa do Marfim para garantir acordos de petróleo — era a maior penalidade que a promotoria suíça já havia emitido contra uma trader de commodities.[31] E os promotores começaram a investigar a Glencore, um ataque simbólico contra a maior trader de commodities do mundo, herdeira do império da Philipp Brothers e da Marc Rich + Co. Em julho de 2018, a Glencore anunciou que havia sido intimada pelo Departamento de Justiça dos EUA como parte de uma investigação de corrupção e lavagem de dinheiro. A investigação abrangeu onze anos de atividade da empresa em suas minas de cobre e cobalto na República Democrática do Congo, bem como seus negócios de petróleo na Nigéria e na Venezuela.[32] Um ano depois, o Serious Fraud Office do Reino Unido anunciou que também estava investigando uma "suspeita de suborno" na Glencore.[33] Em 2020, a procuradoria-geral suíça seguiu o exemplo.[34]

A aventura de Glasenberg no Congo, que antes parecia um golpe de brilhantismo de negociação, agora lançou uma longa sombra sobre o futuro de sua empresa. O preço das ações da Glencore despencou, tirando bilhões de dólares do valor da empresa e das fortunas de seus principais traders.[35] Glasenberg, enfrentando uma enxurrada de perguntas de investidores sobre seu futuro e o da empresa, anunciou que em breve deixaria o cargo de presidente-executivo.[36]

Autoridades do governo dos EUA não explicaram por que seu foco parecia ter pousado nas traders de commodities, mas não havia dúvida para os próprios traders de que eles estavam na mira de Washington. Por mais que o caso do BNP Paribas em 2014 tenha mudado o comportamento do setor bancário global, os EUA pareciam determinados a estabelecer uma nova referência para o que seria um comportamento aceitável para as traders internacionais de commodities.

Jeremy Weir, o sucessor de Claude Dauphin como CEO da Trafigura, resumiu a sensação de ser o alvo da nova ofensiva de Washington: "O setor — a exemplo do setor bancário — está sob um microscópio."[37]

Este livro contou a história de como os traders de commodities subiram, quase despercebidos, ao pináculo do poder global. Sem muito estardalhaço, os traders de commodities ajudaram a libertar o mercado global de petróleo das garras das Sete Irmãs, reestruturando o cenário econômico da Rússia e do resto da antiga União Soviética e empoderando governos ricos em recursos do Congo ao Iraque.

Mas a indústria estava sob o fogo cruzado por todos os lados, aparentemente. Não são apenas as investigações de corrupção que estão escurecendo as perspectivas. Após um boom na primeira década deste século, a lucratividade dos traders se estabilizou. A indústria ainda é capaz de gerar um lucro saudável — muitas traders geraram bastante capital quando os preços do petróleo caíram em 2020 —, mas está ficando cada vez mais claro que outro avanço significativo na lucratividade está fora de alcance.

Em parte, porque o grande motor do boom das commodities, a China, está desacelerando. A economia chinesa, que crescia a uma taxa de mais de 14% em 2007, desacelerou para apenas 6% antes mesmo que a pandemia de coronavírus a desviasse ainda mais do curso. Os preços das commodities caíram acentuadamente em relação aos recordes atingidos em 2007–2011. Os lucros da indústria de trading como um todo se estabilizaram.

Mas a desaceleração econômica na China é apenas parte do motivo pelo qual os lucros das traders de commodities não estão mais crescendo. As traders têm uma série de problemas muito mais profundos e estruturais.

A primeira é a democratização da informação. Durante décadas, as traders desfrutaram de uma tremenda vantagem de informações sobre o resto do mercado. Suas vastas redes de escritórios em todo o mundo forneciam informações atualizadas sobre a atividade econômica, oferta e demanda de commodities e uma infinidade de outros dados. Se os trabalhadores de uma importante mina de cobre no Chile entrassem em greve ou se um novo campo petrolífero começasse a funcionar na Nigéria, os traders seriam os primeiros a saber. Em muitos casos, eles construíram as próprias redes de telecomunicações em um momento em que as chamadas telefônicas de longa distância precisavam ser reservadas com bastante antecedência. Muitas vezes eles sabiam mais do que a maioria dos governos. "A CIA costumava vir até nós", lembra David Tendler, que dirigiu a Philipp Brothers de 1975 a 1984. "Eles costumavam nos visitar: 'Fale conosco sobre a economia, fale conosco sobre o que você está vendo...' Eles sentiam que éramos uma fonte de informação sobre os países."[38]

Informação era o recurso mais valioso. E as traders a detinham. Mesmo a informação mais básica, o preço exato de cada mercadoria, não estava prontamente disponível para todos. Nos anos 1980 ou 1990, um trader de metais podia aparecer na Zâmbia, Peru ou Mongólia e comprar uma carga de cobre ao preço da semana anterior, obtendo lucro imediato. O dinheiro fácil não se limitava apenas aos países em desenvolvimento. Antes do lançamento dos futuros de petróleo em Londres, a subsidiária britânica da Exxon costumava vender seu petróleo do Mar do Norte com base na cotação do dia anterior.[39] Se os preços estivessem subindo, os traders poderiam comprar da Exxon quase certos de que iriam lucrar.

A situação começou a mudar na década de 1980, com a chegada de novas tecnologias que permitiram a publicação e distribuição de notícias e dados em tempo quase real. Ironicamente, o desenvolvimento foi motivado por um dos maiores negócios da indústria de trading de commodities: a fusão da Philipp Brothers com a Salomon Brothers. Quando uniram forças, as duas empresas demitiram alguns funcionários. Entre eles estava Michael Bloomberg, executivo da Salomon. Ele saiu com US$10 milhões e usou o dinheiro para construir uma empresa de dados que se tornaria onipresente nos pregões em todo o mundo, ajudando a corroer a vantagem informacional dos traders de commodities.[40]

À medida que a velocidade e a disponibilidade de informações aumentaram exponencialmente com a disseminação da internet, a vantagem dos traders foi lentamente diminuindo. No início dos anos 2000, as traders ainda tinham informações muito superiores às disponíveis para os traders não físicos sobre os embarques de petróleo ao redor do mundo — algo que poderia ser crucial para determinar onde estava surgindo escassez ou excesso. Mas mesmo essa vantagem foi corroída à medida que as imagens de satélite se tornaram amplamente disponíveis, estimulando uma profusão de empresas que rastreavam petroleiros e vendiam as informações.

A democratização da informação fez com que se tornasse mais difícil gerar capital com a simples movimentação de mercadorias pelo mundo. O modelo de negócios tradicional dos traders, que detecta os deslocamentos do mercado e pode aproveitá-los antes de qualquer outra pessoa, está se tornando cada vez mais difícil de sustentar em uma época em que todos os participantes do mercado têm acesso às mesmas informações. É claro que choques ocasionais de oferta ou demanda ainda podem causar grandes oscilações nos preços, das quais os traders podem se beneficiar se tiverem uma presença grande o suficiente no mercado. Mas é um modelo de negócios imprevisível que depende de uma guerra, quebra de safra, greve de minas ou pandemia para ter lucro.

Um segundo desafio para a lucratividade dos traders vem da reversão de uma das tendências que mais os beneficiou nos últimos três quartos de século: a liberalização do comércio global. Desde o primeiro tratado de livre comércio moderno do mundo, o Acordo Geral de Tarifas e Comércio em 1947, até a adesão da China à OMC em 2001, a tendência após a Segunda Guerra Mundial foi de fronteiras abertas, comércio sem atritos e globalização. Para as traders de commodities, isso significava aumentar o comércio global e os mercados que eram mais facilmente conectados: em um mercado de fato globalizado, uma trader pode facilmente vender cobre chileno para a China ou para a Alemanha e, assim, direcioná-lo para onde o preço for melhor. O impulso final para os traders veio em 2015, quando os EUA acabaram com a proibição de exportação de petróleo bruto norte-americano, abrindo um novo fluxo comercial para o mercado global de petróleo.

Desde então, no entanto, o zeitgeist se colocou contra a globalização e o livre comércio. Donald Trump foi eleito presidente em 2016 em uma plataforma explicitamente contra o comércio livre. E ele cumpriu com isso, rompendo acordos de livre comércio e lançando uma guerra comercial contra a China, que levou a novas tarifas sobre tudo, desde aço à soja. As tarifas fizeram com que os fluxos comerciais fossem redirecionados: as exportações norte-americanas de soja para a China, por exemplo, anteriormente avaliadas em US$12 bilhões por ano, foram por alguns anos superadas pelo Brasil. Alguns traders foram enganados por esses movimentos; outros lucraram com eles. Mais preocupante, no entanto, é o que as guerras comerciais podem significar para o volume geral do trade global: assim como os traders lucraram com décadas de expansão do comércio internacional, eles provavelmente sofrerão quando essa tendência se reverter.

A fragmentação que está ocorrendo no trade global vai além da política comercial dos EUA. Os consumidores se preocupam cada vez mais com a rastreabilidade e o fornecimento ético de produtos — seja uma barra de chocolate do comércio justo ou minerais livres de conflitos em seus telefones celulares. E isso significa que eles não podem comprar qualquer cobalto ou grão de cacau. Eles devem saber exatamente de onde vieram as matérias-primas. O resultado é um mercado mais fragmentado, em que os traders de commodities são menos capazes de comprar de qualquer lugar e vender para qualquer um.

Um terceiro desafio para os traders atinge o cerne de seus negócios: as mudanças climáticas. Grande parte dos lucros da indústria vem do comércio de combustíveis fósseis, como petróleo, gás e carvão. Se o Big Oil e o Big Coal são responsáveis por poluir o planeta, os traders são seus facilitadores, enviando sua produção para os mercados globais.

À medida que o mundo se volta cada vez mais contra o consumo de petróleo e carvão, os negócios dos traders sofrerão as consequências. Na Glencore, o carvão é um dos recursos mais lucrativos. A empresa não é apenas a maior trader de carvão, mas também uma das maiores mineradoras de carvão do mundo. Vitol, Mercuria, Gunvor e Trafigura dependem do trading de petróleo para a maior parte de seus lucros.

Muitos economistas — e alguns traders — já acreditam que a demanda por petróleo pode atingir o pico por volta de 2030, se não antes. "Nosso negócio provavelmente morrerá nos próximos dez anos porque a demanda por petróleo provavelmente começará a atingir o pico — pensamos em 2028–2029", disse Ian Taylor. "O uso de energias renováveis aumentará e, por fim, os carros elétricos assumirão fatias significativas do mercado."[41]

A mudança climática não precisa ser uma história totalmente negativa para as traders de commodities. O uso de veículos elétricos, por exemplo, está provocando uma expansão maciça nos mercados de cobalto, lítio e níquel, usados para fabricar baterias. Também é provável que torne o mercado de eletricidade mais atraente para os traders. No entanto, é difícil ver como esses mercados replicarão os bilhões de dólares que as traders de commodities faturam a cada ano com a negociação de petróleo.

Finalmente, as traders tornaram-se vítimas do próprio sucesso. A tentativa do setor de sair das sombras, sintetizada pelo IPO da Glencore, expôs seus lucros imensos para todos verem. Não foram apenas os formuladores de políticas e autoridades policiais dos EUA que ficaram consternados com alguns detalhes da atividade dessas empresas. Os clientes também ficaram — os produtores e consumidores de recursos naturais — assim que começaram a ter ciência dos lucros que as traders vinham obtendo, em alguns casos à sua custa.

Em resposta, muitos deles estão ficando mais espertos sobre como compram e vendem commodities. Empresas estatais pertencentes a governos ricos em petróleo começaram a montar as próprias operações internas de trading — se não para competir barril por barril com empresas como a Vitol, pelo menos para garantir que possam vender o próprio petróleo da maneira mais lucrativa possível.

Entre os produtores de petróleo que iniciarão as próprias operações de trading estão a Saudi Aramco e a Abu Dhabi National Oil Company, duas empresas estatais com enormes recursos petrolíferos no Oriente Médio; e a Rosneft, da Rússia, e a Socar, do Azerbaijão, que em 2015 compraram os remanescentes do negócio de trading de petróleo da Philipp Brothers.[42] Não são apenas os produtores estatais que estão entrando no trading: a ExxonMobil, a maior de todas as petrolíferas, e as mineradoras, como a Anglo American, também. Para as traders, isso é um desafio. À medida que mais produtores de petróleo fazem as próprias negociações, uma fatia cada vez maior do mercado é efetivamente isolada das traders de commodities. É uma reversão da tendência que está em vigor desde que as Sete Irmãs perderam o controle do mercado de petróleo na década de 1970.

A maior ameaça de todas vem do maior cliente dos traders: a China. Nas últimas duas décadas, os lucros da indústria de trading foram impulsionados pelo apetite da China por matérias-primas. Mas, assim como o restante da indústria de recursos, o governo chinês também ficou ciente dos enormes lucros da indústria de trading. E assim, enquanto a China continua sendo um mercado grande e importante para as traders, Pequim está cada vez mais pressionando para desenvolver a própria capacidade para o trading de commodities. O exemplo mais claro está na agricultura: a agência estatal chinesa de comércio agrícola, Cofco, gastou US$4 bilhões desde 2014 para estabelecer um braço internacional de comércio de alimentos. Em metais, as empresas chinesas compraram várias traders de médio porte nos últimos anos, incluindo o negócio de metais da Louis Dreyfus. E quanto ao petróleo, empresas de trading como Unipec, ChinaOil e Zhuhai Zhenrong estão lidando com uma parcela significativa das necessidades de importação da China.

Para traders como a Glencore e a Vitol, os traders chineses representam uma dupla ameaça. Não só a sua presença aumenta a dificuldade em vender para a China, mas também o fato de que se alguém fosse capaz de operar desafiando os reguladores dos EUA e a pressão da sociedade ocidental, seriam os chineses, com menos necessidade de acesso ao sistema bancário global e aos mercados financeiros dos EUA do que outras empresas de trading. E assim, à medida que as sanções norte-americanas proliferaram e os traders de commodities ocidentais foram forçados a se afastar de certos mercados, os traders chineses se beneficiaram.

No Irã, por exemplo, as traders ocidentais foram forçadas a interromper todos os negócios, pois os EUA haviam endurecido as sanções. Mas a Zhuhai Zhenrong, uma trader chinesa criada em meados da década de 1990, com vínculos militares, conseguiu continuar comprando do Irã. Seu líder independente, Yang Qinglong, que morreu em 2014, era uma versão chinesa de Marc Rich ou John Deuss: um trader alcoólatra famoso por sua hospitalidade, que atendia pelo apelido de "Crazy Yang". Ele transformou Zhuhai Zhenrong na maior trader mundial de petróleo iraniano, ao mesmo tempo fornecendo um sexto de todo o petróleo que a China comprava no exterior.[43] Sem ativos nos EUA e com pouca necessidade de usar o sistema financeiro norte-americano, Zhuhai Zhenrong conseguiu ignorar a ameaça de sanções dos EUA. E, de fato, Washington impôs sanções a Zhuhai Zhenrong duas vezes: primeiro, sob o governo Obama, em 2012, por vender gasolina ao Teerã; e em 2019, sob o governo Trump, por comprar petróleo bruto iraniano.[44] Para a empresa chinesa, foi apenas um pequeno inconveniente.

"Sem rodeios, os chineses provavelmente estão dispostos a correr muito mais riscos do que nós", disse Ian Taylor.[45]

Mas se alguém pensava que os traders de commodities iriam desaparecer tranquilamente, ou que o mundo poderia de alguma forma encontrar uma maneira de funcionar sem eles, estaria muito enganado. Pode haver pressão sobre o modelo de negócios que os traders de commodities adotaram ao longo do último meio século, mas sua posição no centro do comércio mundial de recursos naturais significa que eles permanecem tão essenciais para a economia global como sempre foram.

Os eventos de 2020 forneceram a prova definitiva. À medida que um novo coronavírus se espalhava letalmente pelo mundo, mergulhando a economia global na crise mais profunda desde a Grande Depressão, na década de 1930, os traders de commodities entraram em ação. Assim como fizeram muitas vezes antes, eles entraram como os compradores de última instância do mercado. Mas esse mercado precisava de compradores de última instância em uma escala nunca vista antes. Foi um chamado à ação para os traders de commodities: nenhum de seus desafiantes ou críticos poderia igualar sua capacidade de implantar um poder de fogo de bilhões de dólares na velocidade da luz.

Muitos no Ocidente ainda estavam descrentes quanto à ameaça representada pelo coronavírus, mesmo quando ele começou a se espalhar além das fronteiras da China para a Coreia do Sul, Irã e Itália em fevereiro de 2020. Mas dentro da sede despretensiosa da Glencore em Baar, os traders estavam tudo menos relaxados quanto ao impacto na economia mundial. A equipe da trader na China estava transmitindo mensagens sobre a gravidade mortal do novo vírus há semanas. Parecia inevitável que, à medida que outros países ao redor do mundo enfrentassem a mesma ameaça, eles precisassem tomar medidas semelhantes às que a China havia tomado, fechando grandes áreas de suas economias e instruindo os cidadãos a não viajar. Isso só poderia significar uma coisa: que a demanda por petróleo, a mercadoria que havia alimentado a mobilidade enormemente aumentada da raça humana no século anterior, cairia drasticamente. Se uma queda de preços fosse evitada, os produtores teriam que cortar a produção com a mesma agressividade.

No entanto, a Glencore também sabia que um corte coordenado de produção era improvável. A empresa contava com uma rede de contatos de alto nível em Moscou desde os dias de Marc Rich, e agora, mais uma vez, eles se destacaram. Como parceiro-chave da OPEP, a Rússia teria que participar de qualquer corte de produção conjunto. Mas os contatos da Glencore disseram que Moscou estava totalmente contra a ideia de reduzir a produção.[46]

A trader começou a se preparar para um mundo inundado de petróleo. Seus traders em Singapura começaram a chamar corretores para contratar navios, prontos para armazenar uma onda de petróleo indesejado. Era uma réplica exata do trading que Andy Hall havia executado três décadas antes. Só que agora a escala era ainda mais gigantesca. Em março, a Glencore contratou o *Europe*, o maior petroleiro do mundo, capaz de armazenar 3,2 milhões de barris de petróleo sob um convés maior do que a altura da Torre Eiffel.

Mesmo a Glencore não havia previsto a magnitude do colapso que estava por vir, no entanto. Em meados de março, a intransigência da Rússia a mergulhou em uma guerra de preços com a Arábia Saudita. Em vez de reduzir a produção, Riad aumentou a quantidade de petróleo que estava bombeando. E, ao mesmo tempo, países ao redor do mundo começaram a impor bloqueios draconianos na tentativa de controlar o coronavírus. O efeito de bilhões de pessoas em todo o mundo ficando em casa subitamente era difícil de superestimar. A demanda por petróleo simplesmente secou. Em tempos normais, uma recessão severa pode ver a demanda global por petróleo cair 4% — agora, com os aviões parados, as fábricas fechadas e os centros das cidades desertos, ela caiu até 30%.

Para o mercado de petróleo, foi um momento cataclísmico. Não era apenas que os preços do petróleo estavam caindo. Os tanques de armazenamento estavam enchendo perto da borda, levando os produtores a temer que teriam que fechar simplesmente porque não havia onde colocar o petróleo. As companhias petrolíferas estavam desesperadas. "Nós vamos desaparecer como indústria, assim como a indústria do carvão", alertou Scott Sheffield, executivo-chefe de uma produtora de xisto dos EUA.[47]

De cerca de US$60 o barril antes do ataque do vírus, os preços do petróleo caíram para menos de US$30, e depois para menos de US$20. E então, por algumas horas em abril, a mercadoria que Theodor Weisser havia tirado da União Soviética, que Marc Rich havia comprado e vendido em meio a guerras e embargos, que havia sido cobiçada a tal ponto que era conhecida como "ouro negro", tornou-se literalmente inútil. Partes do mundo, como o Texas, o coração da revolução do xisto dos EUA, estavam tão inundadas de petróleo que você não podia nem doá-lo. Por um breve período de tempo, os preços do petróleo caíram abaixo de zero.

E assim os traders de commodities entraram em cena. Assim como Andy Hall havia feito em 1990, eles compraram petróleo e o armazenaram, usando o mercado de futuros para garantir lucros. Com uma flotilha de alguns dos maiores petroleiros do mundo, os traders da Glencore fizeram a ronda dos produtores de petróleo desesperados dos EUA, comprando petróleo em todos os lugares, desde os campos petrolíferos de Bakken, na Dakota do Norte, até a bacia do Permiano, no Texas e no Novo México. Nos poços de xisto, a Glencore embarcou parte do petróleo bruto via oleoduto até os petroleiros que esperavam na costa do Golfo do México; e de lá para um navio maior, o *New Comfort*, que navegou meio mundo até o Estreito de Malaca, na costa de Singapura. Lá, descarregou sua carga de petróleo norte-americano no enorme casco do navio *Europe*.

E então o *Europe* não fez nada. Quando a Glencore estava comprando dos produtores de xisto do Bakken e do Permian, o custo do petróleo era de apenas US$10 o barril. Mas a situação do mercado era tão extrema que os futuros para entrega apenas três meses depois estavam sendo negociados a três vezes esse preço. Tudo o que a Glencore precisava fazer era comprar petróleo, armazená-lo e vender futuros, triplicando o lucro. Mesmo depois de levar em conta o custo de alugar os petroleiros e financiar suas compras de petróleo, a trader estava obtendo retornos de 50% a 100% nos negócios.[48] E assim o *Europe* esperou ancorado, com sua vasta massa se tornando uma ilha temporária no Estreito de Malaca — e um caixa eletrônico para a Glencore.

Então, quando a demanda começou a se recuperar, a Glencore começou a desfazer o negócio. Os países da Ásia resistiram à primeira onda da pandemia com mais sucesso do que seus colegas no Ocidente, e suas economias estavam impulsionando uma recuperação no mercado de petróleo. O *Europe* estava localizado no lugar certo. No início de julho, 1 milhão de barris foram descarregados dele para outro petroleiro e encaminhado ao porto de Onsan, na Coreia do Sul, sede de uma das maiores refinarias de petróleo do mundo.

Para as empresas produtoras, o petróleo não tinha valor. Mas, para a Glencore e os outros traders, era um prêmio lucrativo. Um mundo em que a demanda por petróleo estava em colapso necessitava consideravelmente dos traders, sempre dispostos a comprar, não importava quão terríveis fossem as circunstâncias. E eles compraram sem parar, ao mesmo tempo em que garantiam lucros de arregalar os olhos vendendo futuros a preços muito mais altos. Em apenas alguns meses, cerca de 1 bilhão de barris de petróleo e produtos refinados indesejados foram armazenados em todo o mundo, muitos deles pelas traders.[49] Foi um trade tão audacioso que até Donald Trump comentou sobre isso. "Há petróleo em todos os oceanos agora. Os barcos estão todos cheios... é onde eles estão armazenando petróleo — eles são enviados para o mar e ficam lá por longos períodos de tempo", disse o presidente dos EUA. "Nós nunca vimos nada parecido."[50]

Quando a poeira baixasse, seria um dos períodos mais lucrativos da história do trading de petróleo. A Glencore faturou US$1,3 bilhão com o trading de energia nos primeiros seis meses de 2020 — um desempenho recorde dos seus traders de petróleo.[51] A Trafigura e a Mercuria também tiveram lucros recordes no trading de petróleo.[52]

Mas o episódio foi mais do que apenas uma oportunidade de lucro. Foi um lembrete de que, apesar de todos os desafios que enfrentarão nos próximos anos e décadas, os traders de commodities ainda desempenham um papel essencial na economia moderna. Por mais que algumas autoridades no ocidente possam desdenhar dos flertes políticos dos traders em partes complicadas do mundo, essas mesmas autoridades ainda dependem da capacidade de comprar, vender e armazenar recursos naturais em todo o mundo.

O petróleo continua sendo uma das principais moedas de poder do mundo. E os traders ainda são mestres desse mercado. Sem a capacidade de intervir e comprar o petróleo do qual o mundo de repente não precisava, não haveria compradores para 1 bilhão de barris de petróleo. No momento da escrita deste livro, a trajetória de recuperação da indústria global de petróleo da queda de preços induzida pela pandemia ainda não é evidente. Mas há poucas dúvidas de que sem a capacidade dos traders de comprar e armazenar grandes quantidades de petróleo no momento de maior necessidade, mais companhias petrolíferas do Texas teriam falido, mais trabalhadores teriam perdido seus empregos, e os orçamentos governamentais na Nigéria, Angola e Iraque teriam sofrido cortes ainda mais drásticos.

A indústria pode estar sob o fogo cruzado como nunca antes, mas os eventos de 2020 mostraram que os traders de commodities ainda são agentes poderosos na economia global.

Mas se os traders provavelmente continuarão sendo uma força importante nos próximos anos, não serão os mesmos indivíduos que dominaram as páginas deste livro. Muitos dos personagens no centro de nossa história não estão mais ativos. Marc Rich morreu em 2013; Claude Dauphin, em 2015; e Ian Taylor, em 2020. John Deuss se aposentou na obscuridade em sua residência nas Bermudas; Andy Hall se dedicou à sua coleção de arte; até Ivan Glasenberg, o trader mais implacável e motivado de todos, anunciou planos para se aposentar em 2021. Há poucos no setor do trading de commodities que não percebem os novos ares.

Não são apenas alguns indivíduos que estão dando lugar a uma nova geração, mas toda uma filosofia de negociação que está em risco de extinção. Cada vez mais, torna-se inviável para os traders de commodities operar até o limite do que é legal ou aceitável, bem como negociar commodities poluentes sem remorso ou ter salas de reuniões repletas apenas de homens brancos.

Os executores mais agressivos da nova ordem são os bancos europeus, aterrorizados com a repetição da multa do BNP Paribas. O fato de que alguns dos maiores bancos, atingidos por perdas, estão deixando de financiar o trading de commodities como um todo só deu mais peso às vozes daqueles que ainda o fazem. Os traders, que são extremamente dependentes do financiamento dos bancos, tiveram pouca escolha a não ser entrar na linha. Muitas traders anunciaram que deixarão de usar agentes, os intermediários terceirizados que, em alguns casos, se tornaram um meio de terceirizar o pagamento de propinas. Mas não são apenas os bancos que impõem uma mudança de cultura. O mundo como um todo mudou.

"Não são apenas os bancos ou os reguladores", diz Muriel Schwab, diretora financeira da Gunvor. "A sociedade está pressionando mais a favor de tópicos como sustentabilidade, mudanças climáticas e formas éticas de fazer negócios."[53]

Mesmo na questão da diversidade de gênero, onde o setor de trading é um dos mais atrasados do mundo ocidental, Schwab acredita que as coisas estão mudando. Como uma das mulheres mais experientes no setor, ela tem muita experiência em "homens que têm essa percepção de que apenas homens podem fazer o trabalho". Mas, diz ela, os traders de commodities já estão evoluindo, sob a pressão de seus mais novos recrutas.

"Hoje, se você quer contratar jovens talentos... eles não querem trabalhar para uma empresa suja que joga petróleo sujo em alguns lugares", diz ela. "Eu realmente acho que a geração mais jovem moldará a indústria, e a indústria terá que mudar. E está mudando, na verdade."[54] De todas as empresas cujas histórias traçamos, a Cargill é a mais segura de seu lugar no mundo — e isso se deve em grande parte porque afastou o trading do foco de seus negócios. A Cargill ainda é a maior trader de commodities agrícolas do mundo, mas ao longo dos anos reciclou seus lucros em investimentos em moinhos de milho, esmagadoras de soja e frigoríficos, que estão superando em muito seus negócios de trading. A empresa agora planeja que o trading represente apenas um terço dos lucros. Em um ano ruim para os traders da Cargill, poderia ser apenas 10%.[55] É um modelo que outros estão começando a seguir. Ivan Glasenberg agora fala sobre a Glencore como se fosse qualquer outra mineradora. "O trading não é mais uma grande parte da empresa", diz ele. "Tratamos o trading como uma boa maneira de entender os mercados e garantir que também estejamos vendendo bem nossos produtos."[56]

É uma declaração extraordinária do homem que herdou o manto de Ludwig Jesselson e Marc Rich. Seria tentador concluir pelas palavras de Glasenberg que o setor de trading de commodities está morrendo. E pode ser que um certo estilo de trading esteja em vias de extinção, não obstante o exemplo das traders chinesas como a Zhuhai Zhenrong. As conclusões de muitas das investigações de corrupção mais significativas ainda estão por vir, mas o modelo de negócios de muitos traders de commodities já foi forçado a mudar. O estilo de trading, simbolizado pela dinastia que começou com a Philipp Brothers e continuou com a Marc Rich + Co, e agora a Glencore, cuja a premissa era ir a qualquer lugar, lidar com qualquer um e andar no fio da navalha, pode em breve ser consignado aos livros de história. Como Torbjörn Törnqvist, executivo-chefe da Gunvor, coloca: "Acho que os traders da velha guarda, a geração obstinada de Marc Rich, alguns deles não entendem bem. Até que eles estejam sentados e conversando com o FBI. Aí eles entendem."[57]

Ou como Ian Taylor nos disse em 2019: "Nós mudamos. Aceitamos que é muitíssimo importante ter uma boa reputação. E aceitamos totalmente que isso significa que você não pode, e não deve, fazer certas coisas. Então, praticamente não as fazemos."[58]

Mas as previsões da morte do setor do trading de commodities são quase certamente prematuras. Enquanto os recursos naturais continuarem a ser exportados para todo o mundo, continuará existindo um papel para os traders de commodities. Apesar de todas as tentativas de produtores e consumidores de se expandir para o trading, há pouca esperança de que eles se igualem rapidamente à junção de poder de fogo financeiro e agilidade dos traders. E apesar de todas as mudanças climáticas representarem uma ameaça para as principais commodities dos negócios dos traders, mesmo os ambientalistas mais fervorosos reconhecem que o petróleo provavelmente continuará sendo uma parte crítica do suprimento de energia do mundo por muitos anos.

Apesar da pressão sobre os negócios, as traders continuam lucrando. O setor provavelmente enfrentará um acerto de contas em algum momento nos próximos anos, apesar da bonança do mercado de petróleo de 2020. Mas enquanto os mercados ainda não forem perfeitamente eficientes, ainda haverá lucro a ser feito — mesmo sem andar no fio da navalha entre o legal e o ilegal — explorando ineficiências e movimentando commodities ao redor do mundo, em resposta aos sinais de preços dos mercados.

E o papel dos traders como uma câmara de compensação para os bens essenciais do mundo ainda os dota de um tipo quase único de poder econômico e político. Foi em 2017 que o capital dos traders ajudou a impulsionar a independência do Curdistão. No mesmo ano, Ivan Glasenberg recebeu uma medalha de Vladimir Putin por seus serviços ao Estado russo. E as empresas petrolíferas e petro-Estados que emergem intactos das provações de 2020 terão, em grande parte, que agradecer aos traders pela sua sobrevivência.

O mundo está mudando, mas os recursos naturais ainda precisam ser comprados e vendidos. E as commodities ainda são um caminho infalível para o dinheiro e o poder. Os traders podem continuar sendo agentes poderosos nos assuntos mundiais pelos próximos anos. Mas depois de décadas nas sombras, sua influência certamente não pode mais ser ignorada.

APÊNDICE

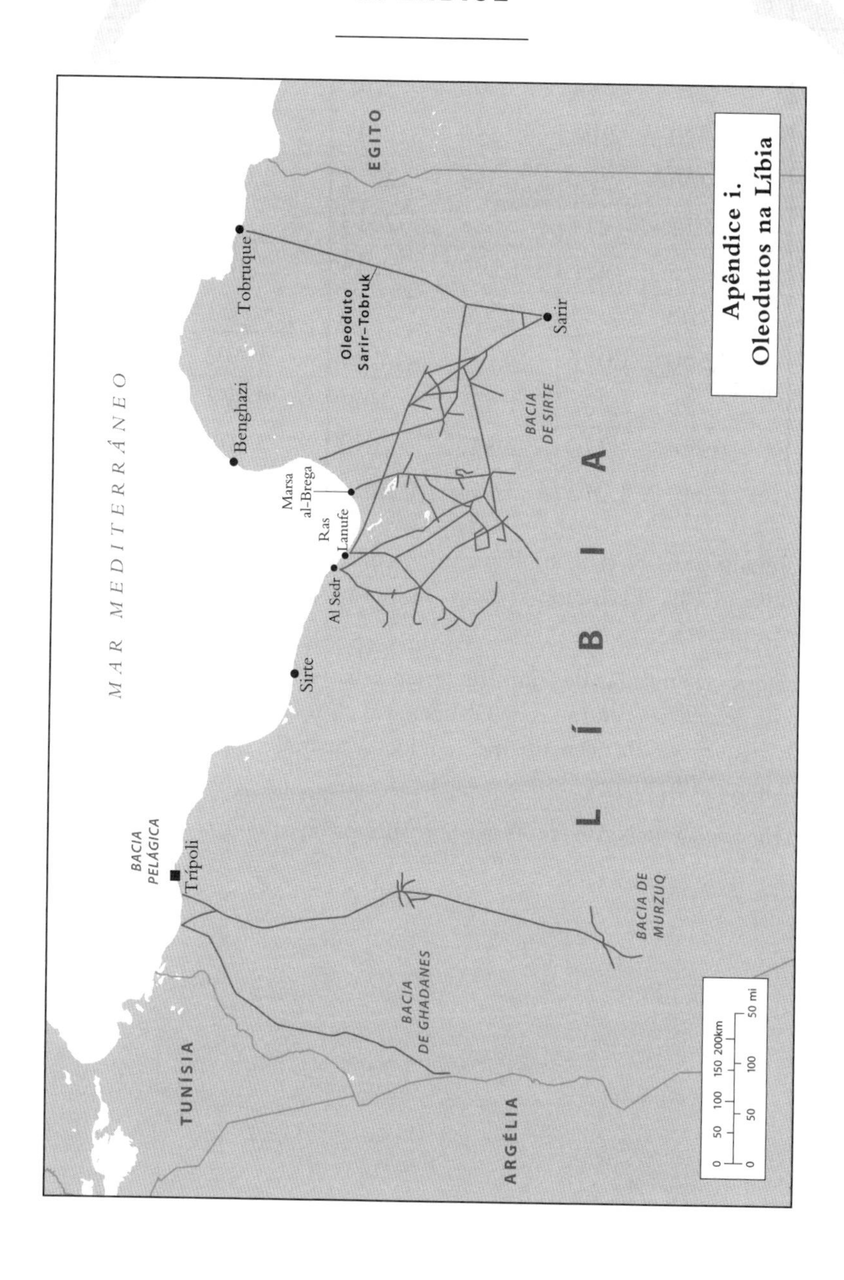
Apêndice i.
Oleodutos na Líbia
MAR MEDITERRÂNEO
EGITO
Tobruque
Oleoduto
Sarir–Tobruk
Sarir
Benghazi
BACIA
DE SIRTE
Marsa
al-Brega
Ras
Lanufe
Al Sedr
Sirte
L Í B I A
BACIA
PELÁGICA
Trípoli
BACIA DE
MURZUQ
BACIA
DE GHADANES
TUNÍSIA
ARGÉLIA
0 50 100 150 200km
0 50 100 50 mi

Apêndice ii. Lucro líquido das gigantes do trading de commodities, em milhões de dólares americanos, 1998–2019

	Glencore	Vitol	Cargill
1998	192	24	468
1999	277	68	597
2000	420	290	480
2001	708	271	358
2002	939	214	827
2003	1,120	422	1,290
2004	2,208	634	1,331
2005	2,560	1,097	2,103
2006	5,296	2,222	1,537
2007	6,114	1,120	2,343
2008	1,044	1,372	3,951
2009	1,633	2,286	3,334
2010	3,751	1,524	2,603
2011	4,048	1,701	15,735*
2012	1,004	1,080	1,175
2013	-7,402	837	2,312
2014	2,308	1,395	1,822
2015	-4,964	1,632	1,583
2016	1,379	2,081	2,377
2017	5,777	1,525	2,835
2018	3,408	1,660	3,103
2019	-404	2,320	2,564

* O resultado de 2011 da Cargill inclui a venda de sua participação no grupo de fertilizantes Mosaic. Excluindo a venda da Mosaic, seus ganhos em 2011 foram de US$2.693 milhões.

Observações: as entradas da Cargill referem-se ao seu ano fiscal, que vai de 1º de junho a 31 de maio. As entradas da Glencore e da Vitol referem-se ao ano civil. Antes de 2011, os números da Glencore incluem lucros atribuíveis a acionistas e acionistas de participação nos lucros.

Fonte: relatórios anuais das empresas e prospectos de títulos.

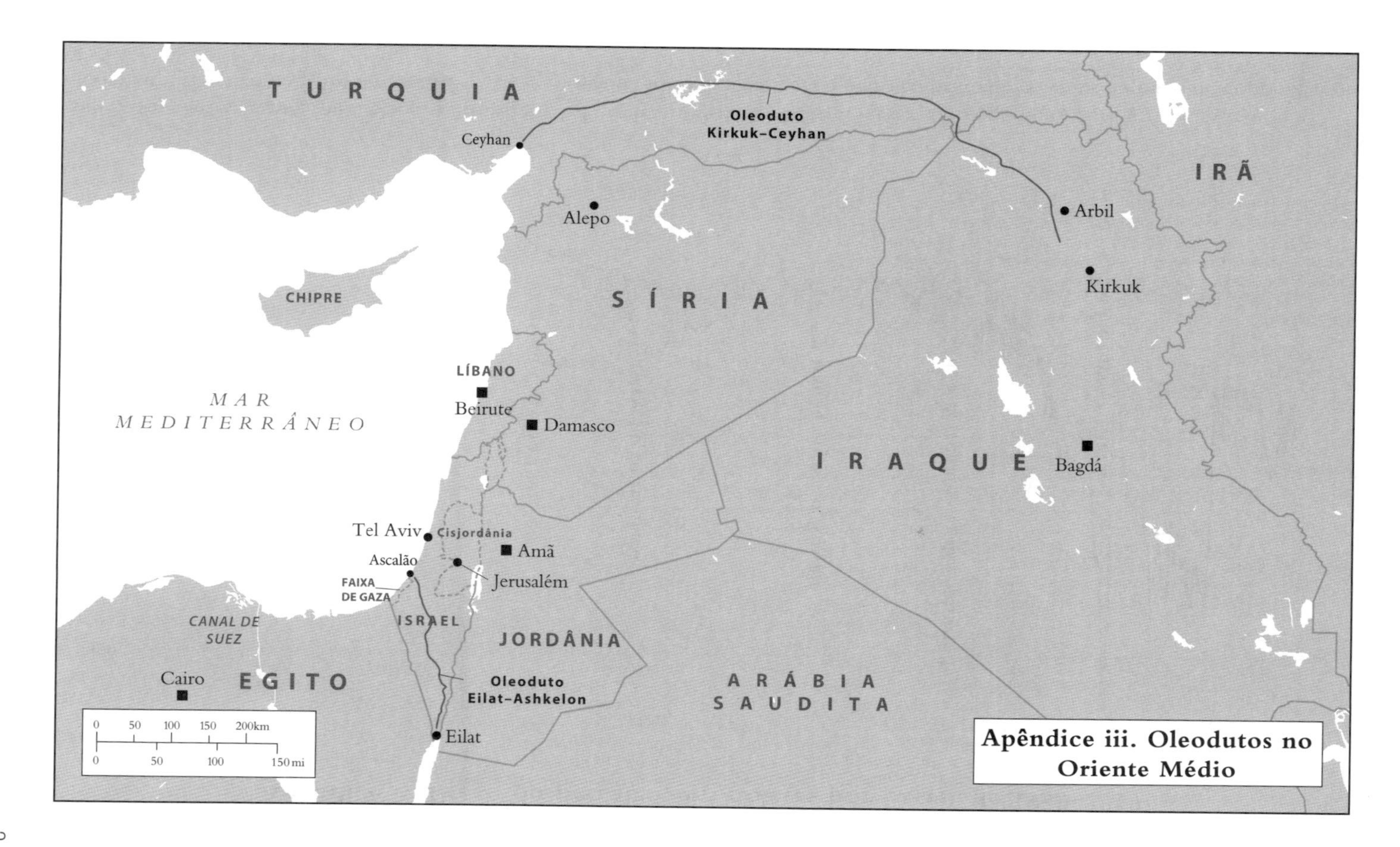
TURQUIA
Oleoduto
Kirkuk-Ceyhan
Ceyhan
IRÃ
Alepo
Arbil
Kirkuk
CHIPRE
SÍRIA
LÍBANO
MAR
MEDITERRÂNEO
Beirute
Damasco
IRAQUE
Bagdá
Tel Aviv
Cisjordânia
Amã
Ascalão
Jerusalém
FAIXA
DE GAZA
CANAL DE
SUEZ
ISRAEL
JORDÂNIA
Cairo
EGITO
Oleoduto
Eilat-Ashkelon
ARÁBIA
SAUDITA
0 50 100 150 200km
0 50 100 150 mi
Eilat
Apêndice iii. Oleodutos no
Oriente Médio

Apêndice iv. Preço do petróleo, em dólares por barril, de 1950–2019

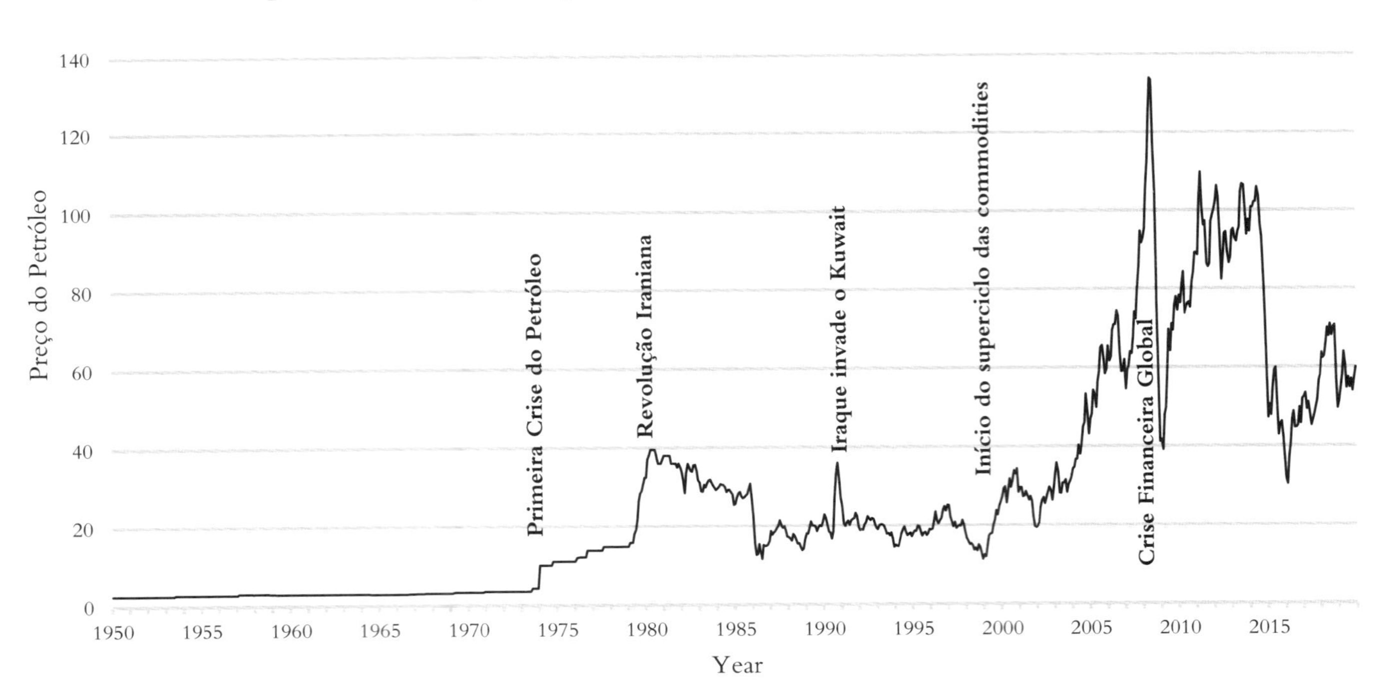

Fonte: Rapidan Energy Group, baseado no American Petroleum Institute, Federal Reserve, Energy Information Administration e Bloomberg. O preço do petróleo bruto é o "preço postado" mensalmente para o petróleo bruto de 36 graus no meio do continente dos EUA até 1982, e o WTI desde então.

NOTAS

Introdução: Os Últimos Aventureiros

1 Este relato da aventura da Vitol na Líbia é baseado na reportagem dos autores para um artigo publicado na revista *Bloomberg Markets* em junho de 2016, chamado "Inside Vitol: How the World"s Largest Oil Trader Makes Billions", bem como em entrevistas anteriores e posteriores dos autores com executivos da Vitol.

2 Em 2019, a Vitol negociou 8 milhões de barris por dia de petróleo bruto e produtos refinados — "2019 volumes and review", Vitol, 27 de março de 2020, acessado em: https://www.vitol.com/vitol-2019-volumes-and-Reveja. De acordo com a Agência Internacional de Energia, Alemanha, França, Espanha, Reino Unido e Itália consumiram 8,15 milhões de barris por dia em 2019.

3 "Risky Oil Supply Deal Pays off For Vitol", *Financial Times*, 5 de setembro de 2011, acesso em: https://www.ft.com/content/93aecc44-d6f3-11e0-bc73-00144feabdc0.

4 "Vitol"s Ian Taylor on oil deals with dictators and drinks with Fidel", *Financial Times*, Lunch with the FT, 3 de agosto de 2018, acesso em: https://www.ft.com/content/2dc35efc-89ea-11e8-bf9e-8771d5404543.

5 "Libya on the brink as protests hit Tripoli", *Guardian*, 21 de fevereiro 2011, acesso em: https://www.theguardian.com/world/2011/feb/20/libya-defiant-protesters-feared-dead.

6 Op. cit., *Financial Times*, 5 de setembro de 2011.

7 A Vitol diz que forneceu combustível "para uso humanitário" e não para os militares (Vitol, e-mail para os autores, fevereiro de 2020). Independentemente disso, o combustível foi usado pelo exército rebelde, de acordo com Abdeljalil Mayuf, funcionário da Arabian Gulf Oil, controlada pelos rebeldes, em Benghazi.

8 Chris Bake, entrevista com os autores, Londres, abril de 2016.

9 "US Says $300 Million in Libyan Assets Unfrozen to Pay Vitol", Bloomberg News, setembro de 2011, acesso em: https://www.bloomberg.com/news/articles/2011-09-01/u-s-says-300-million-of-libya-assets-freed-to-pay-vitol-for-rebels--fuel.

10 David Fransen, entrevista com os autores, Londres, fevereiro de 2019.

11 Ian Taylor, entrevista com os autores, Londres, março de 2016.

12 Op. cit., *Financial Times*, 5 de setembro de 2011.

13 "Final report of the Panel of Experts established pursuant to resolution, 1973 (2011) concerning Libya", United Nations Security Council, Nova York, 9 de março de 2013, acesso em: https://www.securitycouncilreport.org/atf/cf/%7B65BFCF9B-6D-27-4E9C-8CD3-CF6E4FF96FF9%7D/s_2013_99.pdf.

14 "Ian Taylor: the oilman, his cancer and the millions he's giving the NHS", *The Sunday Times Magazine*, 8 de junho de 2019, acesso em: https://www. thetimes.co.uk/article/ian-taylor-the-oilman-his-cancer-and-the-millions-hes-giving-the--nhs-wnwbtpq2h.

15 "Phibro"s New Commodity: Money", *New York Times*, 9 de agosto de 1981, acesso em: https://www.nytimes.com/1981/08/09/business/phibro-s-new-commodity--money.html.

16 Dados de 2019 para a Vitol, Trafigura, Glencore, Mercuria e Gunvor, com base nos relatórios das empresas.

17 Kingsman, Jonathan, *Out of the Shadows: The New Merchants of Grain* (2019), introdução.

18 Darton Commodities, "Cobalt Market Review, 2019–2020".

19 Ian Taylor, entrevista com os autores, Londres, fevereiro de 2019.

20 "Glencore appoints first woman director", *Financial Times*, junho de 2011, acesso em: https://www.ft.com/content/9c46d148-fcf8-11e3-bc93-00144 feab7de.

21 "There are 316 Men Leading Top Commodity Houses and Only 14 Women", Bloomberg News, 19 de março de 2018, acesso em: https://www. bloomberg.com/news/articles/2018-03-19/there-are-316-men-leading-top-commodity-houses-and-only-14-women.

22 Relatório anual da Glencore, 2019.

23 Pirrong, Craig, "The Economics of Commodity Trading Firms", University of Houston, 2014, p. 8, acesso em: https://trafigura.com/media/1192/2014_trafigura_economics_of_commodity_trading_firms_en.pdf.

24 Jim Daley, entrevista com os autores, Londres, agosto de 2019.

25 World Trade Statistical Review 2018, World Trade Organization, Genebra, pp. 41–44, acesso em: https://www.wto.org/english/res_e/statis_e/wts2018_e/wts2018_e.pdf.

26 David MacLennan, entrevista com os autores, Minneapolis, agosto de 2019.

27 World Bureau of Metal Statistics.

28 Cálculo dos autores com base nos relatórios das empresas Vitol, Glencore, Trafigura e Cargill para o ano financeiro de 2019 de cada empresa; dados do trade no Japão, em http://www.customs.go.jp.

29 "2016 America's Richest Families", *Forbes*, 29 de junho de 2016, acesso em: https://www.forbes.com/profile/cargill-macmillan-1/#3961c31223b6.

30 "Commodity Traders — Impact of the New Financial Market Regulation", Pestalozzi Attorneys at Law, 25 de dezembro de 2016, acesso em: https://pestalozzilaw.com/en/news/legal-insights/commodity-traders/legal_ pdf/.

31 Torbjörn Törnqvist, entrevista com os autores, Genebra, agosto de 2019.

32 Paul Wyler, entrevista com os autores, Zurique, junho de 2019.

33 Mark Hansen, entrevista com os autores, Londres, fevereiro de 2019.

34 Baseado nas contas da Vitol de 2000 até 2019.

35 "The World is Hungry for Coal, Glencore Says", *Coal Week International*, agosto de 2001.

36 "Glencore CEO Slams Fight Against Developing New Coal Mines", Bloomberg News, 24 de outubro de 2019.

Um: Os Pioneiros

1 Este relato é baseado principalmente na entrevista dos autores com Hellmuth Weisser, filho de Theodor, Hamburgo, maio de 2019.

2 "Utka neftyanykh monopolii zapada", TASS, 20 de março de 1963, entrevista com Gurov.

3 "A Journey Through Time: Milestones of Success", Marquard & Bahls, acesso: https://www.marquard-bahls.com/en/about-us/history/details/event/show/founding-of-the-gefo-society-for-oil-shipments.html.

4 US Census Bureau: 20th Century Statistics, acesso em: https://www.census.gov/prod/99pubs/99statab/sec31.pdf.

5 "Post-war reconstruction and development in the Golden Age of Capitalism", UN World Economic Survey 2017, acesso em: https://www.un.org/development/desa/dpad/wp-content/uploads/sites/45/WESS_2017_ch2.pdf.

6 Bernstein, William, *A Splendid Exchange: How Trade Shaped the World* (Londres: Atlantic Books, 2008), p. 8.

7 As informações sobre a história da Philipp Brothers são amplamente baseadas em Waszkis, Helmut, *Philipp Brothers: The Rise and Fall of a Trading Giant* (Metal Bulletin, 1992). Waszkis, ex-executivo da Philipp Brothers, manteve anotações meticulosas sobre sua pesquisa, que estão armazenadas no Leo Baeck Institute, em Nova York. Os itens das anotações de Waszkis são chamados de "Philipp Brothers Collection", seguidos de sua caixa, pasta e número de página. A coleção pode ser acessada online em: https://digifinding aids.cjh.org/?pID=431072.

8 Philipp Brothers Collection: caixa 1, pasta 3, p. 40.

9 Como descrito por Charles Bendheim, Philipp Brothers Collection: caixa 1, pasta 16, p. 157.

10 David Tendler, entrevista com os autores, Nova York, agosto de 2019.

11 Memórias de Norbert Smith, um ex-executivo da Philipp Brothers, que foi serializado em *The Jewish Link of New Jersey*, part 19, acesso: https://www.jewishlinknj.com/features/23920-my-stories-19.

12 "Philipp Brothers in Tito deal", *New York Times*, 13 de outubro 1950, acesso: https://www.nytimes.com/1950/10/13/archives/philipp-brothers-in-tito-deal.html.

13 Relatório anual de 1973 da Philipp Brothers, Philipp Brothers Collection: caixa 2, pasta 7, p. 95.

14 MacMillan, William Duncan, *MacMillan: The American Grain Family* (Afton Historical Society Press, 1998), p. 304.

15 Broehl, Jr, Wayne G., *Cargill: Trading the World"s Grain* (University Press of New England, 1992), p. 787.

16 Depoimento de executivos da Cargill nas audiências de "Corporações Multinacionais e Política Externa dos Estados Unidos" perante o Subcomitê de Corporações Multinacionais do Comitê de Relações Exteriores, parte 16, p. 101, Washington 1973–76.

17 Morgan, Dan, *Merchants of Grain* (An Authors Guild Backinprint.com Edition, 2000; publicado originalmente pela Viking, 1979), p. 122.

18 Broehl, Jr Wayne G., *Cargill: Going Global* (University Press of New England, 1998), p. 36–46.

19 David MacLennan, entrevista com os autores, Davos, janeiro de 2020.

20 Wiener, Robert J., "Origins of Futures Trading: The Oil Exchanges in the 19th Century", L"Université Laval, Quebec, Canada. 1992.

21 Hellmuth Weisser, entrevista com os autores, Hamburg, maio de 2019.

22 Ermolaev, Sergei, "The Formation and Evolution of the Soviet Union"s Oil and Gas Dependence", 2017, acesso: https://carnegieendowment. org/2017/03/29/formation-and-evolution-of-soviet-union-s-oil-and-gas-dependence-pub-68443.

23 Yergin, Daniel, *The Prize* (Nova York: Simon & Schuster, 1993), p. 497.

24 "Impact of Oil Exports from the Soviet Bloc", National Petroleum Council, Washington, 1962, p. 25, acesso em: https://www.npc.org/reports/1962-Impact-Oil_Exports_From_The_Soviet_Bloc-Vol_I.pdf.

25 Philipp Brothers Collection: caixa 1, pasta 2, p. 48.

26 Entrevista de Helmut Waszkis com Ernst Frank, junho de 1978; Metallgesell schaft Collection; AR 25149, p. 271; Leo Baeck Institute.

27 Jean-Pierre Adamian e Antoine Carassus, entrevista com os autores, Genebra, fevereiro de 2019.

28 "The Colossus of Phibro", *Institutional Investor*, 1981. Philipp Brothers Collection: caixa 1, pasta 17, p. 158.

29 Broehl, Jr, Wayne G., *Cargill: Trading the World"s Grain* (University Press of New England, 1992), p. 793.

30 Felix Posen, entrevista com os autores, Londres, maio de 2019.

31 "The Colossus of Phibro", *Institutional Investor*, 1981.

32 Número de lucros de 1940 de Broehl, Jr., Wayne G., *Cargill: Trading the World"s Grain* (University Press of New England, 1992), p. 879; número de lucros de 1970 de Broehl, Jr, Wayne G., *Cargill: Going Global* (University Press of New England, 1998), p. 379.

33 Philipp Brothers Collection, contas de 1947: caixa 1, pasta 11, p. 55.

34 Philipp Brothers Collection: caixa 1, pasta 11, p. 143.

35 A melhor crônica das compras de grãos soviéticas é Trager, James, *The Great Grain Robbery* (Nova York: Ballantine Books, 1975). Além disso, o Congresso dos EUA realizou audiências sobre as compras, incluindo "Transações Russas de Grãos" (Subcomitê Permanente de Investigações do Senado, julho de 1973) e "Sale of Wheat to Russia" (Comitê de Agricultura Familiar, setembro de 1972). Ambas as audiências incluíram depoimentos em primeira mão e detalhados de executivos de trading e funcionários do governo.

36 "Some Deal: The Full Story of How America Got Burned and the Russians Got Bread", *New York Times*, 25 de novembro de 1973, acesso em: https://www.nytimes.com/1973/11/25/archives/some-deal-the-full-story-of-how-amepnka-got-burned-and-the-russians.html.

37 Luttrell, Clifton, "The Russian Wheat Deal — Hindsight vs. Foresight", US Federal Reserve of St. Louis, outubro de 1973, acesso em: https://www. staff.ncl.ac.uk/ david.harvey/MKT3008/RussianOct1973.pdf.

38 Broehl, Jr, Wayne G., *Cargill: Going Global* (University Press of New England, 1998), p. 224.

39 Morgan, Dan, *Merchants of Grain*, p. 168.

40 Broehl, Jr, Wayne, G., *Cargill: Going Global*, p. 224.

41 Ibid., p. 225.

42 Lista Fortune 500, 1972, *Fortune Magazine*, acesso em: https://archive. fortune. com/magazines/fortune/fortune500_archive/full/1972/.

43 US General Accounting Office, "Exporters" Profits On Sales of US Wheat to Russia", p. 2, acesso em: http://archive.gao.gov/f0302/096760.pdf.

44 "Soviet Grain Deal is Called a Coup", *New York Times*, 29 de setembro de 1972, acesso em: https://www.nytimes.com/1972/09/29/archives/soviet-grain-deal-is--called-a-coup-capitalistic-skill-surprised.html.

Dois: O Poderoso Chefão do Petróleo

1 The President's Daily Brief, CIA, 25 de abril de 1968, acesso em: https://www. cia. gov/library/readingroom/docs/DOC_0005974399.pdf, declassified in 2015.

2 Yergin, Daniel, *The Prize*, pp. 523–524.

3 Para uma visão detalhada das negociações para a construção do oleoduto, ver Bialer, Uri, "Fuel Bridge through the Middle East— Israel, Iran, and the Eilat-Ashkelon Oil Pipeline", Israel Studies, vol. 12, no. 3, acesso em http://ismi.emory.edu/home/ documents/Readings/Bialer_Fuel_Bridge_Israeli_oil_pipline.pdf. Além disso, uma recente decisão suíça contém informações sobre a estrutura de propriedade: Suisse, Tribunal Fédéral, 27 de junho 2016, acesso em: https://res.cloudinary.com/lbresear-ch/image/upload/v1469537636/suisse_tribunal_f_d_ral_arr_t_du_27_juin_2016_ 4a_322_2015_266116_1354.pdf.

4 "The Time Has Come for Israel to Expose Its Most Secret Firm", *Haaretz*,

5 18 de setembro de 2016, acesso: em https://www.haaretz.com/opinion/the-time-has-come-for-israel-to-expose-its-secret-firm-1.5437187.

6 Detalhes biográficos por Ammann, Daniel, *The King of Oil: The Secret Lives of Marc Rich* (Nova York: St Martin"s Press, 2009) e *Petition for Pardon for Marc Rich and Pincus Green*, 2001, incluindo o US House of Representatives, *Justice Undone: Clemency Decisions in the Clinton White House*, 107th Congress, 2nd session,

Report 107-454, 14 maio de 2002, acesso em: https://www.congress.gov/107/crpt/hrpt454/CRPT-107hrpt454-vol3.pdf.

7 Ammann, Daniel, op. cit., p. 36.

8 Felix Posen, entrevista com os autores, Londres, maio de 2019.

9 Waszkis, Helmut, *Philipp Brothers: The Rise and Fall of a Trading Giant*, p. 207.

10 Isabel Arias, entrevista com os autores, Lima, abril de 2019.

11 Danny Posen, entrevista com os autores, Londres, fevereiro de 2019.

12 Roque Benavides, entrevista com os autores, Lima, abril de 2019.

13 Copetas, A. Craig, *Metal Men: Marc Rich and the 10-Billion-Dollar Scam*

14 (Londres: Harrap Limited, 1986), p. 51.

15 Ammann, Daniel, *The King of Oil: The Secret Lives of Marc Rich* (Nova York: St Martin's Press, 2009), pp. 58–59.

16 "Mystery of the Disappearing Tankers", *The Sunday Times*, 13 de dezembro de 1970, p.11.

17 "Minerals Yearbook 1970, Chromium", United States Geological Survey, p.302, acesso em: http://images.library.wisc.edu/EcoNatRes/EFacs2/MineralsYearBk/MinYB1970v1/reference/econatres.minyb1970v1.jmorning00.pdf.

18 Fraenkel, Ernst, notas literais da entrevista com Helmut Waszkis, em Philipp Brothers Collection; AR 25131; caixa 1, pasta 9, p. 6.

19 Ammann, Daniel, op. cit., p. 67.

20 Garavini, Giuliano, *The Rise & Fall of OPEC in the Twentieth Century* (Oxford: Oxford University Press, 2019), p. 203.

21 Akins, James, "The Oil Crisis: This Time the Wolf Is Here", *Foreign Affairs*, vol. 51, no. 3 (Abril de 1973), pp. 462–490, acesso em: https://pdfs. semanticscholar. org/7e25/ 19e3a8f85571946eb76785c43cd1a493caf0.pdf.

22 Waszkis, Helmut, *Philipp Brothers: The Rise and Fall of a Trading Giant*, p. 212. 21 Ibid., p. 211.

23 Ibid., nota de rodapé p. 292.

24 Yergin, Daniel, *The Prize*, p. 581.

25 A descrição do encontro na suíte de Yamani em Viena encontra-se em "How the Oil Companies Help the Arabs to Keep Prices High", *New York Magazine*, 22 de S 1975.

26 Yergin, Daniel, op. cit., p. 585. 26 Ibid., p. 588.

27 The President's Daily Brief, CIA, 18 outubro de 1973, desclassificado parcialmente em 20 de junho de 2016, acesso em: https://www.cia.gov/library/readingroom/docs/DOC_0005993960.pdf.

28 "Markets Pointers", Europ-Oil Prices (Londres), 3 de dezembro de 1973, p. 1.

29 "Milestones in the History of U.S. Foreign Relations: Oil embargo 1973–74", Departamento de Estado dos EUA, acesso em: https://history.state.gov/milestones/1969-1976/oil-embargo.

30 Broehl, Jr, Wayne G., *Cargill: Going Global*, p. 237.

31 Milton Rosenthal, presidente e CEO da Engelhard, citado em "Engel-hard"s Gold", *Dun's Review*, abril de 1975, disponível na Philipp Brothers Collection: caixa 2, pasta 2, p. 17.

32 Waszkis, Helmut, *Philipp Brothers: The Rise and Fall of a Trading Giant*, p. 215.

33 Rich disse a Daniel Ammann (op. cit., p. 73) que Jesselson ofereceu US$150 mil a ele e a Green; Jesselson disse a Helmut Waszkis (*Philipp Brothers: The Rise and Fall of a Trading Giant*, p. 215) que estava disposto a deixar o pagamento deles subir para US$250 mil cada.

34 Ammann, Daniel, op. cit., p. 73.

35 "Inside Philipp Brothers, a $9 billion supertrader most people don"t know", *BusinessWeek*, 3 de setembro de 1979. Philipp Brothers Collection: caixa 2, pasta 10, p. 207.

36 Ammann, Daniel, op. cit., p. 75.

37 "Secrets of Marc Rich", *Fortune*, 23 de janeiro de 1984.

38 Gerard F. Cerchio, presidente da Sun International Inc., o braço comercial da Sun Company, citado em: "The Man Behind Marc Rich", *New York Times*, 18 de agosto de 1983, acesso em: https://www.nytimes.com/1983/08/18/business/the-man--behind-marc-rich.html.

39 Isaac Querub, entrevista com os autores, Madri, junho de 2019.

40 Isaac Querub, e-mail para os autores, junho de 2019.

41 Manny Weiss, entrevista com os autores, Londres, março de 2019.

42 "Le Pape Du Negoce", *Le Temps*, 30 de outubro de 2008, acesso em: https://www.letemps.ch/opinions/pape-negoce.

43 Ammann, Daniel, op. cit., p. 82.

44 Philipp Brothers Collection: caixa 1, pasta 11, p. 143.

45 Philipp Brothers, relatório anual de 1977, disponível em: Philipp Brothers Collection: caixa 2, pasta 9.

46 Razavi, Hossein, "The New Era of Petroleum Trading: Spot Oil, Spot-Related Contracts, and Futures Markets", World Bank Technical Paper, Number 96, Washington, 1989.

47 Tetreault, Mary Ann, *Revolution in the World Petroleum Market* (Quorum Books, 1985), p. 55.

48 "Die Knochen sind noch nicht numeriert", *Der Spiegel*, 17 de fevereiro de 1986, acesso em: https://www.spiegel.de/spiegel/print/d-13517991.html.

49 "Oil: The Great Noses of Rotterdam", *New York Times*, 8 de julho de 1979, acesso em: https://www.nytimes.com/1979/07/08/archives/oil-the-great-noses-of-rotter-dam-a-market-that-runs-on-the-telex.html.

50 "Etude Sur Le Trading Petrolier", Ministere de la Mer, 14 de junho de 1983, acesso em: http://temis.documentation.developpement-durable.gouv.fr/docs/Temis/0002 /Temis-0002860/7522.pdf.

51 Bill Emmitt, entrevista com os autores, maio de 2019.

52 "Deuss: From Second-Hand Car Dealer to Controversial World Figure", *Bermuda Sun*, 18 de fevereiro de 1994, acesso em: http://bermudasun.bm/Content/Default/NewsOlder20120206/Article/Deuss-From-second- hand-car-dealer-to-controver-sial-world-figure/-3/1294/31102.

53 Boon, Marten, "Deuss" demise: an oil trader's struggle to keep up with the mar-ket, 1970s-1990s', MPRA Paper, 2019, acesso em: https://mpra. ub.uni-muenchen.de/95460/1/MPRA_paper_95460.pdf.

54 Sanoff, Jonathan, "Soyuznefteexport v JOC Oil Ltd: a Recent Development in the Theory of the Separability of the Arbitration Clause", em *The American Review of International Arbitration*, 1990 (Sanoff foi consultor jurídico geral associado da Transworld Oil e, como tal, consultor da JOC Oil).

55 Levine, Steve, *The Oil and the Glory* (Nova York: Random House, 2007), p. 133.

56 Deposition of Francis V. Elias, in US v Advance Chemical Company, case no. CIV-86-1401-P, US District Court for the Western District of Oklahoma. Elias was at the time the secretary of Transworld Oil Ltd.

57 "Energy: JOC Oil Bona Fides", Departamento de Estado dos EUA, telegrama da embaixada dos EUA em Valeta, Malta; Washington, maio de 1974, via WikiLeaks, acesso em: https://wikileaks.org/plusd/cables/1974VALLET00848_b.html.

58 "Request for Information on Petroleum Company", Departamento de Estado dos EUA, telegrama da embaixada dos EUA em Gaborone, Botswana; Washington, janeiro de 1975, via WikiLeaks, acesso em: https://wikileaks.org/plusd/cables/1975GABORO00154_b.html.

59 "Request for Background Information on World Oil Bank", Departamento de Estado dos EUA, telegrama da embaixada dos EUA em Ancara, Turquia; Washington, maio de 1978, via WikiLeaks, acesso em: https://wikileaks.org/plusd/cables/1978ANKARA03599_d.html.

60 "Iran-Contra Investigation", Senado dos EUA, apêndice B, vol. 25, Deposition of Theodore G. Shackley, pp. 20–23 377–383. O nome da Transworld Oil é grafado incorretamente como Trans-World, e John Deuss é grafado incorretamente várias vezes como "John Dois", acesso em: https://ia902906.us.archive. org/25/items/reportofcongress25unit/reportofcongress25unit.pdf.

61 "Deuss: From Second-Hand Car Dealer to Controversial World Figure", *Bermuda Sun*, op. cit.

62 "Ayatollah Khomeini returns to Iran", *The Associated Press*, 1º de fevereiro de 1979, acesso em: https://www.apnews.com/3042785d564d4acaa2e4a18bf c206d25.

63 Yergin, Daniel, op. cit., pp. 656–680.

64 "Middleman Made a Fortune in the Good Old Days Of Oil Crisis", *Washington Post*, 15 de fevereiro de 1983.

65 Yergin, Daniel, *The Prize*, p. 679.

66 Copetas, A. Craig, op. cit., p. 72.

67 Ammann, Daniel, *The King of Oil*, p. 177.

68 Hellmuth Weisser, entrevista com os autores, Hamburgo, maio de 2019.

69 Philipp Brothers Collection: caixa 1, pasta 11, p. 143.

70 Broehl, Jr, Wayne G., *Cargill: From Commodities to Customers* (University Press of New England, 2008), p. 38.

71 Group of Seven, "Declaration 1979", Tóquio, 29 de junho 1979, disponível em: Oxford Institute of Energy Studies archive, grey literature, caixa 79.

Três: O Último Banco da Cidade

1 Este relato das relações da Jamaica com a Marc Rich + Co é baseado principalmente nas entrevistas dos autores com Hugh Hart, Manny Weiss, Vincent Lawrence e Carlton Davis. A história da crise do país na noite de sexta-feira foi contada aos autores por Hart.

2 Na primeira metade da década de 1980, a Jamaica era o terceiro maior produtor de bauxita depois da Austrália e Guiné, e o quarto maior produtor de alumina depois da Austrália, Estados Unidos e URSS, de acordo com o US Geological Survey.

3 "History of Aluminum", The Aluminum Association, 2019, acesso em: https://www.aluminum.org/aluminum-advantage/history-aluminum.

4 Dados do US Geological Survey.

5 Stuckey, John A., *Vertical Integration and Joint Ventures in the Aluminum Industry* (Harvard University Press, 1983), p. 84.

6 Decisão da Comissão Europeia sobre as importações de alumínio da Europa Oriental, 19 de dezembro de 1984, acesso em: https://eur-lex.europa.eu/legal-content/EN/TXT/HTML/?uri=CELEX:31985D0206&from=GA.

7 Dados do US Geological Survey.

8 "World Bauxite Industry: Recent Trends and Implications of Guyana"s Nationalization Moves", CIA, abril de 1971, acesso em: https://www.cia. gov/library/readingroom/docs/CIA-RDP85T00875R001700010006-3.pdf.

9 Waszkis, Helmut, *Philipp Brothers: The Rise and Fall of a Trading Giant*, p. 120.

10 "Guyana"s Bauxite Industry Since Partial Nationalization", CIA, dezembro de 1972, acesso em: https://www.cia.gov/library/readingroom/docs/CIA-RDP85T00875R001 700040056-5.pdf.

11 "Bodies on the Doorstep: Jamaica in the 1970s", Association for Diplomatic Studies and Training, acesso em: https://adst.org/2016/12/bodies-doorstep-jamaica-late-1970s/.

12 "Rules Bent for Jamaica, Helping US Industry", *New York Times*, 1981, acesso em: https://www.nytimes.com/1982/04/28/business/rules-bent-for-jamaica-helping-us-industry.html.

13 Davis, Carlton, *Jamaica in the World Aluminium Industry*, 2011, vol. 3, p. 67; e anuários do USGS.

14 Hugh Hart, entrevista com os autores, Kingston, março de 2019; e Manny Weiss, entrevista com os autores, Londres, março de 2019.

15 "What"s Behind the Govt., Marc Rich Relationship?", *The Daily Gleaner*, 5 de agosto de 1985, p. 1, acesso em: https://newspaperarchive.com/kingston-gleaner-aug-05-1985-p-1/. Também confirmado em entrevistas dos autores com Manny Weiss e Hugh Hart.

16 Ken Hill, um agente federal dos EUA que passou anos tentando prender Rich, citado em: "The Face of Scandal", *Vanity Fair*, junho de 2001, acesso em: https://www.vanityfair.com/news/2001/06/rich200106.

17 Hugh Hart, entrevista com os autores, Kingston, março de 2019.

18 Jamaica Bauxite Institute.

19 Hugh Hart, entrevista com os autores, Kingston, março de 2019.

20 Davis, Carlton, *Jamaica in the World Aluminium Industry*, vol. 3, p. 90.

21 "Implementation Completion Report — Clarendon Alumina Production Project", Banco Mundial, 1995, acesso em: http://documents.worldbank.org/curated/en/326311468043471038/pdf/multi-page.pdf.

22 Manny Weiss, entrevista com os autores, Londres, março de 2019.

23 "Marc Rich "Tolling" Deals Reopen US Aluminium Plants", *Financial Times*, 17 de outubro de 1986.

24 "Electric Shocks for Aluminium Producers", *Financial Times*, 11 de setembro de 1987.

25 US Bureau of Labor Statistics, índice de preços ao produtor, papel alumínio, acesso via FRED database: https://fred.stlouisfed.org/series/WPU10250111.

26 Manny Weiss, entrevista com os autores, Londres, março de 2019.

27 Ibid.

28 De acordo com Rich, citado em "Alchemist At Large", *Financial Times*, 1º de setembro de 1988.

29 Manny Weiss, entrevista com os autores, Londres, março de 2019.

30 Hugh Small, entrevista com os autores, Kingston, março de 2019.

31 De acordo com Hugh Small e Vincent Lawrence em entrevistas com os autores, Kingston, março de 2019.

32 "PM Confirms Rich Deal", *The Daily Gleaner*, 30 de junho 1989, acesso em: https://newspaperarchive.com/kingston-gleaner-jun-30-1989-p-1/.

33 Com base nos dados do prospecto de títulos de 2006 da Clarendon Alumina Production.

34 U$313m entre 1982 e 1987, U$365m entre 1988 e 1999, U$125m em 2000 e $65m em 2003. Ver Davis, Carlton. "2009: Fiscal Budgets (Part 1) Pre-payment of bauxite and alumina earnings", disponível em http://old.jamaica-gleaner.com/gleaner/20090308/focus/focus5.html e o prospecto de títulos de 2006 da Clarendon Alumina Production.

35 Carlton Davis, entrevista com os autores, Kingston, março de 2019.

36 Copper Handbook, Banco Mundial, 1981 (A República Democrática do Congo era se chamava Zaire entre 1971 e 1997), acesso em: http://documents.worldbank.org/curated/en/543761492970653971/pdf/multipage.pdf.

37 "What"s in a name?", *The Economist*, 5 de outubro 2017. O economista era Antoine van Agtmael, que trabalhava na International Finance Corporation, uma agência do Banco Mundial.

38 Ricardo Leiman, entrevista com os autores, Londres, agosto de 2019.

39 Citado em "Why Marc Rich is Richer than Ever", *Fortune*, 1º de agosto 1988, acesso em: https://archive.fortune.com/magazines/fortune/fortune_archive/1988/08/01 /70845/index.htm.

40 "While Marc Rich Was Fugitive, Firm Dealt With Pariah Nations", *Wall Street Journal*, 23 de abril de 2001, acesso em: https://www.wsj.com/articles/ SB982885815892990443.

41 Eric de Turckheim, entrevista com os autores, Genebra, março de 2019.

42 Ammann, Daniel, *The King of Oil*, op. cit., p. 194.

43 Macmillan, Harold, "The Wind of Change", Cape Town, 3 de fevereiro de 1960, acesso em: http://www.africanrhetoric.org/pdf/J%20%20%20 Macmillan%20 -%20%20the%20wind%20of%20change.pdf.

44 Ivan Glasenberg, que se tornaria CEO da Glencore, não pôde participar das Olimpíadas de Los Angeles em 1984 por causa do boicote.

45 Shipping Research Bureau, "Embargo: Apartheid Oil"s Secrets Revealed" (Amsterdam University Press, 1995), disponível na coleção do International Institute of Social History, Amsterdã, p. 192, acesso em: https://archief.socialhistory.org/sites/default/ files/docs/collections/embargo_apartheids_oil_secrets_revealed_0.pdf#overlay-context=nl/node/4708.

46 Ford, Jonathan, *Depression, Oil Trading & a Mind at War With Itself* (Chipmunkapublishing, 2016), um livro de memórias escrito por um ex-trader da Vitol.

47 Mark Crandall, entrevista com os autores, Londres, maio de 2019.

48 David Issroff, entrevista com os autores, Nova York, agosto de 2019.

49 Shipping Research Bureau, op. cit., p. 326.

50 "South Africa"s Secret Lifeline", *Observer*, 3 de junho de 1984.

51 Van Vuuren, Hennie, *Apartheid, Guns and Money* (Londres: Hurst & Company, 2018).

52 Shipping Research Bureau, op. cit., p. 258.

53 Van Vuuren, Hennie, op. cit., p. 103.

54 Citado em Shipping Research Bureau, op. cit., pág. 149. A BBC não transmitiu a entrevista com John Deuss, mas a fita ressurgiu anos depois quando foi usada pelo programa investigativo da televisão holandesa Gouden Bergen, em 10 de setembro de 1989.

55 Ammann, Daniel, op. cit., p. 195.

56 Entrevista dos autores com o ex-executivo sênior da Marc Rich + Co, que não quis ser identificado.

57 Entrevista dos autores em "Monsieur Ndolo" (pseudônimo usado pelo trader da Marc Rich trader que fundou a Cobuco no início dos anos 1980).

58 Base de dados do PIB per capita, Banco Mundial, acesso em: https://data.world-bank.org/indicator/ny.gdp.pcap.cd?most_recent_value_desc=true.

59 A taxa efetiva da Reserva Federal dos EUA atingiu um pico acima de 22% em 1981.

60 Com base nos dados da EIA mostrando o consumo de petróleo do Burundi em 700–800 barris por dia entre 1980 e 1983, e um VLCC padrão carregando 2 milhões de barris.

61 Entrevista dos autores com um trader que pediu para não ser identificado.

62 Ammann, Daniel, op. cit., p. 93.

63 "Executive Order 12205", US Government, Washington, 7 de abril de 1980, 45 FR 24099, 3 CFR, 1980 Comp., p. 248, acesso em: https://www.archives. gov/federal-register/codification/executive-order/12205.html.

64 Entrevista da NBC com Rich, 1992.

65 "Indictment: United States of America vs Marc Rich et al.", United States District Court, distrito sul de Nova York, setembro de 1983.

66 Ibid.

67 "The Lifestyle of Rich, the infamous", *Fortune*, 30 de junho de 1986, acesso em: https://fortune.com/2013/06/30/the-lifestyle-of-rich-the-infamous-fortune-1986/.

68 "Judge Orders Exxon to Repay $895m", *Financial Times*, 26 de março de 1983.

69 "Arco to Pay $315 Million to Settle Claims of Price Control Violations, Overcharges", *Wall Street Journal*, 2 de maio de 1986.

70 Thomas, Evan, *The Man to See* (Nova York: Simon & Schuster, 1991), p. 417. Rich, no entanto, negou o relato, dizendo que "não havia um pingo de verdade nele". Rich também disse que seu advogado nunca pediu para que ele voltasse aos EUA.

71 "The controversial pardon of international fugitive Marc Rich", Congresso dos EUA, Washington, 8 de fevereiro e 1º de março de 2001, pp. 73 e 303, acesso em: https://upload.wikimedia.org/wikipedia/commons/1/12/2001_The_Controversial_Pardon_of_International_Fugitive_Marc_ Rich.pdf.

Quatro: Barris de Papel

1 Andy Hall, entrevista com os autores, Derneburg, março de 2019.

2 Revisão Estatística da BP da Energia Mundial. O Kuwait bombeou 1,4 milhão b/d e o Iraque bombeou 2,8 milhões b/d — a produção global total de petróleo foi estimada em 63,8 milhões b/d.

3 Resolução 661 do Conselho de Segurança da ONU de 6 de agosto de 1990, acesso em: http://unscr.com/en/resolutions/doc/661.

4 Andy Hall, entrevista com os autores, Derneburg, março de 2019.

5 "Will Phibro"s Daddy Squash Its Ambitions?", *Business Week*, 25 março de 1991.

6 Colin Bryce, entrevista com os autores, Londres, fevereiro de 2019.

7 "Dojima Rice Exchange", Japan Exchange Group, acesso em: https://www.jpx.co.jp/dojima/en/index.html.

8 Wiener, Robert J., "Origins of Futures Trading: The Oil Exchanges in the 19th Century", L"Université Laval, Quebec, Canada. 1992.

9 Andy Hall, entrevista com os autores, Derneburg, março de 2019.

10 "Salomon Inc."s Powerful Oil Man, Andrew Hall, Leads a Resurgence of Traders on Wall Street", *Wall Street Journal*, 11 de janeiro de 1991.

11 Oil Monthly Market Report, International Energy Agency, Paris, janeiro de 1990, p. 11.

12 "Saddam's Message of Friendship to President Bush", Departamento de Estado dos EUA, telegrama da embaixada dos EUA em Bagdá, 25 de julho de 1990, acesso em: https://wikileaks.org/plusd/cables/90BAGHDAD4237_a.html.

13 Andy Hall, entrevista com os autores, Derneburg, março de 2019.

14 Ibid.

15 "Iraq Threatens Emirates and Kuwait on Oil Glut", *New York Times*, 18 de julho de 1990, acesso em: https://www.nytimes.com/1990/07/18/business/iraq-threatens--emirates-and-kuwait-on-oil-glut.html.

16 "Invading Iraqis Seize Kuwait and Its Oil", *New York Times*, 3 de agosto de 1990, acesso em: https://www.nytimes.com/1990/08/03/world/iraqi-invasion-invading--iraqis-seize-kuwait-its-oil-us-condemns-attack-urges.html.

17 "Meaner than a Junkyard Dog", *Texas Monthly*, abril de 1991, acesso em: https://www.texasmonthly.com/articles/meaner-than-a-junkyard-dog/.

18 Andy Hall, entrevista com os autores, Derneburg, março de 2019.

19 Waszkis, Helmut, *Philipp Brothers: The Rise and Fall of a Trading Giant*, pp. 232–233.

20 Philipp Brothers Collection: caixa 1, pasta 11, p. 143.

21 David Tendler, entrevista com os autores, Nova York, agosto de 2019.

22 "Behind the Salomon Brothers Buyout", *Fortune*, 7 de setemrbo de 1981, acesso em: https://fortune.com/1981/09/07/salomon-brothers-buyout/.

23 Waszkis, Helmut, *Philipp Brothers: The Rise and Fall of a Trading Giant*, p. 251.

24 Ibid.

25 David Tendler, entrevista com os autores, Nova York, agosto de 2019.

26 "Voest-Alpine Plight Affects All Austria", *New York Times*, 20 de janeiro de 1986, acesso em: https://www.nytimes.com/1986/01/20/business/voest-alpine-plight-affects-all-austria.html.

27 Site corporativo da Klöeckner, acesso em: https://www.kloeckner.com/en/group/history.html.

28 "Ferruzzi Group — Trading Activities maio de Post $100m Loss for 1989", *Wall Street Journal*, 25 de setembro de 1989.

29 Serge Varsano, entrevista com os autores, Paris, novembro de 2019.

30 "OPEC Keeps Oil Traders Guessing", *Financial Times*, 12 de abril de 1988.

31 Entrevista dos autores com um ex-executivo da Transworld Oil, que não quis ser identificado.

32 Ibid.

33 O tamanho das perdas estimadas varia de acordo com as fontes, mas a maioria diz ser entre US$200 e US$660 milhões. Bower, Tom, *The Squeeze* (Londres: HarperPress, 2010), pp 63–65.

34 "Oil Trader Big Winner in Atlantic Sale to Sun",*New York Times*, 7 de julho de 1988, acesso em: https://www.nytimes.com/1988/07/07/business/business-people-oil-trader-a-big-winner-in-atlantic-sale-to-sun.html.

Cinco: A Queda de Marc Rich

1 A descrição neste capítulo da queda de Marc Rich é baseada principalmente nas entrevistas dos autores com pessoas envolvidas, incluindo Zbynek Zak, Josef Bermann, Paul Wyler, Manny Weiss, Ivan Glasenberg, Mark Crandall, Graham Sharp, Danny Posen e Isaac Querub, e também em Ammann, Daniel, *The King of Oil* (op. cit.).

2 Jim Daley, que se juntou à Marc Rich + Co em 1977 para administrar o financiamento do petróleo; entrevista com os autores, Londres, agosto de 2019.

3 Entrevista com Rich disponível em: "Fugitive Marc Rich Prospers Abroad, Hopes to Settle US Criminal Charges", *Wall Street Journal*, 1º de fevereiro de 1994.

4 "Smoking Out Marc Rich", *Institutional Investor*, 1ºde agosto de 1992.

5 Danny Posen, entrevista com os autores, Londres, fevereiro de 2019.

6 Mark Crandall, entrevista com os autores, Londres, maio de 2019.

7 "A definition of Richness", *Financial Times*, 10 de agosto de 1992.

8 Mark Crandall, entrevista com os autores, Londres, maio de 2019.

9 "Aide to Marc Rich Quits Post",*New York Times*, 4 de junho de 1992, acesso em: https://www.nytimes.com/1992/06/04/business/aid-to-marc-rich-quits- post.html.

10 Manny Weiss, entrevista com os autores, Londres, março de 2019.

11 Ibid.

12 Isaac Querub, entrevista com os autores, Madri, junho de 2019.

13 Ibid.

14 Dados da Bloomberg.

15 Zbynek Zak, entrevista com os autores, Zug, junho de 2019.

16 Ammann, Daniel, *The King of Oil*, p. 226.

17 Manny Weiss, entrevista com os autores, Londres, março de 2019.

18 Mark Crandall, entrevista com os autores, Londres, maio de 2019.

19 "What Makes $1 Billion a Year and Oils the Global Economy While Rebuilding Its Reputation?", Bloomberg News, 2018, acesso em: https://www.bloomberg.com/news/features/2018-05-31/oil-trader-trafigura-rebuilds-reputation-while-making-billions.

20 "Marc Rich Cedes Majority Stake in Commodities Firm He Founded", *Wall Street Journal*, 9 de março de 1993; "Marc Rich Hopes For Resolution of Tax Case", *Financial Times*, 12 de março de 1993.

21 Conforme contado por Zbynek Zak, que estava presente; entrevista com os autores, Zug, junho de 2019.

22 Correspondência dos autores com Zbynek Zak, fevereiro de 2020.

23 "Marc Rich Passes Control of Company to Employees", *Wall Street Journal*, 10 de dezembro de 1993, e Amman, Daniel, op. cit., p. 233.

24 Isaac Querub, entrevista com os autores, Madri, junho de 2019.

25 Segundo várias pessoas envolvidas nas deliberações, mas Ebner não se lembra de nenhuma discussão com Strothotte e diz que nunca investiu em commodities (Martin Ebner, entrevista por telefone com os autores, fevereiro de 2020).

26 "Roche"s 93 net rose by 29%", *Wall Street Journal*, 20 de abril de 1994.

27 A estrutura da empresa antes de 1994 era complicada, e diferentes sócios se lembram de coisas variadas sobre os detalhes do acordo de compra. Rich, solicitado por seu biógrafo a confirmar que havia recebido cerca de US$600 milhões com

a venda da empresa, disse que isso "não estava longe da verdade". (Ammann, Daniel, *The King of Oil*, op. cit., p. 235).

28 Ammann, Daniel, op. cit., p. 233.

29 Mark Crandall, entrevista com os autores, Londres, maio de 2019.

30 Trafigura, publicação interna.

31 Danny Posen, entrevista com os autores, Londres, fevereiro de 2019. O grupo comprou a Skydiver e a Trafigura, mas deixou a Blackheart de lado.

32 Edmundo Vidal, entrevista com os autores, Lima, abril de 2019.

33 Entrevista dos autores com um ex-executivo da Trafigura, que não quis ser identificado.

34 Zbynek Zak, entrevista com os autores, Zug, junho de 2019.

35 Cálculo dos autores com base no lucro comercial da Glencore no período.

36 Lucio Genovese, entrevista com os autores por vídeo chamada, outubro de 2020.

37 Com base em contas publicadas em prospectos de títulos de 1998 e entrevistas com ex-sócios.

38 Blank vs. Comissário de Tributação no Supremo Tribunal da Austrália, 2016, acesso em: http://www.hcourt.gov.au/assets/publications/judgment-summaries/2016/hca-42-2016-11-09.pdf.

39 Mark Crandall, entrevista com os autores, Londres, maio de 2019.

Seis: A Maior Liquidação da História

1 Este relato da Trans-World na Rússia é baseado nas entrevistas dos autores com vários ex-funcionários e executivos da empresa; as respostas por e-mail de Lev Chernoy e Michael Cherney às perguntas dos autores; cópias arquivadas do site do Rubens, contendo dados biográficos; e várias outras entrevistas publicadas dadas por Reuben e outros protagonistas, incluindo: "Russia's Aluminium Tsar', *The Economist*, 21 de janeiro de 1995; "Grabbing a Corner on Russian Aluminum", *Businessweek*, 16 de setembro de 1996; "Helter-Smelter: Amid Russia's Turmoil, UK Firm Wins Slice of Nation's Aluminum", *Wall Street Journal*, 28 de janeiro de 1997; "Transworld Group: Pitfalls for Pioneers", *Financial Times*, 17 de junho de 1998; and "Aluminium "Risk Taker" Changes Tack in Russia", *Financial Times*, 11 de abril de 2000.

2 Felix Posen, entrevista com os autores, Londres, maio de 2019.

3 Tarasov, Artem, *Millionaire* (2004). Tradução dos autores do texto russo, acesso em http://lib.ru/NEWPROZA/TARASOW_A/millioner.txt.

4 Ibid.

5 "Soviets buy American", *New York Times*, 10 maio de 1989, acesso em: https://www.nytimes.com/1989/05/10/opinion/foreign-affairs-soviets-buy-american.html.

6 De acordo com um executivo sênior da Marc Rich + Co na época, que pediu para não ser identificado.

7 De acordo com David Lilley, que trabalhou para a Philipp Brothers e depois para a Metallgesellschaft. Quando a equipe de trading de metais da Phibro migrou para a Metallgesellschaft, a empresa alemã assumiu uma parte significativa do negócio de níquel.

8 De acordo com seu filho, em "The Reuben Show: The Hottest Property Tycoons in Londres", *Evening Standard*, 25 de junho de 2010, acesso em: https://www.standard.co.uk/lifestyle/the-reuben-show-the-hottest-property-tycoons-in-Londres-6484966.html.

9 "Baby Reuben", *Estates Gazette*, 24 de junho de 2006.

10 "Brothers Go Public Over Their Success", *Jewish Chronicle*, 28 de março de 2003, acesso em: https://www.reubenbrothers.com/brothers-go-public-over-their-success/.

11 David Issroff, entrevista com os autores, Nova York, agosto de 2019.

12 Ibid.

13 Danny Posen (que era chefe do escritório da Marc Rich + Co em Moscou na época), entrevista com os autores, Londres, fevereiro de 2019.

14 Lev Chernoy, resposta por e-mail às perguntas dos autores, fevereiro de 2020.

15 "We Saved the Industry", *Rosbalt*, 25 de novembro de 2006 (entrevista com Lev Chernoy), acesso em: http://chernoi.ru/top/publikatsii/publitsistika/105-my--spasli-promyshlennost-rossii-intervyu-informatsionnomu-agentstvu-rosbalt-25-11-2006.

16 "Grabbing a Corner on Russian Aluminum", *Businessweek*, 16 de setembro de 1996.

17 "Aluminium "Risk Taker" Changes Tack in Russia", *Financial Times*, 11 de abril de 2000, acesso em: https://www.reubenbrothers.com/aluminium-%e2%80%b2risk-taker%e2%80%b2-changes-tack-in-russia/.

18 Ibid.

19 Lev Chernoy, resposta por e-mail às perguntas dos autores, fevereiro de 2020.

20 "Trans-World — Establishment of a New Aluminium Company", Mac-quarie Equities Limited, dezembro de 1995.

21 "King of the Castle", *The Economist*, 21 de janeiro de 1995, acesso em: https://www.reubenbrothers.com/king-of-the-castle-russianaluminium/.

22 Ibid.

23 "It'sLawyersatDawnintheWildEast", *Guardian*, 1º de março de 2000, acesso em: https://www.reubenbrothers.com/it%e2%80%b2s-lawyers-at-dawn-in-the-wild-east/.

24 Gary Busch, entrevista com os autores, Londres, maio de 2019.

25 "Helter-Smelter: Amid Russia"s Turmoil, UK Firm Wins Slice of Nation's Aluminum", *Wall Street Journal*, 28 de janeiro de 1997.

26 Dados da Bloomberg.

27 Op. cit., *Financial Times*, 2000, pelo site dos Irmãos Reuben.

28 Berezovsky vs Abramovich — Gloster judgment, 2012, parágrafo 1044. [2012] EWHC 2463 (Comm).

29 "Smert" predprinimatelya", *Kommersant*, 12 de setembro de 1995, acesso em: https://www.kommersant.ru/doc/117306.

30 Igor Vishnevskiy (ex-chefe do escritório da Glencore em Moscou), entrevista com os autores, Londres, junho de 2019.

31 David Issroff, entrevista com os autores, Nova York, agosto de 2019.

32 Op. cit., *Financial Times*, 2000, pelo site dos Irmãos Reuben.

33 Ibid.

34 Ibid.

35 Ibid.

36 Departamento de Estado dos EUA, Declaração de clima de investimento do Cazaquistão de 2005, acesso em: https://2001-2009.state.gov/e/eeb/ifd/2005/42065.htm.

37 Arquivos do site dos Reuben Brothers website, acesso em: http://web.archive.org/web/20060419184709/http://www.reubenbrothers.com/transworld.html.

38 Ibid., *Financial Times*, 2000, pelo site dos Reuben Brothers.

39 "Reuben Brothers give Tories nearly £200,000", *Financial Times*, 29 de julho de 2008, acesso em: https://www.ft.com/content/4cc2e73c-5dc2-11dd-8129-000077b07658.

40 "Reuben Foundation donates £80 million for first new Oxford college in 30 years", Oxford University, 11 de junho de 2020, acesso em: https://www. ox.ac.uk/news/2020-06-11-reuben-foundation-donates-80-million-first-new-oxford-college--30-years.

41 Igor Vishnevskiy, entrevista com os autores, Londres, junho de 2019.

42 De acordo com uma pessoa que participou de um jogo com eles e que pediu para não ser identificada.

43 "Lev Chernoy: Almost half the business elite of the country are my protégés," *Komsomlskaya Pravda*, 15 de novembro de 2004, acesso em: https://www.kp.ru/daily/23403/33998/.

44 Lucio Genovese, entrevista com os autores via videochamada, outubro de 2020.

45 Klebnikov, Paul, *Godfather of the Kremlin: Life and Times of Boris Berezovsky* (Mariner Books, 2001), p. 71.

46 Klebnikov, Paul, Ibid., p. 182, e entrevista dos autores com Raymond Cretegny, Genebra, maio de 2019.

47 Igor Vishnevskiy, entrevista com os autores, Londres, junho de 2019.

Sete: Comunismo com Influências Capitalistas

1 "El Hotel Parque Central de La Habana Cumple ya 20 años", *Cibercuba*, 6 de maio de 2018, acesso em: https://www.cibercuba.com/noticias/z2018-05-06-u1-e196568-s27316-hotel-parque-central-habana-cumple-20-anos.

2 "Search for New Capital Sources", *Cuba Business*, outubro de 1994, vol. 8, no. 8.

3 Ian Taylor, entrevista com os autores, Londres, fevereiro de 2019.

4 Colin Bryce, entrevista com os autores, Londres, fevereiro de 2019.

5 David Jamison, entrevista com os autores, Graffham, fevereiro de 2019.

6 Ford, Jonathan, *Depression, Oil Trading & A Mind At War With Itself* (Chipmunkapublishing, 2016), p. 130.

7 "Ian Taylor: the oilman, his cancer, and the millions he"s giving the NHS", *The Times*, 8 de junho de 2019, acesso em: https://www.thetimes.co.uk/article/ian-taylor-the-oilman-his-cancer-and-the-millions-hes-giving-the-nhs-wnwbtpq2h.

8 Blasier, Cole, "El fin de la Asociacion Sovietico-Cubana", Revista del Instituto de Estudios Internacionales de la Universidad de Chile, acesso em: https://revistaei.uchile.cl/index.php/REI/article/download/15377/28489/e TASS, "Trade, Credit Pact Signed with USRR", Moscou, 12 de janeiro de 1964.

9 Entrevista dos autores com um ex-trader sênior da Marc Rich + Co, que pediu para não ser identificado.

10 Discurso de Fidel Castro, 28 de janeiro de 1990, Castro Speech Data Base, Latin American Network Information Center, University of Texas em Austin, acesso em: http://lanic.utexas.edu/project/castro/db/1990/19900 129.html.

11 Ian Taylor and David Fransen, entrevista com os autores, Londres, fevereiro de 2019.

12 Vitol brochure, 2010.

13 Relatório anual da Vitol, 1994.

14 *Cuba Business*, op. cit., outubro de 1994.

15 *Team spirit* (Paris: Sucres et Denrées, 2012), livro impresso em comemoração aos sessenta anos da empresa.

16 David Fransen, entrevista com os autores, Londres, fevereiro de 2019.

17 Perez-Lopez, Jorge, "The Restructuring of the Cuban Sugar Agro-industry: A Progress Report, Association for the Study of the Cuban Economy", 2016, acesso em:https://www.ascecuba.org/asce_proceedings/the-restructuring-of-the-cuban- sugar-agroindustry-a-progress-report/.

18 Banco de dados do United States Department of Agriculture, Foreign Agriculture Service.

19 David Fransen, entrevista com os autores, Londres, fevereiro de 2019.

20 A estrutura de propriedade da Sunrise (Bermuda) Ltd é mostrada no relatório anual de 1994 da Vitol.

21 Ford, Jonathan, op. cit.

22 "Vitol"s Ian Taylor on oil deals with dictators and drinks with Fidel", *Financial Times*, 8 de abril de 2018, acesso em: https://www.ft.com/content/2dc35efc-89ea-11e8-bf9e-8771d5404543.

23 "Lured by Sun and Socialism, Tourists Flocking to Cuba", *Washington Post*, 1999, acesso em: https://www.washingtonpost.com/archive/politics/1999/01/09/lu-red-by-sun-and-socialism-tourists-flocking-to-cuba/f5ec77c7-95ed-4b6b-b-318-d12b47a 74ea9/.

24 Igor Vishnevskiy, entrevista com os autores, Londres, junho de 2019.

25 Danny Posen, entrevista com os autores, Londres, fevereiro de 2019

26 Entrevista com um ex-executivo sênior da Cargill, que não quis ser identificado.

27 Raymond Cretegny, ex-diretor administrativo da André; entrevista com os autores, Genebra, maio de 2019.

28 Dados fornecidos aos autores pela Vitol, fevereiro de 2020.

29 Circular de oferta, Vitol Master Trust, 1999.

30 "Inside Vitol: How the World"s Largest Oil Trader Makes Billions", Bloomberg News, 2016, acesso em: https://www.bloomberg.com/news/features/2016-06-01/giant-oil-trader-vitol-makes-billions-in-volatile-times.

31 Relatório anual de 1967 da Vitol.

32 David Jamison, entrevista com os autores, Graffham, fevereiro de 2019.

33 Philipp Brothers Collection: caixa 1, pasta 11, p. 143.

34 Brochure, Vitol Holding NV, 1974, p. 11.

35 David Jamison, entrevista com os autores, Graffham, fevereiro de 2019.

36 "Fasting on the Oil Glut", *Texas Monthly*, outubro de 1984.

37 David Jamison, entrevista com os autores, Graffham, fevereiro de 2019.

38 Relatório anual de 1970 da Vitol.

39 Ford, Jonathan, op. cit., p. 120.

40 Relatório anual de 1995 da Euromin, disponível na Companies House, no Reino Unido, acesso em: https://beta.companieshouse.gov.uk/company/FC016897/filing-history.

41 Ibid.

42 Ian Taylor, entrevista com os autores, Londres, fevereiro de 2019.

43 Em 1999, a Vitol negociou cerca de 3 milhões de barris diários de petróleo e derivados, segundo dados fornecidos aos autores pela empresa. Um prospecto de títulos da Glencore afirma que, no mesmo ano, seu volume de negócios de petróleo e produtos ficou em 2,5 milhões de barris por dia.

44 Acusação de Raznjatovic (Arkan), International Criminal Tribunal for the Former Yugoslavia, 1997, acesso em: https://www.icty.org/x/cases/zeljko_raznjatovic/ind/en/ark-ii970930e.pdf.

45 "Oil chief paid $1 million to warlord", *Guardian*, 1º de julho de 2001, acesso em: https://www.theguardian.com/world/2001/jul/01/balkans.warcrimes2

46 Vitol, e-mail para os autores, fevereiro de 2020.

47 OMV Petrom SA *vs*. Glencore International AG, England e Wales High Court (Commercial Court), 13 de março de 2015, [2015] EWHC 666 (Comm), acesso em: http://www.bailii.org/ew/cases/EWHC/Comm/2015/666.html; valor de compensação do relatório anual de 2015 da Glencore.

48 Graham Sharp, entrevista com os autores, Londres, fevereiro de 2019.

49 A Vitol Holding BV, a holding do grupo, reportou um lucro de US$6,6 milhões no ano, mas a Vitol Holding II SA, a entidade de Luxemburgo por meio da qual os administradores da empresa detinham ações do grupo, reportou uma perda de US$6 milhões.

50 US Department of Justice, US *vs*. Cargill, Inc. e Continental Grain Co., US District Court for the District of Columbia, Civil No. 1: 99CV01875, Washington, 8 de ju-

lho de 1999, acesso em: https://www.justice.gov/atr/case-document/file/490676/download.

51 Brian Gilvary, entrevista com os autores, Londres, novembro de 2019.

52 Um relato emocionante e abrangente da ascensão e queda da Enron encontra-se em McLean, Bethany, and Elkind, Peter, *The Smartest Guys in the Room* (Nova York: Portfolio, 2003).

53 "Enron Will Pay $445 Million to Buy Metals Merchant MG", *Wall Street Journal*, 23 maio de 2000, acesso em: https://www.wsj.com/articles/SB 959026617606197228.

54 "Inside Vitol: How the World"s Largest Oil Trader Makes Billions", Bloomberg News, 1º de junho de 2016, acesso em: https://www.bloomberg.com/news/features/2016-06-01/giant-oil-trader-vitol-makes-billions-in-volatile-times.

55 McLean, Bethany, e Elkind, Peter, op. cit., p. 225.

56 Ibid., p. 224.

57 "Timeline: A Chronology of Enron Corp.", *New York Times*, 18 de janeiro de 2006, acesso em: https://www.nytimes.com/2006/01/18/business/world business/timeline-a-chronology-of-enron-corp.html.

58 US Department of Justice, US *vs.* Cargill, Inc. e Continental Grain Co., US District Court for the District of Columbia, Civil No. 1: 99CV01875, Washington, 8 de julho de 1999, acesso em: https://www.justice.gov/atr/case-document/file/490676/download.

Oito: Big Bang

1 "XSTRATA — A Leap Upwards", memorando enviado por Mick Davis para Brian Azzopardi, Gavin Foley e Benny Levene, 27 junho de 2001, cópia na posse dos autores.

2 Deng Xiaoping, "Emancipate the Mind, Seek Truth From Facts and United as One in Looking to the Future", Pequim, 13 de dezembro de 1978, acesso em: http://cpcchina.chinadaily.com.cn/2010-10/15/content_13918199.html.

3 Leung, Guy C. K., Li, Raymond e Low, Melissa, "Transitions in China's Oil Economy, 1990–2010".

4 Yiping Xiao, Yan Song e Xiaodong Wu, "How Far Has China"s Urbanisation Gone?", *Sustainability*, agosto de 2018, acesso em: https://res.mdpi.com/sustainability/sustainability-10-02953/article_deploy/sustainability-10-02953.pdf.

5 Eslake, Saul, "Commodity Prices", artigo apresentado ao International Conference of Commercial Bank Economists, 23 junho de 2011, acesso em: https://grattan.edu.au/wp-content/uploads/2014/04/092_ICCBE_commodities.pdf.

6 Dados do FMI, produto interno bruto per capita, preços constantes, medidos pela paridade do poder de compra, dólar internacional de 2011, acesso em: https://www.imf.org/external/pubs/ft/weo/2019/01/weodata/weorept.aspx?pr.x=61&pr.y=11&sy=1980&ey=2024&scsm=1&ssd=1&sort=country&ds=.& br=1&c=924&s=NGDPRPPPPC%2 CNGDPDPC%2CPPPPC&grp=0&a=.

7 "Protocol on the Accession of the People"s Republic of China", Organização Mundial do Comércio, novembro de 2001, acesso em: https://www.wto.org/english/thewto_e/acc_e/a1_chine_e.htm.

8 Dados do Fundo Monetário Internacional (FMI).

9 World Bureau of Metal Statistics.

10 "Commodity Supercycles: What Are They and What Lies Ahead", Banco do Canadá, Bank of Canada Review, Outono de 2016, acesso em: https://www.bankofcanada.ca/wp-content/uploads/2016/11/boc-review-autumn16-buyuksahin.pdf.

11 Ibid.

12 "The Role of Major Emerging Markets in Global Commodity Demand", Banco Mundial, junho de 2018, acesso em: http://documents.worldbank.org/curated/en/865201530037257969/pdf/WPS8495.pdf.

13 "Glasenberg was a cheeky kid — ex teacher", *Sunday Times* (South Africa), 22 maio de 2011, acesso em: https://www.timeslive.co.za/news/south-africa/2011-05-22-glasenberg-was-a-cheeky-kid-ex-teacher/.

14 Resultados da Maratona de NY, site de Glasenberg, acesso em: https://results.nyrr.org/runner/5960/result/941106.

15 "Der Reichster Haendler der Welt", *Bilanz*, 1º de maio de 2011, acesso em: https://www.handelszeitung.ch/unternehmen/der-reichste-handler-der-welt.

16 Felix Posen, entrevista com os autores, Londres, maio de 2019.

17 De acordo com a biografia oficial da Glencore, acesso em: https://www. glencore.com/en/who-we-are/our-leadership.

18 Josef Bermann, entrevista com os autores, Zurique, maio de 2019.

19 Zbynek Zak, entrevista com os autores, Zug, junho de 2019.

20 "Enex Float Lifts Veil on Glencore"s $10bn Empire", *Sydney Morning Herald*, 1º de setembro de 2001.

21 De acordo com dois sócios seniores da Glencore, falando sob condição de anonimato.

22 Paul Wyler, entrevista com os autores, Zurique, junho de 2019.

23 Entrevista dos autores com um ex-funcionário da Glencore, que não quis ser identificado.

24 Greg James, entrevista com os autores por telefone, junho de 2019.

25 Ivan Glasenberg, entrevista com os autores, Baar, agosto de 2019.

26 No final de 1998, os preços de exportação australianos do carvão térmico caíram para US$26,1 a tonelada, o menor valor desde 1987, segundo dados do FMI.

27 Prospecto da Glencore de maio de 2002.

28 "The World is Hungry for Coal, Glencore Says", *Coal Week International*, agosto de 2001.

29 "Glencore"s Glasenberg on Enex IPO, Coal Potential: Comment", Bloomberg News, 4 de setembro de 2001.

30 Prospecto da Glencore de agosto de 2000.

31 "Enex Float Lifts Veil on Glencore"s $10bn Empire", *Sydney Morning Herald*, 1º de setembro de 2001.

32 Prospecto da Glencore de maio de 2002.

33 Xstrata, prospecto do IPO de 2002.

34 Mick Davis, entrevista com os autores, Londres, junho de 2019.

35 Este relato é baseado em entrevistas dos autores com Mick Davis, Ivan Glasenberg, outros executivos da época e seus assessores, bem como em relatórios contemporâneos da empresa.

36 Mick Davis, entrevista com os autores, Londres, setembro de 2019.

37 De acordo com os dados da Bloomberg.

38 Dados financeiros históricos da Glencore compilados pelos autores com base em prospectos de títulos e divulgações relacionadas.

39 Andy Hall, entrevista com os autores, Derneburg, março de 2019.

40 "Profile: Michael Farmer", *Metal Bulletin*, março de 2014.

41 Relatório anual de 2016 do Noble Group.

42 "Born to be a Noble Man", *South China Morning Post*, 27 de maio de 2002.

Nove: Petrodólares e Cleptocratas

1 Este relato do papel da Glencore no escândalo do Petróleo por Comida é baseado no relatório longo e detalhado do inquérito liderado por Paul Volcker: "Report on Programme Manipulation", Independent Inquiry Committee into the United Nations Oil-for-Food Programme, 27 de outubro de 2005. Os papéis da Glencore, Lakhani e Incomed Trading são detalhados nas p. 143–156.

2 "Pakistani broker fuels Iraqi Kurdistan oil exports", *Financial Times*, 29 de outubro de 2015, acesso em: https://www.ft.com/content/02a7065a-78cd-11e5-933d-efcdc3c11c89.

3 "Music and message of Baghdad"s Concert for Peace expected to fall on deaf ears in Washington", *Irish Times*, 1º de fevereiro de 2003, acesso em: https://www.irishtimes.com/news/music-and-message-of-baghdad-s-concert-for-peace-expected-to--fall-on-deaf-ears-in-washington-1.347379.

4 "Pakistani broker fuels Iraqi Kurdistan oil exports", *Financial Times*, 29 de outubro de 2015. Um porta-voz de Lakhani disse mais tarde à Bloomberg News que ele quis dizer que estava "preparado para trabalhar duro de maneira prática, muitas vezes em uma equipe pequena".

5 "Report on Programme Manipulation", Independent Inquiry Committee into the United Nations Oil-for-Food Programme, 27 de outubro de 2005, p. 154.

6 A sobretaxa foi inicialmente fixada em 50 centavos de dólar por barril, mas logo baixou para aproximadamente 30 e 25 centavos de dólar por barril, dependendo do destino. No final de 2002, foi novamente reduzido para 15 centavos de dólar por barril.

7 O relatório completo pode ser encontrado na versão arquivada do site do Independent Inquiry Committee: http://web.archive.org/web/20071113193128/e http://www.iic-offp.org/documents/IIC%20Final%20Report% 2027Oct2005.pdf. Alguns dos indivíduos que o relatório acusou de envolvimento na manipulação do programa Petróleo por Comida criticaram publicamente os métodos e as conclusões do inquérito, argumentando que ele tinha motivações políticas. No entanto, o inquérito, que foi endossado pelo Conselho de Segurança da ONU, foi elogiado pelo secretário-geral da ONU, Kofi Annan, como uma "investigação extremamente completa", e as informações dele foram citadas em vários casos anticorrupção.

8 Independent Inquiry, op. cit., p. 198.

9 Ibid., p. 152.

10 "Comprehensive Report of the Special Advisor to the DCI on Iraq"s WMD", Iraq Survey Group (o relatório é também conhecido como o relatório Duelfer, em homenagem ao seu principal autor, Charles Duelfer, conselheiro especial do Diretor de Inteligência Central dos EUA), 30 de setembro de 2004, p. 39.

11 Ibid., p. 38.

12 "The Billion-Dollar Broker Who Managed a Nation"s Oil Wealth", Bloomberg News, 16 de julho de 2020, acesso em: https://www.bloomberg.com/news/articles/2020-07-16/billion-dollar-broker-how-one-man-managed-a-nation-s-oil-wealth.

13 "Glencore reveals more IPO rewards", *Financial Times*, 17 fevereiro de 2012.

14 Nova York County District Attorney"s Office Press Release, 20 de Novembro de 2007, acesso em: https://star.worldbank.org/corruption-cases/printpdf/19592.

15 "Firm Pleads Guilty in Oil-For-Food Case", *Houston Chronicle*, 26 de maio de 2006, acesso em: https://www.chron.com/business/energy/article/Firm-pleads-guilty-in-Oil-for-Food-case-1862731.php.

16 "Houston Oil-For-Food Trader Gets 2 Years", *Houston Chronicle*, 8 de março de 2008, acesso em: https://www.chron.com/business/energy/article/Houston-Oil-for-Food-trader-gets-2-years-1779305.php.

17 Base de dados do BP Statistical Review of World.

18 Ibid.

19 Ibid.

20 Prospecto de títulos da Clarendon Alumina Production em 2006.

21 Ton Klomp, entrevista com os autores, Londres, julho de 2019.

22 Bob Finch, entrevista com os autores, Londres, abril de 2019.

23 Audiência do Polish Investigative Committee sobre alegações da PK Orlen, 30 de março de 2005, acesso em: http://orka.sejm.gov.pl/Biuletyn.nsf/0/9BF787564C6DC1 2DC1256FDA00469547?OpenDocument.

24 Ibid.

25 Crown Resources AG *vs*. Vinogradsky et al., 2001. Uma cópia da sentença encontra-se em: https://www.ucc.ie/academic/law/restitution/archive/englcases/crown_resources.htm.

26 Jankilevitsch e Smolokowski, e-mail para os autores, fevereiro de 2020. Sua declaração completa diz: "É verdade que a Crown Resources apresentou uma reclamação e obteve julgamento em 2001 contra dois de seus ex-funcionários (e suas respectivas empresas) sobre o recebimento de certos pagamentos muitos anos antes de várias empresas que não eram parte da ação. Nenhuma afirmação de qualquer impropriedade foi dirigida contra a J&S e, se uma tivesse sido levantada e tivesse sido instaurado um processo contra a J&S em relação a isso, eles teriam sido vigorosamente defendidos. Acontece que, e não surpreendentemente, eles não foram."

27 Detalhes biográficos sobre Timchenko foram retirados da entrevista dos autores com Törnqvist, em Genebra, maio de 2019, assim como da entrevista de Timchenko para o *Wall Street Journal*, realizada em 2008 (https://www.wsj.com/articles/SB121314210826662571), um perfil de 2008 no *Financial Times* (https://www.ft.com/content/c3c5c012-21e9-11dd-a50a-000077b07658), e em um perfil de 2013 no *Vedomosti* (https://www.vedomosti.ru/library/articles/2013/01/21/chelovek_s_resursom).

28 Torbjörn Törnqvist, entrevista com os autores, Genebra, maio de 2019.

29 "Gunvor pins future on Swedish CEO after Russian co-founder exits", Reuters, 24 de março de 2014: https://uk.reuters.com/article/uk-ukraine-crisis-gunvor/gunvor-pins-future-on-swedish-ceo-after-russian-co-founder-exits-idUKBREA2N05K20140324.

30 Base de dados da BP Statistical Review of World Energy.

31 Dados de registro da Cyprus corporate.

32 Marco Dunand, entrevista com os autores por telefone, agosto de 2019.

33 Contas da empresa Mercuria arquivadas na Holanda e em Chipre.

34 A holding mudou seu nome para Mercuria Energy Group Ltd em janeiro de 2007.

35 Em seu programa anual "Direct Line", transmitido em 17 de abril de 2014, acesso em: https://www.vesti.ru/doc.html?id=1488888.

36 "Timchenko: Everything has to be paid for, and acquaintance with top officials as well", entrevista de Timchenko com a TASS, 4 de agosto de 2014, acesso em: https://tass.com/top-officials/743432.

37 Freeland, Chrystia, *Sale of the Century: The Inside Story of the Second Russian Revolution* (Abacus, 2005), p. 178.

38 "Khodorkovskiy otmeril sebe srok", *Vedomosti*, 3 de abril de 2003 (Khodor-kovsky mediu seus termos) e "Ritt auf der Rasierklinge", *Spiegel*, 3 de maio de 2003 ("Andar na navalha", em tradução livre).

39 Gustafson, Thane, *Wheel of Fortune* (Harvard University Press, 2013), pp. 297–300.

40 Entrevista com Timchenko, *Forbes Russia*, 2012, acesso em: https://www.forbes.ru/sobytiya/lyudi/181713-tot-samyi-timchenko-pervoe-intervyu-bogateishego-iz-druzei-putina.

41 Torbjörn Törnqvist, entrevista com os autores, Genebra, maio de 2019.

42 Gunvor, e-mail aos autores, fevereiro de 2020. A empresa diz que comprou petróleo de muitas empresas russas, sendo a maior parte dos seus fornecimentos provenientes da TNK-BP.

43 Ibid. A empresa diz que, entre 2005 e 2014, pagou dividendos médios de 18,5%.

44 Em uma carta publicada no *Financial Times* em 14 de maio de 2008, afirmou: "A minha carreira de mais de vinte anos na indústria petrolífera não foi construída a partir de favores ou ligações políticas", acesso em: https://www.ft.com/content/c3c5c012-21e9-11dd-a50a-000077b07658.

45 Cálculo dos autores com base nos dados de ganhos da empresa.

Dez: Destino: África

1 Deaton, Angus, "Commodity Prices and Growth in Africa", *Journal of Economic Perspectives*, vol. 3, no. 3, verão de 1999, pp. 23–40, acesso em: https://www.princeton.edu/~deaton/downloads/Commodity_Prices_and_Growth_in_Africa.pdf.

2 Dados do Banco Mundial. O PIB da África subsaariana era de U$381,8 bilhões em 2001 — comparado a US$381,2 bilhões em 1981. O PIB per capita foi muito menor em 2001 do que em 1981, já que durante essas duas décadas a população subcontinental aumentou cerca de 75%, passando de 394,2 milhões de pessoas para 682,9 milhões. https://data.worldbank.org/region/sub-saharan-africa.

3 US Geological Survey, Copper, Minerals Yearbook, acesso em: https://s3-us-west-2.amazonaws.com/prd-wret/assets/palladium/production/mineral-pubs/copper/240497.pdf.

4 "BP Statistical Review of World Energy", junho de 2019. A Nigéria produziu 1,895 milhão de barris por dia em 1999, comparado a 2,302 milhões de barris por dia em 1979. Em 2010, a produção nigeriana havia aumentado para 2,5 milhões de barris por dia.

5 Reportagem de capa, "The hopeless continent", *The Economist*, 13 de maio de 2000, acesso em: https://www.economist.com/node/21519234.

6 Dados do Banco Mundial. O PIB da África subsaariana foi de US$1,55 trilhão em 2011.

7 United States of America *vs.* M/Y Galactica Star et al.", United States District Court, Southern District of Texas, Houston Division, 14 de julho de 2017, e "Department of Justice Seeks to Recover Over $100 Million Obtained from Corruption in the Nigerian Oil Industry", Departamento de Justiça dos EUA, Comunicado de imprensa, 14 de julho de 2017, acesso em: https://star.worldbank.org/corruption-cases/sites/corruption-cases/files/DOJ-Galactica-Complaint.pdf e https://www.justice.gov/opa/pr/department-justice-seeks-recover-over-100-million-obtained-corruption-nigerian-oil-industry.

8 Silverstein, Ken, *The Secret World of Oil* (Londres: Verso, 2015), p. 53.

9 "Congo Bribery Probe Puts Israeli Billionaire"s Future on Hold", Bloomberg News, 23 fevereiro de 2018, acesso em: https://www.bloomberg.com/news/articles/2018-02-23/he-got-rich-on-congo-mines-until-bribe-probe-put-future-on-hold.

10 "Congo war-driven crisis kills 45,000 a month: survey", Reuters, 22 de janeiro de 2008, acesso em: https://www.reuters.com/article/us-congo-democratic-death/congo-war-driven-crisis-kills-45000-a-month-study-idUSL2280201220080122.

11 "Report of the Panel of Experts on the Illegal Exploitation of Natural Resources and Other Forms of Wealth of DR Congo", Nações Unidas, 12 de abril de 2001, acesso

em: https://reliefweb.int/report/democratic-republic-congo/report-panel-experts-illegal-exploitation-natural-resources-and.

12 "Gertler Earns Billions as Mine Deals Leave Congo Poorest", Bloomberg News, 5 de dezembro de 2012, acesso em: https://www.bloomberg.com/news/articles/2012-12-05/gertler-earns-billions-as-mine-deals-leave-congo-poorest.

13 "President Bush Meets with Democratic Republic of Congo President Kabila", Casa Branca, 26 de outubro de 2007, acesso em: https://georgewbush-whitehouse.archives.gov/news/releases/2007/10/images/20071026-1_d-0061-3-515h.html.

14 "Congo Bribery Probe Puts Israeli Billionaire"s Future on Hold", Bloomberg News, 23 de fevereiro de 2018.

15 "Augustin Katumba, President"s Alleged Treasurer and Enforcer, Steps Out as Head of National Assembly"s Ruling Coalition; His Influence Could Remain", Departamento de Estado dos EUA, Telegrama Diplomático da Embaixada dos EUA em Kinshasa, Washington, 14 de dezembro de 2009, acesso em: https://wikileaks.org/plusd/cables/09KINSHASA1080_a.html.

16 "Trouble in the Congo: The Misadventures of Glencore", *Bloomberg Businessweek*, 16 de novembro de 2018, acesso em: https://www.bloomberg.com/news/features/2018-11-16/glencore-s-misadventure-in-the-congo-threatens-its-cobalt-dreams.

17 E-mail de 16 de março de 2008, de Dan Gertler, chamado de "Parceiro DRC", para um executivo da Och-Ziff, em US District Court Eastern District of New York, "US vs Och-Ziff Capital Management Group LLC", Cr. No. 16-516 (NGG), Acordo de Acusação Diferida, Página A-12. Um julgamento posterior datado de 28 de agosto de 2019 identificou Gertler como "Parceiro RDC" (16-CR-515 (NGG), despacho e memorando assinados pelo Juiz Nicholas Garaufis).

18 "The Kingmaker is dead", *The Economist*, 20 de fevereiro de 2012, acesso em: https://www.economist.com/baobab/2012/02/20/the-kingmaker-is-dead.

19 "Equity in Extractives: Stewarding Africa's Natural Resources for All", Africa Progress Panel, 2013.

20 "Gertler Earns Billions as Mine Deals Leave Congo Poorest", Bloomberg News, 5 de dezembro de 2012.

21 "Congo Bribery Probe Puts Israeli Billionaire"s Future on Hold", Bloomberg News, 23 de fevereiro de 2018.

22 Comunicado de imprensa do Departamento do Tesouro dos EUA, 21 de dezembro de 2017, acesso em: https://home.treasury.gov/news/press-releases/sm0243.

23 Porta-voz de Gertler, resposta por e-mail a perguntas, março de 2020.

24 Glencore, 3 de maio de 2011, prospecto de IPO, p. 859, acesso em: https://www.glencore.com/dam/jcr:268b58d2-61b8-44d1-997a-17e76bb66f93/Final-Prospectus-3-May-2011-lowres.pdf.

25 Glencore, prospecto de IPO, p. 77.

26 "Glencore Faces New Legal Challenge Against Congo Cobalt Mine", Bloomberg News, 8 de junho de 2018, acesso em: https://www.bloomberg.com/news/articles/2018-06-08/glencore-faces-new-legal-challenge-against-cobalt-mine-in-congo.

27 Relatório anual da Glencore em 2007, p. 31. A Glencore divulgou em seu relatório anual que pagou US$296 milhões no total por dois negócios: a participação de 40% na Mutanda Mining e a compra de vários petroleiros.

28 "Equity in Extractives", Africa Progress Panel, 2013.

29 A Golder Associates, uma consultora, avaliou a Mutanda em US$3.089 milhões em maio de 2011, como parte do processo de IPO da Glencore, p. 130 do relatório, em Glencore, prospecto de IPO, 3 de maio de 2011.

30 "Glencore takes control of Mutanda with $480 million deal", Reuters, 22 de maio de 2012, acesso em: https://www.reuters.com/article/glencore-mutanda/update-2-glencore-takes-control-of-mutanda-with-480-mln-deal-idUSL5E8GM5RO20120522.

31 Os detalhes do relacionamento da Glencore com Gertler foram amplamente divulgados, inclusive em "Trouble in the Congo: The Misadventures of Glencore", *Bloomberg Businessweek*, 16 de novembro de 2018; "Congo Bribery Probe Puts Israeli Billionaire"s Future on Hold", Bloomberg News, 23 de fevereiro de 2018; e "Gertler Earns Billions as Mine Deals Leave Congo Poorest", Bloomberg News, 5 de dezembro de 2012.

32 Bloomberg News, 5 de dezembro de 2012, op. cit.

33 E-mail de 21 de fevereiro de 2008 de uma empresa de due diligence sem nome, para funcionários da Och-Ziff. Gertler é referido como "Parceiro DRC", em "US vs Och-Ziff Capital Management Group LLC", US District Court Eastern District of New York, Cr. No. 16-516 (NGG), Acordo de Acusação Diferida, p. A-9.

34 "US vs Och-Ziff Capital Management Group LLC", US District Court Eastern District of New York, Cr. No. 16-516 (NGG), Acordo de Acusação Diferida, acesso em: https://www.justice.gov/opa/file/899306/download.

35 "US vs OZ Africa Management GP, LLC", US District Court, Eastern District of New York, Cr. No. 16-515 (NGG), Acordo de Delação, acesso em: https://www.justice.gov/opa/file/899316/download.

36 "Glencore purchases stakes in Mutanda and Katanga", Comunicado de imprensa da Glencore, 13 de fevereiro de 2017, acesso em: https://otp.investis.com/clients/uk/glencore2/rns/regulatory-story.aspx?cid=275&newsid=843557.

37 "Subpoena from United States Department of Justice", Comunicado de imprensa da Glencore, 3 de julho de 2018, acesso em: https://www.glencore.com/media-and-insights/news/Subpoena-from-United-States-Department-of-Justice.

38 "Puma International Financing SA, $750,000,000 5% Senior Notes due 2026 Prospectus", Puma Energy, 31 de janeiro de 2018, e "Share Purchase Agreement", Puma Energy LLC, 21 de agosto de 2013.

39 Relatórios anuais da Trafigura, de 2014 a 2018.

40 Torbjörn Törnqvist, entrevista com os autores, Genebra, agosto de 2019.

41 "Banknote Shortage Still Acute", Departamento de Estado dos EUA, telegrama da embaixada dos EUA em Harare, Zimbabwe, Washington, 28 de julho de 2003, via WikiLeaks, acesso em: https://wikileaks.org/plusd/cables/03HARARE1521_a.html.

42 "Cargill closes local cotton business", *The Herald*, 15 de outubro de 2014, acesso em: https://www.herald.co.zw/cargill-closes-local-cotton-business/.

43 "Cargill Makes Bootleg Currency", Departamento de Estado dos EUA, telegrama da embaixada dos EUA em Harare, Zimbabwe, Washington, 6 de agosto de 2003, via WikiLeaks, acesso em: https://wikileaks.org/plusd/cables/03HARARE1577_a.html.

44 "Zimbabwe plunging toward total collapse", *Chicago Tribune*, 8 de junho de 2003.

45 David MacLennan, entrevista com os autores, Minneapolis, agosto de 2019.

46 "Cargill Makes Bootleg Currency", Departamento de Estado dos EUA, 6 de agosto de 2003.

47 "Commodities: Destination Africa", *Financial Times*, 11 de novembro de 2013, acesso em: https://www.ft.com/content/817df4c2-35c0-11e3-952b-00144feab7de.

48 "Dirty Diesel: How Swiss Traders Flood Africa with Toxic Fuels", *Public Eye*, setembro de 2016, acesso em: https://www.publiceye.ch/fileadmin/doc/Rohstoffe/2016_PublicEye_DirtyDiesel_EN_Report.pdf.

49 "Rapport de la Commission Nationale d"Enquête sur les Déchets Toxiques dans le District d"Abidjan", Republic of CÔte d'Ivoire, pp. 27–28, acesso em: https://www.trafigura.com/media/1440/2006_trafigura_rapport_commission_nationale_enqu%C3%AAte_district_abidjan_ french.pdf.

50 "Trafigura & the Probo Koala", Trafigura, pp.8–9, acesso em: https://www. trafigura.com/media/1372/2016_trafigura_and_the_probo_koala_english.pdf.

51 "Trafigura Beheer BV Investor Presentation", Trafigura, março de 2010.

52 E-mail da Trafigura datado de 27 de dezembro de 2005, às 16h54m, de James McNicol para outros traders de petróleo, acesso em: https://www.trafigura.com/media/1374/2009_trafigura_emails_published_by_the_guardian_english.pdf.

53 E-mail da Trafigura datado de 27 de dezembro de 2005, às 13h12m PM, de James McNicol para outros traders de petróleo.

54 E-mail da Trafigura datado de 28 de dezembro de 2005, às 09h30m, de James McNicol para outros executivos.

55 E-mail da Trafigura datado de 27 de dezembro de 2005, às 19h29m, de Naeem Ahmed para outros executivos.

56 E-mail da Trafigura datado de 28 de dezembro de 2005, às 9h30m, de James McNicol.

57 E-mail da Trafigura datado de 13 de março de 2006, às 9h15m, de Toula Gerakis para outros executivos.

58 E-mail do capitão do *Probo Koala* acusando o recebimento de instruções, 15 de abril de 2006, às 16h26m.

59 Segundo Relatório Provisório, investigação do caso *Probo Koala*, conduzido por Lord Fraser Carmyllie, acesso em: https://www.trafigura.com/media/1382/2010_trafigura_second_interim_report_of_lord_fraser_of_carmyllie_qc_ probo_koala_report_english.pdf.

60 Relatório da Trafigura sobre o *Probo Koala*, 2016, p. 8.

61 "Rapport de la Commission Nationale d'Enquête sur les Déchets Tox-iques dans le District d'Abidjan", Costa do Marfim, p. 46.

62 Ibid., p. 45.

63 "Neglect and Fraud Blamed for Toxic Dumping in Ivory Coast", *New Yorh Times*, 24 de novembro de 2006, acesso em: https://www.nytimes.com/2006/11/24/world/africa/24ivory.html.

64 O contrato entre a Trafigura e a Compagnie Tommy é citado na íntegra (em francês) em "Rapport de la Commission Nationale d'Enquête sur les Déchets Toxiques dans le District d'Abidjan", Costa do Marfim p. 19. Uma imagem da carta original (em inglês) mostrando o papel timbrado da Compagnie Tommy é reproduzida em "The Toxic Truth", Greenpeace e Anistia Internacional, 2012, p. 46.

65 Os detalhes dos casos são retirados do próprio resumo do escândalo feito pela Trafigura, "Trafigura and the *Probo Koala*", acesso em: https://www. trafigura.com/media/1787/2016_trafigura_and_the_probo_koala.pdf.

66 Mark Crandall, entrevista com os autores, Londres, junho de 2019.

67 Trafigura, e-mail aos autores, fevereiro de 2020.

68 José Larocca, entrevista com os autores, Genebra, maio de 2019.

Onze: Fome e Lucro

1 "The ravening hoards", *The Economist*, 17 de abril de 2008, acesso em: https://www.economist.com/asia/2008/04/17/the-ravening-hoards.

2 "Wen Jiabao Inspects Agriculture and Spring Farming in Hebei", tradução da BBC Monitoring da Xinhua, 6 de abril de 2008.

3 "Funds crunch threatens world food aid", *Financial Times*, 12 de junho de 2009, acesso em: https://www.ft.com/content/524d50da-56ae-11de-9a1c-00144feabdc0.

4 Alberto Weisser, entrevista com os autores, Londres, março de 2019.

5 "Remarks at the Clinton Global Initiative Closing Plenary", Departamento de Estado dos EUA, 25 de setembro de 2009, acesso em: https://2009-2017.state. gov/secretary/20092013clinton/rm/2009a/09/129644.htm.

6 Ton Klomp, que trabalhou na Cargill na década de 1980, entrevista com os autores, Londres, julho de 2019.

7 Entrevistas dos autores com dois executivos da Cargill, que pediram para não ser identificados.

8 Ricardo Leiman, entrevista com os autores, Londres, agosto de 2019.

9 Mark Hansen, entrevista com os autores, Londres, fevereiro de 2019.

10 Entrevistas com dois executivos seniores da Glencore, que não quiseram ser identificados.

11 "Moscow Urged to Ban Grain Exports", *Financial Times*, 3 agosto de 2010, acesso em: https://www.ft.com/content/dfa6ba3a-9f27-11df-8732-00144feabdc0.

12 "Russian Officials Mull Grain Export Curbs, Union Says", Bloomberg News, 4 de agosto de 2010: acesso em: https://www.bloomberg.com/news/articles/2010-08-03/russia-should-ban-grain-exports-as-drought-withers-crops-glencore-says.

13 "Glencore reveals bet on grain price rise", *Financial Times*, 24 de abril de 2011, acesso em: https://www.ft.com/content/aea76c56-6ea5-11e0-a13b-00144feabdc0.

14 Ver prospecto de IPO da Glencore, maio de 2011, p. 50, para rentabilidade agrícola e do trading de petróleo/carvão. Para dados históricos de rentabilidade da divisão agrícola, consulte "Olympian Expands Glencore's Empire With Emerging Food Colossus", Bloomberg News, 3 de maio de 2017, acesso em: https://

www.bloomberg.com/news/articles/2017-05-03/olympian-expands-glencore-empire-with-emerging-food-colossus.

15 Ian McIntosh, entrevista com os autores, Londres, junho de 2019.

16 Com base nos lucros médios anuais da Vitol, Glencore e Cargill de US$813 milhões entre 1998 e 1999.

17 O lucro líquido acumulado da Apple no período foi de US$61,5 bilhões; o da Coca-Cola foi de US$61,2 bilhões.

18 No final de 2011, a Boeing tinha um valor de mercado de US$55 bilhões, e o Goldman Sachs, US$45 bilhões. Fonte: http://media.ft.com/cms/73f82726-385d-11e1-9f07-00144feabdc0.pdf.

19 "Cargill-MacMillan family", *Forbes*, 29 de junho de 2016, acesso em: https://www.forbes.com/profile/cargill-macmillan-1/#5095a3cd23b6.

20 Entrevista dos autores com um trader, que pediu para não ser identificado.

21 "Dems" new gas-pump villain: Speculators", Politico, 8 de julho de 2008, acesso em: https://www.politico.com/story/2008/07/dems-new-gas-pump-villain-speculators-011583.

22 "Cereal Secrets", Oxfam, Oxfam Research Reports, agosto de 2012, acesso em: https://www-cdn.oxfam.org/s3fs-public/file_attachments/rr-cereal-secrets-grain-traders-agriculture-30082012-en_4.pdf.

23 "Sumitomo Ex-Trader Wants Company to Share Scandal Blame", *New York Times*, 18 de fevereiro de 1997, acesso em: https://www.nytimes.com/1997/02/18/business/sumitomo-ex-trader-wants-company-to-share-scandal-blame.html.

24 "Tokyo Commodity Futures Markets Regulators' Conference", outubro de 1997, pp. 4–9, acesso em: https://www.cftc.gov/sites/default/files/idc/groups/public/@internationalaffairs/documents/file/oia_tokyorpt.pdf.

25 "Treasury Select Committee, Memorandum from the FSA on Oil Market Regulation", UK Financial Services Authority, 10 de julho de 2008, acesso em: https://publications.parliament.uk/pa/cm200708/cmselect/cmtreasy/memo/oilreg/ucm0202.htm.

26 See Tarring, Trevor, *Corner! A century of metal market manipulation* (1998), para um relato da história dos mercado de canto de metais, incluindo o canto de cobre Secretan, que começou em 1887.

27 "Armajaro sells position as it offloads cocoa", *Financial Times*, 16 de dezembro de 2010, acesso em: https://www.ft.com/content/cfb68d4e-094e-11e0-ada6-00144feabdc0.

28 "Edict on Maximum Prices", Diocletian, acesso em: http://web.archive.org/web/20060916063955/http://orion.it.luc.edu/~jlong1/priceed.htm.

29 Jacks, David S., "Populists v. Theorists: Futures Markets and the Vola-tility of Prices", Simon Fraser University, acesso em: http://econ.queensu.ca/CNEH/2005/papers/futures_CNEH_0305.pdf.

30 "Hearings Before a Special Subcommittee of the Committee on Agri-culture", Congresso dos EUA, Câmara dos Representantes, 16, 17, 18 e 22 de maio de 1956, Washington, pp. 292–325.

31 "Price Volatility in Food and Agricultural Markets: Policy Responses", relatório conjunto por FAO, IFAD, IMF, OECD, UNCTAD, WFP, o Banco Mundial, o WTO, IFPRI, junho de 2011, acesso em: http://www.fao.org/fileadmin/templates/est/Volatility/Interagency_Report_to_the_G20_on_Food_Price_Volatility.pdf.

32 Para exemplos, ver Fattouh, Bassam, Kilian, Lutz, e Mahadeva, Lavan, "The Role of Speculation in Oil Markets: What Have We Learned So Far?", *The Energy Journal*, vol. 34, no. 3, acesso em: https://www.iaee. org/en/publications/ejarticle.aspx?i-d=2536&id=2536 e Irwin, Scott H., Sanders, Dwight R., and Merrin, Robert P., "Devil or Angel? The Role of Speculation in the Recent Commodity Price Boom (and Bust)", artigo apresentado na Southern Agricultural Economics Association Meetings, Atlanta, Georgia, 31 de janeiro — 3 de fevereiro 2009, acesso em: ht-tps://www.cftc.gov/sites/default/files/idc/groups/public/@swaps/documents/file/plstudy_24_ism.pdf.

33 "Financial Investment in Commodity Markets: Potential Impact on Commodity Prices and Volatility", Institute of International Finance, setembro de 2011, aces-so em: https://www.eia.gov/finance/markets/reports_presentations/2012PaperFi-nancialInvestment.pdf.

34 Perspectivas Econômicas Mundiais, FMI, setembro de 2011, p. 60.

35 "History of Ethanol Production and Policy", North Dakota State University, acesso em: https://www.ag.ndsu.edu/energy/biofuels/energy-briefs/history-of-ethanol-production-and-policy.

36 "Boom in Ethanol Reshapes Economy of Heartland", *New York Times*, 25 de junho de 2006, acesso em: https://www.nytimes.com/2006/06/25/business/25ethanol.html.

37 "Dwayne's World", *Mother Jones*, julho/agosto de 1995.

38 "Kenneth H. Dahlberg, Link in the Watergate Chain, Dies at 94", *New York Times*, 8 de outubro de 2011, acesso em: https://www.nytimes.com/2011/10/09/us/ken-neth-h-dahlberg-watergate-figure-and-wwii-ace-dies-at-94.html.

39 As crônicas mais detalhadas da ascensão e queda de Dwayne Andreas na ADM são as biografias detalhadas de Khan, E. J., *Supermarketer to the World: The Story*

of Dwayne Andreas CEO of Archer Daniels Midland (Nova York: Warner Books, Inc., 1984) e Eichenwald, Kurt, *The Informant* (Broadway, 2000).

40 "It's Good To Be The Boss", *Fortune*, outubro de 2006, acesso em: https://money.cnn.com/magazines/fortune/fortune_archive/2006/10/16/8390308/index.htm.

41 "A Bet on Ethanol, With a Convert at the Helm", *New York Times*, 8 de outubro de 2006, acesso em: https://www.nytimes.com/2006/10/08/business/yourmoney/08adm.html.

42 ADM, declaração da empresa, 5 junho de 2009, acesso em: https://www.adm.com/news/news-releases/archer-daniels-midland-company-statement-regarding--obama-administration-biofuels-support.

43 Center for Responsive Politics, Archer Daniels Midland, acesso em: https://www.opensecrets.org/lobby/clientsum.php?id=D000000132&year=2008.

44 Annual US Fuel Ethanol Production, Renewable Fuel Association, acesso em: https://ethanolrfa.org/statistics/annual-ethanol-production/ e relatórios da WASDE, Departamento de Agricultura dos EUA, acesso em: https://usda.library.cornell.edu/concern/publications/3t945q76s.

45 ADM, e-mail aos autores, fevereiro de 2020.

Doze: A Fábrica de Bilionários

1 Este relato do IPO da Glencore é baseado em entrevistas com vários traders e executivos antigos e atuais da empresa, bem como em entrevistas públicas e documentos da época.

2 Entrevista dos autores com um ex-funcionário da Glencore, que não quis ser identificado.

3 A lista da *Forbes* "The World's Billionaires 2011" não inclui Glasenberg, já que foi publicada em fevereiro de 2011, antes do IPO. Se ele tivesse sido incluso, teria ficado em 96º lugar.

4 As participações de Mahoney e Fegel não foram reveladas até alguns meses depois.

5 Ivan Glasenberg, entrevista com os autores, Baar, agosto de 2019.

6 Prospecto de IPO da Vivo, 2018, p. 64.

7 "First U.S. Oil Export Leaves Port; Marks End to 40-Year Ban", Bloomberg News, 31 de dezembro de 2015, acesso em: https://www.bloomberg.com/news/articles/2015-12-31/first-u-s-oil-export-leaves-port-marking-end -of-40-year-ban.

8 "Advancing US Exports", Trafigura, p. 8, acesso em: https://www.trafigura.com/media/1472/2020-trafigura-us-crude-oil-exports-brochure.pdf.

9 A estrutura era um pouco complexa. Cada ação, que dava direito a voto, vinha anexada a um certificado de participação nos lucros, que dava ao titular uma participação nos lucros da empresa naquele ano. A cada ano, a empresa recomprava ações de acionistas que estavam saindo e as emitia para funcionários em ascensão. Então, ao longo dos cinco anos após a saída de um acionista da empresa, a Glencore lhes pagaria (trimestralmente, com juros) o valor da alocação histórica do lucro em sua conta de participação nos lucros.

10 Os lucros líquidos da Glencore em 2006–2007 foram de US$11,4 bilhões, enquanto entre 1998 e 2005 foram de US$8,4 bilhões, segundo contas publicadas em prospectos de títulos.

11 Ivan Glasenberg, entrevista com os autores, Baar, agosto de 2019.

12 Mick Davis, entrevista com os autores, Londres, setembro de 2019.

13 Ibid.

14 Entrevista dos autores com um ex-executivo sênior da Glencore, que pediu para não ser identificado.

15 Kelly, Kate, *The Secret Club That Runs the World* (Londres: Portfolio, 2014), p. 63.

16 "Glencore issues up to US$2,200 million 5% convertible bonds due 2014", Comunicado de imprensa da Glencore, 23 de dezembro de 2009.

17 "Sun King of the Oil Industry", *Financial Times*, julho de 2002, acesso em: https://www.ft.com/content/2a42aa08-a261-11db-a187-0000779e2340.

18 "Inside Lord Browne of Madingley"s Chelsea Home", *Telegraph*, 25 de julho de 2013, acesso em: https://www.telegraph.co.uk/lifestyle/interiors/10199624/Interiors-inside-Lord-Browne-of-Madingleys-Chelsea-home.html.

19 Segundo várias pessoas que estiveram presentes ou foram informadas sobre a reunião e que falaram conosco sob condição de anonimato.

20 "Announcement of intention to float on the Londres Stock Exchange and the Hong Kong Stock Exchange", comunicado de imprensa da Glencore, 14 de abril de 2011, acesso em: https://www.glencore.com/dam/jcr:d91c0e46-8b24-48ec-b-5f2-4b4637e1b90c/201104140800-Glencore-ITF.pdf.

21 No final de 2020, esse é um recorde que ainda se mantém.

22 Este relato da fusão Glencore–Xstrata é baseado nas entrevistas dos autores, tanto na época quanto posteriormente, com Glasenberg, Davis e vários outros envolvidos nas negociações.

23 "Recommended all-share merger of equals of Glencore International PLC and Xstrata PLC to create unique $90 billion natural resources group", comunicado de imprensa da Glencore, 7 de fevereiro de 2012, acesso em: https://www.glencore.

com/dam/jcr:4fe5ba2e-6abb-41ad-910a-247a39e4e3a6/Everest-Finalversion-Feb.pdf.

24 Entrevista dos autores com uma pessoa que pediu para não ser identificada.

25 *The Sunday Times* Rich List 2011.

26 "Glencore"s $65bn Deal Close to Collapse", *Financial Times*, 27 de junho de 2012, acesso em: https://www.ft.com/content/fec6352e-bfb1-11e1-bb88-00144feabdc0.

27 "Glencore chief makes offer with a twist", *Financial Times*, 7 de setembro de 2012, acesso em: https://www.ft.com/content/ec2167f0-f903-11e1-8d92-00144feabdc0.

28 De acordo com uma apresentação da Glencore em 3 de maio de 2013, a "gestão executiva" da Glencore detinha 24,9% da empresa, enquanto os "funcionários e gestores" detinham 35,7%.

29 "Recommended All-Share Merger of Equals of Glencore International Plc and Xstrata Plc to Create Unique $90 Billion Natural Resources Group", comunicado de imprensa da Glencore, 7 de fevereiro de 2012.

30 Felix Posen, entrevista com os autores, Londres, maio de 2019.

31 Zbynek Zak, entrevista com os autores, Zug, junho de 2019.

32 "Enex Float Lifts Veil on Glencore"s $10bn Empire", *Sydney Morning Herald*, 1º de setembro de 2001.

33 Paul Wyler, entrevista com os autores, Zurique, junho de 2019.

34 Philipp Brothers Collection: caixa 1, pasta 11, p. 39.

35 "Cotton Trading Costs Glencore $330 Million", *Financial Times*, 7 de fevereiro de 2012, acesso em: https://www.ft.com/content/16af8bfe-51b2-11e1-a30c-00144feabdc0.

36 "How a Last-Minute Raid Derailed Noble Group's Story of Rebirth", Bloomberg News, 20 de dezembro de 2018, acesso em: https://www.bloomberg.com/news/articles/2018-12-20/how-a-last-minute-raid-derailed noble-group-s-story-of-rebirth.

37 David Tendler, entrevista com os autores, Nova York, agosto de 2019.

38 David Jamison, entrevista com os autores, Graffham, fevereiro de 2019.

39 "Inside Vitol: How the World"s Largest Oil Trader Makes Billions", *Bloomberg Markets*, 1º de junho de 2016.

40 "Louis Dreyfus Looks to IPO or Partial Sale", *Financial Times*, 16 de outubro de 2011, acesso em: https://www.ft.com/content/f8499efe-f813-11e0-a419-00144feab49a.

41 Jeremy Weir, entrevista com os autores, Genebra, maio de 2019.

42 "Cargill to Give Up Mosaic Stake in $24.3 Billion Deal", *Wall Street Journal*, 19 de janeiro de 2011.

43 Tan, Ruth S. K., e Wiwattanakantang, Yupana, "Cargill: Keeping the Family Business Private", National University of Singapore and Richard Ivey School of Business Foundation, Estudo de Caso, 2015.

44 "Commodity Daily: Putting a price on Glencore", *Financial Times*, 20 de janeiro de 2011.

45 "Cargill agrees $24 billion spin-off of Mosaic", *Financial Times*, 19 de janeiro de 2011.

46 Número anual de artigos que mencionam pelo menos uma das empresas entre a Cargill, Glencore, Vitol ou Trafigura, publicados em *The New York Times*, *Wall Street Journal*, *Financial Times* ou *The Economist*, via banco de dados da Factiva.

47 Zbynek Zak, entrevista com os autores, Zug, junho de 2019.

Treze: Comerciantes do Poder

1 "Oilflow SPV 1 DAC: Company Announcement", Bolsa de Valores das Ilhas Cayman, 19 de março de 2018, acesso em: https://www.csx.ky/companies/announcement.asp?Id=6518.

2 Em meados de 2020, havia 198 empresas registradas na Molesworth Street, número 32, de acordo com uma lista publicada pelo Banco Central espanhol, acesso em: https://www.bde.es/webbde/en/estadis/fvc/fvc_ie.html.

3 Constituição da Oilflow SPV 1 Designated Activity Company, Memorando de Associação, Cartório de Regristo de Empresas, Irlanda, 25 de outubro de 2016.

4 CSX admite o Oilflow SPV 1 DAC na lista oficial, em 13 de janeiro de 2017, acesso em: https://www.csx.ky/companies/announcement.asp?Id=5850.

5 Relatório Anual Auditado, Franklin Templeton Series II Funds, p. 7, acesso em: http://www.ftidocuments.com/content-common/annual-report/en_GB/FTSIIF-annual-report.pdf.

6 As demonstrações financeiras de 2017 da Oilflow SPV 1 DAC confirmaram que a empresa é, em última análise, controlada pela Glencore.

7 Jim Daley, entrevista com os autores, Londres, agosto de 2019. Daley foi o diretor financeiro de petróleo da Marc Rich + Co de 1977 a 1980, e de 1983 a 1990 foi o chefe global do trading de petróleo.

8 Arango, Tim, "For Iraq's Long-Suffering Kurds, Independence Beckons", *New York Times*, 9 de setembro de 2017, acesso em: https://www.nytimes. com/2017/09/09/ world/middleeast/iraq-kurdistan-kurds-kurdish-referendum-independence.html.

9 "Pakistani broker fuels Iraqi Kurdistan oil exports", *Financial Times*, 29 de outubro de 2015, acesso em: https://www.ft.com/content/02a7065a-78cd-11e5-933d-efcdc3c11c89.

10 "Manafort Working on Kurdish Referendum Opposed by US", *New York Times*, 20 de setembro de 2017, acesso em: https://www.nytimes.com/2017/09/20/us/politics/manafort-kurdish-referendum.html.

11 "Under the mountains: Kurdish Oil and Regional Politics", Oxford Institute for Energy Studies, janeiro de 2016, p. 12, acesso em: https://www.oxfordenergy. org/wpcms/wp-content/uploads/2016/02/Kurdish-Oil-and-Regional-Politics-WPM-63.pdf.

12 Ben Luckock, entrevista com os autores, Genebra, maio de 2019.

13 Ibid.

14 Ibid.

15 Chris Bake, entrevista com os autores, Londres, abril de 2019.

16 Produção iraquiana aumenta apesar das ameaças ao petróleo da KRG, International Energy Agency, Monthly Oil Market Report, outubro de 2017.

17 "Iraq Turmoil Threatens Billions in Oil Traders' Kurd Deals", Bloomberg News, 18 de outubro de 2017, acesso em: https://www.bloomberg.com/news/articles/2017-10-18/ iraq-turmoil-threatens-billions-in-oil-trader-deals-with-kurds.

18 O Escritório de Estatísticas da Região do Curdistão estima o PIB regional em US$20 bilhões em 2011, acesso em: http://krso.net/files/articles/240816061824. pdf.

19 Apresentação aos investidores do Oilflow SPV 1 DAC datada de 1º de dezembro de 2016.

20 Segundo pessoas que fizeram negócios com a Exmor. Detalhes sobre a carreira de Drujan são baseados em seu perfil no LinkedIn, acesso em 25 de outubro de 2019.

21 Raval, Anjli, "Kurds defy Iraq to establish own oil sales", *Financial Times*, 23 de agosto de 2015.

22 Resultados preliminares divulgados pelo Kurdistan Independent High Elec-tions and Referendum Commission, 27 de setembro de 2017, acesso em: http://www. khec.krd/pdf/173082892017_english%202.pdf.

23 E-mail aos autores do porta-voz da PSERS, abril de 2019.

24 Entrevista na NBC com Marc Rich, 1992.

25 Chris Bake, entrevista com os autores, Londres, abril de 2019.

26 "Iraq's Kurdistan oil minister 'pleads' for international support", *Financial Times*, 19 de outubro de 2017, acesso em: https://www.ft.com/content/586dbee9-8899-39e1-9e9e-82bc8e2d4bff.

27 "Iraq's Kurdistan negotiates new terms, raises oil pre-payments to $3 billion", Reuters, 28 de fevereiro de 2017, acesso em: https://www.reuters.com/article/us-iraq-kurdistan-oil-idUSKBN1671F5.

28 "In conversation with Ian Taylor, Chairman and Group CEO, Vitol", Chatham House, 5 de outubro de 2017, acesso em: https://www.chatham house.org/file/conversation-ian-taylor-chairman-and-group-ceo-vitol.

29 Oilflow SPV 1 DAC, apresentação aos investidores.

30 Entrevista com Marc Rich em "The Lifestyle of Rich, the Infamous", *Fortune*, 1986, acesso em: https://fortune.com/2013/06/30/the-lifestyle-of-rich-the-infamous-fortune-1986/.

31 Ian Taylor, entrevista com os autores, Londres, fevereiro de 2019.

32 Índice Internacional de Transparência. O Chade está classificado em 165º entre 180 nações. Acesso em: https://www.transparency.org/cpi2018.

33 O especialista no Chade do governo francês descreveu o "excesso crônico de indulgência com Chivaz Regal [sic]" em uma conversa descrita em um anúncio diplomático dos EUA publicado pelo WikiLeaks, 16 de novembro de 2005, acesso em: https://wikileaks.org/plusd/cables/05PARIS7792_a.html.

34 Anúncio diplomático dos EUA publicado pelo WikiLeaks, 13 de dezembro de 2005, acesso em: https://wikileaks.org/plusd/cables/05NDJAMENA1761_a.html.

35 Dados do Banco Mundial em 2018. Apenas a República Centro-africana e o Lesoto tinham uma expectativa de vida mais baixa. Acesso em: https://data.worldbank.org/indicator/sp.dyn.le00.in?most_recent_value_desc=false.

36 Dados do Banco Mundial, acesso em: https://data.worldbank.org/indicator/SI.POV.NAHC?locations=TD.

37 "Tchad Rapport EITI 2016", Extractive Industries Transparency Initiative, agosto de 2018, p. 52, acesso em: https://eiti.org/sites/default/files/documents/rapport_itie_tchad_2016.pdf.

38 Ibid.

39 Ibid.

40 "Glencore arranges $1 billion oil loan for Chad", *Financial Times*, 16 de junho de 2014, acesso em: https://www.ft.com/content/1061fc0a-f539-11e3-91a-

8-00144feabdc0. A taxa de juros do empréstimo foi revelada na EITI, op. cit., agosto de 2018, p. 175.

41 "Bank Accounts Pledge Agreement between Glencore Energy UK and Natixis and The Original Beneficiaries", Glencore Energy UK Ltd, 9 de agosto de 2018, Schedule 1, "Original Beneficiaries", pp. 12–13, via UK Companies House, recebido para arquivamento eletrônico em 16 de agosto de 2018.

42 A dívida da Glencore foi consolidada e reescalonada em dezembro de 2015 para um valor total de US$1,488 bilhão, consultar "First Review Under the Extended Credit Facility", International Monetary Fund, abril de 2018, caixa 1, p. 11, acesso em: https://www.imf.org/~/media/Files/Publications/CR/2018/cr18108.ashx; o PIB do Chade foi de US$10,1 bilhões em 2016, de acordo com o Fundo Monetário Internacional.

43 "First Review Under the Extended Credit Facility", International Monetary Fund, abril de 2018, p. 4.

44 "Idriss Déby: 'Je ne suis pas un aventurier, un guerrier, je suis un homme seul'", *Le Monde*, 25 de junho de 2017.

45 "Tchad Rapport EITI 2016", Extractive Industries Transparency Initiative, agosto de 2018, p. 54.

46 "Second Review Under the Program Under the Extended Credit Facility", International Monetary Fund, Chade, agosto de 2018, p. 6, acesso em: https://www.imf.org/~/media/Files/Publications/CR/2018/cr18260.ashx.

47 Op. cit., *Le Monde*, 25 de junho de 2017.

48 Os pré-pagamentos da Vitol envolveram um total de US$4 bilhões em troca de suprimentos futuros do campo de Tengiz e US$2,2 bilhões em troca de suprimentos futuros de Kashagan. Apresentação do investidor KMG, outubro de 2019 (http://ir.kmg.kz/storage/files/ad9d29e757f04f5e/NDR_ppt_01112019.pdf).

49 As contas da KMG mostram seu maior credor, além do acordo de pré-pagamento com a Vitol, como o Eximbank da China com um empréstimo de US$1,13 bilhão. A dívida total do governo externo e das SOEs do Cazaquistão era de 25,5% do PIB, ou cerca de US$40 bilhões, no final de 2017, de acordo com o FMI, tornando os pré-pagamentos da Vitol equivalentes a mais de um décimo do total.

50 A Vitol diz que os negócios foram concedidos após licitações abertas e competitivas nas quais outros grandes traders participaram. Vitol, e-mail aos autores, fevereiro 2020.

51 TH KazMunaiGaz Holding SA, demonstrativos financeiros consolidados de 2005, p. 5. O prospecto de IPO da KMG EP fornece mais evidências para o papel da Vitol:

mostrando que cerca de metade de suas exportações de petróleo foram vendidas para uma subsidiária comercial chamada KMG TradeHouse no porto de Odessa, na Ucrânia, e depois "revendidas pela KMG TradeHouse AG para a Vitol [sic]".

52 Entrada da Vitol Central Asia SA no registro corporativo suíço, acesso em: https://www.monetas.ch/en/647/Company-data.htm?subj=1769122.

53 Demonstrações financeiras consolidadas da Vitol, em 2005. No momento da redação, a participação da Vitol era de 42,5% e a participação da Tiku havia sido reduzida para pouco menos de 50%.

54 Kulibayev e Tiku tinham vários "interesses comerciais compartilhados", de acordo com o prospecto Nostrum Oil & Gas, 20 de maio de 2014, acesso em: https://www.sec.gov/Archives/edgar/data/1608672/000119312514207809/d728917dex991.htm.

55 Hywel Phillip, AT Capital, e-mail para os autores, fevereiro de 2020.

56 Demonstrações financeiras anuais da Ingma Holding BV. O total de pagamentos aos acionistas durante o período foi de US$1,12 bilhão.

57 TornbjÖrn Törnqvist, entrevista com os autores, Genebra, maio de 2019.

58 "Commodities: Tougher Times for Trading Titans", *Financial Times*, 2013, acesso: https://www.ft.com/content/250af818-a1c1-11e2-8971-00144feabdc0.

59 "Announcement Of Additional Treasury Sanctions on Russian Government Officials And Entities", comunicado de imprensa do Tesouro dos EUA, 28 de abril de 2014, acesso: https://www.treasury.gov/press-center/press-releases/Pages/jl2369.aspx.

60 "Trafigura Becomes Major Exporter Of Russian Oil", *Financial Times*, 27 de maio de 2015.

61 "Russian State Bank Secretly Financed Rosneft Sale After Foreign Buyers Balked", Reuters, 9 de novembro de 2018, acesso em: https://www.reuters. com/article/us-rosneft-privatisation-exclusive/exclusive-russian-state-bank-secretly-financed-rosneft-sale-after-foreign-buyers-balked-idUSKCN1NE132.

62 O vídeo da reunião está disponível em: http://en.kremlin.ru/catalog/persons/61/events/53774/videos.

63 Ordem presidencial russa, datada de 10 de abril de 2017, acesso em: http://publication.pravo.gov.ru/Document/View/0001201704100002? index=1&rangeSize=1.

64 "US warns Kurdistan over independence referendum", *Financial Times*, 21 de setembro de 2017, disponível em: https://www.ft.com/content/69b5b776-9e58-11e7-8cd4- 932067fbf946.

Conclusão: Muitos Esqueletos

1 "BNP Said to Reduce Commodity-Trading Finance to Trafigura", Bloomberg News, 8 de setembro de 2014, acesso em: https://www.bloomberg.com/news/articles/2014-09-07/bnp-paribas-said-to-curb-commodity-trade-finance-to-trafigura.

2 "BNP Paribas Agrees to Plead Guilty and to Pay $8.9 Billion for Illegally Processing Financial Transactions for Countries Subject to US Economic Sanctions", comunicado de imprensa do Departamento de Justiça dos EUA, 30 de junho de 2014, acesso: https://www.justice.gov/opa/pr/bnp-paribas-agrees-plead-guilty-and-pay-89-billion- illegally-processing-financial.

3 Declaração de Fatos, US District Court Southern District of New York, United States of America *vs.* BNP Paribas, 30 de junho de 2014, acesso: https://www.justice.gov/sites/default/files/opa/legacy/2014/06/30/statement-of-facts.pdf.

4 Dois ex-executivos seniores da Trafigura com conhecimento direto da situação confirmaram, sob condição de anonimato, que a empresa holandesa era a Trafigura. Embora a Trafigura opere em grande parte a partir de sua sede em Genebra, na época a empresa foi formalmente constituída na Holanda. Mais tarde, mudou sua incorporação para Singapura.

5 Eric de Turckheim, entrevista com os autores, Genebra, março de 2019.

6 De acordo com um ex-executivo da Trafigura, que não quis ser identificado.

7 E-mail do funcionário do BNP Paribas citado na Declaração de Fatos, US District Court Southern District of New York, United States of America *vs.* BNP Paribas, 30 de junho de 2014, p. 25, acesso em: https://www. justice.gov/sites/default/files/opa/legacy/2014/06/30/statement-of-facts.pdf.

8 "Attorney General Holder Delivers Remarks at Press Conference Announcing Significant Law Enforcement Action", declaração do Departamento de Justiça dos EUA, Washington, 30 de junho de 2014, acesso em: https://www. justice.gov/opa/speech/attorney-general-holder-delivers-remarks-press-conference-announcing-significant-law.

9 "What Are Economic Sanctions?", Council on Foreign Relations, 12 de agosto de 2019, acesso em: https://www.cfr.org/backgrounder/what-are-economic-sanctions.

10 "Vitol trades Iranian fuel oil, skirting sanctions", Reuters, 26 de setembro de 2012, acesso em: https://www.reuters.com/article/us-iran-oil-sanctions-vitol-idUSBRE88 P06C20120926.

11 "Unlawful Corporate Payments Act of 1977", Câmara dos Representantes dos EUA, 28 de setembro de 1977, acesso: https://www.justice.gov/sites/default/files/criminal-fraud/legacy/2010/04/11/houseprt-95-640.pdf.

12 "Report of the Securities Exchange Commission on Questionable and Illegal Corporate Payments and Practices", US Securities and Exchange Commission, maio de 1976, p. B-4, acesso em: https://www.sec.gov/spotlight/fcpa/sec-report-questionable-illegal-corporate-payments-practices-1976.pdf.

13 13 Ibid., p. 44.

14 "Fines and bribes paid to private individuals should not be tax deductible", comunicado de imprensa da Conféderation Suisse, Federal Council, 18 de dezembro de 2015, acesso em: https://www.admin.ch/gov/en/start/dokumentation/medienmitteilungen.msg-id-60078.html.

15 Relatório da fase 4 na Suíça, OECD Working Group on Bribery in International Business Transactions, 2018, acesso em: http://www.oecd.org/corruption/anti-bribery/Switzerland-Phase-4-Report-ENG.pdf.

16 "Switzerland — 2019 Article IV Consultation", International Monetary Fund, p. 22, acesso em: https://www.imf.org/~/media/Files/Publications/CR/2019/1CHEEA 2019001.ashx.

17 "Jamaica: a Trafigura Scandal Primer", Departamento de Estado dos EUA, 12 de outubro de 2006, disponível na Public Library of US Diplomacy, 06KINGSTON2021_a, WikiLeaks, acesso em: https://search.wikileaks.org/plusd/cables/06 KINGSTON2021 _a.html.

18 "ADM Subsidiary Pleads Guilty to Conspiracy to Violate the Foreign Corrupt Practices Act", Departamento de Justiça dos EUA, 20 de dezembro de 2013, acesso em: https://www.justice.gov/opa/pr/adm-subsidiary-pleads-guilty-conspiracy-violate- foreign-corrupt-practices-act.

19 Paul Wyler, entrevista com os autores, Zurique, junho de 2019.

20 "Remarks of Secretary Lew on the Evolution of Sanctions and Lessons for the Future at the Carnegie Endowment for International Peace", Departamento de Tesouro dos EUA, 30 de março de 2016, acesso em: https://www.treasury.gov/press-center/press-releases/pages/jl0398.aspx.

21 Ibid.

22 "HSBC Holdings Plc and HSBC Bank USA NA Admit to Anti-Money Laundering and Sanctions Violations", Departamento de Justiça dos EUA, 11 de dezembro de 2012, acesso em: https://www.justice.gov/opa/pr/hsbc-holdings-plc-and-hsbc-bank-usa-na-admit-anti-money-laundering-and-sanctions-violations.

23 “Credit Suisse Pleads Guilty to Conspiracy to Aid and Assist US Tax-payers in Filing False Returns”, Departamento de Justiça dos EUA, 19 de maio de 2014, acesso: https://www.justice.gov/opa/pr/credit-suisse-pleads-guilty-conspiracy-aid-and-assist-us-taxpayers-filing-false-returns.

24 “Treasury Designates Russian Oligarchs, Officials and Entities in Response to Worldwide Malign Activity”, Departamento de Tesouro dos EUA, 6 de abril de 2018, acesso: https://home.treasury.gov/news/press-releases/sm0338.

25 “United States Sanctions Human Rights Abusers and Corrupt Actors Across the Globe”, Departamento de Tesouro dos EUA, 21 de dezembro de 2017, acesso em: https://home.treasury.gov/news/press-releases/sm0243.

26 “Treasury Targets Russian Oil Brokerage Firm for Supporting Illegiti-mate Maduro Regime”, Departamento de Tesouro dos EUA, 18 de fevereiro de 2020, acesso: https://home.treasury.gov/news/press-releases/sm909.

27 Comunicado de imprensa do Tesouro dos EUA, 20 de março de 2014, acceso: https://www. treasury.gov/press-center/press-releases/pages/jl23331.aspx.

28 Torbjörn Törnqvist, entrevista com os autores, Genebra, maio de 2019.

29 “Trafigura, Glencore and Vitol Probed in Brazil Graft Scandal”, Bloomberg News, 5 de dezembro de 2018, acesso: https://www.bloomberg.com/news/articles/2018-12-05/trafigura-glencore-and-vitol-ensnared-in-brazil-bribery-scandal.

30 “Ex-Petrobras Trader ‘Phil Collins’ Says Vitol Bribed Him”, Bloomberg News, 23 de novembro de 2019, acesso: https://www.bloomberg.com/news/articles/2019-11-23/ex-petrobras-trader-phil-collins-tells-judge-vitol-bribed-him.

31 “Trader Gunvor Pays $95 Million to Swiss in Corruption Probe”, Bloomberg News, 17 de outubro de 2019, acesso:https://www.bloomberg.com/news/articles/2019-10-17/gunvor-strikes-95-million-deal-with-swiss-to-end-congo-probe.

32 Relatório anual da Glencore 2018, p. 126.

33 “SFO Confirms Investigation Into Suspected Bribery at Glencore Group of Companies”, Serious Fraud Office, 5 de dezembro de 2019, acesso: https://www.sfo.gov.uk/2019/12/05/sfo-confirms-investigation-into-suspected-bribery-at-glencore-group-of-companies/.

34 “Investigation by the Office of the Attorney General in Switzerland”, Glencore press release, 19 de junho de 2020, acesso em: https://www.glencore.com/media-and-insights/news/investigation-by-the-office-of-the-attorney-general-of-switzerland.

35 “Glencore Drops as US Orders Documents in Corruption Probe”, Bloomberg News, 3 de julho de 2018.

36 "Glasenberg"s Legacy Threatened By Long List of Corruption Probes", Bloomberg News, 5 de dezembro de 2019, acesso em: https://www.bloomberg.com/news/articles/2019-12-05/glasenbergs-legacy-threatened-by-long-list-of-corruption-probes.

37 "BacktotheMarcRichDaysasUSProbesCommodityTraders",BloombergNews,25de março de 2019, acesso em: https://www.bloomberg.com/news/articles/2019-03-25/back-to-the-marc-rich-days-as-u-s-probes-commodity-traders.

38 David Tendler, entrevista com os autores, Nova York, agosto de 2019.

39 Ian Taylor and David Fransen, entrevista com os autores, Londres, fevereiro de 2019.

40 Bloomberg, Michael, *Bloomberg by Bloomberg* (John Wiley & Sons, 2001), acesso em: http://movies2.nytimes.com/books/first/b/bloomberg-bloomberg.html.

41 "Ian Taylor: the oilman, his cancer, and the millions he's giving the NHS", *The Times*, 8 de junho de 2019, acesso em: https://www.thetimes.co.uk/article/ian-taylor-the-oilman-his-cancer-and-the-millions-hes-giving-the-nhs-wnwbtpq2h.

42 "State Commodity Traders Grow to Take On Glencore, Cargill", Bloomberg News, 1º de junho de 2015, acesso em: https://www.bloomberg.com/news/articles/2015-05-31/state-commodity-traders-grow-to-take-on-glencore-cargill.

43 "Trader who tapped Tehran to power China", *Financial Times*, 27 de junho de 2014, acesso em: https://www.ft.com/content/4ed3edd6-fc69-11e3-86dc-00144feab7de, e "Iranian Oil, arms, sanctions… and China's "Crazy Yang", Reuters, 16 de janeiro de 2012, acesso em: http://news.trust.org//item/20120116002600-enu80/.

44 Para as sanções de 2012, veja: "Three Companies Sanctioned Under the Amended Iran Sanctions Act", Departamento de Estado dos EUA, 12 de janeiro de 2012, acesso em: https://2009-2017.state.gov/r/pa/prs/ps/2012/01/180552.htm. Na época, o Departamento de Estado dos EUA chamou Zhuhai Zhenrong de "o maior fornecedor de produtos petrolíferos refinados para o Irã". Para as sanções de 2019, ver: "The United States to Impose Sanctions On Chinese Firm Zhuhai Zhenrong Company Limited for Purchasing Oil From Iran", Departamento de Estado dos EUA, 22 de julho de 2019, acesso em: https://www.state.gov/the-united-states-to-impose-sanctions-on-chinese-firm-zhuhai-zhenrong-company-limited-for-purchasing-oil-from-iran/.

45 Ian Taylor, entrevista com os autores, Londres, fevereiro de 2019.

46 Este relato das negociações da Glencore em 2020 é baseado em uma entrevista com um executivo sênior, que não quis ser identificado, bem como nas declara-

ções da empresa e informações disponíveis publicamente sobre movimentos de navios.

47 "Texas Regulators Weigh Historic Oil Cuts as Coronavirus Pandemic Saps Demand", *Wall Street Journal*, 14 de abril de 2020, acesso em: https://www. wsj.com/articles/texas-regulators-weigh-historic-oil-cuts-after-coronavirus-11586886293.

48 Steve Kalmin, diretor financeiro da Glencore, disse a jornalistas em agosto de 2020 que o retorno sobre o patrimônio dos negócios de contango da empresa era de até 100% "em alguns casos".

49 De acordo com as estimativas de vários dos principais traders de petróleo. Por exemplo, Marco Dunand, da Mercuria, estimou a construção de estoque em 1,25 bilhão de barris. "Trader Mercuria Says Oil Has Bottomed With More Shut-ins Coming", Bloomberg News, 29 de abril de 2020.

50 Coletiva de imprensa da Força-Tarefa de Coronavírus da Casa Branca, 31 de março 2020, acesso em: https://www.youtube.com/watch?v=c2TRmlsmMNU.

51 Glencore, Relatório semestral 2020, 6 de agosto de 2020, acesso em: https://www. glencore.com/dam/jcr:50ad1802-2213-43d8-8008-5fe84e3c65ed/GLEN-2020-Half-Year-Report.pdf.

52 Trafigura, relatório provisório de 2020 (https://www.trafigura.com/media/2648/trafigura_interim_report_2020.pdf), and "Mercuria scores record profit amid oil market chaos", *Financial Times*, 13 de julho de 2020 (https://www.ft.com/content/72300405-20bc-4dde-b145-9ff28f9da69d).

53 Muriel Schwab, entrevista com os autores, Genebra, agosto de 2019.

54 Muriel Schwab, entrevista com os autores, Genebra, agosto de 2019, e por telefone, fevereiro de 2020.

55 David MacLennan, entrevista com os autores, Minneapolis, agosto de 2019.

56 Ivan Glasenberg, entrevista com os autores, Baar, agosto de 2019.

57 Torbjörn Törnqvist, entrevista com os autores, Genebra, agosto de 2019.

58 Ian Taylor, entrevista com os autores, Londres, fevereiro de 2019.

ÍNDICE

N

O

P

R

Este livro foi impresso nas oficinas gráficas da Editora Vozes Ltda.,
Rua Frei Luís, 100 – Petrópolis, RJ.